Die Bonus-Seite

Ihr Vorteil als Käufer dieses Buches

Auf der Bonus-Webseite zu diesem Buch finden Sie zusätzliche Informationen und Services. Dazu gehört auch ein kostenloser **Testzugang** zur Online-Fassung Ihres Buches. Und der besondere Vorteil: Wenn Sie Ihr **Online-Buch** auch weiterhin nutzen wollen, erhalten Sie den vollen Zugang zum **Vorzugspreis**.

So nutzen Sie Ihren Vorteil

Halten Sie den unten abgedruckten Zugangscode bereit und gehen Sie auf **www.sap-press.de**. Dort finden Sie den Kasten **Die Bonus-Seite für Buchkäufer**. Klicken Sie auf **Zur Bonus-Seite/ Buch registrieren**, und geben Sie Ihren **Zugangscode** ein. Schon stehen Ihnen die Bonus-Angebote zur Verfügung.

Ihr persönlicher Zugangscode	x2wf-tihe-pvy9-g3rz

ROI von SAP®-Lösungen verbessern

SAP PRESS ist eine gemeinschaftliche Initiative von SAP und Galileo Press. Ziel ist es, Anwendern qualifiziertes SAP-Wissen zur Verfügung zu stellen. SAP PRESS vereint das fachliche Know-how der SAP und die verlegerische Kompetenz von Galileo Press. Die Bücher bieten Expertenwissen zu technischen wie auch zu betriebswirtschaftlichen SAP-Themen.

Snabe, Chase, Omar, Rosenberg, von Rosing, Taylor
Applying Real-World BPM in an SAP Environment
2010, ca. 600 Seiten, geb.
ISBN 978-1-59229-343-8

Snabe, Rosenberg, Møller, Scavillo
Business Process Management – the SAP Roadmap
2009, 411 Seiten, geb.
ISBN 978-1-59229-231-8

Frank Hennermann
Implementierungs- und Upgrade-Projekte
mit dem SAP Solution Manager
2009, 310 Seiten, geb.
ISBN 978-3-8362-1314-1

Martin Riedel
Managing SAP ERP 6.0 Upgrade Projects
2009, 362 Seiten, geb.
ISBN 979-1-59229-268-4

Aktuelle Angaben zum gesamten SAP PRESS-Programm finden Sie unter *www.sap-press.de*.

Andreas Hufgard

ROI von SAP®-Lösungen verbessern

Bonn • Boston

Liebe Leserin, lieber Leser,

vielen Dank, dass Sie sich für ein Buch von SAP PRESS entschieden haben.

Der Begriff »Return on Investment« ist vielleicht nicht das heißeste aller Buzzwords dieser Tage – aber beschreibt er nicht in wunderbarer Klarheit, um was es in unser aller Geschäft eigentlich geht? IT-Systeme sind Mittel zum Zweck, sie sollen die tägliche Arbeit Ihrer Fachkräfte in den Abteilungen erleichtern und effizienter gestalten. Investitionen in IT – ob einmalige Ausgaben oder laufende Kosten – sowie auch die Anwendung der Systeme müssen daher beständig darauf geprüft werden, ob und wann aus ihnen ein Mehrwert für das Unternehmen entsteht. Wird eine Investition, wird ein IT-System zum Selbstzweck oder ist der Nutzen nicht eindeutig erkennbar, müssen Sie gegensteuern.

Beschleunigen Sie den ROI Ihrer SAP-Investitionen, indem Sie zunächst einmal herausfinden, wie Ihre Fachabteilungen das SAP-System eigentlich verwenden: Ich bin sicher, Sie werden zum Teil zu erstaunlichen Ergebnissen gelangen. Gehen Sie dann auf Grundlage einer klaren Prozessstruktur an die Verbesserung und Intensivierung der Nutzung: Sie werden feststellen, welch große, ungenutzte Potenziale in den Tiefen Ihrer SAP-Lösungen schlummern. Und schließlich: Arbeiten Sie an der Weiterentwicklung von Prozessen und System, um ihre SAP-Implementierung zu einer lebendigen Lösung zu machen, die gemeinsam mit dem Unternehmen wächst.

Wir freuen uns stets über Lob, aber auch über kritische Anmerkungen, die uns helfen, unsere Bücher zu verbessern. Am Ende dieses Buches finden Sie daher eine Postkarte, mit der Sie uns Ihre Meinung mitteilen können. Als Dankeschön verlosen wir unter den Einsendern regelmäßig Gutscheine für SAP PRESS-Bücher.

Ihr Florian Zimniak
Lektorat SAP PRESS

Galileo Press
Rheinwerkallee 4
53227 Bonn

florian.zimniak@galileo-press.de
www.sap-press.de

Auf einen Blick

1 Mehr Nutzung schafft Nutzen 11

2 Fachanwender verstehen – Nutzung erkennen: Analyse der Anwendungsebene 41

3 Fachanwender verstehen – Nutzung erkennen: Geschäftsprozesse 79

4 Situationsindikatoren 123

5 Gestaltungsmöglichkeiten identifizieren – Nutzung strukturieren 147

6 Verbesserungspotenziale suchen – Nutzung intensivieren 223

7 Unternehmensziele fordern und fördern – Nutzung transformieren 281

8 Analysewerkzeuge und -services 305

A Literatur- und Quellenverzeichnis 327

B Autor 329

Der Name Galileo Press geht auf den italienischen Mathematiker und Philosophen Galileo Galilei (1564–1642) zurück. Er gilt als Gründungsfigur der neuzeitlichen Wissenschaft und wurde berühmt als Verfechter des modernen, heliozentrischen Weltbilds. Legendär ist sein Ausspruch *Eppur se muove* (Und sie bewegt sich doch). Das Emblem von Galileo Press ist der Jupiter, umkreist von den vier Galileischen Monden. Galilei entdeckte die nach ihm benannten Monde 1610.

Lektorat Florian Zimniak
Korrektorat Alexandra Müller, Olfen
Einbandgestaltung Silke Braun
Titelbild Masterfile/RF
Typografie und Layout Vera Brauner
Herstellung Iris Warkus
Satz SatzPro, Krefeld
Druck und Bindung Bercker Graphischer Betrieb, Kevelaer

Gerne stehen wir Ihnen mit Rat und Tat zur Seite:
florian.zimniak@galileo-press.de bei Fragen und Anmerkungen zum Inhalt des Buches
service@galileo-press.de für versandkostenfreie Bestellungen und Reklamationen
thomas.losch@galileo-press.de für Rezensionsexemplare

Bibliografische Information der Deutschen Nationalbibliothek
Die Deutsche Nationalbibliothek verzeichnet diese Publikation in der Deutschen Nationalbibliografie; detaillierte bibliografische Daten sind im Internet über *http://dnb.d-nb.de* abrufbar.

ISBN 978-3-8362-1605-0

© Galileo Press, Bonn 2010
1. Auflage 2010

Das vorliegende Werk ist in all seinen Teilen urheberrechtlich geschützt. Alle Rechte vorbehalten, insbesondere das Recht der Übersetzung, des Vortrags, der Reproduktion, der Vervielfältigung auf fotomechanischen oder anderen Wegen und der Speicherung in elektronischen Medien. Ungeachtet der Sorgfalt, die auf die Erstellung von Text, Abbildungen und Programmen verwendet wurde, können weder Verlag noch Autor, Herausgeber oder Übersetzer für mögliche Fehler und deren Folgen eine juristische Verantwortung oder irgendeine Haftung übernehmen.

Die in diesem Werk wiedergegebenen Gebrauchsnamen, Handelsnamen, Warenbezeichnungen usw. können auch ohne besondere Kennzeichnung Marken sein und als solche den gesetzlichen Bestimmungen unterliegen.
Sämtliche in diesem Werk abgedruckten Bildschirmabzüge unterliegen dem Urheberrecht © der SAP AG, Dietmar-Hopp-Allee 16, D-69190 Walldorf.

SAP, das SAP-Logo, mySAP, mySAP.com, mySAP Business Suite, SAP NetWeaver, SAP R/3, SAP R/2, SAP B2B, SAPtronic, SAPscript, SAP BW, SAP CRM, SAP EarlyWatch, SAP ArchiveLink, SAP GUI, SAP Business Workflow, SAP Business Engineer, SAP Business Navigator, SAP Business Framework, SAP Business Information Warehouse, SAP interenterprise solutions, SAP APO, AcceleratedSAP, InterSAP, SAPoffice, SAPfind, SAPfile, SAPtime, SAPmail, SAPaccess, SAP-EDI, R/3 Retail, Accelerated HR, Accelerated HiTech, Accelerated Consumer Products, ABAP, ABAP/4, ALE/WEB, Alloy, BAPI, Business Framework, BW Explorer, Duet, Enjoy-SAP, mySAP.com e-business platform, mySAP Enterprise Portals, RIVA, SAPPHIRE, TeamSAP, Webflow und SAP PRESS sind Marken oder eingetragene Marken der SAP AG, Walldorf.

Inhalt

1 Mehr Nutzung schafft Nutzen 11
- 1.1 Der Blick zurück nach vorn 12
- 1.2 Nutzung kontinuierlich intensivieren 17
- 1.3 Zeitlose Software 22
- 1.4 Nutzungskennzahlen zur Unternehmenssteuerung 24
- 1.5 Sieben Grundsätze der Nutzungsanalyse 29
- 1.6 Intelligente Analytik und Interpretation 32
  - 1.6.1 Erkennen 33
  - 1.6.2 Strukturieren 36
  - 1.6.3 Intensivieren 37
  - 1.6.4 Transformieren 39
  - 1.6.5 Werkzeuge 40

2 Fachanwender verstehen – Nutzung erkennen: Analyse der Anwendungsebene 41
- 2.1 Vorüberlegungen zur Anwendungsanalyse 42
- 2.2 Systemnutzung 44
  - 2.2.1 Aufbauorganisation 46
  - 2.2.2 Ablauforganisation 47
  - 2.2.3 Transaktionen 48
  - 2.2.4 Anwender 50
- 2.3 Systemerweiterung 52
  - 2.3.1 Kundenerweiterungen 53
  - 2.3.2 Prozessintegration 59
- 2.4 Benutzer und Rollen 62
  - 2.4.1 Benutzeranalyse 64
  - 2.4.2 Lizenzanalyse 67
  - 2.4.3 Rollenanalyse 68
- 2.5 Risiko 71
  - 2.5.1 Risiken auf Anwendungsebene 71
  - 2.5.2 Risiken in Geschäftsprozessen 75

3 Fachanwender verstehen – Nutzung erkennen: Geschäftsprozesse 79
- 3.1 Logistik 83
  - 3.1.1 Logistikstammdaten 83

	3.1.2	Beschaffungsabwicklung	85
	3.1.3	Vertriebsabwicklung	94
3.2	Disposition		99
	3.2.1	Kundenbedarf	99
	3.2.2	Bedarfsplanung	101
3.3	Rechnungswesen		106
	3.3.1	Finanzwesen	106
	3.3.2	Controlling	110
	3.3.3	Kostenträgerrechnung	113
3.4	Personalwesen		116
	3.4.1	Personaldaten	116
	3.4.2	Personalentlohnung	118
	3.4.3	Arbeitszeitmanagement	121

4 Situationsindikatoren ... 123

4.1	Top-10-CIO-Indikatoren		123
	4.1.1	Nutzungsumfang	124
	4.1.2	Anwenderaktivität	131
	4.1.3	Komplexität	134
4.2	Top-10-COO-Indikatoren		136
	4.2.1	Prozessnutzung	137
	4.2.2	Customizing-Nutzung	142
	4.2.3	Stammdaten	144
	4.2.4	Differenzierung der Prozesse	145

5 Gestaltungsmöglichkeiten identifizieren – Nutzung strukturieren ... 147

5.1	Referenzstrukturen evaluieren		152
	5.1.1	IT-orientierte SAP-Referenzstrukturen	153
	5.1.2	Evaluierbare Nutzungsanalysestrukturen	170
	5.1.3	Geschäftsfallorientierte Prozessstrukturen	179
	5.1.4	Business-IT-Strukturen	190
5.2	SAP-Nutzung bewerten		195
	5.2.1	Kosten skalieren	196
	5.2.2	Nutzen messen	209

6 Verbesserungspotenziale suchen – Nutzung intensivieren ... 223

6.1	Nutzung vereinfachen		224
	6.1.1	Bereinigen	225

	6.1.2	Reduzieren	229
6.2		Potenziale ausreizen	233
	6.2.1	Automatisierung	237
	6.2.2	Intensivierung	240
	6.2.3	Funktionale Upgrade-Potenziale	244
6.3		Prozessqualität erhöhen	247
	6.3.1	Ausnahmen reduzieren	250
	6.3.2	Geschäftsprozesse beschleunigen	258
6.4		Standards verwenden	263
6.5		Excellence harmonisieren	267
	6.5.1	Effektivität des Outputs	269
	6.5.2	Effizienz in der Bearbeitung	270
	6.5.3	Hohe Nutzungsintensität	270
	6.5.4	Möglichst geringe Komplexität	271
	6.5.5	Breite Nutzung des Standards	271
	6.5.6	Anforderungsgerechte Nutzung	272
	6.5.7	Möglichst geringes Risiko	272
6.6		Mit Benchmarks messen	273
6.7		Kontinuierlich messen	279

7 Unternehmensziele fordern und fördern – Nutzung transformieren ... 281

7.1	Wegweiser zum Re-Design	283
7.2	Konsolidierung komplexer SAP-Organisationen	288
7.3	Katalysator für Business-Transformation	298
7.4	Wegbereiter für Innovationen	302

8 Analysewerkzeuge und -services ... 305

8.1		SAP Solution Manager	305
8.2		Softwaretechnische Analysewerkzeuge	309
	8.2.1	Codeanalysen	309
	8.2.2	Umsetzungswerkzeuge	311
8.3		Betriebswirtschaftliche Analysewerkzeuge	312
8.4		Werkzeuge für das Business Process Management	314
8.5		SAP NetWeaver Business Warehouse- und Monitoring-Werkzeuge	316
8.6		Inhaltsentwicklung mit SAP NetWeaver BW und RBE Plus	319
8.7		Adaptive Nutzungsanalyse	323

Anhang

A Literatur- und Quellenverzeichnis 327
B Autor 329

Index 331

1 Mehr Nutzung schafft Nutzen

»Nichts ist beständiger als der Wandel.«[1]
(Charles Darwin)

Diese allgemeine Aussage trifft auch auf produktive SAP ERP-Systeme zu. Denn sie sind, getrieben durch zahlreiche unternehmensexterne und -interne Faktoren, einem permanenten Anpassungsdruck an die sich ständig ändernden Rahmenbedingungen ausgesetzt. Die Beherrschung des Wandels, also die beste und effizienteste Antwort auf die neuen Anforderungen, ist erst dann möglich, wenn die aktuelle operative Situation vollständig transparent ist. Genau an dieser Stelle zeichnen sich deutliche Defizite der produktiven SAP-Systeme ab. Mit längerer Nutzungsdauer entwickeln sie sich mehr und mehr zu einer »Black Box«, deren Innenleben nur partiell und nur ausgewählten Personen bekannt ist. Mehr Nutzen aus einem System zu ziehen setzt deswegen voraus, dessen Zustand zu erkennen, um Schwachstellen zu verbessern und die Potenziale auszureizen. Die organisatorische Gestaltung des Kundensystems bleibt so »adaptionsfähig« für den strategischen und organisatorischen Wandel.

Nutzungssituation erkennen und Wandel beherrschen

Die Sicherstellung der effizienten und der effektiven Nutzung der SAP-Systeme ist eine immer wiederkehrende Aufgabe. Mit jedem neuen Release stellt SAP z. B. zusätzliche Funktionen und Integrationsmöglichkeiten zur Abwicklung der Geschäftsprozesse zur Verfügung. Leider nutzen nur die wenigsten Unternehmen diese Vorteile der Standardsoftware voll aus; sie beschränken ihre Upgrades auf technische Aspekte, und so werden signifikante Kostensenkungspotenziale und funktionale Möglichkeiten der Software nicht ausgeschöpft. Oft werden auch wartungsintensive und somit teure Individualentwicklungen weiterbetrieben, obwohl dafür bereits adäquate Standardfunktionen von SAP zur Verfügung gestellt werden. Darüber hinaus bleiben viele schleichende Änderungen oder sich häufende Ausnahmen in der Prozessabwicklung unbemerkt, was mit einer schlechteren Nutzung der SAP-Systeme einhergeht und zu unnötig steigenden Betriebskosten führt. Die Unkenntnis der aktuellen Nut-

Effiziente und effektive Nutzung

---

1 Charles Darwin »*Nichts ist beständiger als der Wandel« Briefe 1822–1859*. Aus dem Englischen von Ursula Gräfe. Insel: Frankfurt 2008. Ursprünglich wahrscheinlich von Heraklit.

zungssituation kann bedeuten, dass ein bereits eingetretener »Krankheitszustand« des Systems nicht erkannt und daher auch nicht kuriert wird.

1.1 Der Blick zurück nach vorn

Um diese Thesen nachvollziehen zu können, soll zunächst einmal dargestellt werden, wie es einem europäischen produktiven SAP ERP-Anwender seit 1995 (für amerikanische Anwender plus drei bis vier Jahre) ergangen ist. Welchen Herausforderungen sehen sich die Anwender nun in den 2010er-Jahren gegenüber?

1995 – der Einführungsboom beginnt

Viele SAP-Einführungen sind im Boomjahr 1995 begonnen worden. Die Einführungsprojekte hatten in ihrer ersten Phase eine Dauer von unter einem Jahr, wenn kein aufwendiges Business Process Re-Engineering betrieben wurde. Wenn das Projekt komplexer war, mehr interne Abstimmungen und größere technologische Herausforderungen und Schnittstellen zu meistern waren, dauerte die erste Einführungsphase meist bis zu 18 Monaten. Mit der damals existierenden SAP-Version 3.1I konnten auf einem relativ stabilen Softwarestand meist die Kernmodule Rechnungswesen und Logistik aktiv geschaltet werden. Dennoch blieben viele Einführungen zunächst einmal auf Pilotbereiche kleiner Beteiligungsgesellschaften oder bestimmte Produktbereiche beschränkt.

1996 – Einführung abschließen und Budget einhalten

Im Jahr 1996 hatte ein Anwender das Ziel, die Einführung abzuschließen um damit das geplante Budget einzuhalten. Meist war ein Pilotbereich aktiv, und es wurde versucht, über verschiedene Einführungspfade die unterschiedlichen Teilbereiche des Unternehmens mit der SAP-Lösung zu erreichen. Typischer Einführungspfad war damals zunächst, das Rechnungswesen abzulösen, um aktuellere Finanzwerte zu erhalten. Dann war meist das Ziel, über Materialwirtschaft und Verkauf die logistische Transparenz zu erhöhen. Manche Projekte hatten viel Zeit in der Analysephase verloren oder sich an sehr individuellen Anforderungen verausgabt, sodass sie gegen Ende der geplanten Projektlaufzeit Abstriche im Einführungsumfang machen mussten, um noch im Budget und Zeitrahmen zu bleiben. Viele ursprüngliche Projektanforderungen blieben offen, und an einer systematischen Dokumentation wurde gespart.

Auch im dritten Jahr gab es noch viele offene Punkte und Handlungsbedarf. Unser typisches Anwenderunternehmen machte ein Upgrade auf eine vielversprechende neue Version R/3 4.5. Der manuelle Test- und Änderungsaufwand war zwar recht hoch, doch das Projektteam war noch verfügbar und konnte gezielt die jüngst erstellten Eigenentwicklungen aktualisieren und pragmatisch die schon dringend erwarteten Releaseneuerungen einbeziehen. Je nach Vorgehen und Kompetenz des Beraters gab es allerdings Unterschiede bei der Umsetzung der Anforderungen und meist nur eine rudimentäre Dokumentation. Neue oder zusätzliche Landesgesellschaften wurden in den Einführungsprozess einbezogen. Man versuchte, möglichst ein zentrales Template in den Tochtergesellschaften zum Einsatz zu bringen, was aber nicht vollständig gelang, da in den lokalen Projekten viele Sonderanforderungen berücksichtigt wurden. Auch verzögerten zunehmend die aufkommenden Change Requests, aufgrund von wichtigen organisatorischen Änderungen, das Einführungstempo. Es mussten Mitarbeiter und Beratungsressourcen auf diesen Änderungsprozess hin verlagert werden.

1997 – das erste Upgrade und weitere Roll-outs

Im Jahr 1998 entstand neuer Handlungsdruck. Geschäftsführer und Vertriebsleiter forderten von der IT, dem aufkommenden E-Commerce-Boom eine technologische Grundlage zu bieten. Ein Onlineshop musste her, der auch irgendwie ins SAP ERP-System integriert werden sollte. Faktisch bedeutete dies, dass wiederum Ressourcen von Einführungsprojekten und von Change-Aktivitäten abgezogen wurden, um diese für die Entwicklung der Integrationsfähigkeit bereitzustellen. Da SAP noch keine ausgereifte »New Dimension«, also Produkte und Lösungen für die Anforderungen des Internet-Zeitalters, liefern konnte, gab es viele neuen Schnittstellen zu pflegen. In einzelnen ERP-Bereichen setzte auch eine schleichende Erosion im User-Verhalten ein: Vorbelege wie Angebote und Kontrakte wurden nicht mehr im System erfasst, und die Stammdatenpflege wurde vernachlässigt. Viele Anwender hatten den Eindruck, das ERP-System habe nur noch untergeordnete Priorität.

1998 – die E-Commerce-Welle

Die aufkommende Jahr-2000-Angst war in den SAP-Anwenderlandschaften kaum verbreitet. Das Problem waren vielmehr alte Individualentwicklungen, die wiederum Entwicklerressourcen in der IT banden, weil sie umgestellt werden mussten. Durch diese Knappheit an Ressourcen und an Gestaltungsmöglichkeiten für die SAP-Anwendungen traten jetzt erste Dissonanzen auf. Neue Möglichkeiten des

1999 – Altsysteme abschalten oder migrieren

aktuellen Releases 4.6C wurden nicht genutzt. Bestimmte neue Teilbereiche des SAP-Systems, Qualitätssicherung, Instandhaltung oder Service, fanden keinen Sponsor, um sie einzuführen. Vor ersten Integrationsversuchen der New Dimensions wie CRM, APO oder E-Procurement schreckte man zurück, da sie noch in einem sehr frühen Zustand zu sein schienen.

2000 – E-Business-Hype

Das Jahr 2000 war geprägt durch den E-Business-Hype und frei werdende Ressourcen aus den Individualentwicklungen, die aber massiv in Onlineshops und Internetaktivitäten konzentriert werden mussten. SAP versuchte, mit der *ValueSAP-Initiative* gegenzuhalten, fand aber kaum Ansatzpunkte beim Kunden, da das ERP-Thema nicht »modern« und die New Dimension noch nicht weit genug gediehen war. Der IT-Leiter wurde nun auch mit Strategien von Analysten konfrontiert, die von ihm forderten, dass er neben dem SAP-System als ERP-Backbone auch eine andere Spezialanwendung benötigte, die er mit EAI-Middleware einfach integrieren könnte. Das CRM-System von Siebel oder eine SCM-Lösung von i2 waren damals die Systeme der Wahl.

2001 – SAP oder »Best of Breed«

Der kombinierte E-Business- und »Best-of-Breed«-Boom erreichte seinen Höhepunkt 2001. Die Integrationsprojekte verschlangen massiv Ressourcen, die aus der Wartung oder aus dem Change Management des ERP-Systems abgezogen wurden. Prozessabläufe waren so komplex und unübersichtlich, dass viele Doppelerfassungen, Prüfungen und Korrekturen notwendig wurden. Die Integration unterschiedlicher interner Lösungen mit Kunden, Lieferanten und Marktplätzen erwies sich als sehr fragil und aufwendig. Der Nutzen war geringer als erwartet, neue Technologien erwiesen sich als noch unausgereift, und die Kosten stiegen dramatisch. Auch die Euro-Umstellung verlangte ein Teilprojekt, das relativ aufwendig über verschiedenste Anwendungsgebiete hinweggehen musste, um dort die Umstellungen vornehmen zu können. Die flächendeckende Durchdringung kam kaum voran.

2002 – kleine IT-Krisen

Nach dem Einbrechen des Internetbooms und auch der Krise, die nach dem 11. September 2001 entstand, hatten 2002 viele IT-Abteilungen zum ersten Mal die Möglichkeit, ihre ERP-Systeme auf Vordermann zu bringen. Es starteten kleinere und mittlere Projekte, die Transformationsthemen vorantreiben sollten, die versuchten, auf das aktuellste ERP-Release upzugraden, um insgesamt in diesem Bereich auch Kosten zu sparen und die Anforderungsstau abzubauen. Erstaunlicherweise begann eine Rückbesinnung auf das ERP-System und die dort noch unbewältigten Aufgabenstellungen. Integrationsdefizite der jungen Lösungen wurden stärker wahrgenommen. Viele IT-Leiter erkannten in der SAP ERP-Lösung die einzige stabilisierende Komponente. Man wurde nun offener für die neuen, verspäteten SAP-Lösungen, die hoffentlich Schluss machten mit den Integrationsproblemen.

2003 wurde wichtigen, modernen Analysetechnologien Vorrang gewährt, die im E-Commerce-Boom zurückgestanden hatten. Das galt insbesondere für das SAP Business Information Warehouse (heute SAP NetWeaver Business Warehouse). Es versprach neben einem verbesserten Management-Reporting auch eine Bereitstellung von Analysen und Auswertungen für den operativen Mitarbeiter. Der aufkommende Boom für »Mobile Solutions« wurde von vielen Unternehmen weitgehend ignoriert. Sie konzentrierten sich in diesem Jahr auf ihre Hausaufgaben. Vielfach hatten auch kleinere und mittlere Gesellschaften in den 90er-Jahren ein eigenes SAP-System erhalten. 2003 wurden erste Konsolidierungsprojekte durchgeführt, die durch den Fortschritt der Hardwaretechnologie nun ermöglicht wurden. Es wurden auch funktional getrennte SAP-Systeme zusammengeführt, um einen Synergievorteil der Konsolidierung von Schnittstellen zu erzielen und die Standorte zu reduzieren.

2003 – mehr Hardwarepower und analytische Anwendungen

SAP kam verstärkt mit dem SAP Solution Manager als Applikationsmanagementumgebung auf den Markt und versuchte, dieses Instrumentarium als verpflichtendes Werkzeug zu etablieren. Viele Unternehmen bewerteten in diesem Jahr wiederum die ausgereifteren New-Dimension-Lösungen und prüften den Einsatz von CRM, APO oder E-Procurement. Meist wurde aber nur eines von diesen New Dimensions priorisiert und eingesetzt. SAP versuchte gleichzeitig auch durch die Bezeichnung *SAP NetWeaver*, ihrer technologischen Basis ein eigenes Branding zu verleihen, um sie auch als eigenständige Entwicklungsumgebung zu verkaufen. Mit der Version R/3 4.7 und den Enhancement Packages dazu haben viele Unternehmen eine stabile Grundlage erreicht, um ihr SAP-System weiter betriebswirtschaftlich auszubauen.

2004 – verbessertes Anwendungsmanagement in Multi-System-Landschaften

2005 war das Jahr der Ankündigung der *serviceorientierten Architektur*. Auch begann langsam wieder eine Prozessverbesserungswelle

2005 – neue Architektur? Upgrade?

unter dem Stichwort *Business Process Management* an Fahrt zu gewinnen. Schließlich standen auch in einer Anwendung viele Branchenfunktionalitäten zur Verfügung, und mit dem Release ECC 5.0 wurden viele neue Länderversionen verfügbar. Upgrades größer 4.7 wurden allerdings aufgeschoben, da viele Anwender immer noch damit beschäftigt waren, in bestimmten Teilbereichen ihrer Unternehmen SAP-Systeme zu etablieren und auszubauen. Auch wurde versucht, mit dem Einsatz der verfügbaren Technologien Nutzen zu schaffen: Workflows, Rollendefinitionen oder auch der verbesserte Datenaustausch per IDoc mit den Kunden und Lieferanten gewannen an Bedeutung.

2006 – Upgrades werden schwieriger

In der Praxis erwiesen sich die Komplexität von Multi-System-Landschaften, z. B. vier ERP-Systeme, verbunden mit einem BW- und E-Procurement-System, als sehr aufwendig im Management und in der Wartung. Die Synchronisation der Releasezyklen schaffte neue Restriktionen für ein Upgrade. Letztlich wurde deutlich, dass auch die SAP-Integrationstechnologien zwischen Systemen teurer waren als eine (semantisch-)integrierte Lösung. Besondere Probleme bereiteten die Fehlersuche und die Durchführung von Änderungen. 2006 hatte deswegen als Hauptthema, das Serviceangebot der SAP zu modernisieren und zu »produktisieren«. Der SAP Solution Manager wurde immer mehr die Plattform für Support-Technologien und erlaubte die Verlagerung von Instrumentarien der SAP zum Anwender. Für viele Anwender stellte sich zusätzlich das Problem, dass die Nutzungslage immer unübersichtlicher wurde. Teilweise waren bestimmte Bereiche vor nun mittlerweile fast zehn Jahren eingeführt worden, oder Änderungen hatten Schiefstände verursacht, weil technologisch und betriebswirtschaftlich eine Abkürzung genommen werden musste. Upgrades erwiesen sich dadurch als immer aufwendiger und schwieriger. Change Requests mussten intensiver geprüft werden. Der Einsatz neuer Technologien verlangte einen größeren Vorlauf.

2007 – Prozesse verbessern oder Schnittstellen vereinfachen

Viele Anwender erwarteten 2007 eine neue SAP NetWeaver-Version, die ihnen neue entwicklungstechnische Möglichkeiten mit der erleichterten Integration von Fremdsystemen und kleiner Applikationen lieferte. Diese serviceorientierte Architektur wurde allerdings nur sehr tröpfchenweise und punktuell über alte verschalte Schnittstellen greifbar – als sogenannte *Enterprise Services*. Auf der anderen Seite standen für den Mittelstand mit den All-in-One-Lösungen vorkonfigurierte Systeme zur Verfügung, die den Einführungsaufwand massiv senken sollten. Auch wurden von SAP-Seite sehr viele weitere Investitionen in die Verbesserung der Support-Instrumentarien des Solution Manager vorgenommen. Anwender starteten immer mehr Projekte, um ihre Landschaften aneinander anzugleichen und zu harmonisieren, um so Prozessverbesserungspotenziale auszureizen.

Ende 2007 hatte SAP die neue SAP Business ByDesign-Lösung angekündigt, 2008 die Markteinführung allerdings um 18 Monate verschoben. Vielen Anwenderunternehmen stellten sich ganz andere Herausforderungen. Die Systeme, die nun vielfach über zehn Jahre eingeführt waren, benötigten Archivierungstechniken, mussten an die Herausforderungen der aktuellen Zeit angepasst werden. Veränderte Globalisierungsanforderungen, hohe Mengengerüste und Expansionen im Emerging Market verlangten immer mehr die schnellere Adaption und Transformation der SAP-Systeme in sich wandelnden Märkten. Vielfältig wurden nun Projekte aus dem Business-Bereich getriggert, und die IT musste Lösungsvorschläge machen, um diesen Anforderungen gerecht zu werden.

2008 – hohe Business-Anforderungen treiben die IT?

In der 2008 betriebswirtschaftlich getriebenen Änderungseuphorie, die zu vielen laufenden IT-Projekten geführt hatte, schlug die Weltwirtschaftskrise nun massiv auf die Budgets durch. Plötzlich war Skalierbarkeit gefragt. IT-Kosten mussten gesenkt werden und sollten sich dabei an den gesunkenen Umsatzzahlen der Geschäftsgebiete orientieren. Pauschale Kürzungen erwiesen sich als sehr schwierig, weil sie auch nach der Krise wieder das Hochfahren der IT erlauben müssen. Wichtige Projekte und Upgrades wurden verschoben. Die IT-Mitarbeiter mussten teilweise in Kurzarbeit gehen. Externe Berater, Lizenz- und Wartungskosten standen massiv auf der Streichliste.

2009 – richtig skalieren in der Wirtschaftskrise

1.2 Nutzung kontinuierlich intensivieren

Die historische Betrachtung zeigt, dass es kein »optimales« SAP-System geben kann, da immer wieder externe Marktfaktoren, interne Reorganisationen, Sonderthemen und Budgetrestriktionen auf die SAP-Anwendung einwirken und Anforderungen enteilen lassen. Dieser tendenziell chaotischen Änderungsdynamik können ein Unternehmen und seine IT-Abteilung nicht entgegenwirken – sie findet einfach statt. Bei einem starren SAP-System heißt die Konsequenz, dass die Systemnutzung zurückgeht, weil sich die Organisation und

Chaotische Änderungsdynamik

ihre Anforderungen verändert haben. Die Verantwortlichen müssen vielmehr lernen, mit ihr konstruktiv umzugehen. So schaffen übertriebene Komplexität und nicht beseitigte Altlasten neue Restriktionen, die eine schnelle Anpassung und Nachsteuerung des Systems immer stärker erschweren.

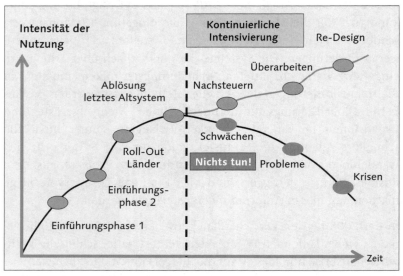

Abbildung 1.1 Nichts tun oder kontinuierliche Intensivierung?

Während der meist mehrstufigen Einführung steigt die Intensität der Nutzung eines SAP-Systems dadurch, dass immer mehr Anwender, Geschäftsprozesse und Länderorganisationen einbezogen und Altsysteme abgelöst werden. Anforderungsgerechte Adaption und Benutzerakzeptanz sind dann die Ziele, die gleichzeitig auf eine hohe Nutzungsintensität hinwirken.

Nutzungsintensität messen

Gemessen werden kann die Nutzungsintensität durch einen Mix an Indikatoren (siehe Kapitel 4 und Abschnitt 6.2.2), die den Nutzungsumfang auf Anwendungsebene und in den Geschäftsprozessen umfassend bewerten. Die Entwicklung der Nutzungsintensität kann dann positiv oder negativ weiterverlaufen. Es muss dann ein Soll-Nutzungspotenzial mit der Ist-Nutzung verglichen werden. Der problematische Effekt wäre, dass es innerhalb der produktiven Geschäftsprozesse bis hinunter zum SAP-bezogenen Arbeitsumfang eines Mitarbeiters zu einem Rückgang der Ist-Nutzung und damit der Intensität kommen kann. Die Gründe hierfür können vielfältig sein, die fallende Nutzungsintensität ist aber ein harter Früh-Indikator dafür, dass es Gestaltungsprobleme aufgrund von geänderten Anforderungen gibt.

Die Lösung dieses Problems heißt, die Nutzung kontinuierlich durch kleine und große Maßnahmen auf einem hohen und anforderungsnahen Intensitätsniveau zu halten: Für diese Default-Strategie sollte immer ein Grundbudget eingeplant werden, auch wenn andere strategische Ziele wichtiger erscheinen. Die Intensivierung stellt sicher, dass die Anpassungsfähigkeit hoch bleibt sich und durch die bessere Nutzung der Ressource SAP-System der Return on Investment erhöht.

Default-Strategie Intensivierung

Um schleichende Änderungen zu erkennen, ist die Nutzungsanalytik notwendig, die in Kapitel 2 und 3 vorgestellt wird. Besser sieht es aus, wenn Planungen und Maßnahmen bereits bekannt sind, die bestimmte Nutzungsänderungen mit sich bringen. Wer eine IT-Planung SAP-bezogen für das kommende Jahr zusammenstellen will, sollte die Auswirkungen auf die Nutzungssituation mit berücksichtigen:

Schleichende und geplante Nutzungsänderungen

- **Kontinuität**
  Welche Bereiche und Prozesse laufen weiter unter Volllast, da sie von keinen Änderungen betroffen sind?

- **Expansion**
  Ist bekannt, welche Geschäftsgebiete inzwischen die Aktivität erhöhen werden oder dies planen?

- **Rückgang**
  Gibt es Bereiche, die wegfallen oder deren Bedeutung im Folgejahr stark nachlassen wird?

Diese Einbeziehung und Bewertung der dynamischen Entwicklung erlaubt es, die IT-Ressourcen für Geschäftsprozesse und Anwendergruppen besser zu skalieren (siehe Abschnitt 5.2.1). Um einen möglichst guten Soll-Wert für eine Nutzungsplanung zu erhalten, sollten deswegen möglichst alle Aspekte der Nutzungssituation und ihrer Dynamik auf Planinformationen abgeprüft werden. Durch den Abgleich mit der Ist-Nutzung kann dann im Zeitverlauf die Intensität und damit der Erfolg der Maßnahmen besser verfolgt werden.

Dynamik in der Nutzung planen

Hier eine Checkliste für den Planungsprozess:

Wirkung von Reorganisationen
- Müssen Reorganisationen und Änderungen systematisch auf ihre Wirkung hin überprüft werden (siehe Abschnitt 5.2 und 6.2.2)? Besteht die Notwendigkeit, weitere Geschäftsprozesse in ähnlicher Weise zu reorganisieren? Gibt es Nachsteuerungsbedarf, den es durch Maßnahmen und Vorschläge schnell umzusetzen gilt, um den geänderten Anforderungen kurzfristig nachzukommen?

Verschiebungen bei Anwenderaktivitäten
- Wie sieht es mit den Veränderungen der Anwenderaktivitäten aus? Gibt es hier Verschiebungen, denen Rechnung getragen werden muss? Wie können eventuell Lizenzkosten aufgrund einer veränderten Anwendermannschaft eingespart werden (siehe Abschnitt 2.4)?

Support- und Betriebskosten
- Will ein Fachbereich vom IT-Manager Vorschläge, wie die Support- und Betriebskosten gesenkt werden können? Dies kann dadurch geschehen, dass man »teure« Anwender mit einer breiten, aber gelegentlichen Nutzung zu »günstigeren« Anwendern macht, wenn man ihren Funktionsumfang reduziert und ihre Nutzungsintensität erhöht (siehe Abschnitt 5.2.1).

Standardisierung und Harmonisierung
- Fachbereichsbezogene Initiativen zur Standardisierung und Harmonisierung (siehe Abschnitt 6.4 und 6.5): Gibt es jetzt die Chance durch Vorgaben und Richtlinien, alle Bereiche zu bestimmten Themen auf eine Linie zu bringen, um dadurch Kosten zu sparen?

Konsolidierung
- IT-Projekte zur Konsolidierung (siehe Abschnitt 7.2): Kann jetzt die Gelegenheit genutzt werden, kleinere Systeme und Subsysteme mit dem Hauptsystem zusammenzulegen beziehungsweise innerhalb der unterschiedlichen Länder- oder Geschäftsbereiche eine Harmonisierung der Nutzung zu erreichen?

Re-Design und Verbesserung
- Projekte zu Re-Design und Verbesserung von Geschäftsprozessen (siehe Kapitel 6 und Abschnitt 7.1): Gibt es bestimmte Anwendungsbereiche, die sich einer Analyse ihrer organisatorischen, prozessbezogenen oder zeitbezogenen Probleme unterziehen, um eine Prozessbeschleunigung zu erreichen und den Anteil manueller Aktivitäten zu reduzieren?

Alle diese Maßnahmen haben direkte und indirekte Wirkungen auf die Nutzungsplanung, entweder weil sie aktiv zu Änderungen führen, die verfolgt und verifiziert werden müssen, oder weil sie die Erhöhung der Nutzungsintensität selbst als Zielgröße haben. Diese

Fragestellungen haben den gleichen Ausgangspunkt und eine ähnliche Zielsetzung: Wie kann ich kontinuierlich, ausgehend von der aktuellen Situation, unter Einbeziehung der Planungen, zu einer intensiveren und verbesserten Nutzung der betriebswirtschaftlichen Unternehmenssoftware, hier SAP ERP, für Geschäftsprozesse kommen?

Bevor diese Grundüberlegung weiterverfolgt wird, sollte man die Gegenthese noch mal aufführen und klären:

> *Kann man eine Softwareanwendung einfrieren, nichts mehr investieren und die Intensität absinken lassen?*

Die Antwort auf die Frage, wie lange das gut gehen kann, scheinen viele Anwender experimentell ermitteln zu wollen, wenn sie jeglichen Change Request, Upgrades oder sonstige Projekte und Maßnahmen aufschieben oder streichen. Da der Anforderungsdruck aus dem Markt- und organisatorischen Wandel bestehen bleibt und nicht mehr nachvollzogen wird, zeigen auslaufende Anwendungen im Laufe der Zeit einen Rückgang an Anwender- und Prozessaktivitäten, der sich beschleunigt und über schlecht gepflegte Stammdaten oder Nutzungslücken in massiven Problemen eskaliert. Das System dünnt aus und ist ab einem gewissen Punkt nicht mehr zu retten, auch weil das Know-how bei den Mitarbeitern verloren geht. Man kann es vergleichen mit einer Individualentwicklung, deren Entwickler nicht mehr im Unternehmen weilen. Die erste größere Änderungsanforderung ist nicht mehr umsetzbar. Die verheerende Folge:

Auslaufende Anwendungen

> *Nach maximal drei Jahren kommt es in geschäftskritischen Bereichen zu Krisen, etwa nicht mehr erzeugbare Rechnungen, und das System ist nicht mehr vernünftig wart- und änderbar.*

Dieser Zeitraum ist eine Schätzung, die sich aus einigen Analysen ableitet, bei denen überalterte SAP-Systeme im Rahmen von Konsolidierungsprojekten auf eine zentrale Instanz überführt werden sollten.

Eine zweite Kategorie auslaufender Anwendungen ist in SAP-fernen Ländern hin und wieder zu finden; sie werden einfach nicht mehr gewartet. Kennzeichen sind: alter Releasestand, schlechte Performance bei Tabellenabfragen und keine Datenarchivierung. Solche Systeme kann man nur noch abschalten, da meist auch die Stammdatenqualität schlecht ist.

1.3 Zeitlose Software

Im IT-Umfeld wird sehr oft von einem *Lebenszyklus* für eine Unternehmenssoftware gesprochen. Meist meint man den Verbleib dieser Software im Unternehmen, der durch die Aktualität der Technologie oder auch durch die Schnelligkeit des Anforderungswandels eines Unternehmens an die Software bestimmt wird.

Kontinuierliche Erneuerung der Software

Diese Analogie zu einem Produktlebenszyklus passt allerdings kaum zum wirklichen Geschehen rund um eine moderne produktive Unternehmenssoftware. Während für die Systeme der 70er- bis 90er-Jahre (z. B. Copics von IBM, Comet von Nixdorf oder R/2 von SAP) eine maximal 15- bis 20-jährige Nutzungsphase unterstellt werden konnte, sieht es inzwischen anders aus. Es ist falsch, davon auszugehen, dass nach einer Softwareeinführung ein Softwaresystem gleich oder relativ ähnlich über viele Jahre fortgeführt wird. Die technologischen und organisatorischen Adaptionsfähigkeiten sind viel größer als früher. Das ERP-System unterliegt vielmehr einem massiven organisatorischen Wandel, den es richtig abbilden und verfolgen muss. Er wird durch die Unternehmensentwicklung oder Marktveränderungen mit ihren Turbulenzen befeuert. Auch erhält die Software »an sich« eine ständige Erneuerung mit jedem neuen Release. Dies beinhaltet auch neue Techniken, die im Laufe der Zeit nachgeliefert und eingebaut werden können. Beispielsweise sind RFID oder Mobile Devices in SAP ERP in den letzten Jahren hinzugekommen. Hierfür wird zurzeit von SAP der Begriff der *zeitlosen Software*[2] propagiert, die als Plattform die Grundlage für eine Anwendungslandschaft bietet, aber trotzdem kontinuierlich immer wieder mit Teilerneuerungen ergänzt werden kann.

Inkrementelle und disruptive Innovationen

Dieser inkrementellen Innovation einer »zeitlosen« Software steht die sprunghafte oder »disruptive« Innovation eines fundamentalen Technologiesprungs gegenüber. »Disruptiv« bedeutet, dass eine neue technologische Plattform mit völlig neuen Möglichkeiten und Grundlagen nicht in der Kontinuität ihrer Vorgängersoftware steht. Letztlich können aus der alten Lösung nur die Anwendungsdaten gerettet und auf das Zielprodukt übertragen werden, um schließlich die völlig neuen betriebswirtschaftlichen Möglichkeiten oder Technologien verwenden zu können. Genau diese Frage stellt sich ab 2011 vielen

---

2 Vgl. [Sikk09].

SAP-Anwendern – ist ihre SAP Business Suite, die auf der R/3-Software aus dem Jahre 1992 basiert, am Ende eines Lebenszyklus, oder haben die inkrementellen Verbesserungen der letzten Jahre diese Software zeitlos gemacht? Auf der anderen Seite bietet SAP mit ihrer neuen Software *SAP Business ByDesign* einen Sprung auf eine neue technologische Plattform an. Eine völlig neue Software wird zur Verfügung stehen, mit einem völlig neuen Geschäftsmodell: Software als Service bzw. als On-Demand-Lösung oder in irgendeiner Hybridform.

In solchen technologischen Übergangszeiten kommt es zu einem klassischen Entscheidungsproblem für den CIO. Soll er die Aktivität in der »alten« SAP ERP 6.0-Version, die vor ein bis zwei Jahren aktualisiert worden ist, herunterfahren oder einstellen und auf die neue Lösung warten? Wir meinen nein! Jeder verantwortliche Projektleiter, CIO, CEO oder Organisationsleiter sollte unterstellen und so agieren, dass sein Unternehmen mit der SAP-Lösung noch mehrere Jahre arbeiten muss und das Investment, dass er in die Konfiguration und in die Anpassung an die Unternehmensanforderungen geleistet hat, sich amortisieren kann.

Investition intensiv nutzen

Es ist davon auszugehen, dass viele Anwender noch in zehn Jahren mit der existierenden R/3-Kernsoftware arbeiten werden. Dass sie parallel damit beginnen können, in bestimmten kleineren Teilbereichen oder neuen Geschäftsgebieten neue Komponenten basierend auf SAP Business ByDesign zu nutzen, ist dazu kein Widerspruch, sondern eine Aufforderung an SAP, diese Koexistenz-Szenarien zu ermöglichen. Es werden bis zum kompletten Übergang noch viele weitere Jahre vergehen, in denen es keine Handlungsalternative gibt zur verbesserten, intensiveren Nutzung der aktuellen Softwarelandschaft.

Es wäre geradezu fatal, die aktuelle Anwendung treiben zu lassen und die Maßnahmen zur Qualitätssteigerung und zur Intensivierung der Nutzung zurückfahren zu wollen. Denn auch bei einem Übergang in eine neue Softwaregeneration ist ein hohes Einsatzniveau die beste Voraussetzung für einen schnellen Sprung und einen schnellen Wandel.

Hohes Einsatzniveau

1.4 Nutzungskennzahlen zur Unternehmenssteuerung

Es stellt sich konsequenterweise die Frage, wie die Qualität der Anwendung und ihre Nutzungsintensität gemessen werden können. Es liegt die Vermutung nahe, dass derartige Nutzungskennzahlen einer integrierten Unternehmenssoftware eine wichtige Informationsquelle für die Unternehmensführung darstellen.

Mit der Verfügbarkeit und dem Einzug einer breiten betriebswirtschaftlichen Softwarebibliothek[3] wie z. B. dem SAP-System als Grundlage für die Informationsverarbeitung hat sich auch die Unternehmenssteuerung in den letzten Jahrzehnten stark verändert. Bestand die Schwierigkeit früher darin, detaillierte Informationen als Entscheidungsgrundlage zu erhalten, steht ein Chief Operating Officer (COO) heute vor dem Problem, aus einer Fülle von Informationen die geeigneten Daten auszuwählen und richtig interpretieren zu müssen.

Durch die breitere und intensivere Nutzung von ERP-Systemen wie SAP ERP hat auch ihre Bedeutung und Repräsentativität für die Unternehmensorganisation und damit für die Unternehmenssteuerung zugenommen. Geht man davon aus, dass in den 90er-Jahren viele Geschäftsprozesse und -daten noch außerhalb von SAP-Lösungen lagen, hat sich der relative Abdeckungsgrad für viele Unternehmen im letzten Jahrzehnt deutlich erhöht. Dies zeigt sich einerseits daran, wie sich der Lösungsumfang von SAP ERP erweitert hat und die Softwareanbieter wie SAP zunehmend neue Themen wie CRM oder Business Intelligence in den Marketingfokus genommen haben. Es kann aber auch aus uns vorliegenden Nutzungsanalysen[4] der letzten zehn Jahre insbesondere für Deutschland und USA nachvollzogen werden, dass Anwenderunternehmen nach der Ersteinführung immer weitere Abwicklungen auf ihr SAP-System übertragen haben.

Prozess- und IT-Indikatoren

Um kontinuierlich über die Situation und die Potenziale des Unternehmens im Bilde zu sein, kann der COO neben betriebswirtschaftlichen Kennzahlen auch Prozess- und IT-Indikatoren einbeziehen. Dies sind beispielsweise Daten über Nutzung, Strukturen, Stabilität,

---

3 Vgl. [Hufg94].
4 Seit dem Jahr 2000 wurden von IBIS Prof. Thome AG weltweit mehr als 800 SAP-Systeme analysiert.

Risiken, Skalierbarkeit und Adaptionsfähigkeit der IT. Demnach soll ein quantitativ-monetäres Kosten- und Ergebnis-Controlling durch quantitative nicht-monetäre Bewertungen der Prozessleistung angereichert werden. Dabei handelt es sich beispielsweise um Durchlaufzeiten und Servicegrade oder Informationen über Kunden, Partner und Produkte. Die Fachwelt postuliert *Business Process Management* (BPM) als den Lösungsansatz für eine neue Form der Geschäftsprozessgestaltung und -verbesserung. Es wird der Aufbau eines »Process Dashboards«[5] empfohlen. Was ist davon zu halten?

Für eine erfolgreiche Unternehmenssteuerung mit BPM ist zunächst das richtige Messkonzept als Basis entscheidend. Empfehlenswert ist, eine Bestandsaufnahme der aktuellen Prozessnutzung durchzuführen, um Transparenz und Überblick über die aktuellen Prozesse zu gewinnen. Das bedeutet, dass die hier postulierte Nutzungsanalyse auch Ausgangspunkt für jeden BPM-Ansatz ist.

Prozessnutzung messen

Nachdem die Prozesse identifiziert sind, sollten die Analysen auf Basis der Business-Intelligence-Werkzeuge mit den Prozessstrukturen synchronisiert werden. So ist gewährleistet, dass die betriebswirtschaftlichen Kennzahlen die gleiche Perspektive haben. Dabei geht es um Fragen wie: Welche Werte werden in einem Prozess bewegt? Wie sind Kosten, Wertschöpfung und Profit zu beurteilen?

Kennzahlen nach Prozessen strukturieren

Als nächster Schritt steht die kontinuierliche Verbesserung der Prozesse im Unternehmen an. Zu berücksichtigen gilt es dabei, dass BPM nur die Forderung aufstellt, die Leistung der Geschäftsprozesse zu messen, um sie zu steuern. Was betriebswirtschaftlich sinnvoll ist und was gemessen werden sollte, unterscheidet sich je nach Unternehmen. Beispielsweise kann eine Verkürzung der Durchlaufzeit in einem Unternehmen der Königsweg, in einem anderen jedoch kontraproduktiv sein. Diese Unterschiede machen es schwer, mit einem fertigen Konzept in die Umsetzung zu gehen. Zyklische Ausrichtung und Anpassung des Messkonzepts sind in jedem Fall notwendig.

Messkonzept individualisieren

Business Process Management liefert den richtigen organisatorischen Ansatz zur Gestaltung, Steuerung, und Verbesserung von Geschäftsprozessen. Allerdings müssen Inhalte und Messkonzept kontinuierlich auf die Situation und Strategie abgestimmt werden, damit der Chief Operating Officer die richtigen Entscheidungsgrundlagen

Prozessnutzungsanalytik: Bestandteil von BPM

---

5 Vgl. [Snab09]. S. 147.

erhält. Bestandteil von BPM muss deshalb eine intelligente Prozessnutzungsanalytik sein (siehe Abschnitt 8.4).

Mehr Semantik macht Nutzungsanalyse möglich

Eine Nutzungsanalyse kann genauso vielfältig sein wie eine klassische betriebswirtschaftliche Analyse, wenn es eine entsprechende Datengrundlage und Merkmale zu analysieren gibt. Es können Input- oder Outputgrößen in den Vordergrund gestellt und Gestaltungsfaktoren einbezogen werden, oder man versucht, einzelne Organisationen herauszuziehen. Der Grund für die gesteigerte Vielfalt ist, dass in einer SAP-Anwendung immer mehr betriebswirtschaftliche Merkmale und Semantik miterzeugt werden. Das »Mehr« bezieht sich auf die neueren Releases, gilt aber auch gegenüber anderen kleineren ERP-Systemen, die deutlich weniger betriebswirtschaftlichen Kontext dokumentieren.

Vergleicht man die Felder der Tabelle *Kundenauftragspositionen*, verfügt SAP ERP über knapp 50 % mehr Felder als Microsoft Dynamics Navision 5.0. Was die Bedeutung noch verdeutlicht, ist die enorme betriebswirtschaftliche Varianz, die in Feldern wie *Positionstyp* mit 240 Standardwerten oder *Bedarfsart* mit 44 Standardwerten steckt. Hierbei multiplizieren sich die Prozessvarianten aus, und es gibt viel zu analysieren.

Vergleichswerte Positionen im Kundenauftrag	Microsoft Dynamics NAV 5.0	SAP ERP 6.0
Anzahl Felder	159	234 (ohne Includes)
Beispiele für semantische Felder (Anzahl der Standardwerte)	Belegart (6) Art (6) Buchungsgruppe Projektnummer Verfahren Rahmenauftragsnummer Vorauszahlung Spezialauftrag Reklamationsgrundcode	Positionstyp Vertriebsbeleg (240) Positionsart (6) Materialgruppe Bewertungsart Kontierungstyp Bedarfsart (44) Vorgängervertriebsbelegtyp Retourengrund Kalkulationsschema

Tabelle 1.1 Felder und Werte der Tabelle »Auftragspositionen« von SAP ERP 6.0 im Vergleich mit Microsoft Dynamics Navision 5.0

1.4 Nutzungskennzahlen zur Unternehmenssteuerung

Ein wichtiger Basisblock der Nutzungsanalysen bezieht sich auf das Anwendungsmanagement. Dort geht es, ausgehend von Systemaktivitäten, um operative Kennzahlen der Systemnutzung, die allerdings auch Grundlage sind für jede Bewertung auf betriebswirtschaftlicher Ebene. Im Anwendungsbereich dominieren sehr stark Kennzahlen und Betrachtungen, die sich mit den Elementen eines IT-Supports in Richtung Fachabteilung beschäftigen, um Fehler und Probleme zu beseitigen. Sehr intensiv wird dort verfolgt, wie schnell auf Problemstellungen oder Benutzeranfragen reagiert wird. Sehr gründlich durchleuchtet ist auch der Bereich der Systemressourcen und der technischen IT-Systemkennzahlen, die sich mit Antwortzeiten oder mit dem Ressourcenverbrauch beschäftigen. Meist fehlen aber die hier geforderten und vorgestellten Nutzungskennzahlen (siehe Kapitel 2), die flächendeckend oder anwenderbezogen auch die »normale« Nutzung scannen. Pointiert formuliert, konzentrieren sich viele Werkzeuge der Anwendungsanalyse nur auf die »negativen« Nutzungsprobleme, was zu der fatalen Schlussfolgerung führen könnte, dass ein problemlos funktionierendes System auch eine nutzenstiftende SAP-Anwendung wäre. Das stimmt leider nicht! Denn dass in einer Anwendung, die kaum mehr verwendet wird, auch keine oder weniger Probleme gemeldet werden, ist naheliegend. Demnach müssen Problem- und Support-Meldungen auch immer mit Nutzungskennzahlen korreliert werden.

Positive Anwendungsnutzung

Im Sinne des Business Process Managements konzentriert sich der zweite Analysebereich der Nutzungsanalyse auf die Leistungszahlen der Geschäftsprozesse. Dort liefert sie als Input Kennzahlen etwa zum Anwenderprofil, Effizienzquoten oder quantitative Outputleistungen wie geänderte Auftragspositionen. In sich zerfällt dieser Bereich der Geschäftsprozesse in die Darstellung der leistungsbezogenen Kennzahlen und in den Bereich der gestaltungsorientierten Informationen, die es erlauben, die Effizienz, Effektivität oder Excellence von Organisation und organisatorischen Abläufen zu bewerten.

Leistungszahlen der Geschäftsprozesse

Fach- und Projektverantwortliche oder der *Process Owner* können in diesem Bereich zusätzliche Erkenntnisse gewinnen und von der analytischen Parallelperspektive der Nutzungsanalyse profitieren. Wenn Umsatzerlöse nicht verhältnismäßig zu den eingesetzten Mitteln sind, dann besteht dort Handlungsbedarf und Kosteneinsparungspotenzial. Umgekehrt, wenn es bestimmte Konfigurationsvarianten oder Prozessvarianten gibt, die nicht genutzt werden, erlaubt das

Zweite Perspektive

Rückschlüsse auf schleichende Anforderungsänderungen im Geschäftsprozess.

Die zweite Perspektive leistet auch einen neuen Beitrag zur Unternehmenssteuerung, insbesondere für Organisationsbereiche, für deren Leistungsmessung und Lenkung Kostenkennzahlen allein nicht ausreichen.

> **Beispiel für Fragestellungen der Nutzungsanalyse: Effizienz der Auftragserfassung über unterschiedliche Vertriebskanäle**
> - Welche Vertriebskanäle erzeugen mehr Kundenauftragspositionen, also auch mehr Erfassungs- und Bearbeitungsaufwand?
> - Wie hoch ist der Anteil von manuellen Änderungen durch Kunden oder interne Gründe?
>
> Beide Informationen zusammen erlauben es, die »Prozesskosten« der Kundenauftragsabwicklung nach Geschäftsarten zu unterscheiden. Geschäftsarten, die relativ viele Positionen oder Änderungen verursachen, sind ineffizienter. Eine Kostenumlage nur nach Anzahl der Kundenaufträge oder Umsatzerlöse verschleiert diesen Sachverhalt.

Gründe für Vernachlässigung der Nutzungsanalyse

Ein Grund für die bisherige Vernachlässigung dieser Perspektive mag in der nicht unmittelbaren Bedeutung für das operative Tagesgeschäft liegen. Sinnvollerweise sollte man einen Analysezeitraum von mindestens drei Monaten betrachten, um auch eine belastbare und aussagefähige Datengrundlage des Nutzungsverhaltens zu besitzen. Weitere Ausflüchte mögen fehlende Zuständigkeiten oder die Hoffnung sein, die Nutzungsinformationen über andere betriebswirtschaftliche Auswertungen zu erhalten, was aber nicht funktioniert.

In Abbildung 1.2 sind einige Einsatzszenarien aufgeführt, die zwischen der Betriebswirtschaft und der Softwarelösung bzw. dem IT-System liegen und durch die Nutzungsanalyse erreicht werden. Die dunklen Felder sind durch SAP-Werkzeuge gut abgedeckt. Die hellen Bereiche sind Handlungsfelder, in denen die Nutzungsanalyse weiterhilft. Die Analyseblöcke der Geschäftsprozesse und Anwendungsebene sind nur bezüglich weniger Handlungsfelder durch die SAP-Standard-Tools bestückt. Das mag daran liegen, dass es sich um Aufgaben handelt, die nur das Anwenderunternehmen selbst voranbringen kann. Eine Reorganisation oder die Intensivierung der Nutzung sind Aufgaben in der Domäne des Anwenders, nicht des Softwareherstellers.

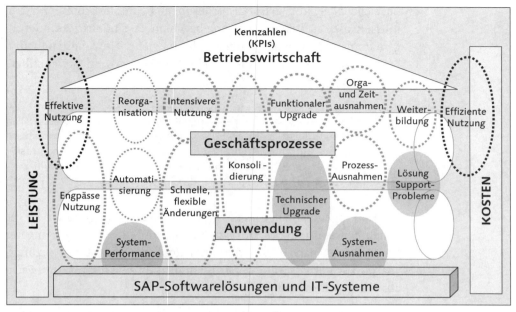

Abbildung 1.2 Analysebereiche der Nutzungsanalyse als Übersetzer zwischen Betriebswirtschaft und IT-Lösungen

Die Zukunft der Unternehmensführung liegt in der Steuerung der Ablauforganisation auf Basis der IT. Die Nutzungsanalyse IT-getriebener Geschäftsprozesse und der Anwendung schlägt eine Brücke zwischen der Systemwelt der IT über den Pfeiler der Geschäftsprozessnutzung hin zur anderen Seite der Kosten- und Erlöskennzahlen.

Brückenschlag

1.5 Sieben Grundsätze der Nutzungsanalyse

Nicht zuletzt aus den bisher genannten Gründen wollen immer mehr Unternehmen eine systematische werkzeugbasierte Nutzungsanalyse von SAP-Systemen einsetzen. Grundsätzlich ist dies eine positive Entwicklung, denn die Alternativen hießen: Befragungen oder Sonderauswertungen. Beide gemeinsam haben die Probleme des hohen Analyseaufwands und der mangelnden Vollständigkeit. Doch wie soll man starten, und welche Grundprinzipien müssen beachtet werden?

Die Transaktionsanalyse ist ein sinnvoller Ausgangspunkt, um die Nutzung eines SAP-Systems zu evaluieren. Allerdings gilt es zu beachten, dass diese Methode bereits über zehn Jahre alt ist. Und seitdem

Startpunkt Transaktionsanalyse

hat sich viel getan! Die Herausforderungen heute sind komplexer und müssen alle Facetten der Nutzung beachten. So sind Prozessänderungen immer schwieriger durchzuführen, wenn Nutzungsdaten und Dokumentationen nicht die Wechselwirkungen und Seiteneffekte richtig aufzeigen.

> **Beispiel für die falsche Interpretation einer Transaktionsnutzung**
> Paradoxerweise legen mehr als 30 % der Anwender mit der Transaktion VA01 (Kundenauftrag anlegen) nie einen Kundenauftrag an, sondern sie arbeiten in einem völlig anderen Kontext, weil sie etwa eine Gutschriftsanforderung erfassen.

Die Heterogenität in der Prozessnutzung bei Multiorganisationen, die zunehmende Breite der Prozessvarianten und die Globalisierung der Prozessnetze machen dringend eine moderne, adaptive Nutzungsanalyse zur Verbesserung der Kommunikation zwischen IT- und Fachabteilungen notwendig.

Methodenüberblick

Vor diesem Hintergrund sind die sieben Grundsätze einer »ordnungsgemäßen« Nutzungsanalyse von SAP-Systemen als Methodenüberblick entwickelt worden. Auf Basis dieser Grundsätze können SAP-Anwenderunternehmen alle Marktangebote für Nutzungsanalysen, sei es werkzeugbasiert oder servicebasiert, leichter bewerten und auch die aktuellen Möglichkeiten erkennen:

1. **Vollständigkeit**
   Die Anforderung an eine Nutzungsanalyse muss sein, alle Aspekte der Nutzung eines Systems darzustellen. Dies sind – neben Transaktionen – auch organisatorische Gestaltung, Verwendung von Stammdatenfeldern, Steuerung funktionaler Verfahren, Geschäftsprozesse und -vorfälle sowie analytische Aspekte. Daneben darf die softwarenahe Perspektive mit ihren Erweiterungen, Veränderungen und Einstellungen des SAP-Systems – dem Customizing – nicht fehlen (siehe Kapitel 2 und 3). Die Vollständigkeit kann am besten verifiziert werden, wenn eine Nutzungsanalyse gegen eine Referenzstruktur läuft und eben alle diese Aspekte dort zu finden sind (siehe Abschnitt 5.1).

2. **Nachvollziehbarkeit und Differenzierbarkeit**
   Für die ermittelten Kennzahlen und Daten müssen die Details und die Zugriffe geklärt werden können, um im Zweifelsfall ein Ergebnis nachvollziehen zu können. Auch das Zeitfenster der Analyse

muss präzise und ohne Unschärfen definiert sein, sonst sind die Kennzahlen nicht vergleichbar. Auch muss es möglich sein, für Teilorganisationen oder Benutzergruppen Ergebnisse und Vergleiche zu erhalten, insbesondere um die Nutzungs(plan)werte nicht nur für die IT, sondern auch für die Fachbereiche verwendbar zu machen (siehe Abschnitte 4.2, 5.1.3, 5.2 und Kapitel 6).

3. **Maßnahmenorientierte Analytik**
Hier ist die Aufbereitung und Interpretation der Daten entscheidend. Das heißt, Analyseergebnisse müssen zu Erkenntnissen verdichtet und Erkenntnisse in Maßnahmen umgesetzt werden können – etwa um in der Vorbereitung eines Upgrades bestimmte Bereinigungen im System vorzunehmen oder aber gezielt Nutzerschulungen durchführen zu können (siehe Kapitel 6).

4. **Daten-Clearing und Datenschutz**
Insbesondere im deutschen Raum ist es nicht erlaubt, User-Namen auszulesen. Darüber hinaus sollten betriebswirtschaftliche Datenfelder, die Geldwerte beinhalten, nicht ausgewertet werden. Die Werkzeuge für die Nutzungsanalysen sollten Anonymisierungs- und Pseudonymisierungstechniken einsetzen, die am besten von einem Datenschutzbeauftragten abgesegnet wurden (siehe Abschnitt 2.4).

5. **Projektthemen-Orientierung**
Die Ergebnisse einer Analyse sollten für eine Zielgruppe und für ein Problem inhaltlich aufbereitet sein, beispielsweise das Thema eines Projekts. Geht es um ein Upgrade, um Prozessverbesserungen, um Harmonisierung oder um eine Ausgliederung von Unternehmensteilen? Je nach Szenario sind unterschiedliche Inhalte entscheidend.

6. **Definierte Analysepakete**
Eine Analyse bezieht sich einerseits auf einen bestimmten Inhalt, der zu einem definierten Umfang und Aufwand evaluiert werden kann, andererseits auf zusätzliche Projektleistungen, die die Ergebnisse einem Projektteam, einer IT- oder Fachabteilung zielorientiert und umsetzungsorientiert zur Verfügung stellen.

7. **Schnittstellen zu SAP- und anderen Werkzeugen**
Ganz wichtig ist, dass die Analyseergebnisse nicht in einem Papierdokument hängen bleiben, sondern weitergegeben und weiterverarbeitet werden können. Empfänger sind integrative Implementie-

rungs- und Operationswerkzeuge wie der SAP Solution Manager oder andere Tools für das Business Process Management (BPM, siehe Kapitel 8).

Die Grundsätze fassen die Ziele zur operativen Umsetzung und Verwendung einer Nutzungsanalyse noch einmal zusammen. Sie werden in den folgenden Kapiteln immer wieder angesprochen und sind insbesondere die Checkliste für die entsprechenden Werkzeuge.

1.6 Intelligente Analytik und Interpretation

Bis zu diesem Punkt wurden viele Argumente vorgetragen, die eine quantitative Betrachtung einer Geschäftsprozess- oder Anwendungsnutzung notwendig und wichtig erscheinen lassen. Allerdings sind für eine Bewertung und insbesondere die Interpretation ein reines kennzahlenbasiertes Aufbereiten, Bewerten und Evaluieren der Ergebnisse nicht ausreichend.

Profiling

Die Anreicherung von Kennzahlen wird in Theorie und Praxis auch als *Profiling*[6] bezeichnet: »Denn damit Kennzahlen zu einer wirklichen Informationsquelle und damit zu einer sicheren Entscheidungsbasis werden, sind durch geschickte Methodik lediglich ihre Entstehungsverhältnisse und ihr Beziehungsgeflecht transparent zu machen.«

Perspektiven

Aus diesem Grund müssen zunächst einmal folgende vier Perspektiven der Nutzungsanalyse unterschieden werden:

- Erkennen
- Strukturieren
- Verbessern
- Transformieren

---

[6] Studie Business Intelligence: Schulze, Jan: *Nackte Zahlen reichen nicht*. In: Computerwoche Online vom 4.12.2009. In: *http://www.computerwoche.de/software/bi-ecm/1912106/* (Seitenaufruf am 20.5.2010). Immer mehr Unternehmen stellen die Aussagekraft reiner Kennzahlen infrage und wollen BI (Business Intelligence) durch Interpretationshilfen erweitern, so eine Studie der Unternehmensberatung Coreintelligence.

Damit können für die jeweilige Perspektive eigenständige analytische Ansätze und Inhalte formuliert werden, die eine maßnahmenorientierte Interpretation erlauben.

1.6.1 Erkennen

Die Kapitel 2 bis 4 beschreiben das *Erkennen* der wirklichen Nutzung eines Systems. Sicherlich sind dafür prozentuale Kennzahlen geeignet, die beispielsweise den Anteil der individuellen und der Standardtransaktionen gegenüberstellen, aber man kommt nicht ohne absolute Zahlen aus, die uns einen Einblick in die inhaltliche Breite oder auch die Intensität der Anwendung vermitteln, wie in Tabelle 1.1 durch die absolute Anzahl an Anwendern und Belegen auf Monatsbasis ersichtlich.

	Dialog-anwender	Belege gesamt ø Monat	Automatisierungsgrad	Belege/Anwender ø Monat
Hauptbuch	39	651250	97,0 %	501
Kreditorenbuch	33	43459	86,1 %	183
Debitorenbuch	22	37296	93,1 %	117
Anlagenbuch	4	255	89,0 %	7
Zahlungsverkehr	24	6718	89,1 %	14

Tabelle 1.2 Mischung von prozentualen und absoluten Kennzahlen

Unentbehrliches Element für eine Nutzungsbewertung sind auch Listen und detaillierte Darstellungen mit Attributen zur weiteren fachlichen und organisatorischen Differenzierung. Einerseits bietet sich das Element einer Top-und-Low-Liste an, um die Extremwerte zum Beispiel von Transaktionen oder von bestimmten Lieferpositionstypen deutlich werden zu lassen (siehe Abbildung 3.8). Wichtig sind in diesem Zusammenhang auch einige Schlüsselkriterien, um bei der Listbearbeitung eine Filterung und Analyse zu unterstützen.

Darstellungsmethoden zur verbesserten Interpretation

Zusammenfassend lässt sich für die Anforderung, die Nutzung zu erkennen, formulieren, dass wir von der Top-Ebene der Schlüsselindikatoren (dargestellt in Tabelle 1.1) bis auf die Detail-Ebene der einzelnen Analysethemen jeweils unterschiedliche Darstellungsmethoden und Aufbereitungen benötigen. Eine Analyse, die unterschiedlichen Zwecken gerecht werden muss, kann nicht nur eine hoch verdichtete Kennzahl liefern, sondern muss auch bis in die Aufbereitung ihrer Basiswerte in den Details das Analyseziel im Auge behalten. Die Interpretation der einzelnen Werte kann im Vorhinein allgemein, aber nicht vollständig und kundenspezifisch vorgedacht, sondern es müssen auch logische Querverbindungen einbezogen oder alternative analytische Herleitungen eingebaut werden. Jede Herleitung führt die wichtigsten relevanten Kriterien mit sich, um die Faktoren auch redundant miteinander zu korrelieren. So können Besonderheiten, die nicht unbedingt offensichtlich sind, besser erkannt werden. Im Unterschied zum Data Mining gibt es eher selten das Problem, etwas Neues im Zusammenhang zu entdecken. Vielmehr müssen Widersprüche in den Nutzungsdaten aufgedeckt und eine Interpretation mehrfach abgesichert werden können. Das folgende Beispiel zeigt, warum für die richtige Interpretation mehrere Herleitungen benötigt werden:

> **Beispiel: Wieso gibt es nur 21 Dialog-User, die Kundenaufträge erfassen, aber 450 User, die Kundenaufträge ändern?**
>
> Interpretationsmöglichkeit 1: Es liegt eine ineffiziente Abwicklung vor, weil sehr viele nachträgliche Änderungen notwendig sind.
>
> Interpretationsmöglichkeit 2: Die meisten Aufträge kommen über Schnittstellen herein und haben als »Erfasser« das vorgelagerte E-Commerce-System. Dort erfassen die Kunden die Aufträge selbst, sodass die Anzahl der Ändernden wieder ins Bild passt.
>
> Um die richtige Interpretation zu erhalten, müssen beide Kontextinformationen vorliegen und geprüft werden. In diesem Beispiel waren beide Interpretationen teilweise zutreffend, da auch die E-Commerce-Aufträge viele ineffiziente Änderungen notwendig machten.

Bedeutung und Bewertung Bedeutung und Bewertung sind weitere grundsätzliche Probleme einer Kennzahl. Was sagt sie aus? Was bedeutet es, wenn eine Kennzahl größer oder kleiner als ein bestimmter Vergleichswert ist? Wo sind ihre Grenzwerte zwischen gut und schlecht? Diese Fragen müssen immer mit großem Aufwand beantwortet werden. Der ermittelte Wert bedarf der Einordnung, seine zeitliche Dynamik und Störfaktoren müssen offengelegt werden können, sonst bleibt eine Kennzahl nicht verwert- und vergleichbar.

Störfaktoren Die fünf wichtigsten Störfaktoren sind in Abbildung 1.3 dargestellt. Der *Integrationsgrad* und die *Individualität* müssen über die Analyse der Systemerweiterungen und der Prozessintegration über Schnittstellen gegengeprüft werden (siehe Kapitel 4). Systemunordnung unterstellt eine nicht sachgerechte Verwendung von SAP-Elementen entgegen ihrem ursprünglichem Zweck (siehe Fallbeispiel unten) und ist ein Maß für nicht oder wenig genutzte Anwendungsobjekte, Stammdaten oder Prozessdaten, die aufgeräumt werden sollten. Der Ausbildungsstand schließlich ist ein Einflussfaktor, der zu häufige manuelle Aktivitäten in einem anderen Licht erscheinen lässt.

Abbildung 1.3 Störfaktoren für Kennzahlen der Nutzungsanalyse

Störfaktoren und die organisatorischen Besonderheiten machen auch die Verwendung von statistischen Verfahren nur dosiert möglich. Die Akzeptanz bei Fachanwendern im Workshop endet mitunter schon, wenn man die Werte von zwei Organisationen vergleichen möchte oder Gesetzmäßigkeiten wie die Standardabweichung als Grundlage für eine Bewertung heranzieht. Es kann dann heißen: »Wir sind nicht vergleichbar«, »Bei uns gelten andere Vorausetzungen« oder »Es gibt hier kein Problem«.

Kennzahl ohne Kontext ist wertlos

> **Fallbeispiel: Vorgeblich 40 % überfällige Lieferungen**
>
> Bei einem Organisationsvergleich ergab sich, dass eine Teilorganisation bei den im Kundenauftrag vereinbarten Lieferterminen in über 40 % der Geschäftsvorfälle überfällig war. Die Kennzahlen waren richtig, und andere Bereiche hatten hier wesentlich bessere Werte. Allerdings stellte sich im Workshop heraus, dass diese Teilorganisation den Wert einfach nicht »ernst« nahm, weil sie in ihrer Transportkette zwei bis fünf Tage Verspätung auffangen konnte.
>
> Unabhängig davon, ob diese Vorgehensweise diskussionswürdig ist, heißt es, dass bestimmte Werte für Vergleiche »entstört« werden müssen. Im konkreten Fall könnte der Wert mit einer entsprechenden Toleranz von fünf Tagen versehen werden.

Demgegenüber wird es besser verstanden und interpretierbar, wenn mehrere Vergleichswerte zu einem Thema gegenübergestellt werden und semantische bzw. klassifizierende Methoden wie die ABC-Analyse eingesetzt werden. In letzter Konsequenz lautet die Erkenntnis: Der Kontext ist wichtiger als die Zahl, und umgekehrt ist jede Kennzahl ohne Kontext wertlos. Sie lässt mitunter mehr Fragezeichen zurück, als dass die Frage beantwortet wurde.

1.6.2 Strukturieren

Kapitel 5 zeigt, wie sich die Analytik nicht nur an Kennzahlen, sondern auch an *Referenzstrukturen* orientieren kann. Um mehr Kontext aus den einzelnen Nutzungswerten aus system- und betriebswirtschaftlicher Sicht zu erhalten, bietet sich etwa das *Business Process Repository* (BPR) des SAP Solution Manager an, das Geschäftsprozesse bis hinunter zu SAP-Transaktionen hierarchisiert (siehe Abschnitt 5.1.1), um damit das Anwendungsmanagement zu strukturieren. Aus Sicht der Nutzungsanalyse handelt es sich dabei um Evaluierungsstrukturen, die jeweils einer bestimmten Perspektive gewidmet sind.

Abbildung 1.4 zeigt eine Prozessreferenzstruktur mit Kennzahlen und Attributen. Die Nutzungswerte zeigen auch die Anzahl der Anwender und die Organisationen auf. Aspekte wie Belege, Transaktionsaufrufe und inaktive Elemente werden entlang dem Prozessablauf aufgereiht.

Struktur	RBE Plus Wert	Anzahl Benutzer	Anzahl Orgelemente	Aktivierungsstatus	Kategorie des Prüfschritts
Geschäftsprozesse				aktiv	Identifizierend
Kreditorenbuchhaltung				aktiv	Identifizierend
IBIS-Transaktionen					Informativ
Wie viele offene Kreditorenbelege wurden gebucht?	1969	7	20	aktiv	Identifizierend
Wie viele ausgeglichene Kreditorenbelege wurden gebucht?	27909	6	20	aktiv	Identifizierend
Anzahlungsanforderung buchen				inaktiv	Identifizierend
Geleistete Anzahlung buchen				inaktiv	Identifizierend
Eingangsrechnung buchen				aktiv	Identifizierend
BPR-Transaktionen					
FB60 (Erfassung eingehender Rechnungen)	89	5		aktiv	Informativ
IBIS-Transaktionen					
F-43 (Kreditoren Rechnung erfassen)	908	7		aktiv	Informativ
FB10 (Re/Gu Schnellerfassung)	0	0		inaktiv	Informativ
F-63 (Rechnung Kreditor vorerfassen)	0	0		inaktiv	Informativ
F-66 (Gutschrift Kreditor vorerfassen)	0	0		inaktiv	Informativ
F-41 (Kreditoren Gutschr. erfassen)	0	0		inaktiv	Informativ
FV65 (Vorerfassung eingehender Rechnungen (4.6))	0	0		inaktiv	Informativ
FV60 (Vorerfassung eingehender Rechnungen (4.6))	28662	13		aktiv	Informativ
FV63 (Vorerfassten Kreditorbeleg anzeigen)	14849	35		aktiv	Informativ
FB65 (Erfassung eingehender Gutschriften (4.6))	0	0		inaktiv	Informativ
Wie viele offene Eingangsrechnungen wurden in FI gebucht?	682	7	20	aktiv	Identifizierend
Wie viele ausgeglichene Eingangsrechnungen wurden in FI gebucht?	16308	6	20	aktiv	Identifizierend
Kreditorenposten anzeigen				aktiv	Identifizierend
Anzahlungsverrechnung buchen				inaktiv	Identifizierend
Zahlungsprogramm ausführen				aktiv	Informativ

Abbildung 1.4 Prozessreferenzstruktur mit Kennzahlen und Attributen (Quelle: IBIS RBE Plus für Solution Manager)

Im betriebswirtschaftlichen Bereich sind Referenzstrukturen üblicherweise Prozessmodelle, die allerdings, um der Vollständigkeit zu genügen, auch um Funktions-, Stammdaten-, Customizing- und Integrationsaspekte angereichert sein müssen (siehe Abschnitt 5.1.2). Mit einer strukturbasierten Analyse können einige analytische Herausforderungen besser gemeistert werden. Neben der mehrfachen Absicherung von Einzelwerten durch den Strukturkontext können auch Soll-Werte und Soll-Konzepte einbezogen werden, sodass es Interpretationsrichtungen und Aussagen für Business und IT gibt, was ein unschätzbarer Vorteil für das Business IT Alignment (siehe Abschnitt 5.1.4) ist.

Referenzstrukturen

1.6.3 Intensivieren

In Kapitel 6 geht es um die dritte analytische Herausforderung: die Verbesserung und Intensivierung der Nutzung. Welche Methoden werden hierfür benötigt? Was sind die Ansatzpunkte?

Methodisch gesehen, basieren Verbesserungsanalysen auf dem Herausarbeiten interessanter oder problematischer Sachverhalte nach einem bestimmten Suchmuster. Beispielsweise ist das *Bereinigen* von nicht genutztem vorhandenen Customizing oder von kundenspezifischen Entwicklungen eine eigene spezielle Kennzahl. Zusätzlich sind die Erkenntnisse aber auch eine spezifische Aufbereitung in Listform wert, die es erlaubt, eine Relevanzbewertung und Nachbearbeitung der einzelnen Elemente durchzuführen. Das *Reduzieren* wiederum beschäftigt sich mit Randbereichen der Nutzung, in denen es darum geht, ob eine geringe Nutzung ein hinreichender Hinweis auf eine geringe Bedeutung oder eine Unwirtschaftlichkeit einer bestimmten Prozessabwicklungsform ist (siehe Abschnitt 6.1).

Bereinigen und Reduzieren

Kennzahlen oder Analysen, die sich mit *Potenzialen* beschäftigen (Abschnitt 6.2), müssen ein Soll-Konzept bereithalten und beinhalten, beispielsweise kann man der Struktur der Zielreleases die Ist-Situation gegenüberstellen. Es kann sich um spezielle Potenzialmesswerte handeln, wie den Automatisierungsgrad, die schon durch ihre Inhalte das Potenzial zeigen. Leider sind solche Key-Performance-Indikatoren selten, weil Potenziale meist in übergreifenden Zusammenhängen versteckt sind. Deswegen sind Matrix-Beziehungen, die zwei oder vier KPIs darstellen (siehe Abbildung 1.5), wesentlich aussagekräftiger und weniger störanfällig für Sondersituationen.

Von Kennzahlen zur Matrix-Analyse

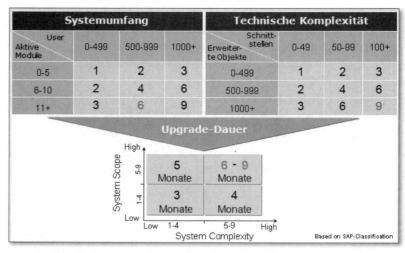

Abbildung 1.5 Matrix-Analyse der Upgrade-Komplexität in Abhängigkeit von vier Faktoren (Quelle: IBIS RBE Plus CIO-Summary)

Verbesserungen

Die analytischen Methoden im Rahmen der Verbesserungssuche müssen immer spezieller oder kundenspezifischer gestaltet werden können, d. h., sie können vorgedacht werden, müssen aber adaptierbar sein. Die *Standardisierung* hängt sehr stark von den Soll-Konzepten ab, die der Kunde als relevant ansieht. Die *Harmonisierung* beginnt damit, die beste Lösung aus Sicht des Kunden zu identifizieren und in ähnlichen Bereichen und Prozessen einzubringen. So basieren die Ansätze der Prozessharmonisierung, des Benchmarkings und des periodischen Zeitvergleichs schlicht und einfach auf einer spezifischen Vergleichsanalytik:

- Verglichen werden können Organisationen und Geschäftsbereiche, um herauszufinden, wo die bessere Umsetzung zu finden ist.
- Verglichen werden können auch im Zeitverlauf zwei Situationen, um herauszufinden, wo es eine Tendenz zum Besseren oder zum Schlechteren gibt.

Anpassbare, vergleichende Analytik

Die Verbesserungsanalytik bedient sich einer anpassbaren, vergleichenden Analytik. Sie arbeitet bestimmte Sachverhalte besonders heraus, nutzt gezielt die Gegenüberstellung der Ergebnisse, um besser und schlechter zu identifizieren. In Einzelfällen ist es auch möglich, relative Schwellwerte zu setzen oder bei Überschreitung bestimmter Grenzwerte einen Analysealarm zu hinterlegen. Allerdings ist diese Methode nicht immer belastbar, wenn sie zu ungenaue

Meldungen produziert. In Einzelfällen kommt es (wiederum) sehr stark auf den Kontext des konkreten Systems in der konkreten Situation des konkreten Kunden an. Das heißt, Schwellwerte und Alerts müssen kundenspezifisch und situativ bewertet und gegebenenfalls neu bestimmt werden.

Die Verbesserungsanalytik für die *Prozessqualität* hat den Vorteil der größeren Anzahl der Geschäftsvorfälle, die sie als Grundlage für ihre Bewertung betrachtet. Dieser Messansatz wird mit der sogenannten *Ausnahmenanalyse* unternommen, die normale Geschäftsvorfälle von Geschäftsvorfällen unterscheidet, die eine organisatorische, prozessbezogene oder zeitbezogene Ausnahme verursacht haben (siehe Abschnitt 6.3). Auch diese Methode hat ihre Tücken, da es im einzelnen Unternehmen Normalfälle gibt, die unerwünscht sind, oder Ausnahmen erscheinen, die doch einen betriebswirtschaftlichen Zweck verfolgen. Auch hier muss die Analytik adaptierbar sein, sie ist aber »toleranter« gegenüber Einzelfällen aufgrund der breiteren Datengrundlage.

Sicherlich wünschenswert wäre hier die Verwendung von wissensbasierten Methoden wie *Case-based Reasoning* (CBR) oder fallbasiertem Schließen. Doch ähnlich wie bei den statistischen Verfahren sind die Ursache-Wirkung-Beziehungen nicht immer harte Constraints, mitunter eben mehr heuristische Suchschemata und mit vielfältigen Störfaktoren belegt. Die sogenannten Prüfschritte und -fälle, kombiniert mit der Evaluierungslogik von Referenzstrukturen der RBE Plus-Methoden, sind immer noch der am weitesten gehende Ansatz (siehe Abschnitt 5.1.2). Ein weiter fortgeschrittener Einsatz regelbasierter Techniken würde hier noch ein deutlich größeres Investment in Werkzeuge und Inhalte verlangen, das nur SAP leisten könnte.

Case-based Reasoning

1.6.4 Transformieren

In Kapitel 7 wird die analytische Nutzungsanalyse für eine in die Zukunft gerichtete Aufgabe herangezogen, da eine Nutzung transformiert werden soll. Eine Transformation ist eine dreifache Problematik. Einerseits beginnt sie damit, dass die Ausgangssituation für das Transformationsziel korrekt beschrieben wird, andererseits muss sie die Transformation selbst unterstützen und schließlich das Ergebnis der Transformation daraufhin überprüfen, ob es die gesetzten Ziele erreicht hat.

Transformationsaufgaben

Konkret heißt dies, dass die Nutzungsanalytik in diesen Transformationsaufgaben mehrfach und sehr unterschiedlich anwendbar sein muss: So muss eine Nutzungsanalyse im Rahmen des Re-Designs zunächst einmal Designwerkzeuge, üblicherweise Tools zum Business Process Management, mit der aktuellen Nutzungssituation vertraut machen. Das Ziel ist eine automatische Ist-Analyse, die die entsprechenden Informationen liefert, um ein Re-Design, zum Beispiel auf Prozessmodellebene, möglichst effizient zu unterstützen. Wiederum nimmt die Aufgabe der Konsolidierung komplexer SAP-Landschaften ihren Ausgangspunkt in der Nutzungserkenntnis, aber auch in der Verbesserung, wie der Reduktion und der Bereinigung der zu konsolidierenden Systeme, um unnötige Abgleichs- oder Neueinführungsaufwände zu vermeiden. Ganz allgemein kann die klare Erkenntnis der Nutzungsausgangslage ein Katalysator für Business-Transformationen sein, der es erlaubt, geschäftsmodellorientiert, ausgehend von Unternehmensstrategien, sehr schnell Änderungen durchzuführen und das SAP-System an die gewünschten Ziele heranzuführen.

1.6.5 Werkzeuge

In Kapitel 8 schließlich wird deutlich, dass unterschiedliche Analyseinstrumentarien zur Verfügung stehen, um die gesetzten Ziele zu erreichen. Für die Durchführung der Nutzungsanalyse im eigenen Unternehmen sind Werkzeuge oder Services erforderlich, die in erster Linie über die Bereitstellung der relevanten und vollständigen Inhalte definiert werden sollten, die im Laufe eines Jahres für verschiedenste Projektstellungen benötigt werden. Eine adaptive Nutzungsanalytik stellt sich die richtigen Werkzeuge auf der Grundlage der relevanten Inhalte zusammen.

2 Fachanwender verstehen – Nutzung erkennen: Analyse der Anwendungsebene

Die Diagnose der Nutzung des SAP-Systems sollte aus mehreren Blickrichtungen Ergebnisse zusammenbringen und zeigen. Die Kennzahlen liefern die »Blutwerte«, und die Strukturanalysen (siehe Kapitel 5) sind wie ein »Röntgenbild« der Anwendung und ihrer Geschäftsprozesse. Mit der Verbindung von beiden sollte eine objektive Faktenbasis geschaffen werden, die eine Bewertung der Systemgestaltung und der wirklichen Verwendung durch den Fachanwender ermöglicht. Der Betrachtungszeitraum kann hier zwischen einem Quartal und einem Jahr variieren. Die so gewonnenen Erkenntnisse können zu sofortigen Maßnahmen führen oder müssen weiter beobachtet werden.

Mit der Betrachtung der Ist-Situation ist schon auf der globalen Anwendungsebene die Forderung verbunden, nicht nur die Systemnutzung (siehe Abschnitt 2.2) zu betrachten, sondern auch kritische Gestaltungsmaßnahmen wie die Systemerweiterungen (siehe Abschnitt 2.3) einzubeziehen. Um den Anwender einzubeziehen, müssen Benutzer und Rollen (siehe Abschnitt 2.4) validiert werden, und es darf auch eine Analyse von Risikofaktoren nicht fehlen, da diese sehr wichtig für das Durchleuchten der Anwendung im Ganzen ist (siehe Abschnitt 2.5).

Anwendungsmanagement durchleuchten

> **Hinweise zu Zahlen und Werten in den Darstellungen in Kapitel 2 und 3**
>
> Die Daten stammen aus RBE Plus-Projekten der letzten Jahre und sind realistisch. Sie wurden aus Gründen der Vertraulichkeit vermischt und verändert, um keinen Rückschluss auf das einzelne Unternehmen zu ermöglichen. Alle Benchmarks basieren ebenfalls auf realen Projekten, sind allerdings eher für relativ große SAP-Anwender repräsentativ.

2.1 Vorüberlegungen zur Anwendungsanalyse

ITIL fordert proaktive Maßnahmen

Auch die *Information Technology Infrastructure Library* (ITIL)[1] als De-facto-Standard des IT Service Managements (ITSM) unterstreicht den Wandel der Informationstechnologie in Unternehmen hin zu einem Business IT Alignment. ITIL wurde als Referenzmodell zur Planung, Überwachung und Steuerung von IT-Services entwickelt, um die bestmögliche Unterstützung der Geschäftsprozesse eines Unternehmens zu gewährleisten. Service, als ein Kernbegriff, wird im Rahmen von ITIL als eine Möglichkeit gesehen, einen Mehrwert für Kunden (interne bzw. externe Organisationseinheiten) zu erbringen, indem angestrebte Ergebnisse erleichtert oder gefördert werden. Allerdings darf dies nicht nur reaktiv erfolgen. Die IT muss in der Lage sein, die Servicequalität durch proaktive Maßnahmen zu verbessern und dadurch zum Initiator einer kontinuierlichen Verbesserung der Services und demzufolge zu effizienteren und effektiveren Geschäftsprozessen zu werden.

Für die zeitnahe und aktive Verbesserung der Servicequalität spielen Analysewerkzeuge eine wichtige Rolle. Sie bilden die Basis für die zwei wesentlichen Aspekte dynamischer Systeme: Feedback und Lernen. Nur über sie ist eine kontinuierliche Verbesserung von Funktionen, Prozessen und Organisationen im Sinne von ITIL zu erreichen. In diesem Rahmen kann die Nutzungsanalyse im Anwendungsmanagement einen wichtigen Beitrag zur stetigen Steigerung der Servicequalität der IT-Abteilung leisten.

Systemverwaltung

Leider ist die Systemebene eines SAP-Systems mit ihren technischen Log-Dateien, Protokollen und Monitoren nicht hinreichend, um auch nur annähernd ein vollständiges Bild der Nutzungslage zu erhalten. Die Ursache für dieses Manko liegt in der Tatsache, dass diese Werkzeuge der Systemverwaltung hierfür nicht geschaffen worden sind. Die Aufgabenstellung einer betriebswirtschaftlichen Nutzungsanalyse kam erst 1999 ernsthaft auf.[2]

---

1 Zu Einführung und Überblick siehe: www.itil.org.
2 Damals startete ein Kooperationsprojekt zwischen SAP und IBIS unter Leitung des Autors, um die Umsetzung der Reverse Business Engineerings in R/3 zu überprüfen. Ergebnis der Kooperation war das Analysetool *Reverse Business Engineer*, das bis zum Release 4.6C von R/3 erstmalig eine strukturierte Nutzungsanalyse ermöglichte.

Das Anwendungsmanagement der Infrastruktur eines Systems sollte grundsätzlich den operativen Anforderungen aus den Geschäftsprozessen entsprechen. Da die Geschäftsprozesse einem permanenten Wandel unterliegen, muss auch die Systeminfrastruktur an den Wandel angepasst werden, d. h., neue Elemente kommen hinzu, bestehende werden geändert, und unnötige sollen zurückgenommen werden, um Fehler- und Risikopotenzial zu minimieren.

Manche Angebote und Anbieter auf dem SAP-Markt suggerieren, dass eine reine Betrachtung der Transaktionen über die wirkliche Nutzung einer SAP-Anwendung Auskunft gäbe. Das ist leider nicht so. Dieser Ansatz greift schlicht und einfach zu kurz. Da SAP-Systeme vielschichtig sind, sollte eine Analyse über ihre Nutzung mehr beinhalten als nur einen Faktor wie die SAP-Dialog-Transaktionen. Die reine Transaktionsanalyse ist zu schlicht, denn:

Transaktionsanalyse ist zu schlicht

- Nicht jede Nutzung ist transaktional nachzuweisen.
- Umgekehrt beweist der Aufruf einer SAP-Transaktion nicht immer eine echte Nutzung.

Hinzu kommt, dass sich individuelle Entwicklungen nicht nur durch individuelle Kundentransaktionen ausdrücken lassen und nicht jede Kundentransaktion ein Problem darstellt. Wer also Key-Performance-Indikatoren (KPIs) lediglich auf der Basis einer Transaktionsanalyse errechnet, bewegt sich auf dünnem Eis.

Es ist deshalb angebracht, SAP-Anwenderunternehmen von zu schlichten Formen der Transaktionsanalyse abzuraten, wenn sie mögliche Einsparpotenziale untersuchen wollen. Aussagekräftige Nutzungsanalysen auf Anwendungsebene sollten immer über eine Transaktionsanalyse hinausgehende Informationen einbeziehen. Beispielsweise müssen die (anonymisierten) User, die Transaktionen ausführen, untersucht und klassifiziert werden, um eine belastbare Auskunft über die Nutzung zu erhalten.

Unzulässige Vereinfachung

Darüber hinaus sollten auch Erweiterungen und andere technische Komponenten berücksichtigt werden. So lassen sich die Transaktionen auch in ihrer Relevanz einordnen. Auch sind (individuelle) Transaktionen nicht gleich zu gewichten: Nicht alle benötigen zwei Tage Testaufwand im Rahmen eines Upgrades. Letztlich kann eine Transaktion nur ein erster Aspekt zur Bewertung der Systemnutzung sein, deren Interpretation sollte stets mit Vorsicht und Know-how erfolgen.

2.2 Systemnutzung

Produktivitäts-matrix

Einen ersten Überblick kann folgende Zusammenstellung von Nutzungsdaten in Form einer Matrix bieten. Die Spalten der sogenannten *Produktivitätsmatrix* verbinden – soweit verfügbar – die Anzahl aktiver Dialogwender, die als aktiv erkannten Nutzungsobjekte mit dem Automatisierungsgrad und der sich umgekehrt daraus ergebenden Anzahl von manuell pro Anwender erfassten Objekten. In dieser ersten übergreifenden Darstellung sind die beiden wichtigsten Organisationselemente, drei zentrale Belegarten und die beiden Kennzahlen zu Transaktionen und Reports auf Anwendungsebene zusammengestellt.

	Dialog-anwender	Objekte	Automa-tisierungs-grad	Objekte/Anwender Ø Monat
Buchungskreise (genutzt)	n.v.	522 (13,5 %)	n.v.	n.v.
Werke (genutzt)	n.v.	148 (9,3 %)	n.v.	n.v.
Verkaufsbelege	89	7.904 Ø Monat	39,0 %	57
Einkaufsbelege	74	10.205 Ø Monat	60,5 %	53
Hauptbuchbelege	39	654.640 Ø Monat	97,2 %	503
Genutze Transaktionen	2.542	2.240	5,2 %	3.508
Genutzte Reports	1.632	991	75,4 %	636

Tabelle 2.1 Produktivitätsmatrix als Überblick zur Systemnutzung (Quelle: IBIS RBE Plus 2010)

Bei dem in Tabelle 2.1 analysierten Kundensystem handelt es sich um einen großen Mischkonzern. Bemerkenswert hoch sind die Automatisierungsgrade in der Belegverarbeitung. Bei den Organisationseinheiten ist der Nutzungsgrad demgegenüber erstaunlich niedrig.

Zum tieferen Verständnis der Produktivitätsmatrix, die noch mehrfach in der Darstellung der Fachbereiche auftauchen wird, sollte zunächst die Bedeutung der einzelnen Spalten und Zeilen dargestellt werden:

- **Spalten der Produktivitätsmatrix**
  - *Dialoganwender*
  Anzahl der Personen, die im Analysezeitraum Belege erfasst bzw. Transaktionen oder Reports ausgeführt haben. Die Kennzahl ist Grundlage für die Bewertung der Arbeits- und Wissensverteilung im Prozess.
  - *Objekte*
  Die Kennzahl bezieht sich bei Organisationseinheiten auf alle vorhandenen Objekte (Buchungskreise, Werke etc.). Bei Belegen werden monatliche Durchschnittswerte dargestellt. Bei Transaktionen und Reports werden alle im Analysezeitraum aufgerufenen Objekte ermittelt.
  - *Automatisierungsgrad*
  Der Automatisierungsgrad errechnet sich aus dem Anteil an Belegen oder Positionen, die von einem Systemuser, von einem Dialoganwender mit Massenverarbeitungstransaktionen (z. B. Dauerbuchungs-, Abschreibungslauf) oder in vorgelagerten bzw. angrenzenden Modulen gebucht wurden.

  Die Automatisierung wird somit durch die Prozessintegration aus Vorgängerbelegen, Datenintegration über Schnittstellen oder systembasierte Massentransaktionen bestimmt und gibt indirekt den Restanteil manueller Aktivitäten wieder.
  - *Objekte/Anwender ø Monat*
  Durchschnittliche Anzahl der Belege bzw. Dialogschritte von Transaktionen oder Reports, die von einem Dialoganwender manuell und monatlich gebucht bzw. aufgerufen wurden. Die Kennzahl korreliert negativ mit der Komplexität der manuellen Vorgänge.
- **Zeilen der Produktivitätsmatrix**
  - *Verkaufsbelege*
  Zusammenfassung folgender Belege: Aufträge, Rahmenverträge, Anfragen, Angebote und Positionsvorschläge (siehe Tabelle 3.3)
  - *Einkaufsbelege*
  Zusammenfassung der Belege: Bestellungen, Kontrakte, Lieferpläne, Lieferantenanfragen und Lieferantenangebote (siehe Tabelle 3.2)

2.2.1 Aufbauorganisation

Scorecards der Analysethemen

Um aus unterschiedlichen Perspektiven einzelne Analysethemen zu überschauen und zu bewerten, wird die Scorecard verwendet. Für die Betrachtung der Aufbauorganisation werden Benutzer und die wichtigsten vier Organisationselemente auf Gültigkeit und Aktivität hin geprüft. Falls die Kennzahlen auffällig sind, aktivieren sie einen Alarm.

Abbildung 2.1 Nutzungsgrade in der Aufbauorganisation
(Quelle: IBIS RBE Plus 2010)

Aufbau-organisation

Folgende Auffälligkeiten weist die Scorecard zur Aufbauorganisation auf:

- **Anteil aktiver Benutzer < 90 % (68,0 %)**
  Bei gültigen Benutzerkennungen, die über einen längeren Zeitraum nicht genutzt werden, besteht ein erhöhtes Risiko der missbräuchlichen Verwendung. Zudem fallen eventuell Lizenzkosten für Benutzer an, die das System nicht oder nur rudimentär nutzen. Aus diesen Gründen müssen Benutzer regelmäßig hinsichtlich ihrer Aktivitäten im System und damit ihrer Relevanz überprüft werden.

- **Bebuchte Werke (9,3 %)**

- **Bebuchte Einkaufsorganisationen (50,0 %)**
- **Bebuchte Buchungskreise (13,5 %)**
  Die Relevanz nicht verwendeter Organisationseinheiten muss überprüft werden. Es muss sichergestellt werden, dass nicht benötigte Organisationen nicht verwendet werden können (z. B. im Berechtigungskonzept).

Die Dimension Benutzer und Gruppen in der Scorecard zur Aufbauorganisation verfügt über folgende Teilkomponenten:

- **Gültige Benutzer im Mandanten**
  alle Anwender, deren Benutzerstammsatz im Analysezeitraum gültig war
- **Davon aktiv**
  Alle Anwender, die im Analysezeitraum Transaktionen oder Reports ausgeführt haben. Da es sein kann, dass Anwender, die im Analysezeitraum aktiv waren, auch im Analysezeitraum gelöscht wurden, kann der Anteil aktiver Anwender in Ausnahmefällen über 100 % liegen.
- **Verwendete Benutzergruppen im Mandanten**
  Benutzergruppen, denen Benutzer zugeordnet sind
- **Davon aktiv**
  Benutzergruppen, denen Benutzer zugeordnet sind, die im Analysezeitraum Transaktionen oder Reports ausgeführt haben

2.2.2 Ablauforganisation

Nach der Darstellung der Aufbauorganisation folgt in jedem BWL-Buch unmittelbar das Kapitel über die Ablauforganisation, über deren Schwerpunkte wir auf dieser globalen Anwendungsebene einen ersten Eindruck gewinnen sollten. Um einen ersten globalen Blick auf die Ablauforganisation zu erhalten, ist es sinnvoll, die Mengengerüste von Bewegungsdaten in Abbildung 2.2 anhand wichtiger Belegarten aufzuführen. Die Ressourcen und Marktbeziehungen können grob über die Anzahl wichtiger Stammdaten eingeschätzt werden. Abbildung 2.2 versucht diese Mengengerüste in einer sinnvollen Darstellung zu arrangieren, die man als ein »Anwendungsszenario« bezeichnen kann. Wir sehen zwar noch keine Geschäftsprozesse, doch wir sehen immerhin die monatlichen Produktionszahlen des Betriebsmittels »SAP-Anwendung«.

Ablauforganisation und Ressourcen

2 | Fachanwender verstehen – Nutzung erkennen: Analyse der Anwendungsebene

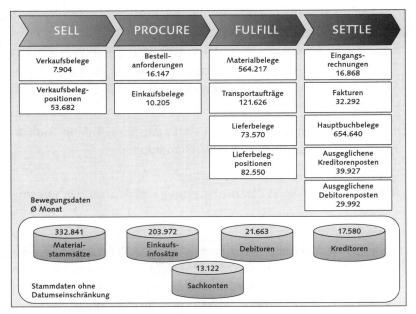

Abbildung 2.2 Mengengerüste wichtiger Stamm- und Bewegungsdaten auf Anwendungsebene, gegliedert nach dem Ablauf Logistik-to-Cash (Quelle: IBIS RBE Plus 2010)

2.2.3 Transaktionen

Aufgaben erkennen

Als eine nächste Ebene, die man im weitesten Sinn als *Aufgaben* in der SAP-Anwendung bezeichnen kann, kommen die *Transaktionen* in den Fokus. Sie repräsentieren eine Zusammenfassung durchaus umfangreicher Benutzerinteraktionen mit mehreren Schritten, die bestimmte Geschäftsobjekte, wie den Kundenauftrag oder einen Buchungssatz, anlegen, ändern oder auch nur anzeigen. Der Sinn einer Transaktion ist es, die technische Klammer zwischen Benutzeroberfläche (Dynpro) und Verarbeitungsprogramm zu bilden. Wie aus Tabelle 2.2 ersichtlich ist, haben bei Weitem nicht alle Transaktionen eine betriebswirtschaftliche Bedeutung. So können hier nur die 1.639 betriebswirtschaftlichen Transaktionen eine Aufgabe sein, die es näher zu betrachten gilt. Bei den 366 Kundentransaktionen müssen wir diese Einordnung noch vornehmen.

Dialogintensität der Anwendung

Für die Betrachtung der Transaktionen als technisches Element der Interaktionen mit dem SAP-System vertieft die Matrix in Tabelle 2.2 die Anwendungssicht. Die 2.240 genutzten Transaktionen werden in ihrer Anzahl und ihrer Dialoglast heruntergebrochen. Man sieht sehr gut, dass die 16 % kundenindividuellen Transaktionen mit 29 % der Dialoglast relativ intensiver genutzt werden als die Standardtransaktionen.

	Transaktionen	Dialogschritte pro Monat
Alle genutzten Transaktionen	2.240 (100 %)	9.311.159 (100 %)
SAP-Transaktionen	1.874 (84 %)	6.655.826 (71 %)
davon bwl. Transaktionen	1.639	6.245.831
davon Systemtransaktionen	232	408.453
davon nicht zuordnebar	3	1542
Kundentransaktionen	366 (16 %)	2.655.334 (29 %)
davon direkt ausgeführt	366	2.655.334
davon indirekt ausgeführt	0	0

Tabelle 2.2 Transaktionsnutzung und Dialogintensität (Quelle: IBIS RBE Plus 2010)

Die Matrix der Transaktionsnutzung und Dialogintensität hat folgende Dimensionen:

- **Dialogschritte pro Monat**
 Gesamtzahl der Dialogschritte für die Ausführung von Transaktionen pro Monat. Der Wert könnte höher als erwartet ausfallen, da jeder Dynpro-Aufruf als Dialogschritt gezählt wird und sich ein Transaktionsaufruf somit aus mehreren Dialogschritten zusammensetzen kann. Die Kennzahl zeigt die Dialogintensität der Benutzer mit dem SAP-System.

- **Alle genutzten Transaktionen**
 Anzahl der insgesamt ausgeführten Transaktionen im Analysezeitraum. Diese Kennzahl beschreibt die Nutzungsbreite des Systems. Eine Transaktion klammert eine Folge betriebswirtschaftlich zusammenhängender Aktionen, die entweder Daten beschaffen oder manipulieren.

  - *SAP-Transaktionen*
   Anzahl der insgesamt ausgeführten SAP-Standardtransaktionen im Analysezeitraum. Diese Kennzahl beschreibt die Nutzungsbreite des SAP-Standards.

- *davon betriebswirtschaftliche Transaktionen*
  Als betriebswirtschaftliche Transaktionen werden diejenigen definiert, die einer anderen SAP-Anwendungskomponente als »Basis« (BC) zugeordnet sind.
- *davon Systemtransaktionen*
  Als Systemtransaktionen werden diejenigen definiert, die der SAP-Anwendungskomponente »Basis« (BC) zugeordnet sind.
- *davon nicht zuzuordnen*
  SAP-Transaktionen, die keiner Anwendungskomponente zugeordnet sind, können nicht eindeutig als betriebswirtschaftliche oder Systemtransaktionen identifiziert werden. Beispiele hierfür sind etwa Transaktionen in speziellen Namensräumen (Branchenlösungen, Add-on-Produkte etc.).
- *Kundentransaktionen*
  Anzahl der insgesamt ausgeführten kundenindividuell entwickelten Transaktionen im Analysezeitraum. Diese Kennzahl beschreibt die Nutzungsbreite der Individualentwicklungen.
- *davon indirekt ausgeführt*
  Indirekt aufgerufene Kundentransaktionen wurden durch eine andere Transaktion aufgerufen. Gerade ihre Analyse ist sehr schwierig und darf nicht vernachlässigt werden, da ansonsten Transaktionen als »nicht genutzt« bewertet werden, obwohl sie indirekt zu Ausführung gelangt sind.

Mitunter hilfreich können Performancemessungen der Transaktionen sein, die sich auf Antwortzeiten, CPU- und Datenbankzeit beziehen. Darauf aufbauend, sollten allerdings keine falschen Anreize über »Kosten nach Verbrauch« gesetzt werden, die zu einer geringeren Nutzung als gewünscht und sinnvoll führen (siehe Abschnitt 5.2.1).

2.2.4 Anwender

Nutzungsbreite der Anwender

Spätestens jetzt sollte die Perspektive wieder auf die Anwender gerichtet werden, die diese Anwendungsaufgaben wie Transaktionen einsetzen. Neben der Frage nach der Wissensverteilung, d. h., wie viele Anwender eine bestimmte Transaktion kennen und verwenden (siehe Abschnitt 4.1), wird die Frage nach der Nutzungsbreite der Anwender durch die Anzahl der unterschiedlichen Transaktionen bestimmt, die sie jeweils verwendet haben. Tabelle 2.3 offenbart, dass im Beispielunternehmen ein Anwender durchschnittlich 15 Transaktionen bedient. 50 % der Anwender kennen aber nicht mehr als acht Transaktionen. Dies ist ein sehr niedriger Wert, denn in der Vergleichsgruppe – Spalte *Panel* – liegt der 50-%-Wert (Median) bei 15 Transaktionen. Unser Unternehmen ist demnach arbeitsteiliger und spezialisierter organisiert als die Vergleichsgruppe. Aber Achtung, dies ist nur ein erster Hinweis. Eine Detailanalyse der Gruppe von Anwendern mit 2–20 Transaktionen sollte mehr Klarheit schaffen.

Dialoganwender nach Anzahl genutzter Transaktionen	Projekt	Panel
Anw. mit 1 Transaktion	151 (6 %)	213 (10 %)
Anw. mit 2-20 Transaktionen	1876 (74 %)	1284 (62 %)
Anw. mit 21-50 Transaktionen	378 (15 %)	446 (22 %)
Anw. mit 51-100	110 (4 %)	106 (5 %)
Anw. mit >100 Transaktionen	27 (1 %)	21 (1 %)
ø Transaktionen pro Anwender/Median	15/8	17/15

Tabelle 2.3 Nutzungsbreite der Anwender (Quelle: IBIS RBE Plus 2010)

Die Nutzungsbreite weist insbesondere folgende Auffälligkeit auf: Der Anteil Anwender, die nur eine Transaktion nutzten, liegt bei 6 %. Dialoganwender, die über einen längeren Zeitraum nur eine Transaktion ausgeführt haben, sollten hinsichtlich ihrer Relevanz für das SAP-System überprüft werden. Grundsätzlich sollten Anwender mit einem eingeschränkten Nutzungsumfang bezüglich ihrer Aufgabenzuordnung untersucht werden.

Die Nutzungsbreite der Anwender hat folgende Dimensionen:

- **Dialoganwender nach Anzahl genutzter Transaktionen**
  Es werden nur ERP-Transaktionen (SAP- und Kundentransaktionen) betrachtet, die von Dialoganwendern ausgeführt wurden.
- **ø Transaktionen pro Anwender/Median**
  Der *Median* bezeichnet die Grenze zwischen den oberen 50 % und den unteren 50 %. Er erlaubt es, die Verteilung der Nutzungsintensität unter den SAP-Anwendern zu ermitteln. Wenn der Median

signifikant von der Norm abweicht, weist dies auf eine heterogene Grundgesamtheit mit einigen Anomalien hin. In diesem Fall ist der Median nicht repräsentativ für die Grundgesamtheit.

Für eine genauere Analyse müssen die Detaildaten herangezogen werden – in Abbildung 2.3 angedeutet durch die Liste der anonymisierten Benutzer mit der Anzahl der von ihnen im Analysezeitraum verwendeten Transaktionen. Die Grafik zeigt, wie sich die Verteilung der circa 4.800 Anwender darstellt.

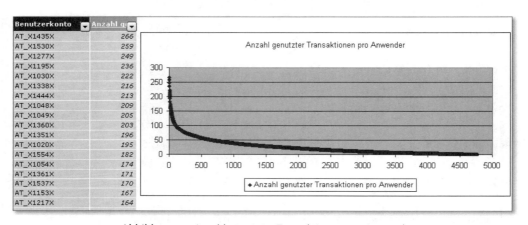

Abbildung 2.3 Anzahl genutzter Transaktionen pro Anwender (Quelle: IBIS RBE Plus 2010)

Steckbrief Für eine erste Bewertung der Systemnutzung auf Anwendungsebene sollten schon mehrere Aspekte – wie hier ausschnittsweise dargestellt – einbezogen werden. Diese »Grobanalyse« gibt ein erstes Lagebild, das ein SAP-Experte oder IT-Mitarbeiter zum Einstieg benötigt. Es ist ein Steckbrief für alle Interessierten, die ein bestimmtes SAP-System kennenlernen müssen und nur eine Stunde Zeit haben. Als passende und korrespondierende Referenzstrukturen sind die IT-orientierten Referenzstrukturen zu empfehlen (siehe Abschnitt 5.1.1).

2.3 Systemerweiterung

Dringlichkeit einer Nutzungsbewertung Die entwicklungsorientierte Sicht auf die Systeminfrastruktur sollte an sich kein primäres Thema der (betriebswirtschaftlichen) Nutzungsanalyse sein, doch liefert sie die Klassifizierung, ob ein genutztes Objekt von SAP oder aus Kundenhand stammt. Die Analysepraxis hat hier gezeigt, dass der Bedarf und die Dringlichkeit einer Nutzungsbewertung für Kundenobjekte besonders hoch und auch die Erkennung von »Störfaktoren« in der Nutzungsbewertung – wie z. B. Schnittstellen – besonders wichtig sind.

Deswegen wendet sich dieses Kapitel auch an Nicht-Basisexperten, um gerade bei CIOs, Projektleitern und Fachanwendern für etwas mehr Verständnis zu werben, diesen etwas schwer zugänglichen, entwicklungsnahen Bereich nicht zu übersehen.

2.3.1 Kundenerweiterungen

Als Einstieg dienen die Kundenreports, die neben und hinter Kundentransaktionen stehen, weil sie als Verarbeitungsprogramme direkt oder indirekt aufgerufen werden können. Davon differenziert werden müssen *Queries*, dabei handelt es sich um relativ einfache Auswertungen zur Ad-hoc-Informationsgewinnung.

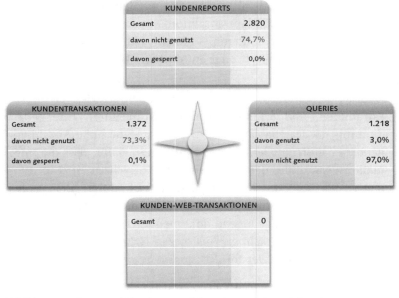

Abbildung 2.4 Scorecard Kundentransaktionen, -reports und Queries (Quelle: IBIS RBE Plus-Potenzialanalyse 2010)

Gemäß Abbildung 2.4 hat unser Beispielkunde 4.192 (Summe Kundentransaktionen und -reports) mehr oder weniger wichtige Dialog- und Verarbeitungsprogramme selbst entwickelt. Das ist richtig viel!

Millionen-Investment

Dahinter steckt ein Millionen-Investment in viele Ergänzungs- und Eigenentwicklungen, das – wie wir sehen – nur noch zu gut einem Viertel eingesetzt wird. Doch Achtung, wir wissen noch nicht, von welcher Tragweite diese Entwicklungen sind. Es können »vergessene« Datenmigrationsprogramme, einfache Transaktionskopien mit wenigen Eingabefeldern, aber auch richtig große Kundenlösungen dahinterstecken. Um mehr zu erfahren, müssen wir noch tiefer gehen.

Folgende Auffälligkeiten weist die Scorecard zu Kundentransaktionen, -reports und Queries auf:

- **Anteil nicht genutzter Kundenreports (74,7 %)**
  Der überwiegende Anteil an Kundenreports wird nicht genutzt. Da jeder vorhandene Kundenreport mit Kosten (z. B. für Wartung) verbunden ist, sollten nicht (mehr) benötigte Reports identifiziert und gesperrt oder entfernt werden.

- **Anteil nicht genutzter Kundentransaktionen (73,3 %)**
  Über 73 % der Kundentransaktionen werden nicht genutzt. Da jede vorhandene Kundentransaktion mit Kosten (z. B. für Wartung) verbunden ist, sollten nicht (mehr) benötigte Transaktionen identifiziert und gesperrt oder entfernt werden.

- **Queries (1.218)**
  Queries dienen dazu, ad hoc Informationen aus dem System zu extrahieren, und erfordern von den Anwendern eine genaue Kenntnis der Datenablage im SAP-System. Eine hohe Anzahl vorhandener individueller Queries ist ein Indiz dafür, dass die Informationsversorgung der Entscheider beeinträchtigt ist. Die Informationsbereitstellung mittels Queries ist durch den hohen Eigenentwicklungsanteil teuer und fehleranfällig. Darüber hinaus sind Queries oft ungenügend dokumentiert, was ihre Wiederverwendbarkeit beeinträchtigt. Aus diesen Gründen sollten Queries ein Ausnahmefall in der Informationsversorgung bleiben.

Grenzen der Entwicklungswerkzeuge

Entwicklungswerkzeuge optimieren zwar Ihr Coding oder die Datenbankzugriffe, aber um die effektive und effiziente Nutzung Ihrer Objekte kümmern sie sich weniger. Auch wehrt sich das SAP-System etwas, diese Domänengrenze zu überwinden. Erst seit 2009 bietet der SAP Solution Manager für das technische Upgrade und das Testen zwei Erstentwicklungen an (siehe Abschnitt 8.1), die zumindest für Experten einzelne Kundenerweiterungen prüfbar machen. Eine Nutzungsanalyse muss trotzdem zunächst klären, für welche Objekte im Einzelnen sich der Einsatz dieser Expertenwerkzeuge lohnt.

Um dieses Identifikationsproblem zu lösen, sollte man sich top-down von den Kennzahlen bis zu möglichst konkret interpretierbaren Details in die Erweiterungswelt einer SAP-Anwendung hineinbewegen. Mit der Erweiterungsmatrix in Tabelle 2.4 gewinnen wir einen Überblick über die geänderten Objekte, wobei jede hier aufgeführte Änderung zwar nicht von SAP stammt, aber trotzdem keine aufwendige Modifikation darstellen muss. Dies zeigt dann die Detailanalyse auf. Was wir erkennen können, ist, dass für die massiven Änderungen und Erweiterungen in diesem Beispielprojekt eine Nutzung der Pakete auch nur für einen gewissen Teil nachgewiesen werden kann. Mit Paketen (früher Entwicklungsklassen) werden SAP-Entwicklungsobjekte gruppiert. Es sollten sich alle Tabellen und Transaktionen zu einem Thema in einem Paket befinden. Gemeinsam mit den Anwendungskomponenten bilden die Pakete die Anwendungskomponentenhierarchie (AKH, siehe Abschnitt 5.1.1). Wir sehen, dass der Nutzungsgrad der Kundentransaktionen und -reports von circa 25 % auf 36 % gestiegen ist, weil hier schon die Verwendung eines Kundenobjekts das gesamte Paket »optimistisch« als genutzt einstuft. Dennoch ist in 54 Paketen keine Aktion im Analysezeitraum feststellbar.

Erweiterungsmatrix nach Paketen

	Anzahl	Erweiterte Pakete	Genutzte Pakete	Nutzungsgrad Pakete
Kundentransaktionen und -reports	4.192	84	30	36 %
Customer Exits (Includes)	139	29	14	48 %
Tabellen	1.930	108	44	41 %
Felder	25.894	90	32	36 %
Programme	5.247	149	73	49 %
Workflow-Definitionen	43	3	2	67 %
Business Forms	230	20	13	65 %

Tabelle 2.4 Erweiterungsmatrix (Quelle: IBIS RBE Plus 2010)

Im vorliegenden System wurden 4.192 Transaktionen und Reports, über 5.200 Programmobjekte, 1.930 Tabellen und über 25.000 Felder angelegt, geändert oder erweitert. Bei solchen Zahlen für Tabel-

Volumen der Erweiterungen

len und Felder wird klar, dass die Transaktionen und Reports nicht nur oberflächliche Anpassungen in Standardbereichen sind, sondern mehrheitlich für mehrere große eigenständige Kundenentwicklung stehen müssen, die vom Volumen her mit zwei bis drei Anwendungskomponenten des SAP-Standards vergleichbar sind. Solche großen Zahlen müssen vor oder im Rahmen einer Nutzungsanalyse vertieft werden, um die Pakete und ihren Zweck einordnen zu können. Abgesehen davon, liegen hier sicherlich einige Bereiche brach, die bereinigt werden sollten, um die Upgrade-Kosten und -dauer zu begrenzen (siehe Abschnitte 4.1 und 6.1.1).

Die Erweiterungsmatrix hat folgende Dimensionen:

- **Spalten der Erweiterungsmatrix**
  - *Anzahl*
    Zahl angelegter oder geänderter (erweiterter) Objekte
  - *Erweiterte Pakete*
    Anzahl verschiedener Pakete, in denen Objekte erweitert wurden
  - *Genutzte Pakete (Workload)*
    Anzahl verschiedener Pakete, in denen Objekte erweitert wurden und es genutzte Transaktionen oder Reports gibt
  - *Nutzungsgrad Pakete*
    Mit Sicherheit genutzte Pakete im Verhältnis zu allen erweiterten Paketen. Ein genutztes Objekt reicht aus, um das ganze Paket als aktiv zu werten.

- **Zeilen der Erweiterungsmatrix: Kundentransaktionen und -reports**
  - *Tabellen*
    Anzahl aller angelegten und erweiterten SAP- und Kundentabellen inklusive temporärer Tabellen
  - *Felder*
    Anzahl aller Kundenfelder, die in erweiterten SAP-Tabellen angelegt worden sind, und Anzahl aller Felder, die in Kundentabellen existieren
  - *Programme*
    Anzahl aller angelegten und erweiterten SAP- und Kundenprogramme inklusive temporärer Programme

▶ *Workflow-Definitionen und Business Forms*
Workflows bzw. Formulare, die durch den Kunden angelegt oder geändert wurden. Weitere Details siehe Abbildung 2.5.

Weiterhin zeigt die vertiefte Differenzierung der 1.930 erweiterten Tabellen in Tabelle 2.5, dass der Kunde glücklicherweise relativ wenige SAP-Standardtabellen modifiziert hat. Letztlich geht es nur um 13 echte transparente SAP-Tabellen, in denen 44 Felder angehängt wurden. Wir erkennen jetzt auch, dass die ergänzenden Eigenentwicklungen massiv auf Auswertungsstrukturen operieren. Das heißt, wir sollten diesem Anwender dringend nahelegen, eine Data-Warehouse-Lösung wie SAP NetWeaver BW einzusetzen, da er bisher sein Reporting mit sehr hohem Aufwand im SAP-System betreibt – so wie man es eben in den 90er-Jahren nur lösen konnte.

Differenzierung der Tabellen

Anzahl erweiterte Tabellen & Felder nach Tabellenklassen				
	Z- und Y-Tabellen (Felder)	SAP-Standardtabellen (Kundenfelder)	Tabellen im spez. KNR (Kundenfelder)	/-Tabellen (Felder)
Transparente Tabellen	763 (9.030)	13 (44)	10 (78)	68 (704)
Views	0 (0)	0 (0)	0 (0)	0 (0)
Appends	54 (438)	4 (0)	0 (0)	0 (0)
Strukturen	798 (14.007)	32 (71)	83 (309)	105 (1.213)
Pool/Clustertabellen	0 (0)	0 (0)	0 (0)	0 (0)
Summe	1.615 (23.475)	49 (115)	93 (387)	173 (1.917)

Tabelle 2.5 Matrix zur Systemerweiterung nach Tabellen und Feldern (Quelle: IBIS RBE Plus 2010)

Die Matrix zur Systemerweiterung verfügt über folgende Tabellen und Felder:

▶ **Spalten**

▶ *Z- und Y-Tabellen*
Es handelt sich dabei um kundeneigene Tabellen, die mit Z oder Y beginnen.

- *Kundenfelder*
  Es handelt sich dabei um kundeneigene Felder, die mit Z, Y oder / beginnen.
- *Tabellen im speziellen Kundennamensraum*
  Es handelt sich dabei um kundeneigene Tabellen im Kundennamensraum.
- */-Tabellen*
  Es handelt sich dabei um Tabellen, die mit / beginnen. Dies können SAP-Sonderlösungen oder auch Partnerlösungen sein.

▶ **Zeilenwerte nach Tabellen und Felder nach Tabellenklassen**
Für SAP-Standardtabellen und Tabellen im speziellen Kundennamensraum (KNR) werden alle Kundenfelder ermittelt, d. h., Felder, die mit Z, Y oder / beginnen. Für Z-, Y- und /-Tabellen werden lediglich die insgesamt vorhandenen Felder gezählt.

Transparente Tabellen, Views, Appends, Pool/Cluster und Strukturen sind die wichtigsten Tabellenarten eines SAP-Systems. Mehr zu den Aufgaben und Hintergründen erfahren Sie in der SAP-Dokumentation.[3]

Änderungsattribute analysieren

Für eine Nutzungsanalyse ist der weitere Weg, sich die Änderungsattribute an den Standardobjekten anzuschauen und sie mit den Nutzungshäufigkeiten der Transaktionen, Stamm- und Bewegungsdaten zu verbinden. So kann die Identifikation der »Objektleichen« recht gut erfolgen, um eine Kandidatenliste zur technischen Systembereinigung zu erhalten. Als Ankerelement kann hierbei das Paket verwendet werden. Abbildung 2.5 zeigt auf der linken Seite die statischen Informationen der Änderungsattribute mit *Created oder Changed*, bezogen auf die technischen Objekte wie Tabellen, Felder etc. Die dynamische Sicht liefern die vier Spalten rechts; sie zeigen, ob eine Aktivität bei einem der Pakete festzustellen ist. Mehr zur Komponentenanalyse erfahren Sie in Abschnitt 5.1.1.

Paketanalyse

Die Top-10-Pakete repräsentieren fast zwei Drittel der erweiterten Tabellen und Felder. Es sind zwei technische Anwendungen von SAP, Partnerprodukte und unterschiedliche Kundenlösungen zu finden. Die drei Anwendungen in den Zeilen 1, 3 und 7 wurden nicht mehr verwendet, d. h., 30 % der Tabellen und Felder sind höchstwahrscheinlich obsolet. Bei den Paketen zu Stammdaten und Archivierung

---

3 http://help.sap.com/

kann die fehlende Aktivität daran liegen, dass andere Transaktionen aus anderen Paketen die Datenstrukturen nutzen. Für die Kundenlösung *ZXX1* ist diese Aufteilung in technische Objekte und Schnittstellen offensichtlich, da es zwei Pakete mit ähnlicher Bezeichnung gibt.

Top 10 Kundenpakete	Created or Changed		Tables	Fields	Programs	Total value of dialog steps for			
	Enhancements	Customer Exits				SAP Transactions	Customer Transactions	SAP Reports	Customer Reports
/Technische Anwendung	-	-	72	740	43	-	-	1	-
/Technische Anwendung	-	-	63	756	74	1.133	-	-	-
YXX1 Parterprodukt	-	-	180	1.674	1	-	-	-	-
YXX2 Einkaufslösung	-	11	103	1.260	561	-	1.450	-	821
YXX3 Archivierung	-	2	99	412	5	-	-	-	-
YXX4 Stammdatenreferenz	-	1	123	2.624	177	-	-	-	-
YXX4 Speziallösung	-	-	90	2.206	160	-	-	-	-
ZXX1 Customer Solution Dictionary Objects	-	-	41	431	13	-	-	-	14
ZXX1 Customer Solution Schnittstellen	-	1	45	997	79	-	19.083	-	5.850
ZXX2 Kundenspezifische Anwendung	-	41	298	4.693	1.240	-	7.378.322	-	653.075
ZXX3 Schnittstellen HR	-	2	43	471	129	-	-	-	127
		Fraglich	1.157 30%	16.264 28%					

Abbildung 2.5 Top-10-Pakete mit kundenspezifischen erweiterten Tabellen und Feldern – anonymisiert (Quelle: IBIS RBE Plus-Potenzialanalyse 2010)

Mehr Kontext für die betriebswirtschaftlichen Änderungen und Erweiterungen zur Beurteilung liefert noch die Analyse der Anwendungskomponentenhierarchie. Dort können Sie die Struktur und die Nutzung recht gut erkennen (siehe Abschnitt 5.1.1).

Anwendungskomponentenhierarchie

2.3.2 Prozessintegration

Neben den Kundenerweiterungen im System besteht die nächste Herausforderung darin, zu erkennen, was nicht im untersuchten System läuft, sondern über Schnittstellen von und nach außen übergeben wird. Die Analyse muss hier ähnlich investigativ in die Tiefe getrieben werden wie für die Kundenerweiterungen. Einen Einstieg bietet hier die Scorecard in Abbildung 2.6.

Die Scorecard zur Prozessintegration weist folgende Auffälligkeit auf: Der Anteil von IDocs mit Fehlern liegt bei 6,7 %. Das *Intermediate Document* (IDoc) ist ein Behälter für den Austausch von Daten zwischen SAP- und Fremdsystemen. Ein hoher Prozentsatz von fehlerhaften IDocs führt zu höheren Administrations- und Wartungskosten. Es müssen die genauen Ursachen für fehlerhafte IDocs geprüft werden.

2 | Fachanwender verstehen – Nutzung erkennen: Analyse der Anwendungsebene

Abbildung 2.6 Scorecard Prozessintegration (Quelle: IBIS RBE Plus 2010)

Der Scorecard zur Prozessintegration verfügt über folgende Dimensionen:

- **Workflow**
  - *Erstellte/geänderte Workflows*
    Workflows, die durch den Kunden angelegt oder geändert wurden
  - *Ausgeführte Workflows*
    Workflows, die durch Anwender im Analysezeitraum ausgeführt wurden

- **Business Forms**
  - *Erstellte/geänderte SAPscript-Formulare*
    die ursprüngliche Methode zur automatischen Erstellung und Druck von Formularen ist SAPscript
  - *Erstellte/geänderte Smart Forms*
    Smart Forms stellen SAP-Formulare, ähnlich wie SAPscript, dar. Sie sind ab SAP R/3 4.6b verfügbar.
  - *Erstellte/geänderte Adobe Forms*
    Adobe Forms (*SAP Interactive Forms by Adobe*) stellen Formularvorlagen dar, die auf dem Adobe PDF-Format beruhen.

- *Erstellte/geänderte Formularschnittstellen*
  Formularschnittstellen werden für die Verarbeitung von Adobe Forms benötigt. Dabei können einer Schnittstelle mehrere Formulare zugeordnet werden.
- **IDoc-Kommunikation**
  - *Empfangende Systeme*
    Anzahl der Systeme, an die IDocs aus dem analysierten System gesendet wurden
  - *Sendende Systeme*
    Anzahl der Systeme, von denen IDocs in das analysierte System gesendet wurden
  - *Anteil von IDocs mit Fehlern*
    Anteil der IDoc-Pakete, die fehlerhaft waren
- **RFC-Destinationen**
  Remote Function Call (RFC) bezeichnet Verfahren, mit denen Funktionen in einem entfernten System aufgerufen werden. RFC ist anderseits auch der Oberbegriff für die SAP-eigenen Protokolle und Schnittstellen zur Abwicklung solcher Funktionsaufrufe.
  - *SAP-Systeme*
    Verbindungswege zu anderen SAP-Systemen
  - *Externe Programme über TCP/IP*
    Verbindungswege zu anderen Programmen bzw. Schnittstellen
  - *Applikationsserver mit gleicher DB*
    Applikationsserver eines Systems mit gleicher Datenbank in einer Client/Server-Landschaft
  - *Andere Destinationen*
    Summiert die weiteren RFC-Verbindungstypen, nämlich Verbindung zu R/2-Systemen und HTTP-Verbindung zu externem Server

Nach Analyse und Einordnung der Systemerweiterungen liegt es am anstehenden Projektszenario, wie weiter verfahren werden sollte. Immer empfehlenswert sind folgenden Maßnahmen:

- Die IT-Abteilung versucht, zur Systemvereinfachung eine Kampagne durchzuführen (siehe Abschnitt 6.1). Die Frage, ob weitere Analysen für Programme z. B. mit Codeprüfungen durchgeführt werden müssen, kann sich nun auf die wirklich relevanten Entwicklungsobjekte beschränken.

▶ Von fachlicher Seite sollte versucht werden, die erkannten Kundenentwicklungen einer betriebswirtschaftlichen Referenzstruktur zuzuordnen, um die Verbindung zu anderen Standardelementen herzustellen (siehe Kapitel 5).

2.4 Benutzer und Rollen

Die Benutzer- und Rollenanalyse von SAP-Systemen wird meist als rein administrative, technische Aufgabe angesehen. Im Vordergrund steht dabei immer die Betrachtung, wer auf welche Daten und Systeme zugreifen darf. Dabei spielen Überlegungen, inwieweit ein Berechtigungskonzept den unternehmerischen Anforderungen gerecht werden kann, eine zentrale Rolle. Ein solches Konzept sollte aber nicht nur den Zugriff auf kritische Daten und Anwendungen regeln, sondern auch die Frage einer optimalen Lizenzausnutzung sowie die Fokussierung und Skalierung des Anwenderverhaltens berücksichtigen.

Administration der Berechtigungen

In Unternehmen, die beispielsweise eine komplexe SAP-Infrastruktur betreiben, sind meist eigene Abteilungen für die Ausgestaltung eines differenzierten Berechtigungswesens verantwortlich. Diese haben eine Fülle an Aufgaben zu bewältigen und müssen inzwischen auch Anforderungen wie der *Segregation of Duties* oder anderen internen und externen Controlling-Richtlinien gerecht werden. Neben diesen Pflichtaufgaben werden jedoch viele Potenziale, die eine dezidierte Analyse des Anwenderverhaltens birgt, außer Acht gelassen – Potenziale, mit deren Hilfe sich Kosten reduzieren und die organisatorische Gestaltung der Prozessabwicklung verbessern lassen. So gibt es ausführliche Auswertungen in SAP-Systemen, die beispielsweise einen genauen Aufschluss über die hinterlegten Stammdaten liefern (siehe Abbildung 2.7). Die so gewonnenen Ergebnisse helfen, die Berechtigungsprofile in einem vernünftigen Rahmen anzulegen.

SAP-Standardberichte zur Benutzer- und Rollenanalyse bieten eine Stammdatendokumentation, ermöglichen die invertierte Suche über Stammdatenobjekte und liefern Verwendungsnachweise. Was fehlt, ist die Einbeziehung der tatsächlichen Nutzung durch die Anwender.

Benutzer und Rollen | 2.4

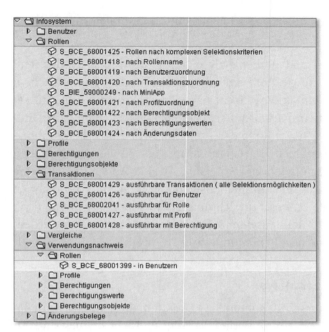

Abbildung 2.7 SAP-Standardberichte zur Benutzer- und Rollenanalyse

Schwieriger zu beantworten oder oftmals ganz unbeantwortet bleibt dabei die Frage, ob die Anwender auch die Zuständigkeiten abdecken, die in einem solchen Profil definiert worden sind. Aufschluss über die Bedeutung eines Berechtigungsprofils kann das SAP-System isoliert betrachtet nicht liefern. Vielmehr muss die IT-Abteilung im Zusammenspiel mit den einzelnen Fachabteilungen Soll-Ziele aufgabenbezogen setzen. Diese legen fest, welche Aufgaben ein Mitarbeiter zu erfüllen hat. Im Normalfall werden solche Soll-Konzepte als sogenannte *Rollendefinition* im SAP-System hinterlegt. So liegt es nahe, diese Rollen mit dem wirklichen Aktivitätsprofil des Anwenders abzugleichen. Denn daraus ergeben sich viele Analyseansätze und Möglichkeiten, auf deren Grundlage sich Verbesserungsmaßnahmen aufbauen lassen (siehe Abschnitte 5.2.1 und 6.1).

Tatsächliches Nutzungsverhalten des Anwenders

Die Abweichungen zwischen dem möglichen und dem tatsächlichen Nutzungsspektrum bei den SAP-Anwendern sind unvermeidlich. Sie ergeben sich aus den diversen sich wiederholenden Änderungen im Tätigkeitsprofil und aus organisatorischen Änderungen. Damit diese Abweichungen möglichst klein bleiben und der Berechtigungsumfang stets den tatsächlichen Bedürfnissen entspricht, sollten Sie ihn mit dem Nutzungsverhalten abgleichen, um Schiefstände aufzude-

Abweichungen

2 | Fachanwender verstehen – Nutzung erkennen: Analyse der Anwendungsebene

cken und zu beseitigen und so Fehler- und Missbrauchspotenzial zu reduzieren.

Benutzer- und Rollenanalyse

Eine Benutzer- und Rollenanalyse muss deswegen Aktivitäten, Berechtigungen sowie Rollenzuordnung und -nutzung untersuchen. Damit werden ein aktives Lizenzmanagement sowie die Identifikation von Kosteneinsparungspotenzialen ermöglicht. Eine ganzheitliche Analyse und Betrachtung der Thematik wird durch die Kombination von Kennzahlen, Detailauswertungen sowie individuellen Recherchemöglichkeiten gewährleistet. Ab 500 Anwendern ist eine Analysedatenbank sehr empfehlenswert. Bei den Benutzeranalysen müssen auch alle Datenschutzrichtlinien berücksichtigt werden, d. h., es dürfen keine Details aus dem Benutzerstamm ausgewertet werden, und die Klarnamen sollten anonymisiert werden.

2.4.1 Benutzeranalyse

Im ersten Analyseschritt sollten Sie klären, ob ein Benutzer Aktivitäten im SAP-System kontinuierlich verfolgt und welche dies sind. So lassen sich aktive von inaktiven Benutzern unterscheiden (siehe Abbildung 2.8).

1 Anmeldung		
Benutzer - Anmeldung	**Anzahl**	**Quote**
Benutzer	1.800	100%
davon mit Anmeldeberechtigung im Analysezeitraum	1.280	71%
davon Benutzertyp A (Dialog)	1.260	70%
davon Benutzertyp B (System)	10	1%
davon Benutzertyp C (Kommunikation)	9	1%
davon Benutzertyp L (Referenz)	0	0%
davon Benutzertyp S (Service)	1	0%
Dialogbenutzer (Benutzertyp A) mit Anmeldeberechtigung im Analysezeitraum	1.260	100%
davon nicht gesperrt	1.254	100%
davon gesperrt	6	0%

Abbildung 2.8 Benutzertypen

Kennzahlen zur Benutzeranalyse müssen zunächst den Benutzertyp unterscheiden, um dann die Anzahl der gültigen Dialogbenutzer zu ermitteln. In dem Beispiel in Abbildung 2.8 sind dies 1.260 Benutzer, die aktuell mit dem SAP-System arbeiten könnten. Erkennbar sind zum Analysezeitpunkt davon sechs gesperrt, weil sie z. B. ihr Kennwort mehrfach falsch eingeben haben.

Für die so erfassten inaktiven Benutzer bedeutet dies, dass entsprechende administrative und technische Konsequenzen gezogen werden müssen. Darüber hinaus sollte aber auch für die Benutzer mit geringer Aktivität – die sogenannten *grauen Anwender* – ein Maßnahmenpaket geschnürt werden. Denn diese verursachen unnötige Kosten, indem sie das System nicht in der gewünschten Form und Intensität nutzen. Für diese Nutzergruppe gibt es genau zwei Verfahrensweisen:

Graue Anwender

- Entweder werden sie zu einer intensiveren Nutzung des SAP-Systems befähigt. Das kann durch Schulung ihrer IT-Kenntnisse bzw. Nachbesserung von Anforderungsdefiziten des SAP-Systems erreicht werden.
- Oder sie sind als Systemanwender wirklich nicht sinnvoll, dann sollten ihre Aufgaben zentralisiert werden.

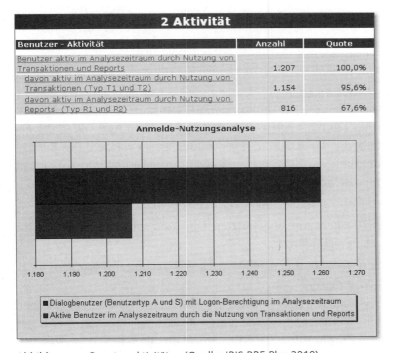

Abbildung 2.9 Benutzeraktivitäten (Quelle: IBIS RBE Plus 2010)

Von den 1.260 Benutzern kann aber nur für 1.207 eine Aktivität im Analysezeitraum festgestellt werden (siehe Abbildung 2.9). Für 53 (4,2 %) der Anwender sollte die Frage geklärt werden, was sie in letzter Zeit von der Systemnutzung abgehalten hat.

Nutzungsbreite und Wissensverteilung

Bei der bereits dargestellten Analyse der Nutzungsbreite (siehe Tabelle 2.3) können insbesondere Grenzbereiche der Interaktion mit dem System identifiziert werden. Die Analyse gibt Aufschluss darüber, wie häufig welcher Anwender bestimmte Transaktionen nutzt. Darüber hinaus liefert sie wertvolle Ergebnisse hinsichtlich der Wissensverteilung im Unternehmen. Es wird genau aufzeigt, wie viele Anwender bestimmte Anwendungen beherrschen. Daraus können sogenannte »tote Winkel«, also Funktionsbereiche, die nur von einem oder zwei Anwendern abgedeckt werden, im SAP-System bestimmt werden. Erkennt ein Unternehmen eine zentrale, monopolistische Wissensverteilung, muss sich der Prozessverantwortliche die Frage stellen, ob nicht gleich mehrere Mitarbeiter diese Lücke schließen sollten. Im Rahmen einer Schulung könnten diese die Fähigkeiten erlernen, künftig entsprechende Aufgaben und Rollen zu erfüllen. Zeigt die Analyse hingegen auf, dass bestimmte Mitarbeiter nur einzelne Transaktionen und Anwendungen verwenden, sollte die Frage geklärt werden, ob nicht grundsätzlich eine breitere Systemnutzung für sie sinnvoller wäre.

Die Benutzeranalyse umfasst demnach:

- **die Aktivitätsanalyse**
  Überprüfen des Nutzungspotenzials auf Basis des Berechtigungskonzepts durch Abgleich mit den tatsächlichen Aktivitäten der Benutzer, die untersucht und gegenübergestellt werden. Das Berechtigungskonzept ist an die operativen Anforderungen der Benutzer angepasst worden. Weitere wichtige Detailauswertungen sind:
    - Auflistung aktiver/inaktiver Benutzer
    - Aufdecken von ungenutzten Objekten wie Transaktionen für die Berechtigungen
    - Benutzer mit potenziell kritischen Berechtigungsprofilen

- **Security Checks**
  Analyse ausgewählter, kritischer Aktivitäten und Berechtigungen sowie deren Kombination unter Beachtung der Anforderungen interner Controlling-Standards sowie des *Sarbanes-Oxley Acts*:
    - Auswertung von Kombinationen potenziell kritischer Aktivitäten, wie eingehende Rechnungen und ausgehende Zahlungen bzw. *Segregation of Duties*
    - Analyse von potenziell kritischen Berechtigungen, wie z. B. Zugriff auf Kassenbücher in Verbindung mit Rechnungsbuchung

Die Benutzeranalyse liefert Informationen hinsichtlich potenziell kritischer Transaktionen und Berechtigungen. Dadurch können beispielsweise Verletzungen des Vier-Augen-Prinzips erkannt und andere sicherheitsrelevante Aspekte verbessert werden.

2.4.2 Lizenzanalyse

Die zweite Stufe der Analyse des Benutzerverhaltens bewertet den Grad der Lizenzausnutzung. Bei der Lizenzanalyse geht es darum, ob das Anwenderverhalten zu den Nutzungsbedingungen passt, die im Rahmen der Lizenzverträge vereinbart wurden. Denn dieses Verhalten kann gerade in relativ unklaren Randbereichen der Systemnutzung unmittelbar zu einem höheren Benutzerpreis führen – zum Beispiel für den Fall, dass ein Anwender in mehreren Systembereichen ganz gering aktiv ist, allerdings lizenzrechtlich klar definiert an nur einer SAP-Komponente tätig sein sollte.

Systemnutzung abrunden

Eine lizenzorientierte Betrachtung des Benutzerverhaltens hilft, den richtigen Umgang mit dem System auch organisatorisch abzurunden und insbesondere bei Fehlverhalten oder unklaren Systemeinstellungen Korrekturen vorzunehmen. Ein solches Vorgehen schützt Unternehmen vor unliebsamen Überraschungen, die ansonsten im Rahmen einer Systemvermessung durch SAP wahrscheinlich sind. Bei der Analyse werden Daten zur Klassifizierung des Anwenders dem wirklichen Aktivitätsprofil gegenübergestellt:

- **Klassifizierung**
  der Anwender nach Lizenzkategorien auf Basis von Stammdaten:
    - eingepflegte Lizenzdaten
    - lizenzrelevante Benutzerstammdaten
- **Aktivitätsprofil**
  Auf Basis wichtiger Bewegungsdaten wird das Anwenderverhalten gegengeprüft. Es erfolgt eine Zusammenfassung und Zuordnung der Benutzeraktivitäten zu den Anwendungsbereichen, wie z. B. Basis oder Rechnungswesen:
    - Nutzungsprofilanalyse der gebuchten Belege oder erfassten Stammdaten
    - Benutzer pro Anwendungsbereich/Transaktion

Auf der Grundlage der Lizenzanalyse ist es möglich, lizenzspezifische Benutzerdaten mit den tatsächlichen Aktivitäten der Nutzer abzugleichen. Dadurch können die gültigen Lizenzen bewertet und Einsparungspotenziale identifiziert werden.

> **Praxistipp: Lizenztypen und Vertragsbedingungen pflegen**
> Bei vielen Anwendern fehlen die Voraussetzungen für eine Lizenzanalyse, da keine Lizenzdaten, wie z. B. Lizenztyp des Benutzers, eingepflegt sind. Auch sind recht oft die Rahmenbedingungen der Lizenzverträge unbekannt. In diesem Fall dient die Lizenzanalyse zur Bestandsaufnahme und liefert den Input für die Pflege der Vertragsdaten.

2.4.3 Rollenanalyse

Casting – ist die Besetzung der Rolle richtig?

In der dritten Stufe wird mit der eigentlichen Rollenanalyse begonnen. Dabei wird geprüft, ob die ursprünglich entworfenen Aufgabenbeschreibungen auch von den einzelnen Benutzern »gelebt« und entsprechend umgesetzt werden können. Hierbei gilt es auch zu klären, welche Rollen Verwendung finden und welche nicht, welche teilweise ausgefüllt werden oder wie sich die Nutzung zu den eigentlichen Rollendefinitionen verhält. Diese Ergebnisse sind zunächst auf einer Kennzahlenebene wie in Tabelle 2.6 von Interesse.

	Einzelrollen	SAP-Einzelrollen	Kundeneinzelrollen
Vorhanden	4.021	1.490	2.531
Benutzerzuordnung	1.801	0	1.801
Sammelrollenzuordnung	147	100	47
Transaktionszuordnung	3.490	1.222	2.268
Aktiv 20090901-20091130	1.344	0	1.344
Inaktiv 20090901-20091130	2.677	1.490	1.187

Tabelle 2.6 Rollenmatrix (Quelle: IBIS RBE Plus 2010)

Die Matrix in Tabelle 2.6 weist in der ersten Spalte alle Einzelrollen aus, die zusätzlich nach ihrer Herkunft von SAP (Spalte 2) oder vom Kunden (Spalte 3) differenziert sind. In den Zeilen werden die zugeordneten Objekte und die Aktivität im Analysezeitraum quantifiziert. Der Beispielkunde setzt auf 2.531 Kundeneinzelrollen, von denen nur 1.344 aktiv sind.

Die Kennzahlen müssen im nächsten Schritt für die Einzelanalyse mit den notwendigen Details angereichert werden. Sie sind dann hilfreich, um eventuellen Nachsteuerungs- oder Schulungsbedarf zu identifizieren. Umgekehrt kann es auch der Ansatz sein, eine Rollendefinition anzupassen, etwa wenn organisatorische Umstellungen vorgenommen wurden, ohne dabei das Rollenkonzept nachzuziehen. In einem solchen Fall bietet eine »Reverse-Analyse« die Möglichkeit, aus der faktischen Systemnutzung auch neue Rollen abzuleiten.

Rollenanalytik

Rolle	zugeordnete Benutzer	aktive Benutzer	zugeordnete Transaktionen	genutzte Transaktionen
Administrator des Event-Handler			1	
Role for SAP Smart Forms			8	
Standard XXX Anwender	65	60	15	8
Inventurrolle	49	40	59	12
CO Sachbearbeiter	49	49	487	174
FI Sachbearbeiter Komplettberechtigung	76	74	1.458	182
Anlegen Kundenstamm - alle Länder	14	14	1	1
Ändern Kundenstamm - alle Länder	33	30	4	3

Abbildung 2.10 Detailanalyse Rollennutzung (Quelle: IBIS RBE Plus 2010)

In Abbildung 2.10 sind zwei unterschiedliche Nutzungsfaktoren einer Rolle erkennbar. Zum einen die Anzahl der zugeordneten Benutzer und wie viele davon aktiv waren und zum anderen die den Rollen zugeordneten Transaktionen, deren Nutzung durch die berechtigten Benutzer sehr unterschiedlich und insgesamt gering ist. Je nach der Absicht, die bei der Rollendefinition verfolgt wurde, gibt es bei solch eklatanten Abweichungen zwei Möglichkeiten:

Nutzungsfaktoren einer Rolle

- Stellt das Rollenprofil eine Art »Stellenbeschreibung« dar, sollte die Nutzung intensiviert werden.
- Wenn das Rollenprofil sehr grob und zu umfangreich definiert worden ist, kann und sollte es jetzt reduziert werden.

Die ersten beiden Standardrollen werden nicht verwendet. Bei den FI- und CO-Rollen würden wohl ganze Menübäume an Transaktionen freigegeben, was überarbeitet und reduziert werden sollte. Die anderen Rollen sind aufgabenorientiert aufgebaut. Insgesamt erlaubt die Rollendefinition die sinnvolle Synthese von Aufgaben, die auch systemtechnisch umgesetzt werden kann. Auf dieser Basis bietet eine Rollenanalyse quantitative und qualitative Auswertungen an, die weit über die Benutzer-Transaktions-Analyse hinausgehen.

Rollenrecherche Immer wieder aus unterschiedlichsten Gründen gibt es hierbei Gestaltungsfragen, die eine »Rollenrecherche« verlangen. Deswegen ist neben Kennzahlen auch die Aufbereitung der Ergebnisse in einer Analysedatenbank sehr sinnvoll. Sie kann als Grundlage für vordefinierte und individuell gestaltbare Auswertungen dienen, um einzelne Anwender, ganze Abteilungen oder bestimmte Aufgaben zu analysieren.

> **Praxisbeispiel: Welche Fragestellungen verfolgte ein weltweit tätiger Mittelständler mit 3.200 Mitarbeitern mit der Benutzer- und Rollenanalyse im Projekt?[4]**
>
> »Wir hatten zwei Zielrichtungen. Zum einen die *Lizenzoptimierung* und zum anderen die *Prozess-/Nutzungsanalyse*. Anhand des Tools wollten wir feststellen, ob den einzelnen Usern aufgrund ihres Anwenderverhaltens die richtigen Lizenztypen und -klassen zugeordnet waren. Ein weiterer Punkt war die Datenqualität der Benutzerstammsätze – hauptsächlich für die Benutzer außerhalb Deutschlands. Untersucht wurde, wo die Datenpflege Lücken aufwies. Darüber hinaus wollten wir für unsere aktiven User komprimiert wissen, ob, wie häufig und in welchem Umfang sie sich am System angemeldet haben, also welche Transaktionen sie mit welcher Intensität durchgeführt haben. Auch das Verhalten beim Anlegen und Ändern von Daten sowie bei der Belegbearbeitung war uns wichtig. Die Frage nach dem treffenden Zuschnitt der vorhandenen Rollen war ein Ziel im Rahmen der derzeit laufenden IT-Security-Aktivitäten. Ein weiterer Vorteil vor dem Hintergrund der Lizenzvermessung der SAP ist, dass die preispflichtigen Komponenten im Ist analysiert werden und das Tool gleichzeitig auflistet, mit welchem Beleg- und Transaktionsvolumen diese genutzt werden.«

Der Verweis auf IT-Security-Aktivitäten leitet über zum Themengebiet von Systemprüfungen, die beispielsweise IT-Revisionen oder Wirtschaftsprüfer durchführen. Hierfür kann die Nutzungsanalyse Daten beschaffen oder als Instrument dienen, um den Nachweis einer »konformen« Abwicklung zu liefern. Der folgende Abschnitt ergänzt dabei die Benutzer- und Rollenanalyse.

---

[4] Das ausführliche Interview mit weiteren Fragestellungen und Maßnahmen finden Sie unter: Torsten J. Somann, IT-Chef der Witzenmann-Gruppe aus Pforzheim, unter: *www.ibis-thome.de/de/825.html* (Seitenaufruf am 23.5.2010).

2.5 Risiko

Auch im Anwendungsmanagement sind Risikokennzahlen wichtig, die problematische Aspekte in der Nutzung offenlegen. Dies beginnt bei Themen wie Systemstabilität und reicht bis zur Einhaltung von Compliance-Anforderungen, die interne oder externe Controlling-Standards[5] verlangen.

2.5.1 Risiken auf Anwendungsebene

Sechs Beispiele zu Risiken in der Anwendungsnutzung zeigt Tabelle 2.7.

	Ausgeführte Transaktionen	Aufrufe	Anwender	Anteil an aktiv. Anwendern
Systemtransaktionen	68	54.217	255	10 %
Datenbrowser-transaktionen	6	53.722	141	5 %
Obsolete Transaktionen	100	415.413	899	34 %
Berechtigungscheck	1	254	102	4 %
Stammdaten-/Buchungstransfer	21	1.089.061	37	1 %
Customizing-Transaktionen	7	20	10	0 %

Tabelle 2.7 Matrix zu kritischen Transaktionen (Quelle: IBIS RBE Plus-Potenzialanalyse 2010)

Die Matrix zu kritischen Transaktionen weist folgende Auffälligkeiten auf:

- **Anzahl genutzter obsoleter Transaktionen: 100**
  Obsolete Transaktionen fallen entweder weg oder sind in höheren Releases durch neuere Transaktionen ersetzt worden. Die alten Transaktionen stehen zwar noch zur Verfügung, laufen langfristig aber aus der Wartung aus. Bei Releasewechsel nutzen Unternehmen oft nicht die Möglichkeit, die veralteten Transaktionen flä-

---

[5] Zusammengefasst von der DSAG in: *Prüfleitfaden SAP ERP 6.0*. DSAG-Arbeitsgruppe Audit Roadmap. Stand März 2009.

chendeckend durch geeignete Schulungsmaßnahmen zu ersetzen. Im Ergebnis werden Effizienzvorteile nicht in vollem Maße ausgeschöpft.

- **Anzahl Anwender mit Nutzung obsoleter Transaktionen: 34 %**
  Anwender mit Nutzung obsoleter Transaktionen sollten durch gezielte Schulungsmaßnahmen zum Umstieg auf neue, effizientere Transaktionen motiviert werden. Dies senkt langfristig Support-Kosten.

- **Anteil aktiver Anwender mit Nutzung von Stammdaten- und Buchungstransaktionen: 1 %**
  Zur Vermeidung von Datenmanipulationen sollte sichergestellt werden, dass diese Transaktionskombination nicht von gleichen Anwendern ausgeführt wird. Diese Transaktionskombination sollte durch Anpassung des Berechtigungskonzepts ausgeschlossen werden, oder man stellt sicher, dass der Sachverhalt im internen Kontrollsystem berücksichtigt wird.

Die weiteren Zeilen der Matrix zu kritischen Transaktionen haben folgende Bedeutung:

- **Systemtransaktionen**
  System- bzw. Mastertransaktionen beginnen in der Regel mit SExx, SMxx oder SUxx und sollten aufgrund ihrer kritischen und systemweiten Wirkung grundsätzlich nur an wenige ausgewählte Benutzer vergeben werden, da ansonsten das bestehende Zugriffsrisiko auf kritische Daten nicht kalkulierbar ist.

- **Data-Browser-Transaktionen**
  Data-Browser-Transaktionen (SE16, SE11, SQVI etc.) greifen lesend auf die Datentabellen zu. Eine sehr intensive und auf viele Anwender verteilte Nutzung dieser Transaktionen ist aus Datenschutzsicht problematisch, da mit diesen Transaktionen der Zugriff auf alle Tabellen ohne Einschränkung erfolgen und zum Abfluss sensibler Informationen führen kann.

Darüber hinaus ist ein hoher Anteil der Dialoganwender, die Data-Browser-Transaktionen nutzen, ein Indikator für ein schlecht ausgebautes Berichtswesen im System. Anstatt auf vordefinierte Berichte zuzugreifen, stellen sich die Anwender individuelle Berichte durch manuelle Datenselektion zusammen. In diesem Fall sollten Informationsanforderungen der Anwender überprüft und ein adäquates Berichtswesen implementiert werden.

Risiko | 2.5

> **Berechtigungscheck**
> Bei Berechtigungsproblemen haben Anwender die Möglichkeit, die Transaktion SU53 (Anzeige Berechtigungsprüfung) auszuführen, um sich die Art der fehlenden Berechtigung anzeigen zu lassen. Die Kennzahlen zeigen, wie oft und für wie viele Anwender es hier Klärungsbedarf gab.

Ein zweites Risikothema ist die Systemstabilität; hierzu zeigt Abbildung 2.11 zwei Aspekte zur Erläuterung – zum einen die äußerst unerwünschten Programmabbrüche und zum anderen temporäre Objekte, die nichts im Produktivsystem zu suchen haben.

Systemstabilität

Abbildung 2.11 Kennzahlen zur Systemstabilität
(Quelle: IBIS RBE Plus-Potenzialanalyse 2010)

Die Kennzahlen zur Systemstabilität haben folgende Bedeutung:

- **Dump-Analyse**
  Ein *Dump* ist ein unerwarteter Programmabbruch. Die Anzahl der Analyseaufrufe dazu vermittelt ein Bild, wie häufig dieses unerwünschte Ereignis aufgetreten ist.

- **Temporäre Objekte**
  Alle SAP-Objekte, die sich in der &TMP-Klasse befinden, wurden direkt im Produktivsystem geändert. In Ausnahmefällen ist diese Vorgehensweise erlaubt. Es muss allerdings bedacht werden, dass bei diesen Änderungen ein Schiefstand zwischen dem Entwicklungs- und dem Produktivsystem entsteht. Bei aktiven Transaktionen und Reports in der $TMP-Klasse besteht zusätzlich die Gefahr, dass sie nach einem Releasewechsel nicht mehr zur Verfügung stehen. Dies muss durch adäquate Maßnahmen ausgeschlossen werden.

Zwei weitere Beispiele aus dem Anwendungsbereich sollen zeigen, wo noch weitere Risikoaspekte lauern können:

Externe Schnittstellen
Auch Schnittstellen können sehr problematisch sein: Die Anzahl genutzter Transaktionen über externen Zugriff dokumentiert den Interaktionsgrad im Dialogbetrieb mit anderen Systemen. Hier sind Transaktionen zusammengefasst, die aus anderen Systemen per Remote Function Call (RFC) aufgerufen werden.

Ein hoher Anteil Transaktionen mit externem Aufruf liefert einen Hinweis auf eine überdurchschnittlich starke Öffnung des Systems nach außen und auf eine vergleichsweise komplexe Systemlandschaft. Grundsätzlich sollte hierbei bedacht werden, dass mittels RFC-fähiger Funktionsbausteine, die in einem ungeschützten SAP-System oder von externen Programmen aufgerufen werden, das Berechtigungssystem umgangen werden kann.

Wissensmonopole
Nicht nur unerwünschte technische Zugänge sind ein Problemfeld, sondern auch organisatorische Schiefstände. So sollte es keine unerwünschten Wissensmonopole geben, die entstehen, wenn nur ein Mitarbeiter sich auskennt.

Der Anteil der nur von einem Anwender genutzten Transaktionen fasst alle im Produktivbetrieb befindlichen Transaktionen zusammen, die im Analysezeitraum nur von einem Dialoganwender ausgeführt wurden. Im Extremfall können dies einige oder jeweils ein unterschiedlicher Dialoganwender sein. Dies ändert allerdings nichts an der Tatsache, dass nur ein Anwender Kenntnisse über diese Transaktionen besitzt, mit allen daraus folgenden negativen Konsequenzen.

Die Kennzahl zeigt auf, ob es Anomalien in der Wissensverteilung im Unternehmen gibt und Systemwissen auf wenige Dialoganwender konzentriert ist. Dies ist oft auf schleichende Änderungen zurückzuführen, die vor allem in großen Unternehmen unbemerkt geschehen. Aus diesem Grund sollte bei einem steigenden Anteil von Transaktionen, die nur von einzelnen Usern im System ausgeführt werden, eine detaillierte Analyse der Aufgabenverteilung vorgenommen werden. Besonderes Augenmerk sollten Sie hierbei auf individuelle Transaktionen und Reports legen.

Vertreterregelung
Bei einigen besonders kritischen und sensiblen Transaktionen wie z. B. Zahlungs- oder Benutzerverwaltungstransaktionen werden Be-

rechtigungen allerdings bewusst sehr limitiert vergeben, um Datenschutzanforderungen gerecht zu werden. In den meisten Fällen sollte aber mindestens eine Vertreterregelung sichergestellt sein.

2.5.2 Risiken in Geschäftsprozessen

Das Thema Risiken setzt sich auch in kritischen Punkten im Rahmen der Geschäftsprozessabwicklung fort und leitet damit über zum Folgekapitel. Neben ineffizienter Abwicklung liegt hier das Augenmerk auf dokumentarischen Pflichten – im Sinne eines Buch- und Belegnachweises – oder der Vermeidung von Manipulationen. Einen Überblick geben die folgenden vier Risiken aus unterschiedlichen Kategorien.

Anzahl Anwender mit Rechnungs- und Zahlungsbuchungen

Dialoganwender, die im Analysezeitraum gleichzeitig Rechnungen erfasst und Zahlungsbuchungen vorgenommen haben, sind grundsätzlich risikorelevant. Hier liegt eine kritische Transaktionskombination vor, da der Grundsatz der Funktionstrennung verletzt ist.

Diese Risikokennzahl zeigt deutlich auf, ob im Berechtigungskonzept kritische Transaktionskombinationen vorhanden sind. Bei großen Organisationseinheiten mit mehr als 100 aktiven Anwendern sollte das Rollen- und Berechtigungskonzept hinsichtlich möglicher unerwünschter Transaktionskombinationen dringend überprüft werden.

Einhaltung der Funktionstrennung

Bei mittleren und kleineren Organisationseinheiten mit weniger als 100 aktiven Anwendern ist die Einhaltung der Funktionstrennung nicht realistisch und zu kostspielig. In diesem Fall muss durch das interne Kontrollsystem die Manipulationsgefahr ausgeschlossen werden.

Integrationsquote Kreditorenrechnungen

Das SAP-System sieht mehrere Erfassungsmöglichkeiten für Kreditorenrechnungen vor, die mit unterschiedlichem Dokumentationsgrad den Geschäftsvorfall nachvollziehbar machen. So werden z. B. Beschaffungen ohne Vorgängerbeleg im Modul FI nur kaufmännisch (Sachkonto, Zahlweg etc.) dokumentiert. Es fehlen somit wertvolle Informationen über die Art der beschafften Waren und Dienstleistungen. Zusätzlich werden rechtlich relevante Dokumente wie Bestellungen außerhalb des SAP-Systems dokumentiert.

Defizite in der Dokumentation

Der Anteil der Kreditorenrechnungen, der im Modul Materialwirtschaft (MM) erfasst wurde, ist auch ein Indikator für die Nutzungsintensität des MM-Moduls. Der niedrige Anteil dieser Beschaffungsvorgänge über MM verdeutlicht mögliche dokumentarische Defizite bzgl. strenger Nachweispflichten einzelner Beschaffungsvorgänge.[6] Die Abwicklung der Beschaffungen ohne Integration darf folglich nicht dem Zufall überlassen werden. Hierfür sollten Vorgaben und Richtlinien definiert werden, damit eine konforme Umsetzung sichergestellt werden kann.

Manuelle Aktivitäten haben insbesondere im Stammdatenbereich und bei zahlungs- bzw. buchungsrelevanten Prozessen einen gewissen Risikocharakter. Stammdaten und Zahlungen können fingiert sein, um Manipulationen zu ermöglichen, oder Werte können auch schlicht fehlerbehaftet sein, was zu Falschbuchungen führt.

Anteil manueller Zahlungen

Ausgehende Zahlungen können im SAP-System manuell oder durch die Nutzung des Zahllaufs automatisch erfasst werden. So können Zahlungsausgänge mit Schecks, Barzahlung oder Überweisung ausgeführt werden. Beim automatischen Zahllauf hat der Anwender aber kaum Wahlmöglichkeiten bezüglich der Art der Ausführung. Die offenen Posten werden auf Basis der ihnen zugrunde liegenden Basisdaten wie Zahlweg, Fälligkeit, Betragshöhe etc. reguliert. Diese starre Abwicklungsform bietet Effizienzvorteile im Massenzahlungsverkehr. Manuelle Zahlungsabwicklung bietet andere Vorteile: zeitliche und prozessuale Flexibilität. So können Zahlwege, Zahlungskonditionen etc. flexibel an die geänderten operativen Anforderungen angepasst werden. Aus diesen Vorteilen erwachsen allerdings auch der hohe Bearbeitungsaufwand und das Missbrauchspotenzial, das nicht vernachlässigt werden darf.

---

6   So weist das Bundesministerium der Finanzen (BMF) mit Schreiben vom 6.1.2009 auf die Nachweispflichten bei innergemeinschaftlichen Lieferungen hin. Fehlende Nachweise in der Buchhaltung können bei Betriebs- und Umsatzsteuersonderprüfungen zu Versagen der Steuerbefreiung führen. Siehe Newsletter 3/2009, Indirect Taxes, von Deloitte: *www.deloitte.com/assets/Dcom-Germany/Local%20Assets/Documents/IT_3_2009.pdf* (Seitenaufruf am 23.5.2010).

Bei einem hohen Anteil manuell verbuchter Zahlungen sollten die Zahlprozesse im Unternehmen überprüft werden, um das Manipulationsrisiko zu minimieren.

Manipulationspotenzial

Anteil manueller Verrechnungen

Verrechnungen (z. B. Umlagen und Verteilungen) können im Controlling weitgehend automatisiert durchgeführt werden. Durch die Definition von Umlagezyklen werden Kosten basierend auf Bezugsgrößen am Periodenende auf Empfängerobjekte (Kostenstellen, Kundenaufträge etc.) verrechnet. In Ausnahmefällen können Korrekturbuchungen oder einmalige Verrechnungen durchgeführt werden.

Die Kennzahl ist indirekt ein Indikator für das Fehlerpotenzial von manuellen Tätigkeiten im Controlling. Bei einem steigenden Anteil sollte geprüft werden, ob die manuellen Verrechnungen durch zyklische, automatisierte Verrechnungen ersetzt werden können.

Fehlerpotenzial

Neben den vier Risikokategorien Einhaltung der Funktionstrennung, Defizite in der Dokumentation sowie Manipulations- und Fehlerpotenzial gibt es je nach Unternehmensform und Branche noch weitere Risiken. Der wichtigste generelle Beitrag, den eine Nutzungsanalyse nachvollziehbar liefern kann, ist die Schaffung einer Faktenbasis für die positive Bestätigung einer ordnungsgemäßen Nutzung der Anwendung durch die aktuelle Dokumentation der genutzten Stammdaten, Funktionen und Geschäftsprozesse.

Aktuelle Dokumentation

> **Praxisbeispiel: SAP-Systeme revisionssicher getalten – wie hilft die Nutzungsanalyse einem Wirtschaftsprüfer?[7]**
>
> »In einem SAP-System gibt es viele Sachverhalte, die zu dokumentieren sind. Mit Hilfe von RBE Plus erhalten wir eine verlässliche und vollständige Informationsbasis für unsere Prüfung.(...)
>
> Die automatisierte Redokumentation der Geschäftsprozesse gibt uns einen schnellen Überblick, welche davon kritisch sind und welche wir außer Acht lassen können. (...)

---

[7] Auszüge aus einem Interview mit Dagmar Bröroztl-Reinsch, geschäftsführende Gesellschafterin der Bansbach Schübel Bröroztl & Partner GmbH, Wirtschaftsprüfungsgesellschaft * Steuerberatungsgesellschaft, Stuttgart. Das ausführliche Interview ist zu finden unter: *www.ibis-thome.de/849.html* (Seitenaufruf am 23.5.2010).

> Im Vordergrund unseres Prüfungsansatzes stehen hauptsächlich risikobehaftete betriebswirtschaftliche Teilabläufe. Wir kontrollieren also insbesondere Prozesse, die für die Rechnungslegung relevant sind. Dazu zählen unternehmensübergreifende Abrechnungsverfahren, Bestandsprüfungen, Inventur- und Bewertungsverfahren sowie sämtliche Transaktionen im Finanz- und Rechnungswesen. Auch bereichsübergreifende Konsistenzprüfungen spielen eine wichtige Rolle. (...) Neben einer formalen Überprüfung der Berechtigungen und auffälliger Kombinationen im Berechtigungskonzept legen wir in der Regel verstärktes Augenmerk darauf, welche Berechtigungskonstellationen von den Anwendern auch tatsächlich genutzt wurden.«

3 Fachanwender verstehen – Nutzung erkennen: Geschäftsprozesse

Der betriebswirtschaftliche Nutzungsaspekt verlangt noch mehr Mühe, da Sie notwendigerweise versuchen müssen, die »gelebten Geschäftsprozesse« auf operativer Ebene differenziert zu erfassen. Die Feststellung der Nutzungsintensität verlangt hier eine deutlich breitere und intelligentere Sensorik als die Analyse des Anwendungsmanagements. Es müssen die Spuren der Nutzung in über 1.500 Tabellen »gelesen« werden, um den verschlungenen Pfaden der Geschäftsvorfälle zu folgen.

Neben den Bewegungsdaten sind auch steuernde Stammdaten, die Arbeitsteilung der Benutzer, Effizienzwerte und die Soll-Konzepte, die im Customizing hinterlegt sind, von Interesse. Das Erkennen des »Business Engineerings« bzw. der Konstruktion der Prozesse muss nach den betriebswirtschaftlichen Merkmalen und Besonderheiten Ausschau halten. Die konstruktiven Zusammenhänge können Sie aber noch besser mithilfe von Referenzstrukturen verstehen, was in diesem Kapitel vertieft wird:

Geschäftsprozesse verstehen

- In der *Logistik* (siehe Abschnitt 3.1) liegen der Ausgangspunkt und die Schwerpunkte klassischer Geschäftsprozesse wie Vertriebsabwicklung oder Materialbeschaffung. Die besondere Herausforderung liegt hier im Erkennen der Prozessvarianten.
- Insbesondere komplexe Methoden und Massenverarbeitung, die auf Parametern im Materialstamm aufbauen, kennzeichnen die *Disposition* (siehe Abschnitt 3.2).
- Das *Rechnungswesen* (siehe Abschnitt 3.3) ist weniger prozessorientiert, vielmehr sammelt und verarbeitet es die Werteflüsse als Buchungen auf Kostensammlern und Konten zur weiteren Analyse und Aufbereitung.
- Die Bewegungsdatenbearbeitung für Zeitdaten und Lohnarten im Rahmen von Maßnahmen kennzeichnet das *Personalwesen* (siehe Abschnitt 3.4).

Andere hier nicht aufgeführte Fachbereiche und -prozesse sind Kombinationen der Eigenschaften dieser sehr unterschiedlichen Schlüsselbereiche.

Lagebild des CIO und COO

In Kapitel 4 werden aus beiden Analysebereichen die zentralen und übergreifenden Situationsindikatoren zusammengefasst, die ein CIO, COO, Organisationsleiter oder Fachabteilungsleiter in der zeitlichen Entwicklung kontinuierlich verfolgen sollte. Die operativen Tendenzen im System verlangen Maßnahmen, die Sie im Folgequartal oder -jahr einplanen müssen. Die zentralen Indikatoren auf Systemebene und in den Geschäftsprozessen liefern Ihnen eine Faktenbasis für Einsatzszenarien von Projekten oder Änderungen.

Das Kernthema der Analyse der operativen Nutzung eines SAP-Systems ist die Frage:

Welche betriebswirtschaftlichen Abläufe werden wie intensiv und wie gestaltet verwendet?

Diese Nutzungsperspektive ist die entscheidende Kommunikationsgrundlage zwischen IT und Fachabteilung und sollte Ausgangspunkt für jegliches Veränderungsprojekt sein. Doch um die Verwendung wirklich zu erkennen, reicht es nicht aus, nur den Prozessschritten eines Endanwenders auf der Benutzeroberfläche zu folgen. Die vollständige Sicht ergibt sich erst, wenn weitere verborgene Teilaspekte ein systematisches Röntgenbild auf den Geschäftsprozess eröffnen.

Verfahren im Hintergrund

Der relativ einfach anmutende sequenzielle Ablauf in Abbildung 3.1 wird vom ERP-System im Hintergrund durch die aufgeführten Steuerungsfaktoren in seiner Bahn gehalten und beeinflusst. Neben den in Kapitel 2 bereits im Rahmen des Anwendungsmanagements dargestellten Elementen kommen jetzt Stammdaten, Funktionen, Kontierungen, Analytik und Customizing hinzu, die auch die Träger der anspruchsvollen betriebswirtschaftlichen Methoden und Verfahren sind. So wird der Prozessschritt *Transport durchführen* nur teilweise durch den Anwender selbst bestimmt, sondern vielmehr durch das Zusammenspiel von Stammdaten der Materialien (Volumen, Gewicht) mit Terminierungsfunktionen und den Customizing-Einstellungen zum Transport. Genau diese Aspekte müssen deswegen erkannt und zusammengestellt werden.

Fachanwender verstehen – Nutzung erkennen: Geschäftsprozesse | 3

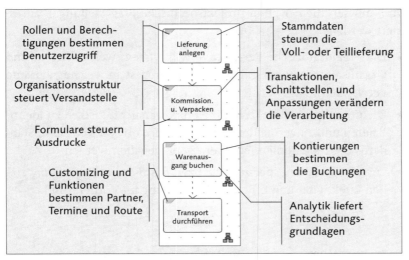

Abbildung 3.1 Vervollständigung der Prozesssicht durch Rollen, Stammdaten, Organisationsstruktur, Transaktionen, Customizing, Funktionen, Formulare, Kontierungen und Analytik

---

Praxisbeispiel: Stammdaten steuern Prozesse

Ein CIO hatte Beschwerden von der Vertriebsabteilung über Lieferverzögerungen aufgrund von Problemen in der Materialbedarfsplanung erhalten. Er beabsichtigte, diese durch Einführung einer neuen Planungssoftware – SAP APO – zu lösen.

Die Nutzungsanalyse der Vertriebsabwicklung und der Disposition ergab allerdings ein anderes Bild: Es lag an den schlecht gepflegten Stammdatenfeldern zu Meldebestand und Wiederbeschaffungszeit, die keine sinnvolle Disposition erlaubten. Auch mit SAP APO hätte er die gleichen Beschwerden gehabt.

Neben der geforderten Vervollständigung der Prozesssicht muss klar sein, welcher analytische Zweck verfolgt wird. Standardmäßig liefert SAP operative Berichte, die eine kaufmännische oder logistische Analytik bieten. Technische Analysen zu Kommunikation und Performance gibt es zwar, doch sie sind weniger im Geschäftsprozess verwendbar, sondern eher ein Thema für IT-Experten und Administratoren. Bei den weiteren in Abbildung 3.2 aufgeführten Perspektiven wird es noch schwieriger. Sie verlangen eigene analytische Ansätze, sind sehr unternehmensindividuell und nur eingeschränkt für das Tagesgeschäft relevant. Um Erkenntnisse zu gewinnen, muss ein gewisser Analysezeitraum zugrunde liegen, und um sie umzuset-

Analytische Perspektiven auf Geschäftsprozesse

zen, müssen themen- und projektspezifische Fragestellungen adressiert werden:

▶ Die organisatorische Perspektive will wissen, welche Rollen und Organisationseinheiten den Geschäftsprozess in welcher Variante verwenden.

▶ Die Compliance-Sicht, z. B. für Audits, versucht, Risiken zu identifizieren und zu vermeiden, und überprüft, ob Soll-Konzepte, Standards oder Richtlinien jeglicher Art eingehalten werden.

▶ Für die Gestaltungsperspektive bzw. das *Business Engineering* stehen Effektivität und Effizienz der Nutzung im Vordergrund.

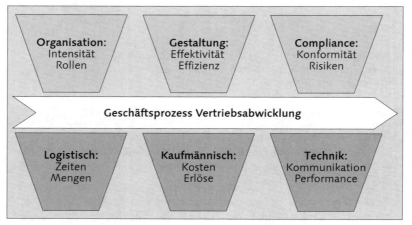

Abbildung 3.2 Zusätzliche Perspektiven auf einen Geschäftsprozess für unterschiedliche Zwecke

Die in den folgenden Unterabschnitten dargestellten Kennzahlen, Matrizen und Scorecards haben den Anspruch, ein verdichtetes Lagebild für den CIO und den Prozessverantwortlichen zu vermitteln. Für Projektteams und die Projektdurchführung muss es zu den Kennzahlen noch eine weitere Erklärungs- und Detaillierungsebene in Form von Listen und Tabellen geben, die an einigen Stellen beispielhaft mit demonstriert ist.

Die Bedeutung von Prozessmodellen auf Basis von Referenzstrukturen für die Nutzungsanalyse wird in Abschnitt 5.1 ausführlich diskutiert. Die hier entwickelte neuartige, kennzahlenbasierte Analyse von Geschäftsprozessen sollte auch Grundlage für ein Business Process Management sein, dessen nutzungsanalytische Fundierung meist sehr mangelhaft betrieben wird. Mehr zu geschäftsfallorientierten Referenzstrukturen erfahren Sie in Abschnitt 5.1.3, zur Steigerung der Prozessqualität in Abschnitt 6.3, zu Re-Design von Abläufen in Abschnitt 7.1 und zum Einsatz von BPM-Tools in Abschnitt 8.4.

3.1 Logistik

Im Bereich der Logistik müssen die Unterbereiche Logistikstammdaten, Beschaffungsabwicklung und Vertriebsabwicklung betrachtet werden.

3.1.1 Logistikstammdaten

Die logistische Betrachtung muss mit der Bewertung der wichtigsten Stammdaten beginnen. Hierbei geht es um die Neuanlage und die Änderung von Stammdaten wie Materialien oder Debitoren. Im aufgeführten Beispiel in Tabelle 3.1 gibt es einen relativ hohen Anteil an Änderungen bei Materialien. Da keinerlei Automatisierung bei der Erfassung erkannt werden konnte, ist diese Kennzahl bemerkenswert hoch und deutet auf eine Schnittstelle für Änderungen zur Materialstammaktualisierung, eine Individuallösung für Massenänderung oder eine sehr aufwendige bis ineffiziente Materialstammbearbeitung hin. Beim zweiten Blick liegt das Problem aber eher in der hohen Anzahl von 155 pflegeberechtigten Anwendern. Trotz der hohen Änderungsquote hat der einzelne Anwender im Monat nur 214 Materialstämme zu ändern und 12 Materialien neu anzulegen. Stammdatenpflege ist etwas für erfahrene Benutzer, wie sich in den anderen Objekten auch deutlich besser zeigt. Auch findet sich ein hoher Automatisierungsgrad bei Orderbüchern und Quotierungen.

	Dialoganwender	Neuanlagen gesamt ø Monat	Änderungen gesamt ø Monat	Automatisierungsgrad
Materialien – Grunddaten	155	0,6 %	10,6 % (312.841)	0,0 %
Chargen	29	2,2 %	2,2 % (31.911)	0,0 %

Tabelle 3.1 Produktivitätsmatrix Logistikstammdaten (Quelle: IBIS RBE Plus 2010)

	Dialoganwender	Neuanlagen gesamt ø Monat	Änderungen gesamt ø Monat	Automatisierungsgrad
Kreditoren – Einkauf	11	0,2 %	3,4 % (96.501)	0,0 %
Debitoren – Vertrieb	11	0,7 %	2,4 % (27.711)	0,0 %
Infosätze	47	1,2 %	0,0 % (203.972)	0,0 %
Quotierungen	4	0,4 %	0,7 % (933)	55,1 %
Orderbücher	54	1,1 %	0,9 % (218.670)	97,9 %

Tabelle 3.1 Produktivitätsmatrix Logistikstammdaten (Quelle: IBIS RBE Plus 2010)

Der Aufbau der Stammdaten-Matrix unterscheidet hier die zwei wichtigen Bearbeitungsmethoden *Neuanlage* und *Änderung*. Die Matrix der Logistikstammdaten verfügt über folgende Dimensionen:

- **Spalten der Produktivitätsmatrix**
    - *Dialoganwender*
    Anzahl der Personen, die im Analysezeitraum mindestens einen Stammsatz erfasst oder geändert haben. Die Kennzahl wird direkt aus den Stammsatzdaten bestimmt. Sie ist Grundlage für die Bewertung der Arbeits- und Wissensverteilung im Prozess.
    - *Neuanlagen gesamt ø Monat*
    Anteil aller Stammsätze, die durchschnittlich pro Monat im System neu angelegt wurden. Neuanlagen sind Ausdruck der Innovation im Produkt- und Teileportfolio.
    - *Änderungen gesamt ø Monat*
    Anteil aller Stammsätze, die durchschnittlich pro Monat im System geändert wurden. Änderungen sind Ausdruck der Dynamik in der Materialstammbearbeitung.
    - *Automatisierungsgrad*
    Der Automatisierungsgrad errechnet sich aus dem Anteil an Stammdaten, die von einem *Systemuser* gepflegt wurden.

▶ **Zeilen der Produktivitätsmatrix**

  ▶ *Materialien – Grunddaten*
  Analyseumfang ist die Anzahl der Materialstammsätze auf Werksebene.

  ▶ *Chargen*
  Analyseumfang ist die Anzahl der Chargenstammsätze auf Werksebene.

  ▶ *Kreditoren – Einkauf*
  Analyseumfang ist die Anzahl der Lieferanten- bzw. Kreditorenstammsätze mit Einkaufsdaten auf Einkaufsorganisationsebene.

  ▶ *Debitoren – Vertrieb*
  Analyseumfang ist die Anzahl der Kunden- bzw. Debitorenstammsätze mit Vertriebsdaten auf Verkaufsorganisationsebene.

  ▶ *Infosätze*
  Ein Einkaufsinfosatz verbindet Informationen für die Beschaffung eines Materials mit einem bestimmten Lieferanten, z. B. dokumentiert er die mit dem Lieferanten ausgehandelten Konditionen. Analyseumfang ist die Anzahl der Einkaufsinfosätze auf Einkaufsorganisationsebene. Neuanlagen und Änderungen sind Ausdruck der Dynamik in den Lieferantenbeziehungen.

  ▶ *Quotierungen*
  Analyseumfang ist die Anzahl der Quotierungen auf Werksebene. Ein Materialbedarf wird dadurch nach einem bestimmten Verteilerschlüssel auf verschiedene Bezugsquellen wie Lieferanten und Werke aufgeteilt.

  ▶ *Orderbücher*
  Analyseumfang ist die Anzahl der Orderbuchsätze auf Werksebene. Im Orderbuch sind die zulässigen Bezugsquellen für ein Material aufgeführt.

3.1.2 Beschaffungsabwicklung

Für die Beschaffungsabwicklung folgt die Produktivitätsmatrix wieder den Standardspalten. Die Prozessobjekte sind die zentralen Belegarten im Prozessablauf der Materialbeschaffung.

	Dialog-anwender	Belege gesamt ø Monat	Automa-tisierungs-grad	Belege/ Anwender ø Monat
Bestell-anforderungen	31	16.120	96,2 %	20
Einkaufsbelege	74	10.200	60,5 %	54
Materialbelege	831	564.210	83,4 %	113
Anlieferungen	37	11.271	73,2 %	89
Rechnungs-prüfungsbelege	20	16.868	53,8 %	390

Tabelle 3.2 Produktivitätsmatrix Materialwirtschaft (Quelle: IBIS RBE Plus 2010)

Effizienter Einkauf Die Produktivitätsmatrix der Materialwirtschaft verfügt über folgende Zeilen:

- **Bestellanforderungen**
  Im Gegensatz zu den anderen Zeilen werden die Kennzahlen für die Bestellanforderungen auf Positions- und nicht auf Belegebene gezählt.

- **Einkaufsbelege**
  Zusammenfassung der Einkaufsbelege: Bestellungen, Kontrakte, Lieferpläne, Lieferantenanfragen und Lieferantenangebote

- **Anlieferungen**
  Anlieferung von Waren, die an einer Wareneingangsstelle in Empfang genommen werden

- **Materialbelege**
  Zusammenfassung aller Materialbelege, aufgrund von Warenbewegungen, die im Analysezeitraum erstellt wurden: Wareneingänge, Warenausgänge, Umbuchungen, Umlagerungen und andere Warenbewegungen

- **Rechnungsprüfungsbelege**
  Zusammenfassung der Belege: Rechnung, Storno Rechnung, Gutschrift, Storno Gutschrift und Kontopflegebelege

Im Beispielunternehmen sind die Automatisierungsgrade im Einkauf bei Bestellanforderungen mit 96,2 % sehr hoch. Das heißt, dass die wenigen Dialoganwender nur die Sonderfälle manuell erfassen müssen, was insgesamt sehr positiv ist. Auch die Anlieferungen passen ins Bild, hier scheint in drei von vier Fällen ein elektronischer Datenaustausch oder eine andere automatisierte Abwicklung mit den Lieferanten stattzufinden.

Etwas Klärungsbedarf besteht bei den Einkaufsbelegen und in der Rechnungsprüfung. Bei den Lieferantenrechnungen sieht man das typische Bild mit einer mittelmäßigen Automatisierungsquote von 53,8 % im Zusammenspiel mit 20 spezialisierten Rechnungskontrolleuren, die den Rest manuell bearbeiten. Bei den Einkaufsbelegen sieht es trotz der etwas höheren Automatisierungsquote von der Arbeitsteilung her schlechter aus, da der einzelne Einkäufer nur 54 Belege im Monat erfasst. Bei solchen Zahlen müssen die einzelnen Organisationsbereiche und Warengruppen differenziert betrachtet werden.

Differenzierung notwendig

Trotz der hohen Automatisierungsquote müssen aufgrund der hohen Beleg- und Nutzerzahl die Kennzahlen für die Materialbelege ganz oben auf der Watchlist des CIO stehen. Ein Problem einer dezentralen Abwicklung kann die schwankende Auslastung der Mitarbeiter sein. Andererseits muss verfolgt werden, wie sich Arbeitsaufwand und -teilung verhalten und entwickeln. Verbesserungen oder Verschlechterungen in der Produktivität haben in diesen Bereich eine massive Wirkung:

Produktivitätspotenzial

Szenario 1: Automatisierungsgrad 83,4 %

113 Belege / 20 Arbeitstage = 5,65 Belege/Tag und Mitarbeiter:
- Fall 1: Manuelle Prüfung und Eingabe, teilweise Rückfragen
  Fünf Minuten pro Bearbeitung Materialbeleg bedeuten eine halbe Stunde Aufwand täglich.
- Fall 2: Schnelle Prüfung, zügige Erfassung und keine Rückfragen
  Eine Minute pro Bearbeitung Materialbeleg bedeutet über fünf Minuten Aufwand täglich.

Bei 831 Mitarbeitern erzielt jede Minute an Produktivität, die hier gewonnen werden kann, auf den Monat gerechnet 58.689 € an Gewinn (bei 300 € pro Personentag).

Szenario 2: Automatisierungsgrad 50 %

Wenn der Automatisierungsgrad nur bei 50 % statt bei 83,4 % liegen würde, hätte der Mitarbeiter 339 Belege monatlich zu verbuchen. Das ist der dreifache Aufwand. Je nach tatsächlichem Erfassungsaufwand sind das:

> Fall 1:
> Eine Stunde Mehrarbeit am Tag und 500 T€ an zusätzlichen Arbeitskosten pro Monat
> Fall 2:
> Zehn Minten Mehrarbeit am Tag und 100 T€ an zusätzlichen Arbeitskosten pro Monat

Dieses Rechenbeispiel mit der Variation des Automatisierungsgrades von 83,4 % auf 50 % macht auch deutlich, warum sich Barcode-Lesegeräte und Transponder zur Materialverfolgung bei hohen Mengengerüsten schnell rechnen. Zwischen 100 und 500 T€ würden sich die Arbeitskosten pro Monat erhöhen, wenn die Automatisierung von 83,5 % auf 50 % sinken würde (siehe Abschnitt 6.2.1).

Neben den monatlichen Durchschnittszahlen zum Belegvolumen sind auch die zeitliche Entwicklung und der Trend wichtig. Hierbei sollte eine Datengrundlage von zwölf Monaten herangezogen werden, um die Zahlen auch bewerten zu können.

Trendanalyse im Einkauf

Die in Abbildung 3.3 dargestellten vier Graphen zeigen, wie sich die Einkaufsaktivitäten im Jahr 2009 massiv gesteigert haben. Nach einem zurückhaltenden ersten Quartal erhöhten sich die Bestellanforderungen im Mai und Juni dramatisch. Der Rückgang an Bestellanforderungen im Juli zeigt, wie dieser Nachholeffekt an eine Grenze gestoßen ist, insbesondere wenn man sich die bestellbezogenen Wareneingänge anschaut, die im Juni auf 30.000 Belege pro Monat ansteigen und dort bis zum Jahresende verweilen. Offensichtlich liegt dort eine Kapazitätsobergrenze des Geschäftsprozesses Materialbeschaffung, die durch die Abwicklungsfähigkeit von Lieferanten im Zusammenspiel mit dem Einlagerungsprozess bestimmt wird.

Trendanalytik entlang eines Geschäftsablaufs

Die Trendanalytik muss sich entlang eines Geschäftsprozesses aufstellen, um die Wirkung, mögliche Grenzen und Sondereffekte übersehen zu können. Neben konjunkturellen Auswirkungen können so auch Reorganisationen, Neueinführungen und Konsolidierungsaktivitäten verfolgt werden. Die Trendanalyse ist auch Grundlage für die Nutzungsplanung (siehe Abschnitt 5.2), da sie positive oder negative Abweichungen im Belegvolumen zeigt. So können auch »schleichende Anforderungsänderungen« erkannt werden, wenn aus unerklärlichen Gründen die Mengenentwicklung von bestimmten Teilprozessen im ERP-System rückläufig ist.

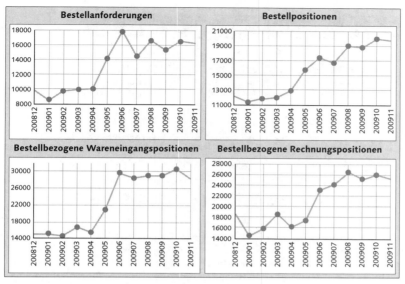

Abbildung 3.3 Trendanalyse der Belege in der Materialbeschaffung
(Quelle: IBIS RBE Plus 2010)

Ähnlich wie die Bewertung der Systemerweiterungen muss auch in den Geschäftsprozessen im Weiteren in die Tiefe vorgestoßen werden. Um die Aktivitäten in der Materialwirtschaft wirklich zur erkennen, ist man gezwungen, die Prozessvarianten, die im Customizing eingestellt sind, genauer zu untersuchen. Dabei kommt es neben der zeitlichen Dynamik auch auf die organisatorische Verteilung in der Intensität der Nutzung an. Dieses sogenannte *Nutzungsprofil* sollte für alle wichtigen Prozesskonfiguratoren im Customizing mit einer steuernden Wirkung verfolgt werden. In unserem Beispiel in Abbildung 3.4 sind es die Bewegungsarten in der Bestandsführung.

Nutzungsprofil der Bewegungsarten

Im Beispielunternehmen sind 77 unterschiedliche Bewegungsarten im Einsatz. Überraschend ist, dass nur eine Bewegungsart in allen 16 Werken verwendet wird, nur zwei werden intensiv gebucht, und auch die Kontinuität in der Nutzung ist nur bei 47 (61 %) nachvollziehbar. Unser Mischkonzern arbeitet dezentral und macht entweder in allen seinen 16 Werken etwas völlig anderes, oder es gibt keine Standardisierungs- oder Harmonisierungsbestrebungen (siehe Abschnitt 6.4 und 6.5), sodass eine starke Individualisierung des Customizings für jede Prozessvariante in einzelnen Werksgruppen entstanden ist.

Individualisierung der Prozesse im Customizing

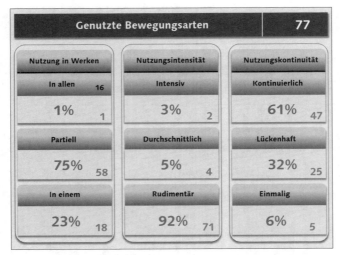

Abbildung 3.4 Nutzungsprofil eines Prozesskonfigurators für Prozessvarianten am Beispiel der Bewegungsarten in der Bestandsführung. Hinweis: Prozentzahlen sind ohne Nachkommastelle und deswegen auf- und abgerundet
(Quelle: IBIS RBE Plus 2010)

Die Nutzungsprofilschemata und -werte haben folgende Bedeutung:

- **Nutzung in Werken**

  Das Profil bewertet die organisatorische Verteilung der Nutzung der Prozesskonfiguratoren. Der zugrunde gelegte Analysezeitraum beträgt zwölf Monate.

  - *In allen:* Prozesskonfiguratoren, die in allen produktiven Organisationseinheiten genutzt wurden. Diese Konfiguratoren sollten hinsichtlich homogener Nutzung, Gleichartigkeit, Effizienz und Schulungsschwerpunkten besonders beachtet werden.
  - *Partiell:* Prozesskonfiguratoren, die mindestens in zwei produktiven Organisationseinheiten genutzt wurden. Diese Konfiguratoren sollten hinsichtlich des versteckten Know-hows, Sonderlösungen, heterogener Nutzung und Relevanz überprüft werden.
  - *In einem:* Prozesskonfiguratoren, die nur in einer produktiven Organisationseinheit genutzt wurden. Sie stellen dezentrale Sonderlösungen dar.

- **Nutzungsintensität**

  Das Profil bewertet mittels der ABC-Analyse die Prozesskonfiguratoren nach Nutzungshäufigkeit. Der zugrunde gelegte Analysezeitraum beträgt zwölf Monate.

- *Intensiv:* Die intensiv genutzten Prozesskonfiguratoren decken 80 % der aktiven Nutzung ab. Sie repräsentieren damit das Tagesgeschäft für fast alle Benutzer. Diese Konfiguratoren sollten in Bezug auf Wirtschaftlichkeit, Effizienz, Support-, Schulungs-, Testschwerpunkt, Upgrade und Prozessverbesserung besonders beachtet werden.
- *Durchschnittlich:* Prozesskonfiguratoren, die 15 % der Nutzungshäufigkeit ausmachen. Diese Konfiguratoren sollten hinsichtlich Relevanzbewertung, Support-Aufwand, Testaufwand, Dokumentation und Existenz von Sonderprozessen überprüft werden.
- *Rudimentär:* Prozesskonfiguratoren, die 5 % der Nutzungshäufigkeit ausmachen. Diese Konfiguratoren sollten hinsichtlich Relevanz, Einsparpotenzial, möglicher Ineffizienz, Support-Reduktion, Testreduktion und Prozessvereinfachung überprüft und eventuell bereinigt werden. Ausgenommen sind hier nur Sonderbewegungsarten für den Jahresabschluss oder z. B. Verschrottung.

- **Nutzungskontinuität**

Das Profil bewertet die zeitliche Kontinuität der Nutzung der Prozesskonfiguratoren bezogen auf den Analysezeitraum von zwölf Monaten.

- *Kontinuierlich:* Prozesskonfiguratoren, die in jedem Monat des Analysezeitraums genutzt wurden. Sie bilden das Rückgrat der Prozesse. Diese Konfiguratoren sollten hinsichtlich Trendanalyse, Wirtschaftlichkeit, Effizienz, Support-Schwerpunkt, Schulungsschwerpunkt, Testschwerpunkt, Upgrade und Prozessverbesserung besonders beachtet werden.
- *Lückenhaft:* Prozesskonfiguratoren, die mindestens in einem Monat des Analysezeitraums nicht genutzt wurden. Sie gehören wahrscheinlich zu Sonderprozessen. Diese Konfiguratoren sollen hinsichtlich Relevanz, Trendanalyse, der Gründe für Nutzungslücken und möglicher Ineffizienz überprüft werden.
- *Einmalig:* Prozesskonfiguratoren, die im Analysezeitraum nur in einem Monat genutzt wurden. Sie gehören wahrscheinlich zu Randprozessen oder Jahresabschlussaktivitäten. Diese Konfiguratoren sollten hinsichtlich Relevanz, Redundanz, Ineffizienz und Rüstzeiten überprüft werden.

3 | Fachanwender verstehen – Nutzung erkennen: Geschäftsprozesse

Teilprozess Rechnungsprüfung

Die nächste Analyseebene zeigt in Abbildung 3.5 anhand der Scorecard für den Teilprozess Rechnungsprüfung die Dimensionen Anwender, Prozessdaten IN/OUT und die Effizienzen. Die Informationen einer Zeile aus der Produktivitätsmatrix werden weiter heruntergebrochen, um diesen Bereich besser zu verstehen. So erkennen wir hier, dass der Automatisierungsgrad fast ausschließlich auf den hohen Anteil von Lieferantenrechnungen aus Schnittstellen zurückzuführen ist. Es sind keine automatischen Abrechnungen aktiv, die aus einem Wareneingang eine Rechnung generieren.

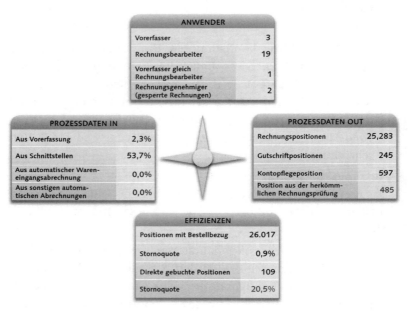

Abbildung 3.5 Scorecard für den Teilprozess Rechnungsprüfung (Quelle: IBIS RBE Plus 2010)

In dieser Darstellung sind zwei Werte besonders hervorgehoben. Sie haben einen gesetzten Schwellenwert über- oder unterschritten, der eine Überprüfung oder besondere Maßnahme erfordert:

- **Stornoquote für direkt gebuchte Positionen (20,5 %)**
  Der Prozess der Rechnungsprüfung für direkt gebuchte Rechnungen (ohne Bestellbezug) sollte aufgrund einer relativ hohen Stornoquote überprüft werden.

- **Herkömmliche Rechnungsprüfung wird noch verwendet (485)**
  Ab SAP ERP Release 4.7 wird die herkömmliche Rechnungsprüfung von SAP nicht mehr unterstützt und muss durch die logistische Rechnungsprüfung ersetzt werden.

Die weiteren Felder der Scorecard zur Rechnungsprüfung haben folgende Bedeutung:

- **Anwender**
  - *Vorerfasser*
    Anzahl der Personen, die im Analysezeitraum Rechnungen und/oder Gutschriften vorab erfasst haben, ohne sie zu verbuchen
  - *Rechnungsbearbeiter*
    Anzahl der Personen, die im Analysezeitraum Rechnungen und/oder Gutschriften gebucht haben
  - *Vorerfasser gleich Rechnungsbearbeiter*
    Anzahl der Anwender, die im Analysezeitraum Rechnungsprüfungsbelege vorab erfasst und zugleich gebucht haben. Wenn der Ablauf so organisiert ist, dass bestimmte Mitarbeiter nur Belege ohne Prüfung vorerfassen, sollte sichergestellt werden, dass diese Vorgänge nicht von den gleichen Anwendern gebucht werden.
  - *Rechnungsgenehmiger (gesperrte Rechnungen)*
    Anzahl der Personen, die im Analysezeitraum gesperrte Rechnungen freigegeben haben

- **Prozessdaten IN**
  Analyse des Herkunftskennzeichens von Rechnungsbelegen. Etwaige zu 100 % fehlende Anteile z. B. von Rechnungsbelegen aus Rechnungsplänen sind in den Detailauswertungen aufgeführt. Die direkt erfassten Rechnungsbelege sind aus der Produktivitätsmatrix Materialwirtschaft ersichtlich.
  - *Aus Schnittstellen*
    Belegpositionen, die aus Schnittstellen (EDI, WEB oder BAPI) zu externen Systemen automatisch angelegt wurden
  - *Aus automatischer Wareneingangsabrechnung*
    Belegpositionen, die mit der automatischen Abrechnung auf Basis der erfolgten Wareneingänge erzeugt wurden (z. B. Gutschriftsverfahren)

> *Aus sonstigen automatischen Abrechnungen*
> Belegpositionen, die aus sonstigen automatischen Abrechnungen erzeugt wurden. Dazu zählen Batch-Läufe, Rechnungspläne, Belege für Transferpreise (zwischen wirtschaftlich selbstständigen Bereichen innerhalb eines Konzerns) und Neubewertungen aufgrund rückwirkend gültiger Preisänderungen.

> **Direkt gebuchte Positionen**
> Positionen, die sich nicht auf eine Bestellung oder eine Lieferung beziehen, sondern direkt auf Sachkonten (Abrechnung von minimalen Beträgen für Frachtkosten, ohne diese den Material- oder Kostenkonten zuzuschlagen) oder auf Materialkonten (Be- oder Entlastung eines Materials ohne Bestellbezug). Das Fehler- und Manipulationspotenzial ist hier besonders hoch.

> **Gutschriftspositionen**
> Monatlich erfasste Gutschriftspositionen von Lieferanten, die zu einer Belastung des Kreditorenkontos führen. Sie korrigieren die Bestellentwicklung, wenn eine zu große Menge berechnet wurde; z. B. wenn eine Rechnung zu hoch war oder eine Teilmenge zurückgeliefert wurde.

3.1.3 Vertriebsabwicklung

Für den Geschäftsprozess Vertriebsabwicklung können die gleichen Analyseinstrumente wie in der Materialwirtschaft verwendet werden. Auch hier dominieren Belege den Ablauf und lassen sich auf Automatisierungsgrad und Arbeitsteilung hin untersuchen.

Mengenvariation entlang der Prozesskette

Ähnlich wie im Einkauf fällt im Verkauf in Tabelle 3.3 auf, dass das Belegvolumen und der Automatisierungsgrad entlang der Prozesskette stark variieren können. Aus 6.983 Aufträgen im Monat werden 73.770 Lieferungen und 34.250 Rechnungen. Ebenso sind der Anwendereinsatz und der Automatisierungsgrad höchst unterschiedlich. Im Allgemeinen sollte der Automatisierungsgrad im Prozessverlauf ansteigen, was hier nur für die Faktura zutrifft und durch die Lieferungserstellung unterbrochen wird. Dort agiert auch die Masse der Anwender, was eine wichtige Information für den aktuellen Schwerpunkt in der Benutzerbetreuung darstellt, und davon sollte auch eine Support-Abteilung wissen.

	Dialog-anwender	Belege gesamt ø Monat	Automa-tisierungs-grad	Belege/Anwender ø Monat
Presales	29	901	21 %	25
Rahmenverträge	12	100	0 %	8
Aufträge	75	6.983	39 %	57
Lieferungen	480	73.770	31 %	106
Fakturen	73	34.250	84 %	75
Retouren	10	99	0 %	10

Tabelle 3.3 Produktivitätsmatrix für den Geschäftsprozess Vertriebsabwicklung (Quelle: IBIS RBE Plus 2010)

Für den sehr interessanten Zeitraum von Dezember 2008 bis November 2009 zeigt die 12-Monats-Trendanalyse in Abbildung 3.6 zusätzlich, was in den neun Monaten vor den Drei-Monats-Durchschnittszahlen geschehen ist, die in der Produktivitätsmatrix Vertrieb aufgeführt sind. Der Vertrieb hatte einen heftigen Aufwärtstrend mit wilden Ausschlägen zu bewältigen. Die Verkaufsbelege und -positionen schwankten deutlich, doch hatten sie nicht den eklatanten Anstieg wie die Lieferungen: Der Septemberwert war mit über 75.000 dreimal so hoch wie der Aprilwert mit gut 25.000 Lieferungen. Der Grund hierfür können Teillieferungen sein oder Verzögerungen in der Auslieferung, weil die Produktion am Anfang des zweiten Quartals zu stark zurückgefahren wurde. Ein weiteres Indiz ist der Anstieg der Fakturen im Juni um mehr als das Doppelte. Offensichtlich wurden Aufträge noch aus dem März dann erst vollständig beliefert und konnten endlich in Rechnung gestellt werden.

Schwankungen in der Vertriebs-abwicklung

Die Zahlenreihen beweisen, dass sich die Geschäftsentwicklung sehr unterschiedlich auf die konkrete Nutzung auch innerhalb eines Geschäftsprozesses auswirken kann. Gerade vertriebliche Abläufe benötigen Kapazitätsreserven und maximalen Support am Ende von Rezessionen, um schnell wieder liefer- und fakturafähig zu sein.

Geschäfts-entwicklung und Nutzung

Aus diesem Grund sollte als weitere Analysedarstellung die Scorecard im Bereich Lieferungen in Abbildung 3.7 näher betrachtet werden. Sie zeigt gemittelt die Daten der Monate September bis November 2009, in denen offensichtlich sehr hart gearbeitet wurde, um den Lieferrückstand aufzuholen.

Scorecard Lieferungen

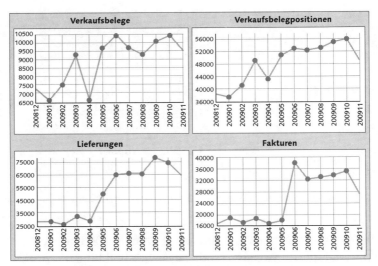

Abbildung 3.6 Trendanalyse der Belege in der Vertriebsabwicklung
(Quelle: IBIS RBE Plus 2010)

Aus 82.550 Lieferpositionen im Durchschnitt der letzten drei Monate, die zu 68 % verpackt wurden, sind 9.780 Transporte versandfertig zusammengestellt worden. Auch die Frachtkostenabwicklung war im Einsatz. Die Effizienzquoten zeigen, dass zum Stichtag der Analyse keine Sperren und nur wenige offene zu kommissionierende oder zu buchende Lieferungen existierten, die noch in Bearbeitung waren. Das zeigt, dass der Lieferprozess einen guten Durchsatz hatte. Ein Grund hierfür ist wohl, dass eine Lieferung fast immer nur eine Materialposition beinhaltet. Dies mag an der Branche liegen oder eine gewollte Vereinfachung sein, erlaubt es aber, Lieferungen schneller abzuarbeiten, allerdings auf Kosten einer höheren Belegzahl.

In der Scorecard sind zwei Werte besonders hervorgehoben. Sie haben einen gesetzten Schwellwert unterschritten, der eine Überprüfung oder besondere Maßnahme erfordert:

- *Anteil der Anwender mit hoher Zahl an Erfassungen < 50 % (27 %)*
  Die Arbeitsteilung sollte untersucht werden. Der geringe Anteil an Powerusern bzw. der hohe Anteil an Gelegenheitsusern macht die Prozessabwicklung ineffizient.

- *Anteil der Anwender mit hoher Zahl an Änderungen < 50 % (16 %)*
  Die Arbeitsteilung sollte untersucht werden. Der geringe Anteil an Power-Änderern bzw. der hohe Anteil an Gelegenheitsusern macht die Prozessabwicklung ineffizient.

ANWENDER	
Lieferungserfasser	454
Power Lieferungserfasser	27%
Lieferungsänderer	360
Power Lieferungsänderer	16%

PROZESSDATEN	
Positionen	82.550
Positionen pro Lieferung	1
Transportbelege	9.780
Frachtkostenbelege im Mandant	4.241

EFFIZIENZ	
Positionen mit Sperren	0,0%
Noch zu kommissionieren	0,4%
Noch zu buchen	0,5%
Verpackungsrelevant	68,3%

CUSTOMIZING	
Zulässige Belegarten im Mandant	68
Verwendete Belegarten	43%
Zulässige Positionstypen im Mandant	395
Verwendete Positionstypen	17%

Abbildung 3.7 Scorecard zu Lieferungen (Quelle: IBIS RBE Plus 2010)

Die weiteren Feldern der Scorecard zu Lieferungen haben folgende Bedeutung:

- **Anwender**
  - *Anteil der Anwender mit hoher Zahl an Lieferungserfassungen*
    Anteil der Dialoganwender, die 80 % der Lieferungen manuell gebucht haben. Die Kennzahl wird durch Faktoren wie Teilzeitkräfte, Vertreterregelungen etc. beeinflusst.
  - *Anteil der Anwender mit hoher Zahl an Lieferungsänderungen*
    Anteil der User, die 80 % der Änderungen in Lieferungen vorgenommen haben

- **Effizienz**
  - *Noch zu kommissionieren*
    Die Kommissionierung muss noch durchgeführt werden, um den Warenausgang zu ermöglichen.
  - *Noch zu buchen*
    Der Warenausgang hat noch nicht stattgefunden, und deswegen muss noch gebucht werden, um die Fakturierung der Lieferung zu ermöglichen.

Verwendungs-quoten Customizing

Eine letzte Auffälligkeit in der Scorecard sind die Verwendungsquoten des vorhandenen Customizings zu Lieferbelegarten und -positionen:

- 43 % von 68 Lieferbelegarten
- 17 % von 395 Lieferpositionstypen

Zunächst einmal sind dies äußerst hohe Werte, was die Breite der Prozesskonfigurationen angeht. Offensichtlich wurde, ähnlich wie bei den Bewegungsarten im Modul MM, jede Abwicklungsvariante für jeden Standort als Positionstyp ausgestaltet. Dies ist bei vielen SAP-Beratern eine beliebte Vorgehensweise gewesen und ist im Einführungsprozess bis zu einem gewissen Grad durchaus sinnvoll, um für die Kundenanforderungen einen Anker im SAP-System zu finden. Für unseren Beispielkunden macht die ABC-Analyse der Verwendung in den letzten zwölf Monaten deutlich, dass von den 84 genutzten Positionstypen allein zehn schon 80 % des Abwicklungsvolumens abdecken, was eine augenfällige Konzentration aufzeigt.

Problematisch ist die breite Ausgestaltung des Customizings dann, wenn die Steuerung auch auf einfacheren Wegen, z. B. über dafür vorgesehene Stammdatengruppierungen oder -felder, möglich wäre oder nur zu Auswertungszwecken erfolgt ist. Denn unglücklicherweise ändern sich die Anforderungen mit neuen Produkten und führen dadurch nach einiger Zeit, wie in unserem Beispiel, zu 83 % nicht mehr genutzten Lieferpositionstypen, die nach Jahren niemand mehr kennt und versteht. Dies macht ein Bereinigungsprojekt notwendig (siehe Abschnitt 6.1.1).

Historischer Vergleich

Mit der Einbeziehung der historischen Verwendung *vor dem Analysezeitraum* wie in Abbildung 3.8 angedeutet, ist auch feststellbar, dass neue Positionen dazugekommen sind – wie YCN4 – oder dass bis vor zwei Jahren noch 126 Positionstypen[1] im Einsatz waren. Das heißt, ein Drittel der Prozessvarianten in der Lieferabwicklung hat seitdem an Bedeutung verloren.

Das hier dargestellte Beispiel ist nicht die Ausnahme, sondern durchaus typisch für große bis sehr große SAP-Anwendungen mit einem Mandanten für vielfältige Geschäftsarten. Gerade in solchen Situatio-

---

1 Die Ermittlung dieser Zahl basiert auf der Gesamtauswertung der zweiten Wertspalte und der Information, wann die Lieferpositionen das letzte Mal archiviert worden sind.

nen ist ein kontinuierlicher Wartungsplan mit den Verbesserungsmaßnahmen, die in Kapitel 6 vorgeschlagen werden, dringend anzuraten. Das gilt auch, wenn von acht Positionstypen nur zwei verwendet werden.

Nutzung Lieferpositionstypen			
Check Statements:	Welchen Lieferpositionstypen wurden verwendet?	Welchen Lieferpositionstypen wurden verwendet? (vor dem Analysezeitrum)	
Lieferpositionstyp	Wert	Wert	Bezeichnung
ZOOS	57.340	332.704	Standard
ELN	32.888	672.693	Inbound delivery
YCN4	27.625	0	China Item
ZOS1	20.131	45.040	Int'l Standard
ZAK4	14.433	228.247	Kit Item
ZNL7	11.648	127.979	XX Standard Item
ZO5	11.704	65.181	XX 3rd Party
ZELN	9.643	14.512	Inbound delivery
ZSTO	9.570	15.124	US Stock Transp.Item

Abbildung 3.8 Lieferpositionstypen (Quelle: IBIS RBE Plus 2010)

3.2 Disposition

Die Disposition gliedert sich in zwei Ebenen. Die Planungsaktivitäten wie Prognose oder Langfristplanung sind mehr ein Stabsstellen- und Expertenthema, da meist nur wenige Anwender dort aktiv planen. In der Materialbedarfsplanung sieht das anders aus, dort agieren Planer, Vertriebsmitarbeiter und Disponenten. Von der Disposition soll hier insbesondere der integrative Teil der Materialbedarfsplanung vorgestellt werden. Aufgrund der Stammdaten- und Verfahrensorientierung wird die Erkennung der Nutzung hier (auch zur Abwechslung für Sie, lieber Leser) auf der Detailebene der Listauswertungen dargestellt werden.

3.2.1 Kundenbedarf

Auf der Ebene der Verkaufspositionen müssen zunächst die Bedarfsarten in Abbildung 3.9 betrachtet werden. Sie zeigen, dass im Beispielunternehmen die Bedarfsart KSV (Kundenauftrag mit Verrech-

Bedarfsarten bestimmen Abwicklung

nung) dominiert. Diese Bedarfsart weist auf die sehr häufig verwendete Lagerfertigungsstrategie hin. Aus dieser einen Information leitet sich bereits ab, wie die integrative Bedarfsplanung im Unternehmen im Wesentlichen abläuft. Denn auf Planungsseite der Primärbedarfe muss die Strategie VSF (Vorplanung mit Endmontage) stehen, die Produktionsmengen für die Enderzeugnisse vorplant. Die Planprimärbedarfe werden dann mit den eintreffenden Kundenaufträgen verrechnet, um so eine Anpassung des Produktionsplans an die aktuelle Bedarfssituation zu erreichen.

		Verwendung von Bedarfsarten		
Prüf-Abfragen:	Welche Bedarfsarten werden in Verkaufsbelegpositionen verwendet?			
Bedarfsart	Wert	Kurzbeschreibung Bedarfsart	Custom/ Kunden-individuell	Used/ Genutzt
011	1.234	Lieferungsbedarf	○	●
041	2.581	Auftrag/Lieferbedarf	○	●
KSL	70	Verkauf ab Lager ohne Abbau PB	○	●
KSV	107.349	Kundenauftrag mit Verrechnung	○	●
ZKE	345	KdEinzel m.Bewert.	●	●
Summe:	111.982			

Abbildung 3.9 Detailanalyse verwendeter Bedarfsarten im Vertrieb (Quelle: IBIS RBE Plus 2010)

Der wichtigste Vorteil dieser Bedarfsart besteht demnach darin, schnell auf Kundenanforderungen reagieren zu können. Die Effizienz des Produktionsplans ist weniger von Bedeutung. Unser Beispielkunde arbeitet hier in kleinem Umfang auch mit einer kundenindividuellen Bedarfsart, die offensichtlich die Bewertung des Kundeneinzelbestands besonders aussteuert. Zu allen Bedarfsarten und Planungsstrategien gibt es ausführliche Dokumentationen und Literatur.[2]

Einteilungen   Nächster Aspekt entlang der Steuerung der Disposition sind die Einteilungen im Kundenauftrag. Dort wird festgelegt, ob und wie der Bedarf bestätigt, terminiert, disponiert und erfüllt wird. Es kann mehrere Teillieferungen zu einer Position geben, deswegen ist die Anzahl der Einteilungen etwas höher als bei den Positionen. Sie

---

[2] Siehe *www.SAPhelp.com* und [DMHH09].

erkennen in Abbildung 3.10, dass es neben Konsignation auch Streckengeschäfte und Einteilungen ohne Disposition gibt. Die dritte Spalte zeigt die Verwendung vor dem Analysezeitraum bis zurück zum Produktivstart bzw. der letzten Archivierung.

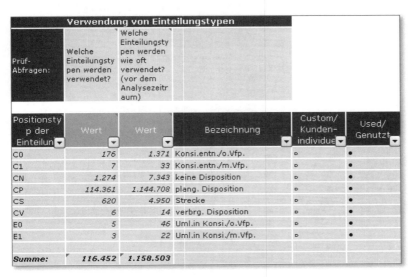

Abbildung 3.10 Einteilungen in Kundenauftragspositionen (Quelle: IBIS RBE Plus 2010)

Offensichtlich ist die plangesteuerte Disposition das dominierende Verfahren für Enderzeugnisse, und alle anderen führen ein Schattendasein.

3.2.2 Bedarfsplanung

Aus der Richtung der Vorplanung sind die auftragsunabhängigen Planprimärbedarfe der Output des Planungsprozesses. Sie werden insbesondere bei einer Lagerfertigungsstrategie in die Materialbedarfsplanung einbezogen, terminiert und je nach Strategie mit den echten Kundenaufträgen verrechnet. Sekundärbedarfe leiten sich dann über die Auflösung von Stücklisten aus Fertigungsaufträgen ab. Eine bedarfsgesteuerte Disposition versucht, entweder erst bei Konkretisierung des Kundenbedarfs die Produktion und die Beschaffung auszulösen, oder sie muss vorplanen, wenn die Lieferzeit nicht ausreicht: Die Vorplanung der Halbteile bzw. Baugruppen erfolgt dann anonym, und die Endmontage des Produktes wird erst bei Konkretisierung des Kundenauftrags angestoßen.

Auftragsunabhängige Planprimärbedarfe

3 | Fachanwender verstehen – Nutzung erkennen: Geschäftsprozesse

Planungslauf Der Planungslauf verrechnet jetzt die Vorplanungswerte der Primärbedarfe gegen die Bedarfe aus Kundenaufträgen und wendet die im Materialstammsatz hinterlegten Steuerungsparameter an. Hinzu kommen jetzt auch weitere Materialien, die über den Verbrauch in der Produktion unter einen bestimmten Meldebestand gefallen sind.

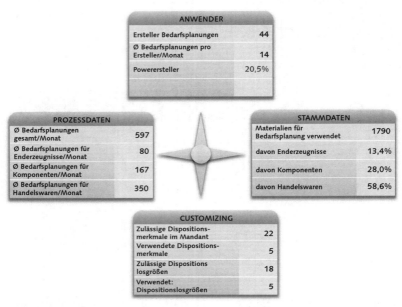

Abbildung 3.11 Scorecard Materialbedarfsplanung (Quelle: IBIS RBE Plus 2010)

Die Scorecard Materialbedarfsplanung zeigt folgende Aspekte:

- **Anwender**
  - *Ersteller Bedarfsplanungen*
    Anzahl Dialoganwender, die Bedarfsplanungen im Analysezeitraum durchgeführt haben
  - *ø Bedarfsplanungen pro Ersteller/Monat*
    durchschnittliche Anzahl von Bedarfsplanungen, die monatlich von einem Dialoganwender durchgeführt werden
  - *Power-Ersteller*
    Anteil der Dialoganwender, die 80 % der Bedarfsplanungen erfasst haben

- **Prozessdaten**
  - *ø Bedarfsplanungen gesamt/Monat*
    durchschnittliche Anzahl der Bedarfsplanungen, die monatlich durchgeführt werden
  - *ø Bedarfsplanungen für Enderzeugnisse/Monat*
    durchschnittliche Anzahl der Bedarfsplanungen für Enderzeugnisse, die monatlich durchgeführt werden
  - *ø Bedarfsplanungen für Komponenten/Monat*
    durchschnittliche Anzahl der Bedarfsplanungen für Komponenten, die monatlich durchgeführt werden
  - *ø Bedarfsplanungen für Handelswaren/Monat*
    durchschnittliche Anzahl der Bedarfsplanungen für Handelswaren, die monatlich durchgeführt werden
- **Stammdaten**
  - *Materialien für Bedarfsplanung verwendet*
    Anzahl Materialien, für die Bedarfsplanungen im Analysezeitraum durchgeführt wurden
  - *davon Enderzeugnisse*
    Anteil der Enderzeugnisse an den Materialien, für die im Analysezeitraum Bedarfsplanungen durchgeführt wurden
  - *davon Komponenten*
    Anteil der Komponenten an den Materialien, für die im Analysezeitraum Bedarfsplanungen durchgeführt wurden
  - *davon Handelswaren*
    Anteil der Handelswaren an den Materialien, für die im Analysezeitraum Bedarfsplanungen durchgeführt wurden
- **Customizing**
  - *Zulässige Dispositionsmerkmale im Mandanten*
    Anzahl an Dispositionsmerkmalen, die für die Bedarfsplanungen gültig sind
  - *Verwendete Dispositionsmerkmale*
    Anzahl an Dispositionsmerkmalen, die im Analysezeitraum für Bedarfsplanungen verwendet werden
  - *Zulässige Dispositionslosgrößen im Mandanten*
    Anzahl an Dispositionslosgrößen, die für die Bedarfsplanungen gültig sind

▶ *Verwendete Dispositionslosgrößen*
Anzahl an Dispositionslosgrößen, die im Analysezeitraum in Bedarfsplanungen verwendet werden

Dispositionsbelege Für die Nutzungsanalyse ist bezüglich Abbildung 3.12 zu beachten, dass Planungs- und Dispositionsbelege pro Material, Werk und Dispositionslistenart entstehen und nach jedem Dispositionslauf aktualisiert werden. Deswegen ist eine Prozessverfolgung und Nutzungsbewertung über die Bedarfe zu den Dispositionsbelegen schwierig. Erkennbar sind jetzt vielmehr die eingesetzten Verfahren und Methoden pro Material und Standort.

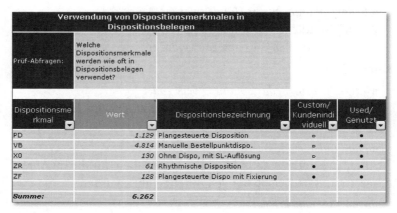

Abbildung 3.12 Detailauswertung zu Dispositionsmerkmalen
(Quelle: IBIS RBE Plus 2010)

Verbrauchs- oder bedarfsgesteuert In der Beispielauswertung dominiert jetzt die verbrauchsgesteuerte *Manuelle Bestellpunktdisposition* für Komponenten und Handelswaren vor den plangesteuerten bzw. deterministischen Verfahren für Endprodukte oder A-Teile. An dieser Stelle kann die Materialbedarfsplanung bezüglich der gewünschten Nutzung gegen den Materialstamm abgeglichen werden. Die Verfahren sind:

▶ verbrauchsgesteuerte Disposition:
  ▶ VB (Bestellpunktdisposition)
  ▶ ZR (rhythmische Disposition)
▶ X0 (ohne Disposition, mit Stücklistenauflösung)
▶ bedarfsgesteuerte Disposition:
  ▶ PD (plangesteuerte Disposition)
  ▶ ZF (plangesteuerte Disposition mit Fixierung)

Das kundenindividuelle Dispositionsmerkmal scheint das Ergebnis eines Planungslaufs für einen gewissen Zeithorizont zu fixieren, um nicht durch ständige Änderungen den Produktionsprozess zu stören.

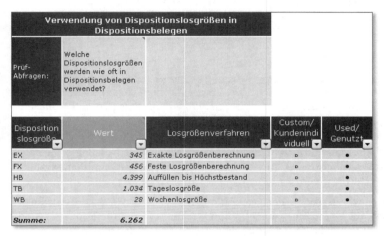

Abbildung 3.13 Detailauswertung zu Dispositionslosgrößen (Quelle: IBIS RBE Plus 2010)

In Kombination mit den Dispositionsmerkmalen legt die Losgrößenbestimmung aus Abbildung 3.13 das Mengenvolumen für die Bestellungen oder Fertigungsaufträge fest. Unser Beispielkunde hier hält nicht viel von einem möglichst niedrigen, filigran und bedarfsorientiert disponiertem Lagerbestand für seine B- und C-Teile, wenn er überwiegend mit *Auffüllen bis zum Höchstbestand* arbeitet. Dies bedeutet, dass er seine Lagerorte möglichst schnell wieder maximal bestücken will, um keine Verzögerungen aufgrund von fehlendem Material zu riskieren.

Dispositionslosgrößen

Verwendung von Planauftragsarten in Planaufträgen		
Prüf-Abfragen:	Welche Planauftragsarten werden in den Planaufträgen verwendet? (ohne Datumseinschränkung)	
Auftragsart	**Wert**	
Kundeneinzelauftrag	170	
Lagerauftrag	12.607	
Normalbestellung	8.532	
Summe:	**21.309**	

Abbildung 3.14 Detailauswertung zu Planauftragsarten (Quelle: IBIS RBE Plus 2010)

Planaufträge Das Ergebnis des Planungsprozesses sind die in Abbildung 3.14 aufgeführten Planauftragsarten. Sie sind von ihrem Charakter her temporäre Belege, die Planungsergebnisse als Beschaffungs- oder Produktionsvorschläge ausweisen. Sie werden dann nach Umsetzung in Bestellung, Fertigungsauftrag oder Prozessauftrag gelöscht! Damit übergibt die Disposition ihre Ergebnisse wieder an die logistischen Abwicklungsprozesse.

> **Praxistipp zu Nutzungsanalyse der Disposition**
>
> Durch den Verlust von Prozessbeziehungen von Beleg zu Beleg und die anspruchsvolle Verfahrensorientierung ist die Disposition ein Thema, das viele IT-Chefs und Organisatoren meiden, weil sie es für ein Expertenthema halten. Doch in der Disposition haben viele Nutzungsschwierigkeiten der logistischen Anwender ihre Ursache, wenn dem Planungsoutput nicht mehr vertraut wird!
>
> Die Nutzungsanalyse der Disposition lohnt sich in vielen Unternehmen schon aus einem einzigen Grund: um Vertrieb, Planung, Produktion und Einkauf an einen Tisch zu bringen.

3.3 Rechnungswesen

Im Rechnungswesen soll nicht nur die klassische Finanzbuchhaltung betrachtet werden, sondern auch der Bereich Controlling, der einige außergewöhnliche Nutzungsperspektiven notwendig macht. Einige weitere Beispiele zum Finanzwesen sind in Abschnitt 4.2 als Schlüsselindikatoren verarbeitet.

3.3.1 Finanzwesen

Automatisierung ist nicht alles Die Übersicht über das Finanzwesen in Tabelle 3.4 zeigt einen hohen Automatisierungsgrad im Zusammenspiel mit einer adäquaten Anwenderzahl von Spezialisten für Korrekturen und Ausnahmefälle. Trotzdem machen diese guten Zahlen eine weitere Analyse nicht obsolet. Automatisierung ist nicht alles, sie kann Defizite verbergen, an anderer Stelle zu hohem Änderungsbedarf führen oder wie in diesem Beispiel recht einseitig auf die Finanzbuchhaltung zutreffen, da die Kennzahl in den vorgelagerten Modulen mit dem Wert 11,7 % deutlich niedriger ist.

Die Zeile *Vorgelagerte Module* in der Produktivitätsmatrix Finanzwesen hat folgende Bedeutung: Vorgelagerte Module sind Module des

SAP-Systems, in denen buchhalterisch relevante Vorgänge wie z. B. Materialbewertung oder Fakturabelege erzeugt und im Rahmen der Prozessintegration ins Hauptbuch übergeben wurden.

	Dialog-anwender	Belege gesamt ø Monat	Automa-tisierungs-grad	Belege/Anwender ø Monat
Hauptbuch	39	651.250	97,0 %	501
Kreditorenbuch	33	43.459	86,1 %	183
Debitorenbuch	22	37.296	93,1 %	117
Anlagenbuch	4	255	89,0 %	7
Zahlungsverkehr	24	6.718	89,1 %	14
Vorgelagerte Module	851	598.537	11,7 %	621
iDoc Belege	1	13.555	99,6 %	54

Tabelle 3.4 Produktivitätsmatrix Finanzwesen (Quelle: IBIS RBE Plus 2010)

Wenn man so will, sind das interne und externe Rechnungswesen am Ende aller Geschäftsprozesse die Datensenke, die alles aufnimmt. Fast 95 % aller Rechnungen (siehe Abbildung 3.15) werden von der SD-Faktura übergeben. Doch für die Folgeschritte wie das Eintreiben der offenen Posten sind die Debitoren- und Bankbuchhaltung verantwortlich. Deswegen sind die aus dem Debitorenstamm gezogenen Daten wie die Zahlwege, Zahlungskonditionen und Kontogruppen jetzt sehr wichtig für die Weiterverarbeitung.

Richtig buchen und zahlen

Trotz der sehr guten Automatisierung liegt in der Debitorenbuchhaltung das eine oder andere im Argen: Die geringe Poweruser-Quote bedeutet, dass es zu viele Gelegenheitsuser gibt, die auch für die relativ geringe durchschnittliche Anzahl an erfassten Rechnungen verantwortlich sind. Wiederum stellt sich die Frage, ob zentralisierte Erfassungsaktivitäten nicht die bessere Organisation wären. Nicht umsonst haben viele Unternehmen *Shared Service Center* für solche Aufgaben eingeführt.[3]

Altlasten und offene Rechnungen

---

[3] Das Für und Wider stellt der folgende Artikel gut dar: www.erpmanager.de/magazin/artikel_1654_rechnungswesen_shared_service_center.html (Aufrufdatum 2.6.2010). Insbesondere muss mit einer Rollenanalyse die Frage geklärt werden, was die Buchhaltung in den dezentralen Einheiten noch für Aufgaben hat. Meist finden sich dort auch Experten für Verträge und Fakturaabwicklung.

Die Verwendungsquoten der Stammdaten und Belegarten lassen auf nicht bereinigte Altdaten schließen. Zwar lässt der recht hohe Anteil von offenen Rechnungen mit 21,9 % auf ein längeres Zahlungsziel schließen, doch weil die Mahnquote 0,0 % beträgt, könnte der Prozess hinterfragt werden, da nicht in FI gemahnt wird. In diesem konkreten Fall ist es eine Sondersituation, weil schriftliches Mahnen branchenunüblich ist, der Kunde wird angerufen.

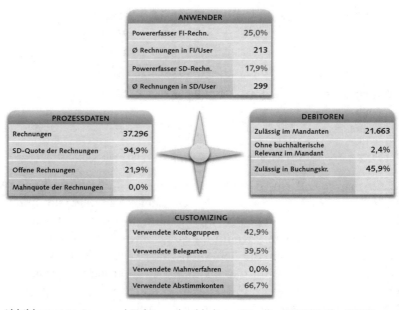

Abbildung 3.15 Scorecard Debitorenbuchhaltung (Quelle: IBIS RBE Plus 2010)

In der Scorecard sind drei Werte in der Dimension Customizing besonders hervorgehoben. Sie haben einen gesetzten Schwellwert unterschritten, der eine Überprüfung oder besondere Maßnahme erfordert:

- Anteil verwendeter Abstimmkonten < 70 % (66,7 %)
- Anteil verwendeter Belegarten < 70 % (39,5 %)
- Anteil verwendeter Kontogruppen < 70 % (42,9 %)
  Die Relevanz der nicht verwendeten Stammdaten- und Customizing-Einstellungen zur Buchungssteuerung im Debitorenbuch ist grenzwertig und kann überprüft werden. Wenn möglich, sollten unnötige Abstimmkonten etc. aus dem System entfernt oder gesperrt werden, um Fehler zu vermeiden und Kosten zu reduzieren.

Die weiteren Felder der Scorecard zur Debitorenbuchhaltung haben folgende Bedeutung:

- **Anwender**
  - *ø Rechnungen in FI/User*
    Durchschnittliche Anzahl der Debitorenrechnungen, die ein Dialoguser manuell im Modul FI monatlich bucht. Sie repräsentiert die Bearbeitungseffizienz.
  - *ø Rechnungen in SD/User*
    Durchschnittliche Anzahl der Debitorenrechnungen, die ein Dialoganwender manuell im Modul SD monatlich bucht. Sie repräsentiert dort die Bearbeitungseffizienz.
- **Prozessdaten**
  - *SD-Quote der Rechnungen*
    Anteil der Debitorenrechnungen, die im Modul SD erfasst wurden
  - *Mahnquote der Rechnungen*
    Anteil der offenen Debitorenrechnungen, denen eine Mahnstufe zugewiesen wurde, d. h., es sind Rechnungen, die gemahnt wurden
- **Stammdaten**
  - *Zulässig im Mandanten*
    Anteil der Stammdaten, die in Mandanten keine Löschvormerkungen, Buchungssperren etc. haben und somit verwendet werden können
  - *Ohne buchhalterische Relevanz im Mandant*
    Anteil der Stammdaten, die im Mandanten zur Verfügung stehen, aber keine Buchungskreisdaten haben und somit in produktiven Buchungskreisen nicht verwendet werden können
  - *Zulässig in Buchungskreis*
    Anteil der Stammdaten, die in produktiven Buchungskreisen keine Löschvormerkungen, Buchungssperren etc. haben und somit für Buchungsvorgänge verwendet werden können

Die Buchhaltung hat bei den nicht mehr verwendeten Stammdaten etwas höhere Anforderungen an den Verbleib im System. Dazu dienen die Buchungssperren und schließlich die Löschvormerkungen, die bei SAP-Systemen, die mehr als zehn Jahre produktiv sind, zu solch einem geringen Anteil von 45,9 % zulässiger Debitoren in produktiven Buchungskreisen führen.

Verbleib im System

3.3.2 Controlling

Offensichtlich ist die Ergebnisrechnung als ein Teilbereich des Controllings nicht im Einsatz (siehe Tabelle 3.5). Die Erfahrung bestätigt, dass dies »normal« ist, nur eine Minderheit der Anwender arbeitet damit. Auch ist im Gegensatz zum Finanzwesen im Controlling die Automatisierungsquote niedriger, bei einer gleichzeitig sehr hohen Zahl von 675 Dialoganwendern, was auf eine dezentrale Kosten- und Leistungserfassung schließen lässt. Deswegen sollte die Kostenstellenrechnung mit 48,7 % Automatisierungsquote genauer untersucht werden, um zu klären, wie die manuellen Erfassungen einzuschätzen sind. Die wenigen Innenaufträge und die sehr vielen Profit-Center-Kontierungen laufen im Hintergrund ohne den Einsatz von Dialoganwendern mit. Überraschend hoch sind die Einzelposten pro Monat, wobei dies in der Kostenartenrechnung und im Profit-Center-Bereich durchaus plausibel sein kann, da dort die Kontierungen verteilt werden und sich dabei ausmultiplizieren. Trotzdem sollte hier eine Vereinfachung zumindest geprüft werden.

	Dialog-anwender	Einzel-posten gesamt ø Monat	Automa-tisierungs-grad	Einzel-posten/Anwender ø Monat
Kostenarten-rechnung	675	2.896.100	77,0 %	987
Kostenstellen-rechnung	675	634.953	48,7 %	482
Innenauftrags-rechnung	0	203	100,0 %	0
Profit Center	1	4.883.700	100,0 %	0
Ergebnis-rechnung	0	0	0,0 %	0
Vorgelagerte Module	865	2.163.324	11,8 %	2.206

Tabelle 3.5 Produktivitätsmatrix Controlling (Quelle: IBIS RBE Plus 2010)

Die bisher nicht dargestellten Kennzahlen der Produktivitätsmatrix Controlling haben folgende Bedeutung:

- **Dialoganwender**
  Anzahl der Personen, die im Analysezeitraum Einzelposten erfasst haben. Die Kennzahl wird direkt aus den Einzelpostendaten bestimmt. Die Kennzahl ist Grundlage für die Bewertung der Arbeits- und Wissensverteilung im Prozess.

- **Einzelposten gesamt ø Monat**
  Anzahl aller Einzelposten, die durchschnittlich pro Monat im System erfasst wurden. Sie repräsentiert die Nutzungsintensität und den Output der Analysebereiche.

- **Automatisierungsgrad**
  Der Automatisierungsgrad errechnet sich im Controlling aus dem Anteil an Einzelposten, die von einem Systemuser, von einem Dialoganwender mit Massenverarbeitungstransaktionen, z. B. Verrechnungen oder Abrechnungen, und in vorgelagerten bzw. angrenzenden Modulen erfasst wurden. Die Automatisierung wird somit durch die Prozessintegration aus Vorgängerbelegen, Datenintegration über Schnittstellen oder systembasierten Massentransaktionen bestimmt und gibt indirekt den Restanteil manueller Aktivitäten wieder.

- **Einzelposten/Anwender ø Monat**
  Durchschnittliche Anzahl der Einzelposten, die von einem Dialoganwender manuell und monatlich gebucht wurden. Die Kennzahl korreliert negativ mit der Komplexität der manuellen Vorgänge.

- **Vorgelagerte Module für Controlling**
  Module des SAP-Systems, in denen kostenrechnerisch relevante Vorgänge wie z. B. Materialbewertung und Fakturabelege erzeugt und im Rahmen der Prozessintegration in die Kostenrechnung übergeben wurden.

Detaillierte Angaben zu den automatischen und manuellen Vorgängen, die im Automatisierungsgrad berücksichtigt werden, finden Sie in den jeweiligen Scorecards (*Prozessdaten*) der Analysebereiche. Deswegen sollten Sie die besonders auffällige Kostenstellenrechnung in Abbildung 3.16 überprüfen.

Auffällige Kostenstellenrechnung

Es bestätigt sich hier noch mal das Bild, dass nur 48 % der Vorgänge über automatisierte Verrechnungen stattfinden. Mit 18 Verrechnungszyklen gibt es auch zwischen den Kostenstellen relativ wenig Verrechnngsbeziehungen. Doch wir sehen, dass im CO und aus anderen Bereichen insgesamt 908 Mitarbeiter auf das Kontierungsobjekt

Kostenstelle kontieren. Dies sind sehr viele Kosten- und Leistungsrückmeldungen, die auf eine Postivzeiterfassung für Produktion und Instandhaltung pro Arbeitsvorgang schließen lassen. Die Effizenz dieser Rückmeldungen ist deswegen sehr wichtig. Bei circa 86 Buchungen pro Mitarbeiter am Tag muss zumindest eine teilautomatisierte Betriebsdatenfassung (per Terminal oder Mobile Device) im Einsatz sein.

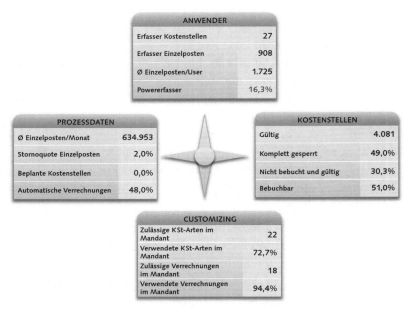

Abbildung 3.16 Scorecard Kostenstellenrechnung (Quelle: IBIS RBE Plus 2010)

Nicht überraschend ist der geringe Anteil an Power-Erfassern bei dem hohen Dezentralisierungsgrad (16,3 %). Die Arbeitsteilung sollte untersucht werden. Der geringe Anteil an Powerusern bzw. der hohe Anteil an Gelegenheitsanwendern macht die Prozessabwicklung ineffizient.

Die bisher nicht dargestellten Kennzahlen der Scorecard Kostenstellenrechnung haben folgende Bedeutung:

- **Prozessdaten**
  - *Stornoquote Einzelposten*
    Anteil der Einzelposten auf Kostenstellen, die storniert wurden. Die Stornoquote ist ein Indikator für Defizite in der Zuordnung von buchhalterischen Belegen auf Kontierungsobjekte der Kostenrechnung.

- *Beplante Kostenstellen*
  Anteil der Kostenstellen, die Planungsbuchungen enthalten. Die Kennzahl ist ein Indikator für den Umfang der Plankostenrechnung für Kostenstellen.

- *Automatische Verrechnungen*
  Anteil der Verrechnungen, die automatisch für Kostenstellen durchgeführt wurden (z. B. Umlagen, Verteilungen). Die Kennzahl ist indirekt ein Indikator für den Umfang von manuellen Tätigkeiten für Kostenstellen.

▶ **Kostenstellen**

- *Nicht bebucht und gültig*
  Anteil der Kostenstellen, die in produktiven Kostenrechnungskreisen nicht bebucht wurden und gültig sind. Die Kennzahl ist ein Indikator für die Aktualität der Stammdaten.

- *Bebuchbar*
  Anteil der Kostenstellen, die in produktiven Kostenrechnungskreisen für Buchungsvorgänge zum Analysestichtag genutzt werden können. Die Kennzahl ist ein Indikator für die Aktualität der Stammdaten.

▶ **Customizing: Verwendete Verrechnungen im Mandanten**
Anteil der Verrechnungszyklen (z. B. Verteilungen, Umlagen), die in produktiven Kostenrechnungskreisen genutzt wurden. Die Kennzahl ist ein Indikator für das Automatisierungspotenzial in der Kostenstellenrechnung.

3.3.3 Kostenträgerrechnung

An der Schnittstelle zur Logistik, insbesondere der Produktion, befindet sich die Kostenträgerrechnung, die im Zusammenspiel mit der Kostenarten- und Kostenstellenrechnung im Beispielunternehmen, wie aus Abbildung 3.17 ersichtlich ist, sehr intensiv im Einsatz ist. Mitarbeiter vorwiegend in der Produktion erfassen Materialverbrauch und Ist-Kosten per Rückmeldung, die gegen Planwerte verrechnet werden, um die Herstellkosten nachzukalkulieren und ein Halbteil und Endprodukt zu bewerten. Die Scorecard zeigt uns wiederum die ähnlich hohe Zahl von beteiligten Anwendern wie bei den Kostenstellen, sehr hohe Stammdatenwerte bei den (komplexen) Stücklisten und hohe Verwendungszahlen bei den Aufträgen.

Halbteile und Endprodukte bewerten

3 | Fachanwender verstehen – Nutzung erkennen: Geschäftsprozesse

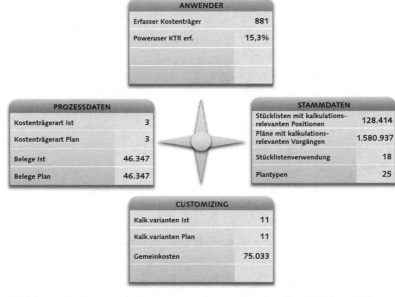

Abbildung 3.17 Scorecard Kostenträgerrechnung (Quelle: IBIS RBE Plus 2010)

Kostensammler In den meisten Aufträgen (75.033 mit Kalkulationsvarianten für Plan oder Ist) wird mit Gemeinkostenzuschlägen gearbeitet. In den weiteren Details zu den Kostenträgerarten Ist und Plan sehen Sie, dass es sich bei den drei Auftragskategorien um Kostensammler für Serienfertigung, Fertigungsaufträge und Instandhaltungsaufträge handelt.

Die Begriffe in der Scorecard Kostenträgerrechnung haben folgende Bedeutung:

- **Anwender**
  - *Erfasser Kostenträger*
    Anzahl der Dialoguser, die im Analysezeitraum kalkulierte Kostenträger angelegt haben
  - *Poweruser Kostenträger erfassen*
    Anteil der Dialoganwender, die 80 % der kalkulierten Kostenträger angelegt haben. Die Kennzahl wird durch Faktoren wie Teilzeitkräfte, Vertreterregelungen etc. beeinflusst.
- **Stammdaten**
  - *Stücklisten mit kalkulationsrelevanten Positionen*
    Anzahl der in Kostenträgern verwendeten kalkulationsrelevanten Stücklistenpositionen. Sie liefert Indizien für die Menge an

Stammdaten, die bei der Kostenträgerrechnung verwendet werden.

▶ *Pläne mit kalkulationsrelevanten Vorgängen*
Anzahl der in Kostenträgern verwendeten kalkulationsrelevanten Planvorgänge. Sie liefert Indizien für die Menge an Stammdaten, die bei der Kostenträgerrechnung verwendet werden.

▶ *Stücklistenverwendung*
Anzahl der in kalkulierten Kostenträgern vorkommenden Stücklistenverwendungen. Sie liefert Indizien für die Art von Stammdaten, die bei der Kostenträgerrechnung verwendet werden.

▶ *Plantypen*
Anzahl der in kalkulierten Kostenträgern verwendeten Plantypen. Sie liefert Indizien für die Art von Stammdaten, die bei der Kostenträgerrechnung verwendet werden.

▶ **Customizing**

▶ *Kalkulationsvarianten Ist*
Anzahl der bei kalkulierten Kostenträgern (für Ist-Kosten) verwendeten Kalkulationsvarianten. Zählungsrelevant ist das Feld Kalkulationsvariante (Ist).

▶ *Kalkulationsvarianten Plan*
Anzahl der bei kalkulierten Kostenträgern (für Plankosten) verwendeten Kalkulationsvarianten. Zählungsrelevant ist das Feld Kalkulationsvariante (Plan).

▶ *Gemeinkosten*
Anzahl der Kostenträger, die sowohl mindestens eine Kalkulationsvariante (Ist oder Plan) als auch einen Gemeinkostenzuschlagsschlüssel besitzen.

▶ **Prozessdaten**

▶ *Kostenträgerart Ist*
Anzahl der verwendeten Kostenträgerarten in kalkulierten Kostenträgern für Ist-Kosten. Sie gibt Aufschluss darüber, welche betriebswirtschaftlichen Bereiche an die Kostenträgerrechnung angebunden sind.

▶ *Kostenträgerart Plan*
Anzahl der verwendeten Kostenträgerarten in kalkulierten Kostenträgern für Plankosten. Sie gibt Aufschluss darüber, welche betriebswirtschaftlichen Bereiche an die Kostenträgerrechnung

angebunden sind. Zählungsrelevant ist das Feld Auftragstyp in Abhängigkeit von der Kalkulationsvariante.

▶ *Belege Ist*
Anzahl der kalkulierten Kostenträger für Ist-Kosten. Sie gibt Aufschluss darüber, wie intensiv die Kostenträgerrechnung eingebunden ist. Zählungsrelevant ist das Feld Auftragstyp in Abhängigkeit von der Kalkulationsvariante.

▶ *Belege Plan*
Anzahl der kalkulierten Kostenträger für Plankosten. Sie gibt Aufschluss darüber, wie intensiv die Kostenträgerrechnung eingebunden ist. Zählungsrelevant ist das Feld Auftragstyp in Abhängigkeit von der Kalkulationsvariante.

3.4 Personalwesen

Das SAP-Personalwesen hat seine Eigentümlichkeiten, was Begriffe und Datenstrukturen angeht. Organisatorisch wechseln sich zentrale und dezentrale Organisation und Arbeitsteilung ab.

3.4.1 Personaldaten

So lassen beispielsweise in Tabelle 3.6 die 559 Anwender in der Zeile *Persönliche Daten* darauf schließen, dass sehr viele Mitarbeiter per Employee Self-Service ihre eigenen Daten dezentral aktualisiert haben.

Zentralisierung versus Dezentralisierung

Die Messung der Automatisierung ist in der Nutzungsanalyse in HR weniger wichtig als in anderen Bereichen, da meist durch die Art des Infotyps festgelegt ist, ob bestimmte Änderungen manuell erfasst oder automatisch erzeugt worden sind. In Zweifelsfällen mit zwei Änderungsmöglichkeiten wie in der Zeile zu *Organisatorische Daten*, die ein Indikator für durchgeführte Reorganisationen sind, dient die Anzahl der Anwender als Hinweis auf die Arbeitsteilung. Organisatorische Änderungen können hier automatisch über das Planungswerkzeug aus dem Organisationsmanagement übergeben oder manuell einzeln eingepflegt werden.

Bei den *Planungsdaten* und insbesondere bei den kritischen *vertraglichen und betrieblichen Daten* ist erkennbar, dass im zentralen Personalbereich circa 37 Personalsachbearbeiter tätig sind.

	Anwender	Änderungen	Gültige Infotypen	Unterschiedliche Infotypen
Persönliche Daten	559	4.107	104.104	6
Organisatorische Daten	76	18.637	86.127	6
Planungsdaten	37	1.748	34.111	5
Vertragliche und betriebliche Daten	28	814	19.650	4
Personalmanagement	569	25.103	239.147	21

Tabelle 3.6 Produktivitätsmatrix Personaldaten (Quelle: IBIS RBE Plus 2010)

Die Bedeutung der Produktivitätsmatrix Personaldaten erklärt sich anhand einer Auswahl an Infotypen, die auch für Nicht-Personalexperten einen Eindruck der Vielfalt vermitteln sollte:

- **Infotypen zu Personaldaten**
  Sie strukturieren die Stammdatenverwaltung in einem Personalwirtschaftssystem von der Erfassung von mitarbeiterbezogenen Daten zur Verwaltung, Zeiterfassung und Abrechnung. In Infotypen sind Gruppen zusammengehöriger Datenfelder zusammengefasst. Infotypen strukturieren die Informationen und ermöglichen ein zeitabhängiges Speichern von Daten.
  - *Persönliche Daten*
    Enthalten sind Infotypen z. B. zu: Daten zur Person (0002), Behinderung (0004), Anschriften (0006), Bankverbindung (0009) etc.
  - *Organisatorische Daten*
    Enthalten sind Infotypen z. B. zu: Maßnahmen (0000), Organisatorische Zuordnung (0001), Kostenverteilung (0027), Kommunikation (0105) etc.
  - *Planungsdaten*
    Enthalten sind Infotypen z. B. zu: Ausbildung (0022), Andere/frühere Arbeitgeber (0023), Qualifikationen (0024) etc.

- *Vertragliche und betriebliche Daten*
  Enthalten sind Infotypen z. B. zu: Vertragsbestandteile (0016), Vollmachten (0030), Betriebsinterne Daten (0032), Betriebliche Funktion (0034), Belehrungen (0035) etc.

- **Änderungen**
  Anzahl der Änderungen der genutzten Infotypen im Analysezeitraum

- **Unterschiedliche Infotypen**
  Anzahl unterschiedlicher genutzter Infotypen. Hier kann in weiteren Details gegen die maximale Anzahl der verfügbaren Typen abgeglichen werden.

- **Gültige Infotypen**
  Aktive Datensätze der genutzten Infotypen. Zum Beispiel können mehrere Kinder zu mehreren Datensätzen beim Infotyp *Familie/Bezugsperson* führen.

3.4.2 Personalentlohnung

DE versus US Nach den grundlegenden Personaldaten schließt sich als erster wichtiger operativer Fachbereich die Personalentlohnung an, die Infotypen legen fest, welche Entgeltbestandteile einem Mitarbeiter zustehen.

Interessant ist in unserem Beispielunternehmen in Tabelle 3.7, dass wir Infotypen sowohl für die deutsche als auch für die amerikanische Personalabrechnung gleichzeitig in einem System haben. Der Grad der dezentralen Erfassung über ESS-User ist bei der Abrechnung US mit 426 und insbesondere bei den Arbeitgeberleistungen mit 1.556 Anwendern sehr hoch, da dort »Benefits« wie z. B. Krankenversicherungspläne selbst erfasst und über das Unternehmen abgewickelt werden müssen. Bei den Infotypen der deutschen Personalabrechnung, die auch deutlich kleiner ist, was ihren Anteil an gültigen Sätzen bei den Infotypen angeht, gab es nur drei zentrale Anwender, die Daten gepflegt haben.

An den Anwendern im Vergütungsmanagement sehen Sie, dass die Anzahl der Sachbearbeiter nicht über 40 ansteigt. Auch werden bei diesen Infotypen viele Felder automatisch aufgrund der erfolgten Abrechnung geändert oder aus Planungswerkzeugen gefüllt.

	Anwender	Änderungen	Gültige Infotypen	Unterschiedliche Infotypen
Personalabrechnung	150	6437	114439	8
Personalabrechnung US	424	959	37657	8
Personalabrechnung DE	4	421	3510	11
Unternehmens-/ Vergütungsmanagement	40	45380	37410	4
Arbeitgeberleistung	1556	4698	26807	10
Personalabrechnung gesamt	1764	58185	218308	41

Tabelle 3.7 Produktivitätsmatrix Personalentlohnung (Quelle: IBIS RBE Plus 2010)

Die Produktivitätsmatrix Personalentlohnung erklärt sich anhand einer Auswahl an Infotypen:

- **Personalabrechnung**
  Enthalten sind Infotypen z. B. zu: Abrechnungsstatus (0003), Basisbezüge (0008), Externe Überweisungen (0011), Wiederkehrende Be-/Abzüge (0014), Ergänzende Zahlung (0015), Beurteilungen (0025), Versicherungen (0037), Darlehen (0045), Abrechnungsergebnisse (0402), Firmenwagen (0442) etc.

- **Personalabrechnung DE**
  Enthalten sind Infotypen z. B. zu: Vermögensbildung (0010), Steuerdaten D (0012), Sozialvers. D (0013), Direktversicherung (0026), Berufsgenossenschaft (0029), Kurzarbeit/Winterausfall (0049), Betriebsrenten (0053), Zusatzversorgung D (0126), Kindergeld D (0232), Abwesenheitsereignis (0405), Altersteilzeit D (0521) etc.

- **Unternehmens-/Vergütungsmanagement**
  Enthalten sind Infotypen z. B. zu: Mitarbeiterbeteiligung (0382), Vergütungsbestandteil (0383), Auslandsentsendung (0396), Planung Personalkosten (0666), Soll-Bezahlung (1005) etc.

- **Arbeitgeberleistung**
  Enthalten sind Infotypen z. B. zu: Krankenversicherungspläne (0167), Versicherungspläne (0168), Vermögensbildungspläne (0169) etc.

3 | Fachanwender verstehen – Nutzung erkennen: Geschäftsprozesse

Mitarbeiter In der Scorecard zu den Personalstammdaten (siehe Abbildung 3.18) erfahren wir mehr über die Anzahl der Mitarbeiter, die in der Personalabrechnung relevant sind, wobei es auch hier mehrere Werte von unterschiedlicher Bedeutung gibt. So bestehen für über 33.000 Mitarbeiter Gehaltsansprüche auf Basisbezüge, d. h., es besteht zwar ein Gehaltsanspruch, der allerdings auch nur informatorischer Art sein kann, wenn im Unternehmen je nach Land mit einem Dienstleister für die Abrechnung zusammengearbeitet worden ist. Viele internationale Unternehmen lassen in kleineren Ländern durch lokale HR-Experten abrechnen.

Abbildung 3.18 Scorecard Stammdaten Personalabrechnung
(Quelle: IBIS RBE Plus 2010)

Für über 35.000 Mitarbeiter existiert der Abrechnungsstatus, d. h., es sind potenziell aktive Mitarbeiter.

Die weiteren Werten der Scorecard Stammdaten haben folgende Bedeutung:

▶ **Anwender**

  ▶ *ø Infotypänderungen pro Sachbearbeiter*
    durchschnittliche Anzahl Änderungen von Infotypen pro Monat durch Anzahl Anwender

- *Genutzte, geänderte Infotypen*
  Anzahl unterschiedlicher geänderter Infotypen
- *ø Änderungen pro Monat*
  durchschnittliche Anzahl der Änderungen von genutzten Infotypen pro Monat

▶ **Stammdaten**
  alle zum Enddatum der Analyse aktiven Datensätze der Infotypen
  - *Genutzte, aktive Infotypen*
    Anzahl unterschiedlicher genutzter Infotypen
  - *ø Aktive Infotypsätze*
    durchschnittliche Anzahl von Datensätzen der genutzten Infotypen

Für Personalexperten beginnt es ab hier, weiter interessant zu werden: Welche Lohnarten bei den Basisbezügen und welche Kundenschemata werden für die Abrechnung verwendet? Eine Feinanalyse kann dann noch tiefer gehen und berechnete und kundenindividuelle Lohnarten betrachten. Die maximale Analysetiefe ist sinnvoll, wenn es um Harmonisierungs- und Konsolidierungsprojekte geht. So waren in unserem Beispielunternehmen über 80 Basislohnarten und 61 Kundenschemata im Einsatz, was den hohen Individualisierungsgrad erneut bestätigt.

Feinanalyse der Lohnarten

3.4.3 Arbeitszeitmanagement

Der zweite wichtige operative Fachbereich im Personalwesen ist das Zeitmanagement. In Abbildung 3.19 in der Scorecard zum Arbeitszeitmanagement sehen Sie die Positivzeiterfassung für 9.000 Mitarbeiter, die über BDE-Terminal oder andere Schnittstellen ins System gelangt. Eine Soll-Arbeitszeit ist für über 33.000 Mitarbeiter gepflegt, sodass für 24.000 nur An- und Abwesenheiten als Negativzeiterfassung dokumentiert werden.

Positiv- und Negativzeiterfassung

Soll-Arbeitszeiten dürfen wohl auch durch Manager aus anderen Bereichen geändert werden, was die 90 Anwender erklärt. 23 Mitarbeiter aus der zentralen Personalabteilung übernehmen und buchen die Zeiterfassungsinformationen aus den Vorsystemen ein.

Aus den Prozessdaten sind die Änderungsaktivitäten ersichtlich. Die zentrale Zeiterfassung macht relativ wenige Korrekturen, allerdings erscheinen die vielen Änderungen der Schichtpläne bei der Soll-Arbeitszeit ungewöhnlich.

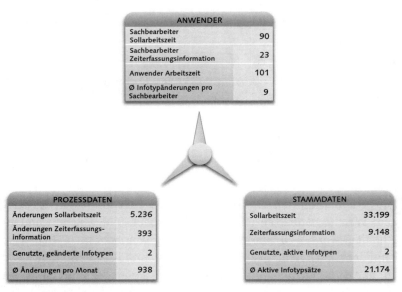

Abbildung 3.19 Scorecard Arbeitszeitmanagement (Quelle: IBIS RBE Plus 2010)

Schutz persönlicher Daten in HR

In der Zeitwirtschaft insgesamt gibt es noch eine ähnlich Breite und Tiefe wie im Personalmanagement und der Personalabrechnung. Die Nutzungsanalytik ist jeweils ähnlich und muss sich je nach Fragestellung der richtigen Detailtiefe bedienen. Eine besondere Herausforderung ist der Schutz persönlicher Daten in HR. Für die Einschätzung der Nutzung ist es nicht notwendig, Personalnummern und Namen oder andere kritische Daten auszulesen. Die Bewertung der Produktivität und der Geschäftsprozesse kann ohne diese Details auskommen. Will man allerdings Schiefstände und Ausnahmen in der Bearbeitung pro Personalinfosatz identifizieren, um die Datenqualität zu verbessern, sollte eine Abstimmung mit dem Datenschutzbeauftragten und dem Betriebsrat erfolgen.

4   Situationsindikatoren

Aus den beiden Analysebreichen der vorangegangenen Kapitel werden nun die zentralen und übergreifenden Situationsindikatoren zusammengefasst, die ein CIO, COO, Organisationsleiter oder Fachabteilungsleiter in ihrer Entwicklung kontinuierlich verfolgen sollte. Die operativen Tendenzen im System verlangen Maßnahmen, die im Folgequartal oder -jahr eingeplant werden müssen. Die zentralen Indikatoren auf Anwendungsebene und in den Geschäftsprozessen liefern eine Faktenbasis für Einsatzszenarien von Projekten oder Änderungen – quer durch alle Bereiche konsolidiert oder je nach Projektfeld differenziert für die jeweilige Zielgruppe.

Mit der Verfolgung dieser Situationsindikatoren kann auf Managementebene die Dynamik in der Nutzungssituation von Quartal zu Quartal erkannt und aktuell bewertet werden. Sie sind aber nur ein erster Baustein, der unbedingt durch den weiteren betriebswirtschaftlichen Kontext angereichert werden muss. Damit beschäftigen sich die folgenden Abschnitte ausführlich.

Dynamik in der Nutzungssituation erkennen

Sortierung und Strukturierung der Information sind darauf ausgelegt, einen CIO, COO oder einen Projektleiter periodisch über die aktuelle Nutzungssituation in der gesamten Breite zu informieren. Das Durcharbeiten eines Summary-Dokuments sollte mit einem Zeitaufwand von einer Stunde pro Fachbereich angesetzt werden, um sich die wichtigsten Aspekte für das Anwenderunternehmen vor Augen zu führen und zu bewerten und eventuell aus seiner Sicht zu kommentieren.

4.1   Top-10-CIO-Indikatoren

In diesem Abschnitt stellen wir ein Set zusammenfassender Kennzahlen vor, die den Nutzungszustand der SAP-Anwendung aus der Sicht der CIOs überschaubar bewerten.

4 | Situationsindikatoren

4.1.1 Nutzungsumfang

Maximale Anforderungen

Im *Nutzungsumfang* drückt sich die Menge und damit die Bandbreite der verwendeten Transaktionen aus. Es ist dabei von besonderem Interesse, wie sich im Zeitverlauf die Anzahl pro Komponenten verändert. Grundsätzlich wird der maximale Nutzungsumfang von den Anforderungen des Unternehmens bestimmt, d. h., der Soll-Nutzungsumfang ist kein Wert, der sich immer weiter erhöhen sollte. Deswegen darf dieser Wert nicht dem Zufall überlassen werden, sondern es sollte mit einem zuvor ermittelten Planwert pro Komponente verglichen werden.

In Abbildung 4.1 sind die Nutzungswerte auf Komponenten bezogen aufgeschlüsselt. Es dominieren Basis (BC) mit 306 und Finanzwesen (FI) mit 302 Elementen, an dritter Stelle folgt die logistische Abwicklung mit einer Nutzungsbreite von 210 Transaktionen und Reports. Unter »Without assignment« werden die SAP-Transaktionen und Reports berücksichtigt, die keiner Anwendungskomponente zugeordnet sind. Anwendungskomponenten mit einem Nutzungsgrad unter 1 % werden unter »Others« zusammengefasst.

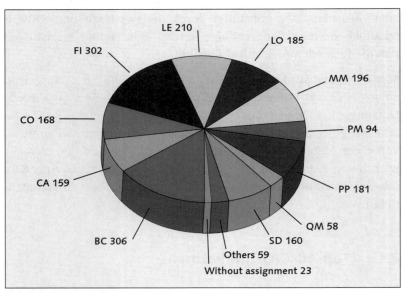

Abbildung 4.1 Genutzte SAP-Transaktionen und Reports nach Komponenten (Quelle: IBIS RBE Plus 2010)

Im Folgenden ist der Steckbrief dieses Situationsindikators aufgeführt, der Auskunft über dessen Parameter und Aussagekraft gibt.

CIO 1 – Anzahl genutzter Transaktionen und Reports	
Bedeutung	Anzahl der insgesamt ausgeführten Transaktionen und Reports im Analysezeitraum
Differenzierung	nach Komponenten, Organisationen, Benutzergruppen oder Rollen
Vergleichbarkeit	Im Zeitverlauf positiv bedeutet Verbreiterung der Nutzung. Im Zeitverlauf negativ bedeutet Rückgang der Nutzungsbreite. gegen alle im aktuellen Release verfügbaren SAP-Transaktionen gegen die im Soll-Konzept vorgesehene Anzahl an maximal relevanten Transaktionen
Kosten-Nutzen-Wirkung	Jede Transaktion induziert Test- und Benutzerbetreuungsaufwand. Es gibt wichtige und hilfreiche Transaktionen, deren Ausführung notwendig oder nützlich ist.
Messzeitpunkt	quartalsweise
Störfaktoren	Jahresabschlussaktivitäten und Sondertransaktionen, z. B. für Datenmigration

Diese Kennzahl beschreibt die maximale Nutzungsbreite der Anwendung. Bei einem absinkenden Nutzungsgrad sollte daher die gesamte Systemlandschaft dahingehend untersucht werden, ob Prozesse beginnen, sich schleichend zu ändern oder aus dem System auszulagern.

Der Steckbrief des zweiten Schlüsselindikators zur Nutzungsbreite der Anwender hat ähnliche Parameter.

Nutzungsbreite der Anwender

CIO 2 – Ø Transaktionen pro Anwender und Monat	
Bedeutung	durchschnittliche Anzahl der von einem Anwender genutzten Transaktionen = Anzahl genutzter Transaktionen je Dialoganwender / Anzahl aller aktiven Dialoganwender (siehe Tabelle 2.3)
Differenzierung	nach Komponenten, Organisationen, Geschäftsprozessen, Benutzergruppen oder Rollen

CIO 2 – Ø Transaktionen pro Anwender und Monat	
Vergleichbarkeit	Im Zeitverlauf positiv bedeutet, der Nutzungsumfang der Anwender nimmt zu.
	Im Zeitverlauf negativ bedeutet Wegfall von Aufgaben und Spezialisierung der Anwender.
	gegen alle in der Rolle oder Komponente verfügbaren Transaktionen
	gegen im Soll-Konzept vorgesehene Anzahl an relevanten Transaktionen für die Anwendergruppe
Kosten-Nutzen-Wirkung	Kontrollfunktion der Lizenztypen, effizientere und gezielte Schulungsmaßnahmen und Benutzerbetreuung, Gestaltungsanalyse der Arbeitsteilung möglich
Messzeitpunkt	quartalsweise, vor und nach Reorganisationen
Störfaktoren	Jahresabschlussaktivitäten und Sondertransaktionen, z. B. für Datenmigration. Sondernutzer und übergreifende Anwender der IT oder Externe müssen ausgeschlossen werden.

Die durchschnittliche Anzahl der pro Anwender genutzten Transaktionen beschreibt den Umfang der Nutzung des SAP-Systems durch die Anwender. Sie repräsentiert den Nutzungsumfang pro Anwender.

Sporadische Anwender

Eine sehr geringe durchschnittliche Anzahl der genutzten Transaktionen pro Anwender ist ein Indiz dafür, dass eine starke Spezialisierung vorgenommen wurde. Es ist z. B. fraglich, ob es ökonomisch sinnvoll ist, sporadische Anwender im System zu administrieren, die weniger als fünf Transaktionen nutzen. Bei einer zu geringen durchschnittlichen Anzahl der genutzten Transaktionen pro Anwender sollte auf jeden Fall das Nutzungsprofil genauer untersucht werden.

Die folgenden beiden Indikatoren verhalten sich genauso wie CIO 2 und helfen, die Bewertung des Indikators abzusichern.

CIO 3: Median genutzter Transaktionen	
Bedeutung	Als *Median* wird eine Grenze zwischen zwei Hälften bezeichnet. Es kann die Heterogenität der Anwendergruppe, die für den Indikator CIO 2 untersucht wurde, analysiert werden.
Differenzierung	nach Komponenten, Organisationen, Geschäftsprozessen, Benutzergruppen oder Rollen

CIO 3: Median genutzter Transaktionen	
Vergleichbarkeit	Im Zeitverlauf positiv vom Durchschnittswert abweichend bedeutet, es gibt immer mehr Anwender mit einer extrem hohen Nutzungsbreite. Im Zeitverlauf negativ vom Durchschnittswert abweichend bedeutet, es gibt immer mehr Anwender mit einer extrem geringen Nutzungsbreite.
Kosten-Nutzen-Wirkung	Kontrollfunktion Verteilung von Nutzeraktivitäten
Messzeitpunkt	quartalsweise, vor und nach Reorganisationen
Störfaktoren	Jahresabschlussaktivitäten und Sondertransaktionen, z. B. für Datenmigration. Sondernutzer und übergreifende Anwender der IT oder Externe müssen ausgeschlossen werden.

Der Median ermöglicht eine Bewertung der Verteilung der Nutzungsintensität bei den SAP-Anwendern. Der Median gibt die Grenze zwischen zwei Hälften wieder. Dies bedeutet, dass 50 % der Anwender weniger und 50 % der Anwender mehr Transaktionen als der Median nutzen. Weicht der Median deutlich vom Durchschnitt ab, liegt eine heterogene Grundgesamtheit mit vielen Ausreißern vor. In diesem Fall ist der Durchschnittswert nicht aussagekräftig. Es muss nach Kriterien differenziert werden, oder es sind noch Ausreißer wie IT-Mitarbeiter mit sehr breitem Umfang in der Datenbasis.

Differenzieren und Ausreißer erkennen

CIO 4: Ø Dialogschritte pro Anwender/Monat	
Bedeutung	durchschnittliche Anzahl der Transaktionsaufrufe pro Anwender = Anzahl der Transaktionsaufrufe je Dialoganwender pro Monat / Anzahl aller aktiven Dialoganwender
Differenzierung	nach Komponenten, Organisationen, Geschäftsprozessen, Benutzergruppen oder Rollen
Vergleichbarkeit	Im Zeitverlauf positiv bedeutet, der Bearbeitungsaufwand der Anwender nimmt zu. Im Zeitverlauf negativ bedeutet, der Bearbeitungsaufwand der Anwender sinkt.
Kosten-Nutzen-Wirkung	Kontrollfunktion der Systeminteraktion der Dialoganwender. Grobe Bewertung der Nutzungsintensität.

4 | Situationsindikatoren

CIO 4: Ø Dialogschritte pro Anwender/Monat	
Messzeitpunkt	quartalsweise, vor und nach Reorganisationen
Störfaktoren	Mangelnde Schulung oder erhöhter manueller Nachbearbeitungsbedarf bei vielen Änderungswünschen

Grobe Nutzungsintensität

Eine andere Aufgabe hat der »Dialogschrittzähler« als Indikator CIO 4. Er soll einen ersten groben Wert zur Intensität der Nutzung liefern. Hier ist es besonders wichtig, die Differenzierung korrekt durchzuführen, die Aufzeichnung des SAP-Transaktionsmonitors ist je nach Bereich recht unterschiedlich. Im SD kann eine Belegbearbeitung leicht über 100 Dialogschritte ergeben, während eine Kreditorenrechnung nur mit 15 zu Buche schlägt.

Nutzungsintensität im Dialogbetrieb

Die durchschnittliche Anzahl monatlicher Dialogschritte pro Anwender liefert belastbare Informationen über die Nutzungsintensität des SAP-Systems durch die einzelnen User im Dialogbetrieb. Grundsätzlich kann geringe Nutzungsintensität im SAP-System einerseits ein Indiz dafür sein, dass das SAP-System personell überbesetzt oder die Nutzung des SAP-Systems stark automatisiert ist und viele Daten über Schnittstellen übernommen werden. Zur eindeutigen Klärung des Sachverhalts sollte die Verteilung der Dialogschritte mittels Clusterbildung näher untersucht werden. Im ersten Fall könnte eine Reduktion der Anwenderzahl durch Zusammenlegung von Aufgaben im SAP-System in Erwägung gezogen werden.

CIO 5: Anzahl genutzter Kundentransaktionen und -reports	
Bedeutung	Anzahl der insgesamt ausgeführten Kundentransaktionen und -reports im Analysezeitraum
Differenzierung	nach Paketen, Organisationen, Benutzergruppen oder Rollen
Vergleichbarkeit	Im Zeitverlauf positiv bedeutet Verbreiterung der Nutzung kundenindividueller Erweiterungen. Im Zeitverlauf negativ bedeutet Rückgang der Nutzungsbreite kundenindividueller Erweiterungen und somit Klärungsbedarf und Bereinigung der nicht mehr relevanten Elemente. gegen alle vorhandenen Kundentransaktionen und -reports gegen die im Soll-Konzept vorgesehene Anzahl an maximal relevanten Kundentransaktionen und -reports

CIO 5: Anzahl genutzter Kundentransaktionen und -reports	
Kosten-Nutzen-Wirkung	Jedes Kundenelement induziert Wartungs-, Test- und Benutzerbetreuungsaufwand
Messzeitpunkt	quartalsweise, vor Upgrade-Projekten und nach Reorganisationen
Störfaktoren	Jahresabschlussaktivitäten und Sondertransaktionen, z. B. für Datenmigration oder Saisongeschäft

Die Anzahl der genutzten Kundentransaktionen und -reports gibt die Nutzungsbreite der verfügbaren Kundenentwicklungen wieder. Der Kehrwert bzw. der Anteil der nicht mehr genutzten Kundentransaktionen und -reports bringt den unnötigen Ballast im SAP-System zum Ausdruck.

Durch die Reduktion des Anteils nicht genutzter Transaktionen und Reports können nicht nur Wartungskosten, sondern auch das latent vorhandenes Fehlerpotenzial signifikant gesenkt werden.

Individualentwicklungen beeinflussen in besonderem Maße die Wartungs- und Support-Kosten. Aus diesem Blickwinkel muss die Bedeutung der individuellen Ergänzungen im Rahmen einer Standardsoftware immer wieder überdacht werden. Die Produktivitätsvorteile der Individualentwicklungen im Vergleich zu Standardfunktionen bei der operativen Prozessabwicklung können durch erhöhte Wartungs- und Support-Aufwände wieder zunichte gemacht werden. Aus diesem Grund sollte jede Individualentwicklung gesondert geprüft und im Zweifelsfall der Standardfunktion Vorrang eingeräumt werden. Dadurch lässt sich in der Regel die TCO reduzieren und gleichzeitig die Effizienz im IT-Betrieb erhöhen.

Individualentwicklungen beeinflussen TCO

CIO 6: Individualisierungsgrad bei Transaktionen und Reports	
Bedeutung	Individualisierungsgrad bei Transaktionen = CIO 5 (aktiv genutzte individuelle Transaktionen im ERP-System) / CIO 1 (alle genutzten Transaktionen im ERP-System) * 100 % Anzahl der insgesamt ausgeführten Kundentransaktionen und -reports im Analysezeitraum
Differenzierung	nach Paketen, Organisationen, Benutzergruppen oder Rollen

CIO 6: Individualisierungsgrad bei Transaktionen und Reports	
Vergleichbarkeit	Im Zeitverlauf positiv bedeutet, der Individualisierungsgrad steigt. Im Zeitverlauf negativ bedeutet, die Standardnähe nimmt zu.
Kosten-Nutzen-Wirkung	Jedes Kundenelement induziert Wartungs-, Test- und Benutzerbetreuungsaufwand.
Messzeitpunkt	quartalsweise, vor Upgrade-Projekten und nach Reorganisationen
Störfaktoren	Nur leicht abgewandelte Transaktionsvarianten und Queries sind relativ harmlose Entwicklungen und sollten deswegen geringer gewichtet werden.

Die Kennzahl beschreibt den Anteil individuell entwickelter Transaktionen und Reports an den insgesamt genutzten Transaktionen und Reports im Analysezeitraum.

Diese Kennzahl bringt den aktiven Individualisierungsgrad des SAP-Systems zum Ausdruck. Ein hoher Wert ist ein Indikator für überdurchschnittliche Wartungs- und Support-Kosten. Eine signifikante Senkung dieser Kosten kann daher nur erreicht werden, wenn die Anzahl der aktiven Kundentransaktionen und -reports reduziert wird. Denn bei ineffizienten Kundenentwicklungen werden operative Kostenvorteile durch hohe Support-Kosten eliminiert. Oft befinden sich Kundenentwicklungen im Einsatz, für die bereits adäquate Standardtransaktionen vorhanden sind.

Individualentwicklungen analysieren

Individualentwicklungen können durchaus sinnvoll und notwendig sein, z. B. wenn das eingesetzte ERP-Release bestimmte Funktionalitäten nicht im Standardumfang zur Verfügung stellt. In diesem Fall muss der entsprechende Entwicklungs- und Wartungsaufwand in Kauf genommen werden. Die Identifikation ineffizienter Entwicklungen muss daher immer wieder erfolgen. Folgende Maßnahmen sind ratsam:

- Zunächst sollte die Nutzungsintensität überprüft werden. Bei allen Transaktionen und Reports mit geringer Anzahl an Aufrufen ist eine Prüfung auf ihre Effizienz und Relevanz notwendig (siehe Abschnitt 6.1.2).
- Anschließend sollte die Verteilung der Eigenentwicklungen auf die Anwender überprüft werden. Bei allen Transaktionen mit einer

Konzentration auf wenige Anwender ist aufgrund geringer Verbreitung im Unternehmen ebenfalls eine Prüfung auf die Effizienz empfehlenswert.

► Schließlich sollten alle individuellen Transaktionen und Reports regelmäßig auf die Ablösemöglichkeit durch die aktuellsten SAP-Entwicklungen überprüft werden, die im Rahmen eines Releasewechsels zur Verfügung gestellt werden (siehe Abschnitt 6.2.2).

4.1.2 Anwenderaktivität

Die Anwenderaktivitäten, die in der Benutzer- und Rollenanalyse vertieft dargestellt worden sind (siehe Abschnitt 2.4), sollten noch drei weitere Indikatoren beisteuern, um problematische Nutzungstendenzen frühzeitig erkennen zu können.

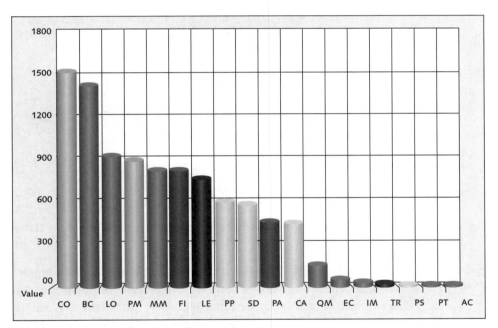

Abbildung 4.2 Aktive Anwender nach Anwendungskomponenten
(Quelle: IBIS RBE Plus 2010)

Die Verteilung der Anwender auf die Komponenten (siehe Abbildung 4.2) gibt nicht nur einen ersten Eindruck über die Schwerpunkte der Anwenderzuordnung, sondern ist auch langfristig ein sensibler Monitor für Verlagerungen aufgrund von verdeckten Änderungen in der Aufgabenzuordnung und Arbeitsteilung.

CIO 7: Aktive Benutzer	
Bedeutung	Anzahl im Analysezeitraum aktiver Anwender
Differenzierung	nach Komponenten, Organisationen, Benutzergruppen oder Rollen
Vergleichbarkeit	Im Zeitverlauf positiv bedeutet, die Anwenderanzahl ist durch Projektaktivitäten oder geschäftliche Expansion gestiegen. Im Zeitverlauf negativ bedeutet geschäftlichen Rückgang oder schleichende Erosion der Akzeptanz und somit Klärungsbedarf und Nachschulungs- oder Steuerungsbedarf. gegen alle im Benutzerstamm gepflegten gültigen Benutzer gegen die im Soll-Konzept vorgesehene Anzahl an relevanten Anwendern
Kosten-Nutzen-Wirkung	Jeder Anwender verursacht Lizenz-, Wartungs-, Test- und Benutzerbetreuungsaufwand. Jeder Anwender, der außerhalb des Systems agiert, induziert Ineffizienz in der Bearbeitung.
Messzeitpunkt	quartalsweise, vor Upgrade-Projekten und nach Reorganisationen
Störfaktoren	Reorganisationsmaßnahmen, konjunkturelle Entwicklungen und Mitarbeiterfluktuation

Anwender, die Zugriff auf das ERP-System haben, verursachen grundsätzlich Kosten, auch wenn sie über einen längeren Zeitraum nicht im System angemeldet waren. Die für diese Anwender zu bezahlenden Lizenzen sollten in Abhängigkeit vom Rahmenvertrag überprüft werden.

Überprüfung der vorhandenen User

Die Kennzahl zeigt auf, inwiefern eine regelmäßige Überprüfung der vorhandenen User erfolgt. Diese Prüfung ist erforderlich, um den Zugriff von ausgeschiedenen internen oder externen Mitarbeitern auf das SAP-System und den Missbrauch von Stammdatenleichen zu verhindern. Gültige Anwender ohne Systemaktivitäten sollten nach einem Monat gesperrt werden.

CIO 8: Dialoganwender, die weniger als drei Transaktionen nutzen	
Bedeutung	Anteil der Dialoganwender im Analysezeitraum mit Nutzung von weniger als drei Transaktionen = (Dialoganwender mit Nutzung von weniger als drei Transaktionen / alle aktiven Dialoganwender) * 100
Differenzierung	nach Komponenten, Organisationen, Benutzergruppen oder Rollen
Vergleichbarkeit	Im Zeitverlauf positiv bedeutet stärkere Spezialisierung und Verringerung der Nutzungsbreite. Im Zeitverlauf fallend bedeutet Erweiterung des Aufgabenumfangs. gegen alle in der Rollendefinition gepflegten zugänglichen Transaktionen gegen im Soll-Konzept vorgesehene Anzahl an relevanten Transaktionen
Kosten-Nutzen-Wirkung	extrem eingeschränkte Systemnutzung
Messzeitpunkt	quartalsweise, vor Upgrade-Projekten und nach Reorganisationen
Störfaktoren	»Nebenbei-SAP-Anwender«, der noch mit anderen Systemen arbeitet. Nutzer von komplexen Individualtransaktionen wie CIC (*Customer Interaction Center*).

Dialoganwender mit begrenzter Nutzungsbreite nutzen das ERP-System nicht in vollem Maße aus. Aus diesem Grund sollten alle Dialoganwender, die weniger als drei Transaktionen über einen längeren Zeitraum genutzt haben, hinsichtlich ihrer Relevanz für das ERP-System oder des Lizenztyps überprüft werden.

Dialoganwender mit begrenzter Nutzungsbreite

Zur besseren Systemausnutzung müssen die einzelnen von den betroffenen Usern genutzten Transaktionen und deren Nutzungsintensität überprüft werden, damit anschließend adäquate organisatorische Maßnahmen eingeleitet werden können. Die Kennzahl kann ein verzerrtes Bild erzeugen, wenn im ERP-System Self-Services aktiviert sind. In diesem Fall kann es zur punktuellen Systemnutzung durch die Anwender kommen, die auf diese Self-Services beschränkt sind.

4 | Situationsindikatoren

CIO 9: Dialoganwender, die über 50 Transaktionen nutzen	
Bedeutung	Anteil Dialoganwender mit Nutzung von mehr als 50 Transaktionen = (Dialoganwender mit Nutzung von mehr als 50 Transaktionen / alle aktiven Dialoganwender) * 100 %
Differenzierung	nach Komponenten, Organisationen, Benutzergruppen oder Rollen
Vergleichbarkeit	Im Zeitverlauf positiv bedeutet noch stärkere Erweiterung des Aufgabenumfangs. gegen alle in der Rollendefinition gepflegten zugänglichen Transaktionen gegen im Soll-Konzept vorgesehene Anzahl an relevanten Transaktionen
Kosten-Nutzen-Wirkung	Extrem umfangreiche Systemnutzung. Risiko wegen des breiten Datenzugriffs.
Messzeitpunkt	quartalsweise, vor Upgrade-Projekten und nach Reorganisationen
Störfaktoren	IT-Support-Mitarbeiter, Tester, Projektmitarbeiter, Sonderaufgaben, die den Aufruf vieler Transaktionen verlangen

Umfassende Nutzung versus Spezialisierung

Aus ökonomischen Gründen sollte grundsätzlich eine möglichst umfassende Nutzung des Systems seitens der Anwender angestrebt werden, da es somit zum höchsten Return on Investment (Lizenzkosten) kommt. Dieser Ansatz läuft allerdings der begrenzten Ausbildung des Mitarbeiters entgegen, die eine stärkere Spezialisierung des Einzelnen erforderlich macht. Ein Ausweg aus diesem Dilemma kann die goldene Mitte sein, die wiederum sehr subjektiv und hochgradig unternehmensspezifisch ist.

Die Kennzahl zeigt auf, ob im Unternehmen eine nachteilige Aufgabenverteilung vorliegt. Bei einem hohen Anteil der Dialoganwender mit umfangreicher Systemnutzung sollte geprüft werden, ob ein Aufgabensplitting sinnvoll ist.

4.1.3 Komplexität

Höhere Komplexität erhöht Dauer des Upgrade-Projekts

Als letzter Indikator wird die Matrix zur Komplexität empfohlen, die mehrere Faktoren miteinander in Beziehung setzt, die in Abschnitt 2.3 zu Systemerweiterungen dargestellt wurden, und sie auf die Dauer eines Upgrade-Projekts hochrechnet.

In Abhängigkeit von den Ausprägungen der beiden Werte *Systemumfang* und *Technische Komplexität* wird jeweils ein Gewichtungsfaktor ermittelt (siehe Abbildung 4.3). Der Durchschnitt aus beiden hat dann Einfluss auf die Hochrechnung der Upgrade-Dauer: Im Beispiel liegen die Faktoren bei 6 und 9, was einem Mittelwert von 7,5 entspricht und dem rechten oberen Quadranten entspricht.

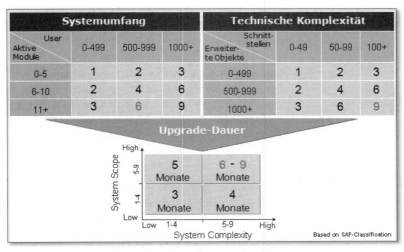

Abbildung 4.3 Matrix-Analyse der Upgrade-Komplexität in Abhängigkeit von vier Faktoren (Quelle: IBIS RBE Plus 2010)

Die Matrix bezieht folgende Werte ein:

CIO 10: Komplexitätsmatrix	
Systemumfang	
User (CIO 7)	Als aktive Dialoganwender werden diejenigen gezählt, die im Analysezeitraum Transaktionen oder Reports ausgeführt haben.
Aktive Module	Mit dem SAP-System werden zahlreiche Funktionen in unterschiedlichen Modulen zur Verfügung gestellt. Es ist naheliegend, dass ein durchschnittliches Unternehmen nicht die gesamte Bandbreite der zur Verfügung gestellten Funktionen nutzen wird, sondern nur die, die den Anforderungen entsprechen. So ist z. B. das Modul Produktionsplanung (PP) für ein Dienstleistungsunternehmen unerheblich.

CIO 10: Komplexitätsmatrix	
	Unabhängig von dieser Einschätzung ist eine zu geringe Anzahl aktiver Anwendungsbereiche ein Indikator dafür, dass zahlreiche vom SAP-System unterstützte Prozesse außerhalb des SAP-Systems stattfinden. Ein Beispiel in diesem Zusammenhang können die Module Instandhaltung (PM) und Projektsystem (PS) sein. Die durch diese Module unterstützten Prozesse finden in nahezu jedem Unternehmen statt, sie werden jedoch vergleichsweise selten im SAP-System ausgeführt. Als aktive Module werden alle betriebswirtschaftlichen Module betrachtet, in denen im Analysezeitraum Transaktionen oder Reports ausgeführt wurden. Die Module BC (Basis) und CA (Cross Application) werden nicht gezählt. Die Kennzahl ist ein Indikator für den funktionalen Nutzungsumfang im ERP-System.
Technische Komplexität	
Erweiterte Objekte (siehe Tabelle 2.4)	Bei der Anzahl der erweiterten Objekte werden alle SAP-Standardprogramme, SAP-Standardtabellen, die vom Anwender erweitert wurden, und alle im Analysezeitraum ausgeführten individuellen Transaktionen und Reports berücksichtigt. Die Kennzahl ist ein Indikator für den Umfang der programmtechnischen Anpassungen am ERP-System.
Schnittstellen (siehe Abbildung 2.6)	Alle RFC-Destinationen im System. Dies beinhaltet beispielsweise Verbindungen zu anderen SAP-Systemen oder externen Programmen. Je mehr RFC-Destinationen vorhanden sind, desto höher ist der Aufwand für deren Pflege und für entsprechende Tests in einem Upgrade-Projekt. Die Kennzahl ist ein Indikator für den Öffnungsgrad des ERP-Systems.

4.2 Top-10-COO-Indikatoren

Auch aus den Produktivitätsmatrizen und Scorecards der aktiven Geschäftsprozesse lassen sich übergreifende und zusammenfassende Indikatoren ableiten. Im Folgenden stellen wir die Top 10 vor, die einen Organisationsleiter oder auch COO oder CPO interessieren sollten.

4.2.1 Prozessnutzung

Mit der *Prozessnutzung* sollen Effektivität (Output), Effizienz und Nutzungsintensität überblickt werden können. Zunächst ist die Entwicklung der Mengengerüste im Rahmen der Trendanalyse eine gute Grundlage für die Einschätzung der allgemeinen Geschäftsentwicklung und ihre Auswirkungen auf die Geschäftsprozesse.

Geschäftsentwicklung

COO 1: Trendindikator	
Bedeutung	Entwicklung der Mengengerüste wichtiger Prozesselemente (siehe Abbildung 3.3 und Abbildung 3.6) Durchschnittswert der letzten drei Monate / Durchschnittswert der letzten vier bis zwölf Monate * 100 %
Differenzierung	nach Prozessbelegen entlang dem Geschäftsprozessablauf, nach Organisationen oder nach Business-Szenarien
Vergleichbarkeit	Im Zeitverlauf bedeutet ein Prozentwert über 100 % eine Expansion der Geschäftsentwicklung im letzten Quartal, kann aber auch ein Hinweis auf organisatorische Umstellungen sein, die den Prozessoutput erhöhen. Im Zeitverlauf bedeutet ein Prozentwert unter 100 % einen Rückgang der Geschäftsentwicklung, kann aber auch ein Hinweis auf organisatorische Umstellungen sein, die den Prozessoutput verringern. gegen im Soll-Konzept oder in der Nutzungsplanung vorgesehenen Trendindikator
Kosten-Nutzen-Wirkung	Veränderung der Prozesskosten und der bereitgestellten Kapazitäten
Messzeitpunkt	quartalsweise, vor und nach Reorganisationen
Störfaktoren	Reorganisationen, Produktportfolio und Konsolidierungen

Der Trendindikator ist der Einstiegswert für alle folgenden Kennzahlen, da er Änderungen in der Effektivität auch für Organisationen und Business-Szenarien zeigen kann und damit die veränderte Lastverteilung aufzeigt.

COO 2: Konsolidierte Automatisierungsquote	
Bedeutung	durch automatisierte Abläufe erfasste und entstandene Belege (siehe Tabelle 3.2 und Tabelle 3.3)
Differenzierung	nach Prozessbelegen entlang dem Geschäftsprozessablauf, nach Organisationen oder Business-Szenarien
Vergleichbarkeit	Im Zeitverlauf positiv bedeutet weniger manuellen Bearbeitungsaufwand. Es kann aber auch Hinweis auf organisatorische Umstellungen sein, die nur zu einem Verlagerungseffekt manueller Arbeiten geführt haben.
Kosten-Nutzen-Wirkung	Effizienz und Bearbeitungsaufwand, Prozesskosten und Kapazitäten
Messzeitpunkt	quartalsweise, vor und nach Reorganisationen
Störfaktoren	Übergabe von Belegen über Schnittstellen verlagert Erfassungsaufwand ins Vorsystem. Änderungsquoten müssen ebenfalls einbezogen werden, da sie Hinweise auf eine unzulängliche Automatisierung sind.

Um die Tendenzen in der Produktivität zu überschauen, lohnt es sich, aus den Produktivitätsmatrizen der Bereiche den Automatisierungsgrad herauszugreifen und auf einer Gesamtebene zusammenzufassen. Der Automatisierungsgrad errechnet sich aus dem Anteil an Belegen oder Positionen, die

- von einem automatischen »Systemuser« oder
- von einem Dialoganwender mit Massenverarbeitungstransaktionen, z. B. Dauerbuchungs- oder Abschreibungslauf, gebucht wurden.

Die Werte zu vorgelagerten bzw. angrenzenden Modulen müssen bei der Konsolidierung wegfallen, da sie sonst mehrfach gezählt würden.

Automatisierungsgrad für einen Geschäftsprozess

Der Automatisierungsgrad der Belegerfassung ist im Rechnungswesen tendenziell hoch, da dieser Fachbereich in der logischen Abwicklungskette nachgelagert ist. Alle buchhalterisch relevanten Belege in den vorgelagerten Modulen wie Materialwirtschaft (Eingangsrechnungen, Materialbewertungen etc.) oder Vertrieb (Kundenaufträge, Fakturen, Gutschriften etc.), werden automatisch ins Rechnungswesen weitergereicht, sodass der Wert für einen kompletten Geschäftsprozess ermittelt werden sollte und nicht für Funktionsbereiche.

Die Automatisierung wird somit durch die Prozessintegration aus Vorgängerbelegen, Datenintegration über Schnittstellen oder systembasierte Massentransaktionen bestimmt und gibt indirekt den Restanteil manueller Aktivitäten wieder. Bei einem geringen Automatisierungsgrad z. B. im Rechnungswesen sollte unbedingt die Prozessintegration überprüft werden. Bei der Ermittlung des Automatisierungsgrades werden die Erfassungsaktivitäten der Anwender untersucht. Falls Anwender im SAP-System nicht entsprechend ihren Aufgaben (Dialoguser, Systemuser etc.) klassifiziert sind, kann es Unschärfen bei dieser Kennzahl geben. Maßnahmen zur Verbesserung der Automatisierung werden in Abschnitt 6.2.1 diskutiert.

COO 3: Prozessbezogene Ausnahmenquote (Belegstorno- und Retourenquote)	
Bedeutung	Gibt den Anteil der Belege wieder, die z. B. storniert wurden (siehe z. B. Abbildung 3.5).
Differenzierung	nach Prozessbelegen entlang dem Geschäftsprozessablauf, nach Organisationen oder Business-Szenarien
Vergleichbarkeit	Im Zeitverlauf positiv bedeutet, es gibt mehr unerwünschte Ausnahmeprozesse, deren Ursachen geklärt und gegebenenfalls beseitigt werden müssen. Bestimmte Ausnahmen sollten mit einem Soll-Wert verglichen werden, da sie ab einem gewissen Grad erst auffällig sind.
Kosten-Nutzen-Wirkung	Effizienz und Bearbeitungsaufwand, Prozesskosten und Kapazitäten
Messzeitpunkt	quartalsweise, vor und nach Reorganisationen
Störfaktoren	Zweckentfremdung der Ausnahmenabwicklung als Standardablauf. Ebenso können normale Abwicklungen im konkreten Unternehmen unerwünscht sein.

Belegstornos oder Retouren sind ineffiziente und damit unerwünschte prozessbezogene Ausnahmen (siehe Abschnitt 6.3.1), die es zu vermeiden gilt. Durch die Stornierung wird eine fehlerhafte Buchung – z. B. falsches Sachkonto, falsche Zusatzkontierung etc. – korrigiert. Die stornierten Belege haben im SAP-System einen Stornogrund, der die möglichen Stornoursachen (Storno in abgeschlossener oder offener Periode etc.) klassifiziert.

Unerwünschte prozessbezogene Ausnahmen

Für die Berechnung der Belegstornoquote im Rechnungswesen oder Retourenquote in der Logistik werden alle buchhalterisch relevanten Buchungen im Finanzwesen und die entsprechenden Vorgänge in der Logistik berücksichtigt. Eine eigene differenziertere Analyse zu dieser

4 | Situationsindikatoren

und anderen Ausnahmen liefert die geschäftsfallorientierte Prozessflussanalyse (siehe Abschnitt 5.1.3) und dazu korrespondierende Maßnahmen zur Steigerung der Prozessqualität (siehe Abschnitt 6.3).

Negative Wirkung auf Prozesskosten

Die Ausnahmenquote spiegelt die organisatorischen Abwicklungsfehler und logistische bzw. materialbezogene Probleme wider. Bei einer hohen Stornoquote sollten die Erfassungsaktivitäten überprüft und nach Möglichkeit Massenverarbeitungstransaktionen eingesetzt werden. Genauso kann eine schlechte Produktqualität die Ursache für zu viele Kundenreklamationen sein. Die negative Wirkung auf die Prozesskosten ist jeweils die gleiche.

Einige buchhalterische Vorgänge wie z. B. Abgrenzungsposten erfordern am Periodenbeginn eine Korrekturbuchung. In diesem Fall ist die Stornierung prozessimmanent und sollte mit einem speziellen Stornogrund erfolgen. In der Praxis erfolgt diese Differenzierung jedoch nicht. Dadurch wird die Aussage der Belegstornoquote leicht verfälscht.

COO 4: Anteil A-Prozessvarianten mit 80 % der Nutzung	
Bedeutung	Diese Kennzahl bewertet mittels der ABC-Analyse die Nutzungsintensität der zentralen Prozessvarianten. Für die Berechnung der Kennzahl wird der Anteil der Konfiguratoren (z. B. Belegarten) ermittelt, die im Zeitverlauf von zwölf Monaten 80 % der Nutzung in den Geschäftsprozessen ausmachen (siehe Abbildung 3.4).
Differenzierung	nach Prozessbelegen entlang dem Geschäftsprozessablauf, nach Organisationen oder Business-Szenarien
Vergleichbarkeit	Eine geringe Quote der Vorgänge mit intensiver Nutzung deutet auf eine heterogene Verteilung der Nutzungsintensität hin. Dies bedeutet, dass es wenige wichtige Konfiguratoren gibt, die eine erhöhte Aufmerksamkeit verlangen.
Kosten-Nutzen-Wirkung	Wirtschaftlichkeit, Support, Schulungsmaßnahmen
Messzeitpunkt	quartalsweise, vor und nach Reorganisationen
Störfaktoren	geringe Anzahl an Prozessvarianten

Homogenes oder heterogenes Nutzungspofil

Anhand dieser Kennzahl kann eingeschätzt werden, ob das Nutzungsprofil der Konfiguratoren homogen oder heterogen ist. Bei A-Prozessvarianten können aufgrund der hohen Nutzungsintensität hier Effizienzpotenziale leichter ausgeschöpft werden. Die Kennzahl darf nicht den Eindruck vermitteln, dass es »unwichtige« Geschäftsprozesse gibt. Bei manchen Prozessvarianten mit geringer Nutzungsintensität kann es sich um unternehmenskritische Prozesse handeln.

COO 5: Anteil C-Prozessvarianten mit geringer oder/und einmaliger Nutzung	
Bedeutung	Die Kennzahl bewertet die Kontinuität und die Intensität der Nutzung der zentralen Prozessvarianten. Für die Bewertung der Nutzungskontinuität werden alle rudimentär und/oder einmalig verwendeten Konfiguratoren berücksichtigt, die im Zeitverlauf von zwölf Monaten nur in einem Monat in den Geschäftsprozessen verwendet wurden.
Differenzierung	nach Prozessbelegen entlang dem Geschäftsprozessablauf, nach Organisationen oder Business-Szenarien
Vergleichbarkeit	Im Zeitverlauf positiv heißt, dass der Anteil von Randprozessen zunimmt.
Kosten-Nutzen-Wirkung	Durch Reduktion der Anzahl von seltenen Prozessen kann der TCO signifikant gesenkt werden (siehe Abschnitt 6.1).
Messzeitpunkt	quartalsweise, vor und nach Reorganisationen
Störfaktoren	Jahresabschlussaktivitäten, Sonderprozesse und Projekttools müssen als solche identifiziert und separiert werden.

In der Bewertung sind z. B. folgende Elemente berücksichtigt: Transaktionen, Belegarten, Anlagenbewegungsarten, betriebswirtschaftliche Vorgänge in Finanzwesen und Logistik.

Die Quote der Vorgänge mit rudimentärer oder einmaliger Nutzung gibt wahrscheinliche Randprozesse wieder. Diese Prozesse finden sehr selten im Unternehmen statt und sind mit vergleichsweise hohen Rüstzeiten verbunden. Bei einem hohen Anteil solcher Vorgänge sollten diese Konfiguratoren hinsichtlich Relevanz, Redundanz, Ineffizienz und Rüstzeiten überprüft werden. Durch Reduktion der Anzahl seltener Prozesse können TCO signifikant gesenkt werden. **Randprozesse eliminieren**

Bei Prozessen mit seltener bzw. einmaliger Nutzung kann es sich um »gewollte« Vorgänge wie z. B. das Mahnen handeln. Aus diesem Grund ist eine pauschale Bewertung nicht möglich. Alle Konfiguratoren mit einmaliger Nutzung sollten folglich im Einzelfall auf ihre Relevanz für das Unternehmen geprüft werden.

4.2.2 Customizing-Nutzung

Defizite und Anforderungsänderungen

Durch das Customizing eines ERP-Systems werden Anpassungen im vordefinierten Rahmen vorgenommen. Darunter versteht man die Ausprägung von Elementen durch die Belegung von Parametern mit individuellen Werten oder die Aktivierung von Datenobjekten und -beziehungen. Das Customizing legt somit das Soll-Nutzungspotenzial des SAP-Systems fest. Weicht die tatsächliche Nutzung vom Nutzungspotenzial ab, weist das auf Defizite und Anforderungsänderungen in der operativen Prozessabwicklung hin. Durch die Anpassung von Customizing, wie Backward (Rücknahme von Einstellungen) oder Forward Customizing (Definition neuer Ausprägungen) kann gegengesteuert werden. Bleiben diese Aktivitäten aus, sinkt die Systemnutzung, und das Fehlerpotenzial, z. B. durch Nutzung obsoleter Einstellungen, steigt.

COO 6: Nutzungsquote des Customizings	
Bedeutung	Nutzungsquote des Customizings = (verwendete Customizing-Objekte / vorhandene Customizing-Objekte)
Differenzierung	nach Prozessbelegen entlang dem Geschäftsprozessablauf, nach Organisationen oder Business-Szenarien
Vergleichbarkeit	Gibt es im Zeitverlauf einen gewissen Rückgang, ist das der stärkste Indikator für sinkende Nutzungsintensität und Anforderungsänderungen.
	gegen Nutzungsplanwerte, die insbesondere auf Prozessvarianten und deren Prozesskonfiguratoren liegen sollten
Kosten-Nutzen-Wirkung	zentraler ROI-Indikator für den Einsatz von Soll-Prozessen
Messzeitpunkt	sechs Monate vor und nach Reorganisationen
Störfaktoren	Relevanz der Standard-Customizing-Objekte

Für die Ermittlung der Nutzungsquote des Customizings etwa im Rechnungswesen werden als Operanden zentrale Konfiguratoren herangezogen, wie z. B. Belegarten, Kontogruppen für Kreditoren und Debitoren, Sonderhauptbuchvorgänge, Abstimmkonten, Zahlwege, Kassenbuchvorgänge etc.

Die Nutzungsquote des Customizings ist ein Indikator für den Zustand des Systems und reflektiert, inwiefern das festgelegte Nutzungspotenzial des SAP-Systems der tatsächlichen operativen Nutzung entspricht, und veranschaulicht präzise den Anpassungsbedarf. Im Falle einer starken Individualisierung des Systems wird die Aussagekraft der Kennzahl geschmälert: Die von SAP ausgelieferten Standardkonfiguratoren werden in diesem Fall nicht verwendet und müssen deswegen in der Berechnung neutralisiert werden. Eine gezielte Nutzungsplanung auch mit den Kapazitätswerten auf eine einzelne Prozesskonfiguration löst dieses Problem (siehe Abschnitt 5.2).

Nutzungspotenzial und operative Nutzung

COO 7: Nutzungsquote der Individualisierung	
Bedeutung	Nutzungsquote der Individualisierung = (verwendete individuelle Customizing-Objekte / vorhandene individuelle Customizing-Objekte)
Differenzierung	nach Komponenten, Prozessbelegen entlang dem Geschäftsprozessablauf, nach Organisationen oder Business-Szenarien
Vergleichbarkeit	Im Zeitverlauf negativ ist der stärkste Indikator für sinkende Nutzungsintensität.
Kosten-Nutzen-Wirkung	Wartungs-, Test- und Betreuungsaufwand
Messzeitpunkt	sechs Monate vor und nach Reorganisationen
Störfaktoren	Konsolidierung und Ausgliederung von Unternehmensteilen

Die Ergänzung des SAP-Systems um individuelle Konfiguratoren (z. B. Belegarten, Zahlwege) oder Funktionen (Transaktionen) kann durch individuelles Customizing oder durch Programmierung vorgenommen werden. Individualergänzungen können durchaus sinnvoll und notwendig sein, da sie bestimmte funktionale Lücken schließen. Problematisch sind jedoch Ergänzungen, die in den Geschäftsprozessen keine Verwendung mehr finden. IT-Abteilungen sind oft nicht oder nur schlecht darüber informiert, welche der vorhandenen Eigenentwicklungen mit welcher Intensität tatsächlich genutzt werden. Der Wartungsaufwand fällt somit sowohl für genutzte als auch ungenutzte Eigenentwicklungen an.

Wartungsaufwand

Für die Ermittlung der Nutzungsquote der Individualisierung im Rechnungswesen werden als Operanden zentrale kundenindividuelle Konfiguratoren herangezogen, wie z. B. Belegarten, Kontengruppen für Kreditoren und Debitoren, Sonderhauptbuchvorgänge, Abstimmkonten, Zahlwege, Kassenbuchvorgänge etc.

Die Nutzungsquote der Individualisierung ist ein Indikator für den unnötigen Ballast im System. Bei einer geringen Nutzungsquote der Individualisierung steigen die Wartungskosten, und das latent vorhandene Fehlerpotenzial ist hoch.

4.2.3 Stammdaten

Stammdaten sind die wichtigsten Informationsträger in einem Unternehmen. Durch die Ausprägung zahlreicher Attribute in den Stammdaten (z. B. mögliche Zahlwege, Zahlungskonditionen etc.) werden steuernde Grundlagen für Geschäftsprozesse geschaffen. Trotz der immensen Bedeutung der Stammdaten für die Geschäftsprozesse ist deren Wartung in den Unternehmen oft nachrangig. Entspricht der Stammdatenbestand nicht den operativen Anforderungen, kann dies zu Fehlern, hohem Bearbeitungsaufwand oder sogar Missbrauch führen.

COO 8: Nutzungsquote der Stammdaten	
Bedeutung	Nutzungsquote der Stammdaten = (verwendete Stammdaten / definierte Stammdaten)
Differenzierung	nach Stammdatenbereichen, nach Organisationen oder Business-Szenarien
Vergleichbarkeit	Im Zeitverlauf negativ ist der stärkste Indikator für mangelnde Pflegeaktivitäten im Stammdatenbereich.
Kosten-Nutzen-Wirkung	Prozesskosten, Fehlervermeidung und Betreuungsaufwand
Messzeitpunkt	sechs Monate vor und nach Reorganisationen
Störfaktoren	externe Systeme, die Stammdaten halten und nutzen

Als verwendete Stammdaten werden alle Stammdaten klassifiziert, die seit der Systemimplementierung für Buchungsvorgänge genutzt wurden. Als gültige Stammdaten sind Datensätze klassifiziert, die keine Sperrkennzeichen oder Löschvormerkungen haben.

Die Nutzungsquote der Stammdaten ist ein Indikator für deren Aktualität. Ist die Nutzungsquote gering, ist dies erfahrungsgemäß ein Hinweis auf zahlreiche Anomalien in den Stammdaten. Diese Anomalien können durch fehlerhafte Einstellungen, Duplikate oder Stammdatenleichen begründet sein. In diesem Fall sollte der Stammdatenbestand ohne Aussicht auf potenzielle Nutzung durch Sperrung von der Nutzung ausgeschlossen werden.

In der Praxis kommt es oft vor, dass für die ins SAP-System integrierten externen Systeme Stammdaten vorgehalten werden müssen. Es wird der maximal mögliche Stammdatenbestand aufgebaut, ohne dass dabei Nutzungspotenziale berücksichtigt werden. In diesem Fall fällt die Nutzungsquote grundsätzlich gering aus.

4.2.4 Differenzierung der Prozesse

Ähnlich der Komplexität auf Anwendungsebene beeinflusst die Differenzierung von Prozessen durch funktionale und organisatorische Varianz ganz entscheidend die Nutzung. Durch die Differenzierung ist es möglich, parallel unterschiedliche Abwicklungen zu betreiben. Funktionale Differenzierung erfolgt über die Anzahl der Prozessvarianten (Vorgänge) und deren Individualisierungsgrad. Die organisatorische Differenzierung steigt mit der Anzahl an Organisationseinheiten und deren Inhomogenität. Doch jede Variante ist ein Kostenfaktor, der sich nur durch intensive Nutzung rechnet.

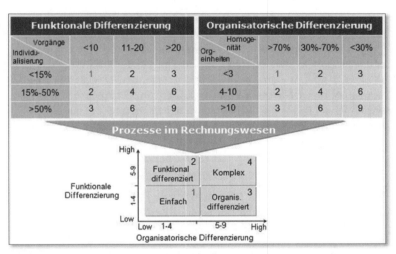

Abbildung 4.4 Prozesse im Rechnungswesen: Die Bewertung der Prozesse im Rechnungswesen erfolgt entlang der Dimensionen »Funktionen« und »Organisationen«.

Je nach Gewichtungsfaktor ist unser Kundensystem – in Abbildung 4.4 für den Bereich Rechnungswesen – als einfach, funktional differenziert, organisatorisch differenziert oder eben komplex einzustufen.

COO 9: Funktionale Differenzierung	
Prozessumfang	Der Umfang der genutzten Funktionen im Rechnungswesen wird über die Anzahl betriebswirtschaftlicher Prozessvarianten im Finanzwesen und Controlling ermittelt.
Prozessindividualisierung	Zur Bewertung der Prozessindividualisierung werden die zentralen Prozesskonfiguratoren im Rechnungswesen herangezogen: Belegarten in FI, Anlagenbewegungsarten, Zahlwege und Sonderhauptbuchvorgänge. Die Bewertung der funktionalen Ausgestaltung erfolgt anhand eines Punktesystems. Je höher die Punktzahl, desto größer ist die funktionale Komplexität des Systems. Ein hoher Grad der Individualisierung, gepaart mit einer Vielzahl aktiver Prozesse, resultiert grundsätzlich in hohem Support-Aufwand. Erfahrungsgemäß sind individuelle Prozesse nur unzureichend dokumentiert. Es sollte folglich geprüft werden, ob das Prozesswissen im Unternehmen ausreichend gesichert ist.

COO 10: Organisatorische Differenzierung	
Organisationseinheiten	Die Anzahl aktiver Organisationseinheiten im Rechnungswesen (Buchungskreise, Kostenrechnungskreise etc.) ist ein entscheidender Kostenfaktor. Für jede Organisationseinheit werden Aktivitäten fällig und müssen Monats- und Jahresabschlüsse etc. erstellt werden. Sie beeinflussen entscheidend die Komplexität des Berechtigungswesens, Reportings etc.
Homogenität	Die Kennzahl beschreibt, inwiefern die Nutzung der aktiven Prozesse durch die Organisationseinheiten flächendeckend erfolgt. Oft werden bei regional stark verteilten Unternehmen die Prozesse »neu« erfunden, was die Support-Kosten entscheidend erhöht. Bei der Ermittlung des Homogenitätsgrades werden Belegarten, Anlagenbewegungsarten, Transaktionen und betriebswirtschaftliche Vorgänge im Finanzwesen und Controlling, die in allen aktiven Organisationseinheiten (Buchungs-, Kostenrechnungskreise) verwendet werden, berücksichtigt.

Auch für die Logistik oder das Personalwesen kann eine solche Matrix definiert werden. Neben einer aktuellen Bewertung der Komplexität ist der dynamische Aspekt wichtig, jede Steigerung schraubt auch die IT-Kosten in die Höhe. Nach einem Vereinfachungsprojekt sollte der Wert auch zurückgegangen sein.

Die bisher zusammengestellten Kennzahlen und Matrizen sind Ausgangspunkt für jede Nutzungsanalyse.

5 Gestaltungsmöglichkeiten identifizieren – Nutzung strukturieren

Für eine Nutzungsanalytik zur Identifizierung der verwendeten und brachliegenden Gestaltungsmöglichkeiten einer SAP-Anwendung reichen Kennzahlen alleine nicht aus, sondern die Analyse muss sich an *Referenzstrukturen* orientieren können. Gestaltungsanalysen müssen inhaltlich zeigen, welcher SAP-Lösungsumfang konfiguriert (ausgewählt, angepasst) und wo Funktionalitäten dazu ergänzt wurden. Auch lassen sich die Konzeption von Organisationsstrukturen, Geschäftsprozesse und ihre Varianten bis hin zu Geschäftsmodellen aus den Stamm- und Bewegungsdaten rekonstruieren. Um diesen Kontext aus einzelnen Nutzungsaspekten aus system-, organisatorischer oder prozessorientierter Sicht zu konsolidieren, bietet sich etwa das *Business Process Repository* (BPR) des SAP Solution Manager an, das Geschäftsprozesse bis hinunter zu SAP-Transaktionen hierarchisiert (siehe Abschnitt 5.1.1), um damit das Anwendungsmanagement zu strukturieren.

Im betriebswirtschaftlichen Bereich sind Referenzstrukturen üblicherweise Prozessmodelle, die allerdings, um der Gestaltungsanalyse zu genügen, auch um Funktions-, Stammdaten-, Customizing- und Integrationsaspekte angereichert sein müssen (siehe Abschnitt 5.1.2). Mit einer strukturbasierten Analyse können einige analytische Herausforderungen besser gemeistert werden. Neben der mehrfachen Absicherung von Einzelwerten durch den Strukturkontext können auch Soll-Werte und Soll-Konzepte einbezogen werden, sodass es Interpretationsrichtungen und Aussagen für Business und IT gibt, was ein unschätzbarer Vorteil für das Business IT Alignment (siehe Abschnitt 5.1.4) ist.

Für die Aufgabe, *Modelle aus produktiven R/3-Systemen ab(zu)leiten*[1] wurde 1999 der Begriff *Reverse Business Engineering* (RBE) geprägt.

Reverse Business Engineering

---

1 Vgl. [HuWe99].

Mit Business Engineering ist hierbei die methoden- und modellbasierte Konstruktion und Gestaltung von Geschäftsmodellen, Organisationen und Geschäftsprozessen auf Basis einer Softwarelösung wie SAP als Untersuchungsgegenstand gemeint.[2] Aufgabe ist es nicht, wie es beim klassischen Reverse Engineering der Fall ist, mithilfe von Quellcode-Untersuchungen (siehe Abschnitt 8.2) ein Abbild der Funktionalitäten der Software zu schaffen – diese sind in der Regel bei einer SAP-Software bekannt. Bestimmung des Reverse Business Engineerings ist es vielmehr, basierend auf den Gestaltungs- und Nutzungsdaten der Unternehmenssoftware, herauszufinden, welche Prozesse, Funktionen, Customizing-Einstellungen, Stammdaten oder Transaktionen tatsächlich wie oft, von wem und wie genau genutzt werden. Dieses Ergebnis wird dann in einer betriebswirtschaftlichen Struktur bzw. einem Modell dargestellt, um im Kontext eine Gestaltungsanalyse durchzuführen. Die Voraussetzungen für das Erreichen eines solch anspruchsvollen Ziels sind ein geeignetes Referenzmodell und ein Analysewerkzeug.

Produktive SAP-Systeme im Modell abbilden

Somit stellt das Reverse Business Engineering eine Umkehrung eines normalen Projektvorgehens dar, das man als *Forward Business Engineering* (siehe Abbildung 5.1) bezeichnen kann. Beim Reverse Business Engineering wird die gleiche Struktur benutzt, die Zielsetzung ist aber genau entgegengesetzt: Es sollen ein oder mehrere bereits konfigurierte und produktive R/3-Systeme analysiert und ihre Gestaltung im Modell abgebildet oder mit einem bestehenden Soll-Modell abgeglichen werden.

Abbildung 5.1 zeigt, wie der Einführungs- und Adaptionsprozess eines SAP-Systems »reverse« nachvollzogen wird. Auf diesem Rückweg können produktive SAP-Systeme zeitnah und automatisch nachdokumentiert und verifiziert werden. Die Analysemöglichkeiten über mehrere Systeme hinweg erlauben unterschiedlichste systematische Vergleiche.

---

[2] Die integrative Betrachtung von Organisation und Informationsverarbeitung folgt dem Gedanken des Continuous System Engineering; vgl. [ThHu96]. Ergänzend kann die Betrachtung von Österle und Winter herangezogen werden; [ÖeWi00]

Gestaltungsmöglichkeiten identifizieren – Nutzung strukturieren | 5

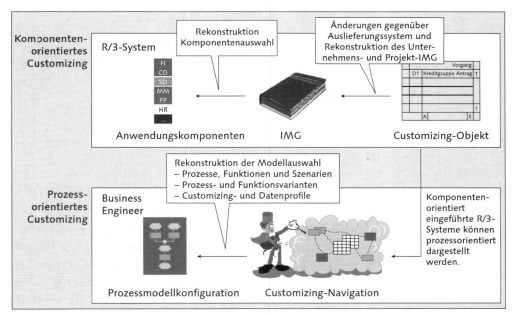

Abbildung 5.1 Reverse-Business-Engineering-Ansatz aus dem Jahre 1999[3]

Die erste Aufgabe einer Gestaltungsanalyse unter Verwendung von Referenzstrukturen ist die *Business-Engineering-Analyse*:

> Business-Engineering-Analyse

- Wie ist das Kundensystem adaptiert, d. h. konfiguriert, angepasst und erweitert worden?
- Welche betriebswirtschaftlichen Elemente nutzt der Kunde aktiv – bezogen auf ein Referenzmodell?

Modellstrukturen bieten hierfür eine Art Blaupause an, so können schon mit einem Abgleich der tatsächlichen Einstellungen gegen das Auslieferungs- oder ein Referenzsystem wertvolle Informationen gewonnen werden. Diese helfen zum einen, diejenigen Referenzelemente zu identifizieren, die nicht innerhalb eines Einführungs- oder Änderungsprojekts verwendet oder geändert wurden und somit zunächst nicht relevant sind (Negativselektion). Zum anderen können Komponenten, die innerhalb eines Projekts selektiert wurden und es somit wert sind, untersucht zu werden, herausgefiltert werden (Positivselektion). In Abbildung 5.2 werden die gültigen Elemente des Prozessmodells mittels der RBE-Evaluierungslogik einzeln retrograd geprüft und ausgewählt.

---

3 [HuWe99].

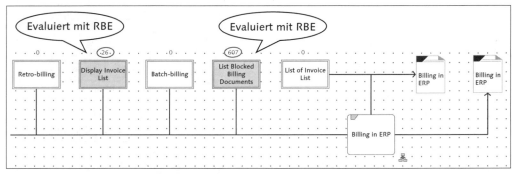

Abbildung 5.2 Modellelemente evaluieren – RBE Plus mit ARIS-Integration (Quelle: IBIS)

Prüfschritt pro Modellelement

Pro Modellelement wird ein Prüfschritt definiert, der mittels einer regelbasierten Vorgehensweise ermittelt, ob das betrachtete Modellelement im jeweiligen Anwendungsfall einen aktiven oder inaktiven Status aufweist. Inwieweit der Aussagegehalt noch weiter nach oben ins Modell getrieben werden kann, ist abhängig von der Evaluierungslogik.

Um mehr Kontext und Profil zu den einzelnen Nutzungswerten zu erhalten, bietet es sich an, die Ergebnisse in einer Struktur zu hierarchisieren oder in einem geeigneten grafischen Modell zu visualisieren. Nur so setzt sich ein Bild zusammen und wird eine betriebswirtschaftliche Gestaltung überschaubar. Gleichzeitig bieten diese Strukturen auch einen Maßstab für die Fähigkeiten der Software oder offenbaren das Soll-Konzept, wie es im Rahmen der Ersteinführung ursprünglich beabsichtigt war. Aus Sicht der Nutzungsanalyse handelt es sich dabei um Evaluierungsstrukturen, die jeweils einer bestimmten Perspektive gewidmet sind.

Inhalte und Aufgaben von Referenzstrukturen

Welche Inhalte für welche Aufgabe müssen Referenzstrukturen im Rahmen der Nutzungsanalyse haben? Betriebswirtschaftliche Referenzmodelle bilden im Idealfall sowohl betriebstyp- als auch branchenspezifische Geschäftsprozesse und Funktionen ab, die den Anwendern als Ausgangslösung für die eigene unternehmensindividuelle Gestaltung dienen können. Bei all den hier aufgeführten Gestaltungsaspekten dürfen nicht nur Geschäftsprozesse betrachtet werden, sondern es können auch folgende Elemente mit einbezogen werden, um die Gestaltung auf Basis des Echtbetriebs auswerten zu können:

- anwenderbezogene Rollenmodelle
- Stammdatenstrukturen
- technische Anwendungsobjekte
- Berichte, Auswertungen und Analytik
- verwendetes Customizing
- aktive Funktionen

Aus diesem Grund müssen unterschiedliche Strukturen – je nach Anspruch – verwendet werden, die entweder Erweiterungen zur Prozesssicht liefern oder spezielle Themen oder Aufgaben adressieren:

- IT-orientierte Strukturen sind für Entwicklungs- und Wartungsaktivitäten ausgelegt und adressieren eine Zielgruppe mit IT-Kenntnissen und -aufgaben (siehe Abschnitt 5.1.1).
- Die Evaluierbarkeit von Analysestrukturen für die Nutzungsanalyse erfordert eine möglichst vollständige und »softwarenahe« Sicht auf die Unternehmenssoftware. Auf der untersten Ebene dieser Strukturen muss die Evaluierungslogik anhand von Prüfschritten diejenigen Systemnutzungs- und Gestaltungsaspekte identifizieren, die für das jeweilige Projektszenario notwendig sind (siehe Abschnitt 5.1.2).
- Für die eine »serviceorientierte« Analyse zur Prozessflussverfolgung werden ganz eigene semantische Elemente benötigt (siehe Abschnitt 5.1.3).
- Die Crux bei einer Business-IT-Struktur ist die klare innere Abgrenzung und gleichzeitige Verbindung und Vereinigung beider Ziele (siehe Abschnitt 5.1.4).

Spezielle Gestaltungsanalysen, die eine Kostenverteilung oder Nutzenbewertung erlauben sollen, müssen schließlich noch weiter gehen und geeignete Strukturen miteinander kombinieren:

- Das Verteilen und Skalieren von Betriebs- und Betreuungskosten muss die Prozess- und Anwendersicht vereinen (siehe Abschnitt 5.2.1).
- Auch die Ausschöpfung des Nutzenpotenzials der SAP-Anwendung oder von Verbesserungen kann gemessen werden, wenn über eine Nutzungsplanung die Ist-Wirkung verfolgt wird. Diese Form der Wirtschaftlichkeitsmessung arbeitet mit mehreren Ebenen und be-

zieht auch qualitative und nicht quantifizierbare Wirkungen in eine Nutzungsbilanzstruktur mit ein (siehe Abschnitt 5.2.2).

5.1 Referenzstrukturen evaluieren

Dass die Pflege von Inhalten für Referenzstrukturen nicht einfach ist, zeigen unterschiedliche, zwischenzeitlich immer wieder eingestellte Ansätze der SAP: Business Navigator (1993), Business Engineer (1997), ASAP (1999) und ValueSAP (2000). In den letzten Jahren wurden komplexe Prozessreferenzmodelle von SAP mehr in der internen Entwicklung als Instrumentarium verwendet. Aktuell ist ein *Common Process Layer* (CPL)[4] angekündigt. Er zeigt in BPMN-Semantik sogenannte *Extension Points*, die eine Erweiterung der Kernfunktionalität erlauben und somit für Entwickler den Zugang für Ergänzungsentwicklungen erleichtern sollen.

Richtung Anwender ging der Trend weg von komplexen Semantiken wie Ereignis-Prozess-Ketten hin zu einfachen Strukturen oder Zuordnungsdiagrammen – wie die sogenannten *Business Scenario Maps*[5]. Letztlich hat sich in der Kommunikation mit dem Kunden die Ebene der *Business-Szenarien* als die tiefste Ebene für den Referenzmodellorientierten Ansatz durchgesetzt. Dies zeigt auch eine Entwicklung der SAP, der sogenannte *Lösungskonfigurator* für All-in-One-Lösungen[6] (2008, siehe Abbildung 5.3).

Business-Szenarien Nach Auswahl einer Branche und der Mitarbeiteranzahl werden von den verfügbaren dreizehn PPS-Szenarien neun zur Auswahl empfohlen. Für einen Automobilzulieferer mit 200 Mitarbeitern beispielsweise ermittelt der Lösungskonfigurator eine Kostenschätzung für Hardware, Software und Dienstleistungen in Höhe von 322.400 €. Diese kaufmännische Transparenz ist zu begrüßen; inwieweit dies allerdings für einen konkreten Kunden realisierbar ist, bleibt offen.

Business Maps Die Business Maps mit ihren Business-Szenarien lassen sich als betriebswirtschaftliche oder marketingorientierte Referenzmodelle einordnen. Ihr Zweck ist es, die Fähigkeiten der Software einem Interessenten leichter zugänglich zu machen. Es fehlen allerdings die weitere Tiefe und Substanz, um auch die Verwendbarkeit für eine

---

[4] Vgl. [Snab09]. S. 304.
[5] siehe *http://www.sap.com/solutions/businessmaps/*
[6] siehe unter *http://www.sap.com/germany/solutions/sme/businessallinone*

fachkundige Zielgruppe zu motivieren. So gewichten diese Marketingstrukturen mehr nach »Verkaufskriterien« oder »Schlüsselfunktionen«. Sie sind zwar nicht falsch, doch sie runden sozusagen auf, d. h. aus einem recht bescheidenen Feature, das neu oder zurzeit in Mode ist, wird ein genauso großer »Kasten« wie z. B. die (langweilige) Finanzbuchhaltung. Mitunter zeigen sie auch Möglichkeiten, die es erst in Zukunft geben wird.

Abbildung 5.3 All-in-One-Lösungskonfigurator der SAP – Auswahl von Szenarien für die Produktionsplanung und -steuerung (Quelle: SAP)

Eine Konsequenz dieser Anforderungen ist, dass es mehrere Arten von Referenzstrukturen je nach Zielgruppen und Aufgaben für die Nutzungsanalyse geben muss.

5.1.1 IT-orientierte SAP-Referenzstrukturen

Der Sinn und Zweck IT-orientierter Referenzstrukturen wird besonders an der ältesten existierenden SAP-Struktur deutlich, der *Anwendungskomponentenhierarchie* (AKH). Sie war und ist immer noch die interne Entwicklungsstruktur des R/3-Systems, die sich nach wie vor in der ABAP-Entwicklungsumgebung wiederfinden lässt.

Anwendungskomponentenhierarchie und Entwicklungspakete

Die Bewertung der Nutzung mithilfe der Anwendungskomponentenhierarchie (AKH) hat einen eindeutig softwaretechnischen Fokus. Im Vordergrund steht die Frage, welche Anwendungskomponenten, SAP-, Partner- oder Kundenentwicklungspakete des untersuchten Systems zum einen genutzt und zum anderen durch das Anwenderunternehmen geändert worden sind.

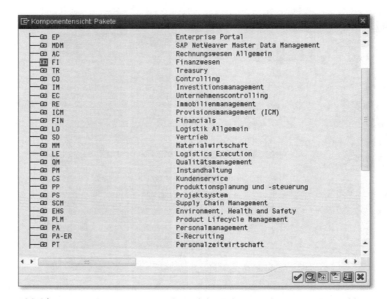

Abbildung 5.4 Komponentensicht auf die Pakete in der ABAP-Entwicklungsworkbench über die Transaktion SE80 von SAP ERP 6.0

AKH-Struktur Die AKH-Struktur selbst beginnt mit betriebswirtschaftlichen Funktionsbereichen, wie Finanzwesen oder Materialwirtschaft, um dann die einzelnen Teilkomponenten herauszuarbeiten. Unterhalb der Elemente der zweiten Ebene – wie Kreditorenbuchhaltung, Hauptbuchhaltung und Konsolidierung – gibt es meistens einen Knoten Grundfunktionen und dann spezielle Anwendungskomponenten, wie z. B. das Kreditmanagement, die eine besondere Funktionalität herausstellen. Die sogenannten *SAP-Pakete*, früher auch *Entwicklungsklassen* genannt, dienen der SAP als unterstes Strukturierungselement für die eigentlichen Objekte wie Tabellen, Felder, Programme und Transaktionen.

Sechs Ebenen Die entwicklungsorientierte AKH-Struktur kann bis zu sechs Ebenen haben, davon sind die ersten zwei bis vier die Anwendungskomponenten, dann kommen Pakete, denen wiederum SAP-Objekte wie Transaktionen untergeordnet sind:

Anwendungskomponentenhierarchie
Ebene 1: Finanzwesen (Anwendungskomponente)
Ebene 2: Kreditorenbuchhaltung (Anwendungskomponente)
Ebene 3: Grundfunktionen (Anwendungskomponente)
Ebene 4: Zahlungsverkehr (Anwendungskomponente)
Ebene 5: Zahlungswesen (Paket)
Ebene 6[7]: SAP-Transaktionen für Zahlungswesen

Dieser ursprünglichen inneren Struktur des alten R/3-Systems fehlt es zunächst an der Evaluierbarkeit, da nicht jedes Paket eine Transaktion oder einen Report enthält. Dieser Mangel kann aber durch eine einfache zusätzliche Prüfung auf Änderungen an Objekten eines Pakets für eine erste grobe Nutzungsanalyse abgemildert werden.[8]

Evaluierbarkeit durch Nutzung oder Änderung

Struktur	Typ Bezeichnung	Geänderte Erweiterungen	Customer Exits	Tabellen	Felder	Programme	Gesamtanzahl Dialog SAP-Transaktionen
Anwendungskomponenten	SAP-Anwendungskomponente						
Anwendungsübergreifende Komponenten	SAP-Anwendungskomponente						
Finanzwesen	SAP-Anwendungskomponente						
Reisemanagement	SAP-Anwendungskomponente						
Hauptbuchhaltung	SAP-Anwendungskomponente						
Konsolidierung	SAP-Anwendungskomponente						
Kreditorenbuchhaltung	SAP-Anwendungskomponente						
Grundfunktionen	SAP-Anwendungskomponente						
Zahlungsverkehr	SAP-Anwendungskomponente						
FBZ (Zahlungswesen)	SAP-Paket	3	0	0	0	0	5
FCRD (Zahlungskarte)	SAP-Paket	0	0	0	0	0	10
FBK (Kreditoren)	SAP-Paket	0	0	0	0	0	535519
Debitorenbuchhaltung	SAP-Anwendungskomponente						
Grundfunktionen	SAP-Anwendungskomponente						
Mahnwesen	SAP-Anwendungskomponente						
FBM (Mahnwesen)	SAP-Paket	0	0	0	0	0	0
Verzinsung	SAP-Anwendungskomponente						
FZNS (Finanzbuchhaltung Zinsstaffel)	SAP-Paket	0	0	0	0	0	0
FBOC (Customizing FiBu Debitoren)	SAP-Paket	0	0	0	0	0	66522
FBD (Debitoren)	SAP-Paket	1	0	1	0	0	2863551
FBDC (Customizing R/3 Debitoren)	SAP-Paket	0	0	0	0	0	244
Kreditmanagement	SAP-Anwendungskomponente						
FICR (Dokumentation FI Kreditmanagement)	SAP-Paket	0	0	0	0	0	1097147
Bankbuchhaltung	SAP-Anwendungskomponente						

Abbildung 5.5 Genutzte und geänderte Komponenten (Quelle: IBIS RBE Plus im Bereich Anwendungsmanagement und Kundenerweiterungen)

---

7 Diese Ebene existiert nur implizit im SAP-System. Für die Zwecke der Nutzungsanalyse mit RBE Plus wurde sie von IBIS RBE Plus in der Komponentenanalyse hinzugefügt.
8 Änderungsinformationen existieren nur implizit im SAP-System. Für die Zwecke der Nutzungsanalyse mit IBIS RBE Plus wurden sie für die Komponentenanalyse ergänzend ermittelt.

5 | Gestaltungsmöglichkeiten identifizieren – Nutzung strukturieren

In der in Abbildung 5.5 dargestellten Auswertung wird dann eine Anwendungskomponente als »aktiv« ausgewiesen, wenn sie entweder durch Änderungen über Erweiterungen, Customer Exits, Tabellen, Felder oder Programme auffällig ist oder wenn eine ihrer Transaktionen oder Reports genutzt wurde. Das heißt, die Komponentenanalyse zeigt Nutzung oder/und Änderungen am SAP-Standard auf. Damit bietet sie die Grundlage für Planungen und Bewertungen bei Upgrade-, Change- oder Reorganisationsprojekten. Sie ist auch eine gute Grundlage für die Bewertung von Kundenerweiterungen, da im Kontext der Struktur ausgewiesen wird, wie umfangreich die Entwicklungsobjekte und ihr Paket sind und wie intensiv die Nutzung durch den Anwender war.

> **Fallbeispiel: Kunden- und Branchenlösungen in der Komponentenanalyse**
>
> Abbildung 5.6 zeigt, wie ein Energieversorger seine Eigenentwicklung in sechs Pakete aufgeteilt – Zeilen mit ZCC_* – und in die Anwendungskomponente Customer Service eingebunden hat. Offensichtlich wurden sehr viele Tabellen und Felder für Schnittstellen (693/6494) und Conversions (422/6545) angelegt oder geändert, doch auch die Nutzungswerte in der Spalte Customer Transactions sind sehr hoch, sodass wir hier von einer sehr umfangreichen Kundenentwicklung ausgehen können, die voll im Einsatz ist.
>
> Weiter oben ist die Verwendung der Branchenlösung IS-U für die Versorgungsindustrie ableitbar, da mehrere Standardkomponenten mit IS-U-Bezug aktiv sind.

Structure	Type Name	Modified Enhancements	Customer Exit	Tables	Fields	Programs	SAP Transactions	Customer Transactions	SAP Reports	Customer Reports
Contract Accounts Receivable and Payable	SAP-Application Component									
EE30 (IS-U: Contract Accounts Receivable and Payable)	SAP-Package	0	0	0	0	0	1084	0	0	0
Customer Service	SAP-Application Component									
Front Office	SAP-Application Component									
EE0B (IS-U: Front Office)	SAP-Package	0	0	0	0	0	565	0	0	0
Process Execution	SAP-Application Component									
Move-In/Out	SAP-Application Component									
EE06 (IS-U: Move-In/Out)	SAP-Package	1	0	0	0	0	70272	0	0	0
EE06A (IS-U: Fast Entry for Move-In/Move-Out/Mov	SAP-Package	0	0	0	0	0	1283	0	0	0
EE_CRM_REPL_CRTL (Check for CRM/IS-U Replication)	SAP-Package	0	0	0	0	0	464	0	0	0
EE05 (IS-U: Cross-Appliation Functions)	SAP-Package	0	0	0	0	0	735172	0	0	0
EECRM_CONTRACT (Integration of CRM Contract)	SAP-Package	0	0	1	0	0	0	0	0	0
ZCC_CON (conversions)	SAP-Package	0	0	422	6545	434	0	1440	0	36
ZCC_ENH (enhancements)	SAP-Package	0	13	141	1892	89	0	224602	0	3478
ZCC_FRM (forms)	SAP-Package	0	0	61	1217	439	0	329783	0	1610
ZCC_INT (interfaces)	SAP-Package	0	6	693	6434	93	0	39511	0	7605
ZCC_REP (reports)	SAP-Package	0	0	22	412	70	0	404984	0	3390
ZCC_WFL (workflow)	SAP-Package	0	1	20	123	17	0	9333	0	0

Abbildung 5.6 Evaluierung von Branchen- und Kundenerweiterungen in der Anwendungskomponentenhierarchie (Quelle: IBIS RBE Plus 2010)

Mittels der AKH-Analyse kann auf diesem Weg sehr viel an Kontextinformation auch über Nicht-SAP-Standardlösungen, wie Partner-, Branchen- und Eigenentwicklungen, gewonnen werden:

Partner-, Branchen- und Eigenentwicklungen

- Welche Pakete des Standards, einer Branchenlösung und der Kundenentwicklung sind zusammen im Einsatz?
- Welche Pakete wurden geändert und erweitert, aber ihre Nutzung ist weder durch eigene Transaktionen noch über ein anderes Paket innerhalb der Komponente nachvollziehbar?
- Welche Komponenten sind sehr standardnah, also mit wenigen Änderungen, im Einsatz?

Im Bereich NOT ASSIGNED in Abbildung 5.7 zeigt sich, wie gut strukturiert die internen und externen Entwickler gearbeitet haben. Die Pakete sollten eindeutig benannt und den Anwendungskomponenten untergeordnet werden. Auch dürfen sie nicht zu umfangreich oder spezialisiert sein. Die Anforderung des Kunden sollte der Träger sein und das Paket eine Mischung von Entwicklungsobjekten, Transaktionen und Reports bilden.

Bereich »Nicht zugeordnet«

Not assigned	SAP-Application Component
$TMP (Temporary Objects (never transported!))	SAP-Package
BUPA_INTERFACE (Business Partner: External Interfaces)	SAP-Package
Z_CASHDESK	SAP-Package
Z_EMIG (Exxxx Objects)	SAP-Package
Z_ESERVICE (E-Service Package to incorporate custom cha	SAP-Package
Z_MISC_CONV (Miscellaneous data conversion)	SAP-Package
Z_PWB (Print Workbench)	SAP-Package
ZC01 (Customer development class)	SAP-Package
ZCA_INT (Common objects for interfaces)	SAP-Package
ZCC_PARALLEL (Parallel Testing)	SAP-Package
ZQW_xxxx_XBP_1_0 (xxxx for SAP interface release 4.5 an	SAP-Package
ZSEC (xxx Security Package)	SAP-Package
ZUKN (Unknown objects)	SAP-Package

Abbildung 5.7 Verlorene Kundenentwicklungspakete, die keiner Anwendungskomponente zugeordnet sind (Inhalte sind anonymisiert; Quelle: IBIS RBE Plus 2010)

In Abbildung 5.7 befinden sich ganz unterschiedliche Elemente meist technischer Natur für Schnittstellen, zur Datenmigration oder zum Druckmanagement. Etwas verloren wirken die Pakete zu Cashdesk oder E-Service. Für sie sollte definitiv eine entsprechende Anwendungskomponente gesucht werden.

Interessant ist auch die Gegenüberstellung unterschiedlicher Unternehmenstypen in Tabelle 5.1. Verglichen werden drei Teilbereiche unterschiedlicher deutscher Konzerne, eines US-Unternehmens und Werte eines Mittelständlers.

Gegenüberstellung Unternehmenstypen

5 | Gestaltungsmöglichkeiten identifizieren – Nutzung strukturieren

Unternehmens-typ	Aktive Komponenten	SAP-Pakete	Kundenpakete	Davon nicht zugeordnete Pakete
Zentralsystem	767	1.941	444	507
Teilkonzern Produktbereich	490	809	100	179
Teilkonzern Geschäftsgebiet	365	613	215	165
Teilkonzern Regionalsystem	262	305	77	81
US Company Region	277	351	11	29
Großer Mittelstand	436	573	35	56

Tabelle 5.1 Vergleichswerte für die Komponentenanalyse (Quelle: IBIS)

Aktive Komponenten und Pakete

Über die aktiven Komponenten und die Anzahl der SAP-Pakete lässt sich die Breite und Tiefe der Anwendungsnutzung ermessen. Das sehr große Zentralsystem hat in der Summe über 3.000 Komponenten und Pakete im Einsatz. Das liegt an der breiten SAP-Standardnutzung und der Verwendung von Kunden- und Speziallösungen von SAP-Partnern. Die Teilkonzern-Systeme liegen mit ihren Werten zwischen 700 und 1.500 Komponenten und Paketen, da dort je nach Ausrichtung manche SAP-Bereiche sehr intensiv, aber andere eher nachrangig verwendet werden. Nicht zurück steht in der Anwendungsbreite der große Mittelständler, der über 1.000 Komponenten und Pakete in der Anwendung hat, wobei er weltweit aktiv ist und auch Personalwesen auf dieser SAP-Instanz mitläuft.

Kundenpakete

Die Werte in der Spalte *Kundenpakete* geben Aufschluss über die Eigenentwicklungen, die nur ausnahmsweise einer SAP-Komponente zugeordnet sind. So sind die »nicht zugeordneten« Pakete eine Mischung aus diesen Kundenpaketen, Partnerlösungen und von SAP-Branchen- und Sonderlösungen, die keiner Komponente zugeordnet sind. Kundenpakete können sehr unterschiedlich sein. Meist dominieren Schnittstellenentwicklungen, oder es gibt große Pakete für Module wie MM-Materialwirtschaft. Die Analyse kann noch vertieft werden, wenn die geänderten Entwicklungsobjekte oder die Anzahl der Anwender, falls es um die Gewichtung der Pakete geht, damit in Beziehung gesetzt werden.

Für eine betriebswirtschaftliche Bewertung stößt der Analyst der AKH allerdings schnell an Grenzen, da die Komponentenebenen nicht sehr stark in Prozesse oder Stammdaten differenziert und die Pakete mitunter sehr technisch strukturiert sind, wie z. B. *Anwendungsentwicklung Kreditmanagement*. Die Vorteile der AKH sind ihre hundertprozentige Softwarenähe und die Einfachheit der Strukturierung. Deswegen ist es sinnvoll, diese Struktur für die Kommunikation zu Entwicklern oder als Einstieg für die Nutzungsbewertung von Eigenentwicklungen zu verwenden.

Grenzen AKH-Struktur

Die Entwicklungslastigkeit und mangelnde betriebswirtschaftliche Ausprägung waren auch die Gründe, warum SAP eine eigene Struktur, das sogenannte *Business Process Repository*, für den Solution Manager entwickelte.

Das Business Process Repository des SAP Solution Manager

Seit 2001 hat SAP als Nachfolger für die ASAP- und ValueSAP-Initiativen (unabhängig von Anwendungskomponenten und Entwicklungspaketen) versucht, mit dem *Business Process Repository* des SAP Solution Manager (siehe Abschnitt 8.1) eine neue Referenzstruktur für das Anwendungsmanagement zu schaffen. Ziel war es dabei, diese Referenzstruktur stärker in der Software zu verankern, um damit die Implementierungs- und Operations-Phase zu strukturieren. Damit bietet sich diese Struktur auch besser für die unmittelbare Nutzungsanalyse an, da alle Elemente auch in der Software vorhanden sein müssen und so auch evaluierbar sein sollten. Umgekehrt ist die Evaluierung der Struktur an sich zusätzlich sinnvoll, da sie der Startpunkt für den Einsatz des SAP Solution Manager ist. Die alte Anwendungskomponentenhierarchie von SAP R/3 erwies sich im Rahmen der bereits bestehenden technischen Elemente als zu einseitig funktional und zu festgelegt. Deshalb hat SAP sich bewusst für einen neuen Ansatz entschieden. Dieser sollte sowohl betriebswirtschaftlich als auch stärker auf die Aufgaben und Einsatzmöglichkeiten des Solution Manager hin ausgelegt sein.

Die neue Referenzstruktur

5 | Gestaltungsmöglichkeiten identifizieren – Nutzung strukturieren

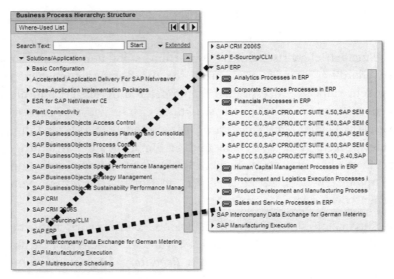

Abbildung 5.8 Business Process Repository – Solutions und Szenarien der Lösung SAP ERP

Aufbau BPR nach Lösungen und Geschäftsszenarien

Die Grundlage für die Struktur des Solution Manager in Abbildung 5.8 bildet das Business Process Repository (BPR). Es ist nach Lösungen wie SAP ERP oder SAP CRM gegliedert. Die zweite Ebene des Business Process Repositorys sind sogenannte *Geschäftsszenarien*. Dabei handelt es sich um Prozessgruppierungen, die sich aus der Zusammensetzung einer Lösung und ihrer Einsatzszenarien ergeben. Ein Beispiel dafür sind die Finanzbuchhaltung oder der Einkauf in SAP ERP. Den einzelnen Geschäftsszenarien wiederum sind drei Sichten untergeordnet:

- Organisationselemente
- Stammdatenobjekte
- Prozesse

Organisation

Die Organisationseinheiten in Abbildung 5.9 für den Bereich Financials gliedern sich beispielsweise in 37 Elemente, davon lassen sich 23 Objekte im Customizing oder in der Anwendung der SAP ERP-Lösung wiederfinden. Sie erlauben dort die organisatorische Differenzierung der Abwicklung. Das bekannteste Element ist hier der Buchungskreis (Company Code), wichtig sind aber auch Kostenrechnungskreis und Ergebnisbereich. Ein erster interessanter Ansatzpunkt für die Nutzungsanalyse ist hier die Frage, inwieweit und auch wie intensiv diese Organisationseinheiten genutzt werden.

Referenzstrukturen evaluieren | 5.1

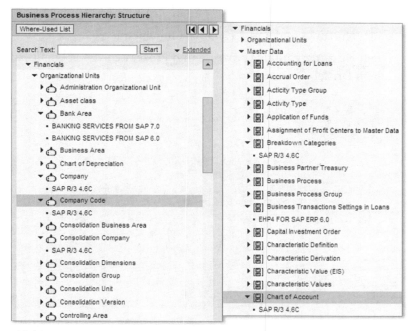

Abbildung 5.9 Business Process Repository – Organisations- und Stammdaten im Finanzwesen

Im Bereich Stammdaten (MASTER DATA) in Abbildung 5.9 differenziert sich das Finanzwesen in 79 Objekte. Vom Kontenplan (CHART OF ACCOUNT) über die Kostenstelle bis zum Investitionsauftrag finden sich hier alle wichtigen Elemente des Bereichs Buchhaltung und Controlling wieder. Auch hier ist die Frage, was wie intensiv gepflegt wird. Schließlich differenziert sich der Bereich Geschäftsprozesse in 68 Prozesse, die wiederum – ungefähr im Verhältnis 1 zu 9 – mit 629 Prozessschritten ausgestattet sind. Diesen Prozessschritten sind im Bereich Finanzwesen über 3.000 Transaktionen zugeordnet. Typische Geschäftsprozesse sind die Kreditorenbuchhaltung (ACCOUNTS PAYABLE), die Debitorenbuchhaltung, aber auch der Einzelabschluss bis hin zu Planungsprozessen oder analytischen Prozessen, die allerdings relativ wenige Teilschritte umfassen.

Stammdaten und Prozesse

Im Tabelle 5.2 ist dargestellt, wie sich eine Nutzungssituation anhand von Kennzahlen dieser Referenzstruktur des Business Process Repositorys in einem realen Unternehmen widerspiegeln kann. Sie sehen hier ein breit genutztes System mit Aktivitäten in allen zehn Geschäftsszenarien der erweiterten SAP ERP-Struktur:

Nutzungssituation im Unternehmen

5 | Gestaltungsmöglichkeiten identifizieren – Nutzung strukturieren

- einen Nutzungsgrad von 53 % bei den Organisationseinheiten
- einen Nutzungsgrad von 33 % im Stammdatenbereich
- einen Nutzungsgrad der Prozesse und Prozessschritte ebenfalls zu einem Drittel

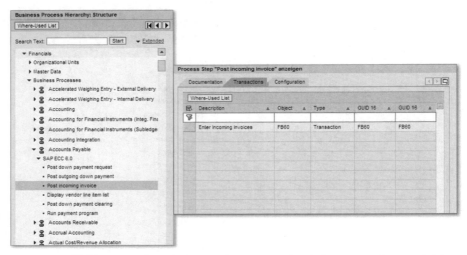

Abbildung 5.10 Business Process Repository – Geschäftsprozesse, Prozessschritte und geordnete Transaktionen

Diese Nutzungsgrade sind insgesamt unterdurchschnittlich. Zwar sind einige Prozesse nur in sehr seltenen Fällen relevant, doch die SAP ERP-Kernfunktionalität spiegelt sich in etwa 40 % der Prozesse wider. Überraschend ist die Bewertung der transaktionalen Nutzung mit einem noch niedrigeren Nutzungsgrad von 19 %.

	Anzahl Strukturelemente	Aktive Strukturelemente	Nutzungsgrad
Geschäftsszenarien	10	10	100 %
Organisationseinheiten	74	39	53 %
Stammdaten	254	85	33 %
Prozesse	237	78	33 %
Prozessschritte	2.109	738	35 %
Zugeordnete Transaktionen	11.942	2.241	19 %

Tabelle 5.2 Business Process Repository – Nutzungsgrad für Beispielunternehmen (Quelle: IBIS RBE Plus 2010)

Prüfen wir die Finanzprozesse in ERP aus Abbildung 5.11 näher, sehen wir hier einen Nutzungsgrad von:

Nutzung Finanzwesen

- 30 % bei den Organisationseinheiten
- 34 % im Stammdatenbereich
- einem Viertel im Bereich der Prozesse und einem Drittel bei den Prozessschritten

Dieser Nutzungsgrad ist für ein mittleres Unternehmen normal. Einige Prozesse sind nur in sehr seltenen Fällen relevant. Die Kernfunktionalität des Finanzwesens spiegelt sich in gut einem Drittel der Prozesse wider. Demnach hat dieser Anwender das Finanzwesen durchschnittlich im Einsatz. Überraschend ist die Bewertung der transaktionalen Nutzung mit einem noch niedrigeren Nutzungsgrad von 14 %. Das Besondere bei dieser Analyse war, dass sie nur auf Werte von drei Monaten zugreifen konnte und sich nur Monatsabschlüsse und kein Jahresabschluss im Zeitfenster befanden. Trotzdem wurde sie durchgeführt, um die operativen Prozesse wie die Kreditorenbuchhaltung zu betrachten. Eine 12-Monats-Analyse würde dann einen etwas höheren Nutzungsgrad bei den Transaktionen und auch einen leicht höheren Prozessnutzungsgrad ergeben.

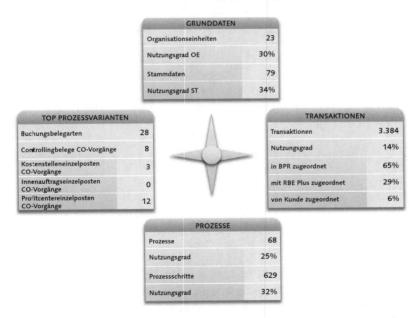

Abbildung 5.11 Business Process Repository – Nutzungsgrad Finanzwesen Grunddaten, Prozess und Transaktionen (Quelle: IBIS RBE Plus 2010)

5 | Gestaltungsmöglichkeiten identifizieren – Nutzung strukturieren

Nutzung Vertriebsabwicklung

Betrachten wir in Abbildung 5.12 in einem anderen Unternehmen einen logistischen Bereich wie die Vertriebsabwicklung, so ist er folgendermaßen strukturiert:

- in neun Organisationseinheiten
- in 45 Stammdatenobjekte
- in 33 Prozesse

Auch hier ist im Normalfall eine hohe Nutzungsintensität der Organisationseinheiten, aber eine eher geringe bei den Stammdaten festzustellen. In diesem Fall liegen die Werte aber bei guten 31 %. Der Nutzungsgrad der 1.409 Transaktionen, die in diesem Geschäftsszenario zugeordnet sind, liegt über dem Durchschnitt und ist mit 44 % auch sehr hoch. Man sieht auch, dass im Projektbeispiel ein gewisses Maß an Kundenindividualität mit 12 % der zugeordneten Transaktionen anzutreffen ist.

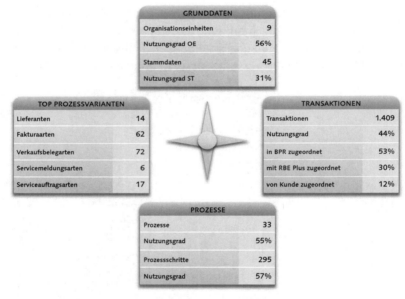

Abbildung 5.12 Business Process Repository – Nutzungsgrad Vertriebsabwicklung Grunddaten, Prozess und Transaktionen (Quelle: IBIS RBE Plus 2010)

Individuelle Transaktionen zuordnen

In konkreten Projekten ist es auch notwendig, dass der Kunde seine kundenindividuellen Transaktionen richtig und effizient in der BPR-Struktur einordnen kann, die in diesem Fall mit 12 % recht umfangreich sind. Auf Basis der Anwendungsnutzung werden dabei im Vorfeld alle aktiven kundenindividuellen Transaktionen identifiziert und je nach Bedeutung gewichtet (z. B. mehr als 50 Aufrufe, mehr als zwei Anwender) und der BPR-Struktur zugeordnet.[9]

Die Zahlen in Abbildung 5.11 zeigen, dass zu dieser Analyse das BPR durch IBIS RBE Plus mit 29 % der zugeordneten Transaktionen ergänzt wurde. Dies drückt die Überarbeitung der ursprünglichen Transaktionszuordnung für die Nutzungsanalyse aus, da die ursprüngliche BPR-Strukturierung von SAP nicht von Anfang an mit diesem Ziel vorgenommen wurde. Es stand lediglich im Vordergrund, die Transaktionen zur Erklärung und aus Dokumentationsgründen den Prozessen und Prozessschritten zuzuordnen. Bei der Nachbearbeitung von fast 50 % der Zuordnungen für die Nutzungsanalyse wurde auch eine Klassifizierung der Transaktionen in Identifizierend und Informativ ergänzt, was gleichzeitig eine deutlich differenziertere und evaluierungsorientierte Struktur ergab.

Überarbeitung für Nutzungsanalyse

Aus Sicht der Anwender ist das größte Problem, die Referenzstruktur des Solution Manager richtig zu individualisieren. Hier hat SAP eine Grenze gesetzt, da die Strukturtiefe nicht beliebig variiert werden kann. Die Ebene der Prozessschritte ist die letzte Ebene, die allein durch Ausprägung von Parallelstrukturen erweitert werden kann. Auch ist es nur eingeschränkt sinnvoll, eigene Modellelemente einzuführen, da sie nicht von den nachgelagerten Werkzeugen über die BPR-ID identifiziert werden können. Der Nutzen der BPR-ID zeigt sich z. B. in Upgrade-Situationen, weil dort Neuerungen, neue Dokumentationselemente und neue Customizing-Zuordnungen von SAP zur Verfügung gestellt werden. Das heißt, wer vollständig eigene Strukturelemente ausprägt, verlässt diesen Unterstützungspfad.

Referenzstruktur individualisieren

Den größten Teil der Individualisierung kann der Anwender in der Umgebung des SAP Solution Manager auf den zugeordneten Tabellen-Registern durchführen. Dort ist er in der Lage, eigene Dokumentationen, Transaktionen oder Testvorfälle zuzuordnen. Auch kann er eine ganze Reihe von Attributen pflegen, die im Rahmen des Applikationsmanagements hilfreich sind. Das heißt, die Struktur des Solution Manager muss auf die vorgesehenen Verwendungszwecke (*Use Cases*) hin ausgelegt werden, und es ist quasi eine Zweckentfremdung, sie im Rahmen eines Re-Design-Projekts als BPM-Struktur für

---

9 Mehr Informationen zum Projektablauf finden Sie unter: *www.ibis-thome.de/solman*. Weitere Publikationen zu diesem Thema vgl. [HuWa06] und [Henn09].

eine freie Prozessmodellierung zu »missbrauchen«. Beispielsweise sind manuelle Schritte oder Schritte in Fremdsystemen sinnlos, außer wenn sie eine Schnittstelle zum SAP-System haben. Diese Herausforderungen sind lösbar, bedürfen aber einer überlegten Vorgehensweise (siehe Abschnitte 5.1.4 und 7.1).

Anreicherung mit Evaluierungslogik

Für den Zweck der Nutzungsanalyse musste die Solution-Manager-Struktur um einige Inhalte angereichert werden, um korrekt evaluierbar zu sein. Zum einen sollten außer der transaktionalen Analyse auch die Bewertungen von Bewegungsdaten und Stammdaten einfließen. Die einzelnen Prozessschritte der BPR-Struktur wurden ebenfalls nach dem Verpflichtungsgrad im Prozess klassifiziert. Beispielsweise sind Analyse- oder Überwachungsfunktionen in jedem Prozess notwendig und damit immer aktiv, werden aber nur fallweise vom Anwender eingesetzt.

Im Rahmen der Evaluierung wichtig, aber nicht ausprägbar auf BPR-Strukturebene sind die tieferen oder die weiteren Ausprägungsvarianten der Geschäftsprozesse, die sich meist durch Customizing oder Konfigurationsvarianten repräsentieren lassen. So bilden unterhalb eines Kundenauftragsprozesses die 72 Verkaufsbelegarten (siehe Abbildung 5.12) die Prozessvarianten und damit die Variationsmöglichkeit und die Vielfalt der Geschäftsprozessabwicklung ab. Ebenfalls nicht vernachlässigt werden darf in einer solchen Struktur der Anwenderbezug. In Abbildung 5.13 wird die Anzahl der Benutzer dargestellt, die eine bestimmte Transaktion im Kontext einer Struktur ausgeführt haben. Diese zusätzlichen Aspekte der Evaluierungslogik machen deutlich, wie die BPR-Struktur um Möglichkeiten erweitert und diese Strukturelemente und Attribute ergänzt werden mussten.

Intelligente Nutzungsanalyse

Um letztlich für einen Prozess über aktiv oder inaktiv zu entscheiden, bleibt es unabdingbar, die Bewegungsdaten zu ermitteln. In unserem Beispiel in Abbildung 5.13 wurden einerseits alle Transaktionen, auch die neun im Prozessschritt Eingangsrechnung buchen ergänzten, auf Informativ gesetzt, d.h., sie haben keinen Einfluss auf die Evaluierung. Andererseits sind die Anzahl aller Kreditorenbelege und die Menge der im Finanzwesen erfassten Eingangsrechnungen ein entscheidendes Evaluierungskriterium. Zusätzlich sind im Rahmen einer BPR-basierten »angereicherten« Nutzungsanalyse folgende Aspekte erkennbar:

- Verhältnis von offenen und ausgeglichenen Belegen
- Verhältnis von FI-Eingangsrechnungen zu allen Kreditorenbelegen
- Es wird mit Vorerfassung gearbeitet, und dort sind deutlich mehr Mitarbeiter aktiv.
- 37 Mitarbeiter haben sich Kreditorenrechnungen anzeigen lassen.
- Es gibt keine Gutschriften von Lieferanten.
- Die Schnellerfassung wird nicht verwendet.

Struktur	RBE Plus Wert	Anzahl Benutzer	Aktivierungsstatus	Kategorie des Prüfschritts
Geschäftsprozesse			aktiv	Identifizierend
Kreditorenbuchhaltung			aktiv	Identifizierend
Wie viele offene Kreditorenbelege wurden gebucht?	1979		aktiv	Identifizierend
Wie viele ausgeglichene Kreditorenbelege wurden gebucht?	26909		aktiv	Identifizierend
Anzahlungsanforderung buchen			inaktiv	Identifizierend
Geleistete Anzahlung buchen			inaktiv	Identifizierend
Eingangsrechnung buchen			aktiv	Identifizierend
BPR-Transaktionen				
FB60 (Erfassung eingehender Rechnungen)	89	6	aktiv	Informativ
IBIS-Transaktionen				
F-43 (Kreditoren Rechnung erfassen)	908	8	aktiv	Informativ
FB10 (Re/Gu Schnellerfassung)	0	0	inaktiv	Informativ
F-63 (Rechnung Kreditor vorerfassen)	0	0	inaktiv	Informativ
F-66 (Gutschrift Kreditor vorerfassen)	0	0	inaktiv	Informativ
F-41 (Kreditoren Gutschr. erfassen)	0	0	inaktiv	Informativ
FV65 (Vorerfassung eingehender Rechnungen (4.6))	0	0	inaktiv	Informativ
FV60 (Vorerfassung eingehender Rechnungen (4.6))	28772	14	aktiv	Informativ
FV63 (Vorerfassten Kreditorbeleg anzeigen)	13839	37	aktiv	Informativ
FB65 (Erfassung eingehender Gutschriften (4.6))	0	0	inaktiv	Informativ
Wie viele offene Eingangsrechnungen wurden in FI gebucht?	782		aktiv	Identifizierend
Wie viele ausgeglichene Eingangsrechnungen wurden in FI gebucht?	17408		aktiv	Identifizierend
Kreditorenposten anzeigen			aktiv	Identifizierend
Anzahlungsverrechnung buchen			inaktiv	Identifizierend
Zahlungsprogramm ausführen			aktiv	Informativ

Abbildung 5.13 Business Process Repository – mit Evaluierungslogik angereicherter BPR-Geschäftsprozess (Quelle: IBIS RBE Plus 2010)

Die Informationsanreicherung sollte nicht überdehnt werden. Doch diese Aspekte sind auch für einen IT-Support oder Projektleiter sinnvoll, die mit dem SAP Solution Manager üblicherweise arbeiten.

In Tabelle 5.3 sind einige Gesamtmengengerüste von BPR- Strukturevaluierungen aufgeführt. Die Beispiele sind aus unterschiedlichsten Projekten nach Unternehmenstypen sortiert; sie zeigen die hohe Bandbreite der Verwendung und Intensität.

Unternehmens-typ	Aktive Stammdaten 100 % = 254	Aktive Geschäfts-prozesse 100 % = 237	Aktive Zuordnungen Transaktionen (Transaktionen pro Prozess)	Anteil zugeordneter Kundentrans-aktionen
Zentralsystem	131 (52 %)	140 (59 %)	5.511 (39)	5 %
Teilkonzern Region	100 (39 %)	123 (52 %)	4.051 (32)	11 %
Teilkonzern Geschäftsgebiet	97 (38 %)	116 (49 %)	3.709 (32)	7 %
Teilkonzern Produkt	102 (40 %)	89 (38 %)	3.511 (39)	4 %
Versorger	83 (33 %)	77 (32 %)	2.239 (29)	2 %
Großer Mittelstand	95 (37 %)	83 (35 %)	2.350 (28)	6 %

Tabelle 5.3 Vergleichswerte für die aktive Nutzung des Business Process Repositorys (Quelle: IBIS)

Das große *Zentralsystem* liegt bei 59 % aktiven BPR-Prozessen. Demgegenüber liegt das Anwendungsunternehmen mit einer Branchenlösung für Versorger bei gut der Hälfte mit 32 %. Die drei Teilkonzerne und der Mittelständler liegen bei den aktiven Stammdaten sehr nah beieinander. Bei den aktiven Prozessen geht die Schere dann wieder auseinander. Bei den Transaktionen sind viele mehrfach zugeordnet. Hier ist die Verteilung auf die Prozesse (Werte in Klammern) nicht ganz proportional zu den Geschäftsprozessen. Die Intensität ist beim *Zentralsystem* und dem *Teilkonzern Produkt* mit 39 Transaktionen pro Prozess am höchsten. Der Mittelständler mit 28 und der Versorger mit 29 liegen relativ niedrig.

Bewertung Solution Manager BPR für die Nutzungsanalyse

Gegenüber der Anwendungskomponentenhierarchie ist erkennbar, dass die Solution-Manager-Struktur eine deutlich betriebswirtschaftlichere Prägung hat. Die Organisationseinheiten und die Stammdaten sind klar differenziert. Sie sind zusätzliche Teilstrukturen, die nicht mit den Prozessen vermischt dargestellt werden. Die Geschäftsprozesse selbst orientieren sich an der Ablaufsicht eines Endusers. Das heißt, die Prozessschritte bilden den logischen Ablauf nach, dem der Anwender in der Interaktion mit dem SAP-System und seinen Transaktionen folgen muss, um die Prozessaufgabe zu erfüllen. Diese Elemente und ihre Reihenfolge leiten sich aus dem Ziel ab, das diese Struktur hat: Sie soll den Anwender-Support im Rahmen des Problemmanagements oder des Testens unterstützen. Deswegen muss in der Prozesssicht die Ablauforientierung aus Endbenutzersicht dominieren.

Die letzte Detailebene sind schließlich Transaktionen, die die im SAP-System sichtbare Ausführungsebene darstellen. Allerdings zeigt sich hier das Problem, dass Transaktionen, die zur Ausführung des Prozesses notwendig sind, ganz unterschiedliche Prioritäten haben. Es gibt die wichtigen Transaktionen, die nahezu den gesamten Prozessablauf beherrschen, wie z. B. VA02 (Kundenauftrag ändern) oder FB01 (Beleg buchen) im Finanzwesen. Sie kommen in mehreren Prozessschritten und in der unterschiedlichsten Verwendung vor. Es gibt demgegenüber eher selten verwendete Transaktionen, die nur in Ausnahmefällen relevant sind, zur Massenverarbeitung dienen oder eine Korrekturfunktion haben. Schließlich gibt es analytische Funktionen, die zur Überwachung des Geschäftsprozesses den Benutzern zur Seite stehen oder nur bei Wiedereinstieg in einen Prozess oder bei Übergabe an einen neuen Mitarbeiter notwendig sind.

Transaktionen mit unterschiedlichen Prioritäten

Empfehlenswert für Anwender des Solution Manager und gleichzeitig von BPM-Tools ist es, sich mit einer klaren Abgrenzung zwischen beiden Welten zu beschäftigen – wie in Abschnitt 5.1.4 ausgeführt. Eine vernünftige Erweiterung der Solution-Manager-Struktur um Szenarien, Prozesse oder Prozessschritte ist durchaus sinnvoll, sofern sie nicht bestehende Elemente verfälscht, sondern eine ergänzende Referenzmodellierung darstellt. SAP bietet auch eine Reihe von Branchenlösungen und für fast alle Multi-System-Lösungen Referenzstrukturen an, sodass es möglich ist, sich eine Solution-Manager-Struktur für jede Systemkombination, aber auch systemübergreifend aufzubauen.

Solution Manager und BPM

Die Differenzierung von Organisationsbereichen unterhalb eines Mandanten ist zwar möglich, ist aber nur für Projektzwecke vorübergehend sinnvoll. Für eine organisatorisch differenzierte Ausprägung mehrerer Solution-Manager-Strukturen, z. B. für zwei eigenständige Geschäftsbereiche, stellt sich die Frage, ob eine IT-Abteilung daraus einen Nutzen ziehen kann und der richtige Adressat dafür ist. Auch diese Aufgabenstellung können spezielle Analysewerkzeuge außerhalb des Systems besser abbilden oder sollte nur für Sonderprojekte temporär im Solution Manager ausgeprägt werden, etwa wenn eine bestimmte Organisationseinheit reorganisiert werden soll.

Differenzierung ist nicht sinnvoll

5.1.2 Evaluierbare Nutzungsanalysestrukturen

In diesem Abschnitt soll die Fragestellung umgekehrt angegangen werden: Was sind die Anforderungen an »evaluierbare« Referenzstrukturen für eine Nutzungsanalyse?

Für die Evaluierbarkeit von Analysestrukturen für die Nutzungsanalyse müssen mehrere Kriterien erfüllt sein, um eine möglichst vollständige und »softwarenahe« Sicht auf die Unternehmenssoftware zu ermöglichen. Auf der untersten Ebene dieser Strukturen muss die Evaluierungslogik anhand von Prüfschritten, die Systemnutzungs- und Gestaltungsaspekte identifizieren. Die übergeordneten Strukturebenen dienen der betriebswirtschaftlichen Darstellung der Nutzung.

Die folgenden Kriterien erscheinen uns hierbei am wichtigsten:

- hinreichende fachliche Tiefe
- ausgewogene und vollständige inhaltliche Struktur
- einheitliche Designprinzipien in allen Fachgebieten
- klare und widerspruchsfreie Zielsetzung der Strukturelemente, z. B. Ablauforientierung
- Bezug zu einem bestimmten ausgelieferten Softwarestand
- langfristige Pflege und Erweiterbarkeit
- Redundanzfreiheit und Eindeutigkeit der Verwendung von Softwareobjekten
- klare, hierarchische Abhängigkeiten zur Vereinfachung der Evaluierung übergeordneter Strukturelemente

Problematisch bei den bisher dargestellten Referenzstrukturen (was teilweise ausgeglichen werden konnte) sind das Fehlen von Informationen über:

- Prozessvarianten
- Stammdatenparameter
- Konfigurationsparameter
- im Hintergrund ablaufende Funktionen
- Offenlegung der Integrationsbeziehungen
- explizite Einbindungen der betriebswirtschaftlichen Auswertungen

Erst sie liefern den notwendigen vollständigen betriebswirtschaftlichen Kontext. Darüber hinaus gibt es einen großen Unterschied zwischen einem Ablaufmodell aus Anwendersicht und einem Konfigurationsmodell aus Softwaresicht.

Im Konfigurationsmodell ist erst das Soll-Konzept erkennbar, während die personellen oder nicht konfigurierbaren Ablaufschritte uninteressant sind. Weiterhin steht die Evaluierbarkeit der Struktur von Anfang an im Vordergrund, sodass keine Kompromisse gemacht und Annahmen getroffen werden müssen.

Aus diesem Grund wurde von IBIS für die RBE Plus-Analytik eine sogenannte *Prüfschrittbibliothek* aufgebaut. Diese Sammlung von 14.000 Prüfschritten (Stand 2010) lässt sich an gegebene Strukturen – wie das BPR – anpassen, hat aber auch eigene Strukturprinzipien, die auf die Nutzungsanalyse ausgerichtet sind.

Prüfschrittbibliothek

Ein Prüfschritt liefert schon in seiner Formulierung, als »Frage an das System« eine Semantik und ermöglicht eine erste Bewertung des Ergebnisses:

- Wie viele Kunden haben im Analysezeitraum Make-to-Order-Prozesse abgewickelt?
- Welche Arten von Verkaufsbelegen wurden verwendet?

Diese Sammlung von Fragestellungen an das System verlangt es, im Rahmen der Nutzungsanalyse Ergebniswerte oder auch Listen von Werten als Antworten zu ermitteln. Semantisch müssen diese Fragen gezielt formuliert und sinnvoll nach Strukturprinzipien wie betriebswirtschaftlichen Themen oder Kriterien gruppiert sein. Ein Bauplan über die Konstruktion und Gestaltung des Systems muss deutlich sichtbar werden, um eine erkenntnisorientierte Nutzungsanalyse zu erreichen, wenn man betriebswirtschaftliche oder technische Strukturen auf der Detailebene mit einzelnen Prüfschritten fundiert. Jedes einzelne aktive Strukturelement wird durch eine logische Gruppe von Prüfschritten gestützt, die zu Prüffällen zusammengefasst werden und mit logischen Verknüpfungsoperatoren oder Regeln die Evaluierung der Struktur übernehmen. Eine Evaluierung liefert dadurch nicht nur das Ergebnis »ist aktiv« oder »ist inaktiv« für einen Prozess, Prozessschritt oder eine Funktion, sondern ebenfalls quantitative und qualitative Informationen, wie und mit welchen Inhalten dieses Strukturelement im produktiven System verwendet wird.

Strukturprinzipien

5 | Gestaltungsmöglichkeiten identifizieren – Nutzung strukturieren

Zusammengestellte Evaluierungsstruktur

Die Evaluierungsstruktur in Abbildung 5.14 stammt aus einer RBE Plus-Potenzialanalyse und ist speziell für die Bewertung der Materialwirtschaft in SAP ERP aus der Prüfschrittbibliothek zusammengestellt worden. Zum besseren Verständnis der Strukturprinzipien bewegen wir uns über die nächsten drei Abbildungen anhand von Echtdaten top-down in die Detailergebnisse.

Vor dem Hauptknoten Procurement and Logistics Execution Processes in ERP, der mit 38 % von 1.296 Prüfschritten aktiv ist, sind zum Einstieg und besseren Verständnis des Geschäftsprozesses zwei kleinere Bereiche hinzugenommen worden:

- Die Kreditorenstammdaten geben Auskunft über die Konfiguration und Verwendung der steuernden Stammdatenfelder der Lieferanten.
- Der Geschäftsprozess PP-Disposition steuert die Materialwirtschaft planerisch mit.

Beide Bereiche sind aktiv im Einsatz, die Prozentzahlen auf den Hauptebenen zeigen aber schon an, dass ihre Intensität unterschiedlich ist.

Evaluation der Liste der Prüfschritte

	Wert	Relativer Anteil der aktiven Prüfschritte	Anzahl der identifizierenden Prüfschritte	Menge der identifizierenden Transaktionsaufrufe
Kreditorenstammdaten		58%	65	381.849
Kreditorenstamm (3.1)		54%	56	367.401
Lieferantenteilsortiment (3.1)		100%	1	
Kreditorenhierarchie		100%	4	14.442
Integration (Kreditorenstammdaten)		75%	4	6
PP - Disposition		35%	195	18.627.932
Prognose		33%	9	99
Langfristplanung		39%	28	28.341
Absatz- und Produktionsgrobplanung		15%	34	72.256
Programmplanung		42%	19	48.145
Leitteileplanung		0%	6	75
Bedarfsplanung		49%	47	101.620
Bedarfsumsetzung		48%	25	885.890
Berichte (PP - Disposition)		26%	27	17.491.506
Procurement and Logistics Execution Processes in ERP		38%	1296	45.492.900
Stammdaten Logistik		45%	284	3.708.342
MM - Materialbeschaffung		47%	329	13.591.533
MM - Lieferplanabwicklung		4%	24	43.457
MM - Dienstleistungsbeschaffung		30%	37	35.669
MM - Bestandsführung und -bewertung		41%	133	5.285.683
LE - Logistische Abwicklung		40%	134	2.211.988
LO - Verpackungsgesteuerte Logistik		15%	39	3.043
LO - Außenhandel		24%	82	54.542
LO - Zwischenhandel		0%	39	15
LIS - Logistik-Informationssystem		32%	195	20.558.628

Abbildung 5.14 Zusammengestellte Nutzungsanalysestruktur für die Beschaffung mit vorgelagerten Prozessen (Quelle: IBIS RBE Plus 2010)

5.1 | Referenzstrukturen evaluieren

Durch die Kreditorenstammdaten erkennen wir die Rolle der Lieferanten. Es sieht so aus, dass fast alle Themengebiete im Einsatz sind. Ein relativer Anteil der aktiven Prüfschritte von über 50 % deutet darauf hin, dass eine breite Verwendung von Stammdatenobjekten stattfindet. Für die Identifikation und die Detaillierung des Kreditorenstamms sind 56 Prüfschritte zuständig. Auch lässt sich erkennen, dass eine Menge an wichtigen Transaktionen dort ausgeführt wird. Im Analysezeitraum waren es über 367.000 Aufrufe. Für die Identifikation der Lieferantenteilsortimente reicht ein identifizierender Prüfschritt aus, und es gibt hierfür auch keine spezifische Transaktion, sodass hier bei einer Aktivität unmittelbar 100 % angezeigt werden. Eine erste Besonderheit der RBE Plus-Evaluierungsstruktur zeigt der Knoten Integration. In diesem Knoten verstecken sich unterschiedlichste Integrationsthemenstellungen zum Kreditorenstamm – in diesem Fall konkret, ob es außenhandelsrelevante Lieferantendaten gibt.

Lieferantenrolle aus Kreditorenstammdaten

Der Geschäftsprozess PP-Disposition, der der Beschaffungsplanung entnommen ist und hier den Planungsinput repräsentiert, hat deutlich geringere Aktivitätsprozentzahlen. Er hat sogar einen Bereich mit der Leitteileplanung, der inaktiv ist. Auch die Absatz- und Grobplanung weist mit 15 % einen sehr niedrigen Aktivitätsgrad auf. Dennoch ist hier schon ersichtlich, dass die Disposition grundsätzlich breit im Einsatz ist und durchgängig verwendet wird. Von der Intensität bekommen wir auf dieser Ebene nur einen ersten Eindruck. Als Besonderheit wird deutlich: Der Bereich Berichte ist speziell hervorgehoben. Dort können wir später feststellen, welche Berichte, Auswertungen und Analysen wie intensiv verwendet werden. Sehr auffällig ist auch, dass bei den Berichten – insbesondere der Dispositionsliste – mit über 17 Millionen Aufrufen die Hauptaktivität der Anwender liegt.

Planungsinput aus der Disposition

Als kleine Besonderheit muss noch auf das Evaluierungsergebnis zur Leitteileplanung hingewiesen werden. Dort ist erkennbar, dass zwar sechs identifizierende Prüfergebnisse aktiv sind und 75 Aufrufe von Dialogtransaktionen stattfanden, aber die Evaluierungslogik der Struktur hat diese wenigen identifizierenden Prüfschritte insgesamt nicht als aktiv bewertet. Das heißt, hier sind Schwellwerte, Logiken und Regeln nicht erfüllt worden. Zur Bewertung der Zahlen an Transaktionsaufrufen ist jedoch Vorsicht geboten. Sie sind nicht vergleichbar untereinander, da bestimmte Transaktionen von SAP so programmiert worden sind, dass sie sehr viele Zähler im Transaktionsmonitor

Evaluierungslogik

haben. Andere Transaktionen haben nur sehr wenige Aufrufe, was nicht unbedingt über ihre Nutzungsintensität und Bedeutung Auskunft gibt.

Procurement

Die Struktur der Nutzungsanalyse wird erkennbar, wenn man den Hauptknoten (erste Ebene) Procurement and Logistic Execution Processes in ERP betrachtet. In der zweiten Ebene sind alle Stammdaten der Logistik gebündelt (Materialstammdaten etc.), dann beginnen die Hauptgeschäftsprozesse, wie Materialbeschaffung, Lieferplanabwicklung oder Dienstleistungsbeschaffung bis hin zum Zwischenhandel. Auch für die Analysen ist ein eigener Strukturknoten reserviert. An der Anzahl der identifizierenden Prüfschritte in der dritten Spalte ist erkennbar, dass für diesen Bereich ganz unterschiedliche Schwerpunkte zu setzen sind. Die Hauptdifferenzierung und der Schwerpunkt der Abwicklung liegen im Geschäftsprozess der Materialbeschaffung, der mit 329 Prüfschritten das Schwergewicht darstellt und auch an zweiter Stelle liegt, was die transaktionalen Aufrufe betrifft. Bei den Systemaufrufen liegt das logistische Informationssystem in Führung, dessen sich sehr viele Mitarbeiter bedienen, was aber schon mit 195 Prüfschritten ausreichend analysiert werden kann. Einen weiteren Schwerpunkt bilden die Stammdaten der Logistik, die mit ihren vielen steuernden Feldern und ihren Variationsmöglichkeiten viele Detailinformationen zur Nutzung des Systems bieten. Kleinere Geschäftsprozesse sind die Lieferplanabwicklung, die Dienstleistungsbeschaffung, aber auch die Sonderprozesse wie die verpackungsgesteuerte Logistik, der Außenhandel und der Zwischenhandel.

Die logistische Abwicklung – hier insbesondere das Lagerverwaltungssystem – nimmt eine Zwitterstellung ein, da sie einerseits für die Auslagerungen im Versand und andererseits in der Beschaffung für den Wareneingang und Einlagerungen zuständig ist. Insgesamt wird die logistische Abwicklung hier intensiv genutzt.

Geschäftsprozess Materialbeschaffung

Für die vertiefende Betrachtung ist in Abbildung 5.15 der Geschäftsprozess Materialbeschaffung nun weiter aufgebrochen worden. Innerhalb dieses Geschäftsprozesses kommen jetzt die Kernprozesse zur Geltung. Ein durchgängiger Geschäftsprozess wird dabei in seine einzelnen Bestandteile aufgeteilt, die an sich zwar eigenständige Prozesse sind, aber im Zusammenhang mit den nachfolgenden oder vorgelagerten Teilprozessen stehen und ihre Leistung erbringen. So muss einer Einkaufstätigkeit logischerweise ein Wareneingang folgen. Weiterhin kann es auf dem logistischen Weg durch das Unternehmen wiederum eine Warenentnahme geben, zum Beispiel für Umlagerungen, für Konsignation oder auch für den Warenausgang bei einem Handelsunternehmen. Schließlich endet der Materialbeschaffungsprozess mit der Rechnungsprüfung: Die Lieferantenrechnung muss mit dem reellen Wareneingang abgeglichen werden. Auch hier runden die Berichte zur Materialbeschaffung das Bild ab.

Wert	Relativer Anteil der aktiven Prüfschritte	Anzahl der identifizierenden Prüfschritte	Menge der identifizierenden Transaktionsaufrufe	Besondere Nutzung
Procurement and Logistics Execution Processes in ERP	38%	1296	45.492.900	
Stammdaten Logistik	45%	284	3.708.342	
MM - Materialbeschaffung	47%	329	13.591.533	
Einkauf	45%	141	7.107.009	
Zentrale Funktionen MM-PUR	48%	29	303.051	
Bestellanforderung (3.1)	64%	14	785.322	
Bestellung (3.1)	50%	18	6.005.276	
Anfrage (3.1)	0%	5	22	
Angebot (3.1)	0%	2	0	
Kontrakt (3.1)	60%	10	12.382	
Bestätigung (3.1)	75%	4		
Lieferantenretoure (4.0)	100%	1		
Integration (Einkauf)	35%	57	956	
Wareneingang	50%	76	2.216.156	
Zentrale Funktionen	80%	5	33.993	
Wareneingang (3.1)	86%	7	2.097.367	
Umbuchung/Umlagerung (3.1)	64%	11	33.760	
Rücklieferung (3.1)	40%	5	22	
Anlieferung (4.6C)	44%	9	49.784	!
Integration (Wareneingang)	37%	38	1.230	
Warenentnahme	59%	32	727.825	
Rechnungsprüfung	42%	50	881.770	
Berichte (MM - Materialbeschaffung)	43%	30	2.658.773	

Abbildung 5.15 Erste bis vierte Ebene der Nutzungsanalysestruktur mit Stammdaten, Prozessen, Funktionen, Berichten und Integrationsbeziehungen (Quelle: IBIS RBE Plus 2010)

Diesen Teilprozessen, wie z. B. Einkauf, sind auf der vierten Ebene die entsprechenden Prozessbelege zugeordnet, die den Hauptgegenstand in der Bearbeitung und der Interaktion mit dem System darstellen und auch so in den meisten Fällen im SAP-System als Dokumente die Bewegungsdaten nachvollziehbar machen. Allerdings beginnt der Bereich Einkauf zunächst mit den zentralen Funktionen, die im Einkauf existieren. Das ist auch eine Besonderheit gegenüber dem BPR-Modell. Zentrale Funktionen sind beispielsweise Freigaben, die Nachrichtenfindung oder auch das Mahnen von ausstehenden Bestelleingängen. Von der Bestellanforderung über die Bestellung bis hin zur Lieferantenretoure treten nun die Prozessbelege zu Tage. Auch hier ist sofort erkennbar, welche dieser Belege aktiv sind und wie

Teilprozess Einkauf und Prozessbelege

intensiv sie genutzt werden. In diesem Beispielfall sind die Anfragen und Angebote im Rahmen einer Lieferantenauswahl nicht im Einsatz. Der Bereich Einkauf schließt wiederum mit den Integrationsbeziehungen des Einkaufs ab. Das heißt: In welche anderen Geschäftsprozesse übergibt der Einkauf seine Daten, was sind die nachfolgenden Funktionen und Prozesse? Die vierten Ebene mischt Funktionen, Prozesse und Integrationsbeziehungen zu einem Gesamtbild.

Nachfolgender Teilprozess Wareneingang

Das gilt hier für die beiden folgenden Teilprozesse in ähnlicher Art, auch im Wareneingang gibt es zunächst einmal zentrale Funktionen, dann die entsprechenden Prozessbelege und einen eigenständigen Integrationsknoten. In Klammern ist das erste Release der Verfügbarkeit dieser Funktionalität im Rahmen der SAP ERP-Entwicklung erkennbar. Betrachtet man die notwendigen identifizierenden Prüfschritte, wird deutlich, dass für Funktionen und Integrationsknoten erkennbar mehr Prüfschritte notwendig sind, während bei den einzelnen Prozessbelegen eine maximal zweistellige Anzahl von Prüfschritten ausreichend ist, um ein klares Nutzungsbild zu erhalten. An der Gegenüberstellung der Transaktionsaufrufe ist auch sehr gut erkennbar, wo die Schwerpunkte in der Interaktion der Anwender mit dem System liegen. Ist die Bestellung die Dominante im Bereich Einkauf, ist die Wareneingangsbuchung die Dominante im Bereich Wareneingang, mit einem deutlich überwiegenden Anteil an Dialogschritten. Als besondere Nutzung in der letzten Spalte markiert, wird auf dieser Ebene erstmals die Anlieferung ausgewiesen. Dies liegt einerseits an der recht seltenen Verwendung und andererseits an der anspruchsvollen Umsetzung, die auch bei einer Analyse näher betrachtet werden sollten: Die Anlieferung ist ein Lieferbeleg im Vertrieb und meist mit EDI-Nachrichten des Lieferanten verbunden.

Prozessvarianten

Das Strukturmodell der Nutzungsanalyse hört hier nicht auf. Wie bereits bei der BPR-Struktur gefordert und ergänzt, müssen die entsprechenden Prozessvarianten unterhalb der Prozesselemente, wie Bestellung oder Bestellanforderung, analysiert werden. Reißt man die Struktur (siehe Abbildung 5.16) für die Bestellung weiter auf, ist erkennbar, dass dort vier Prozessvarianten weiter untersucht werden: die Streckenposition, die Umlagerungsposition, die Lohnbearbeitung und die Lieferantenkonsignation. Mit dem Begriff *Position* wird auch deutlich, dass dies Elemente sind, die im SAP-System nachvollziehbar sind. Das heißt, die Prozessvariante ist auch im System softwaretechnisch umgesetzt.

	Wert	Menge der identifizierenden Transaktionsaufrufe	Besondere Nutzung
Bestellung (3.1)		6.005.276	
Streckenpositionen			
Schlüsselindikatoren			
Welche SD-Vorgängervertriebsbelegarten haben wie oft Bestellungen als Nachfolger?		221.814	
Welche Belegarten wurden wie oft in Einkaufsbelegpositionen mit dem Positionstyp für Streckpositionen verwendet?		244.189	
Umlagerungspositionen		29.267	!
Schlüsselindikatoren			
Welche Belegarten wurden wie oft in Einkaufsbelegpositionen für buchungskreisinternen oder -übergreifenden Umlagerungen verwendet?		313.551	
Wie viele Umlagerungsbestellpositionen gibt es?		0	
ME27 (Umlagerungsbestellung anlegen (3.0F))		29.267	
Konfigurationsindikatoren			
Welche Lieferarten für SD-Lieferungen wurden in welchen Einkaufsbelegarten verwendet?		313.618	
Welche abgebende Werke wurden wie oft in welchen Belegtypen in Umlagerungspositionen verwendet?		313.561	
Lohnbearbeitungspositionen			
Schlüsselindikatoren			
Welche Belegarten wurden wie oft in Einkaufsbelegpositionen mit dem Positionstyp Lohnbearbeitung verwendet?		869	
Stammdaten			
Wie viele Einkaufsinfosätze Typ "Lohnbearbeitung" existieren? (ohne Datumseinschränkung)		1.165	
Lieferantenkonsignationspositionen			

Abbildung 5.16 Vierte bis siebte Ebene der Nutzungsanalysestruktur mit Prozessvarianten und Schlüsselindikatoren (Quelle: IBIS RBE Plus 2010)

Unterhalb dieser Prozessvarianten gibt es sogenannte *Schlüsselindikatoren*. Die Schlüsselindikatoren identifizieren die Nutzung eindeutig. Dies sind hier meistens spezielle Prüfschritte, zum Beispiel werden Vertriebsbelegarten identifiziert, für die es eine Bestellung direkt als Nachfolgebeleg gibt. Dies wäre ein Indikator für das Streckengeschäft. Oder es sind auch spezielle Transaktionen entscheidend – wie bei der Umlagerung.

Schlüsselindikatoren

Zusätzlich können zur Vertiefung dieses Sachverhalts noch weitere Konfigurationsindikatoren geliefert werden, zum Beispiel die Lieferarten oder Werke, die bei Umlagerungspositionen einbezogen sind. Auch spezifische Stammdaten sind ein Indikator, etwa durch die Anzahl der mit Lohnbearbeitungspositionen einbezogenen Lieferanten. Das heißt, die Ebene 6 repräsentiert Schlüssel-, Konfigurations- oder Stammdatenindikatoren.

Auf der Ebene 7 kommen die eigentlichen Prüfschritte mit ihrem Ergebniswert zum Vorschein, um über ihre Fragestellung an das System ein eindeutiges Ergebnis zu liefern oder zusätzliche Informationen zur Nutzungsbewertung.

Prüfschritte

5 | Gestaltungsmöglichkeiten identifizieren – Nutzung strukturieren

> **Die Prüfschrittbibliothek im Einsatz**
>
> Die Mächtigkeit der Prüfschrittbibliothek wird an einigen Zahlen deutlich, die für dieses Beispielprojekt gelten
> - In diesem Projekt sind 358 Strukturelemente für die Materialwirtschaft aktiv.
> - 290 sind nicht aktiv.
> - Der Kunde weist Aktivitäten in 1.430 Prüfschritten nach. Das sind sowohl identifizierende als auch informative.
> - 2.027 Prüfschritte haben im Kundensystem keine Aktivität festgestellt. Darunter sind viele Transaktionen, aber auch Tabellenabfragen.
> - Insgesamt 5.000 evaluierte Elemente umfasst die Struktur der Prüfschritte für diesen Bereich.

Die Zahlen zeigen, wie ausführlich und wie tief die Analytik hier durch die Struktur getrieben wird. Auf eine Besonderheit der Wertanalyse soll hier noch hingewiesen werden. Nicht jeder Wert, der größer als 0 ist, wird als aktiv ausgewiesen. Normalerweise setzt man hier Schwellwerte. In Abhängigkeit von der Tatsache, ob es sich um eine Transaktion handelt oder einen Tabellenwert, muss dieser Wert unterschiedlich gewählt sein. Dann überprüft die Liste noch Werte mit schwacher Nutzung. Das heißt, sie zeigt an, wenn eine Aktivität vorliegt, die nicht als aktiv gewertet wurde, um sie zu überprüfen. Diese Schwellwertsetzung ist Grundlage für Verbesserungsmaßnahmen (siehe Abschnitt 6.1.2).

Unternehmenstyp	Aktive Strukturelemente 100 % = 648	Aktive Prüfschrittte (RBE-Index) 100 % = 3.457
Zentralsystem	479 (74 %)	1.948 (56 %)
Teilkonzern Produktbereich	366 (56 %)	1.405 (41 %)
Teilkonzern Geschäftsgebiet	324 (50 %)	1.290 (37 %)
Teilkonzern Regionalsystem	290 (45 %)	1.525 (44 %)
US Company Region	222 (34 %)	839 (24 %)
Großer Mittelstand	263 (41 %)	1.051 (30 %)

Tabelle 5.4 Vergleichswerte für die RBE Plus-Nutzungsanalyse im Bereich Materialwirtschaft (Quelle: IBIS)

Die Vergleichswerte nach Unternehmenstypen zeigen, dass der Maximalwert beim großen Zentralsystem für aktive Prozesse, Stammdaten und andere betriebswirtschaftliche Strukturelemente bei 74 % dessen liegt, was das SAP-System ausgedrückt anhand der Nutzungsanalystruktur maximal zu bieten hat. Der niedrigere korrespondierende Wert der aktiven Prüfschritte von 56 % bedeutet, dass auch dann manche Variante und SAP-Transaktion ungenutzt bleibt bzw. stattdessen Kundentransaktionen verwendet werden, die hier (noch) nicht mitgezählt sind.

RBE-Index

Der *Teilkonzern Regionalsystem* hat eine relativ höhere Nutzungsquote von SAP-Standardtransaktionen, was seine nahezu gleichen Indexwerte erklärt. Auch sehen wir, dass unser großer Mittelständler das SAP-System breit einsetzt, der Abstand zu den Teilkonzernen ist zwischen 4 % und 15 % bei den aktiven Strukturelementen. Auch überflügelt er die *US Company Region*, bei der die Produktionsnutzung geringer ausgeprägt ist. Der in der zweiten Wertspalte ausgewiesene RBE-Index auf Basis der aktiven Prüfschritte ist ein guter Maßstab für die Breite der SAP-Standardnutzung.

Die Tiefe und Vollständigkeit der Prüfschrittbibliothek und ihre normale Struktur reichen aus, um eine Prozessanalyse bis in die Prozessvariantenebene zu treiben und fast alle Hintergründe des Prozesses offenzulegen, um Gestaltungsmaßnahmen zu fundieren. In manchen Fällen besteht der Bedarf, in speziellen Bereichen noch weiter in die Tiefe zu gehen, was aber mehr eine Tool-Anforderung ist. Genauso ist in die andere Richtung eine Einschränkung der Ergebnisse nach Zielgruppen sinnvoll, um den Analyseaufwand zu minimieren (siehe Abschnitt 8.6).

Vertiefungen und Einschränkungen

Die beiden folgenden Strukturen gehen einen ähnlichen Weg. Sie fokussieren die Nutzungsanalyse auf bestimmte Fragestellungen und komponieren sich dafür eine auf den Analysezweck gemünzte Evaluierungsstruktur, die sich der Prüfschrittbibliothek bedient.

5.1.3 Geschäftsfallorientierte Prozessstrukturen

Eine besondere Herausforderung für eine Nutzungsanalyse und für die zugrunde liegende Referenzstruktur ist die Darstellung der Nutzungsintensität eines Geschäftsprozesses bis auf die Geschäftsfallebene. Für eine gestaltungsbezogene Beurteilung oder die Suche nach

Verbesserungsmöglichkeiten bedarf es dafür eines sehr speziellen »Profilings« der Prozessvarianten und des Prozessflusses.

Was leisten diesbezüglich die bisher vorgestellten Strukturen?

- In der *BPR-Struktur* sind keine Varianten erkennbar. Einige Varianten des Kundenauftrags werden zwar als eigenständige Prozesse dargestellt, die sich allerdings nur in wenigen Prozessschritten unterschieden und für die in der Interaktion mit dem System kaum ein Unterschied auszumachen ist.
- In der Analysestruktur der RBE Plus-Prüfschrittbibliothek gibt es unterhalb eines Prozesses auf der fünften Ebene Prozessvarianten, die eine weitere Ausprägungsvariante sind und auch einer eigenen Evaluierungslogik bedürfen.

Die Anforderungen an diese Spezialstruktur sind, diese Prozessvarianten auszubauen und stärker in den Vordergrund zu bringen, um alle Nutzungsergebnisse genau einer solchen Gruppe von ähnlichen Geschäftsvorfällen zuordnen zu können. Die Vollständigkeit bezieht sich demnach auf alle Ergebnisse, die im Kontext einer Prozessvariante eine Aussage liefern.

Prozessvarianten in den Vordergrund

Wie Abbildung 5.17 zeigt, ist ein Geschäftsprozess nicht in jedem Fall ein einheitlicher Ablauf, sondern der Geschäftsprozess insgesamt ist eher ein Wegenetz, auf dem über unterschiedliche Routen ein bestimmter Weg für einen Geschäftsfall im System gefunden werden kann. Die Identifikation und Differenzierung dieser Prozessvarianten ist die zentrale Voraussetzung, um die Nutzung eines *gelebten* Geschäftsprozesses zu verstehen. Welche Variationsmöglichkeiten sind nun relevant, wenn ein Geschäftsprozess in seiner Nutzung betrachtet und bewertet werden soll?

Szenariovarianten

Es gibt zunächst eine ganze Reihe betriebswirtschaftlich völlig unterschiedlicher sogenannter *Szenarien*, wie z. B.:

- Verkauf ab Lager
- Einzelauftrag
- Streckengeschäft
- Bargeschäft

Sie stellen innerhalb des Geschäftsprozesses Vertriebsabwicklung eine Umsetzung von unterschiedlichen betriebswirtschaftlichen

Abwicklungsformen dar und drücken sich meist durch bestimmte Funktionen oder besondere Folgeaktionen aus. Etwa verlangt ein *Streckengeschäft*, dass eine Bestellung an den Lieferanten abgesetzt wird, während ein *Einzelauftrag* einen anderen Positionstyp verlangt, der das kundenindividuell zu fertigende Material repräsentiert.

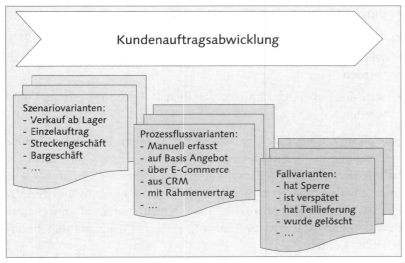

Abbildung 5.17 Variationsmöglichkeiten einzelner Geschäftsvorfälle im Geschäftsprozess Kundenauftragsabwicklung

Doch es gibt noch weitere Arten von Varianten. So unterscheidet sich auch der Prozessfluss innerhalb eines bestimmten Szenarios in der Art und Weise, wie er entsteht und gehandhabt wird. Beispielsweise kann ein Prozessfluss dadurch gestartet werden, dass ein Kundenauftrag:

Flussvarianten

- manuell erfasst wird
- auf Basis eines Vorgängerbelegs – wie dem Angebot – übernommen wird
- aus anderen SAP-Systemen wie E-Commerce oder CRM stammt
- auf einem Referenzbeleg – wie einem Rahmenvertrag – basiert

Somit ergibt sich eine weitere Dimension zusätzlich zu den Szenarien, die den Prozessfluss massiv beeinflussen und voneinander unterscheidbar machen sollten. Im betrachteten Prozessabschnitt kann zwar das gleiche Szenario (z. B. ein Streckengeschäft) weiterlaufen, aber die Entstehung und damit auch mögliche Schiefstände für

Fallvarianten

einen Kundenauftrag könnten auf ganz unterschiedlichen Vorgängen beruhen.

Eine dritte Variation ergibt sich durch *Fallvarianten*, also daraus, was mit dem einzelnen Geschäftsvorfall in seiner Umsetzung wirklich passiert ist. Ein Kundenauftrag kann beispielsweise

- durch Probleme mit dem Kunden eine Sperre erhalten
- durch Abwicklungsschwierigkeiten verspätet ausgeliefert werden
- weil es logistisch erforderlich ist, in zwei Lieferungen aufgeteilt werden
- weil die Geschäftsgrundlage entfallen ist, storniert oder gelöscht werden

Alle diese Varianten des betriebswirtschaftlichen Szenarios, die Entstehung und der Ablauf des Prozessflusses oder der Geschehnisse im Rahmen der Geschäftsfallabwicklung führen zu einer sehr vielfältigen und sehr differenzierten Bewertungs- und Betrachtungsnotwendigkeit eines Geschäftsprozesses. Eine Nutzungsanalyse muss diese Dimensionen beachten und sie für relevante Fallvarianten unterscheiden können.

Unsichtbare Geschäftsvorfälle

Im Gegensatz zu einem Fertigungsprozess läuft die eigentliche Abwicklung eines Geschäftsprozesses unsichtbar innerhalb eines ERP-Systems ab. Somit ist es auch deutlich diffiziler, die Gestaltung eines Geschäftsprozesses zu erkennen, zu steuern und auch zu verbessern. Die Grundlage der Verbesserung von Geschäftsprozessen muss deswegen sein, die betriebswirtschaftlichen Geschäftsvorfälle in irgendeiner Form zu fassen, ihren Output zu messen und zu bewerten, um Ansatzpunkte für Verbesserungsmaßnahmen oder die Behebung von Störungen feststellen zu können.

Prozess-Pipeline-Analyse

Der hier vorgestellte geschäftsfallorientierte Ansatz der Nutzungsanalyse, die *Prozess-Pipeline-Analyse*, versucht, diese Transparenz durch eine einheitliche Strukturierung des Prozessflusses genau auf dieser Ebene zu erreichen. Sie bildet somit die analytische Grundlage für die Qualitätssicherung und Verbesserung der Geschäftsprozesse (siehe Abbildung 5.18). Wie sieht nun ein Prozessfluss differenziert nach Geschäftsvorfällen aus?

5.1 Referenzstrukturen evaluieren

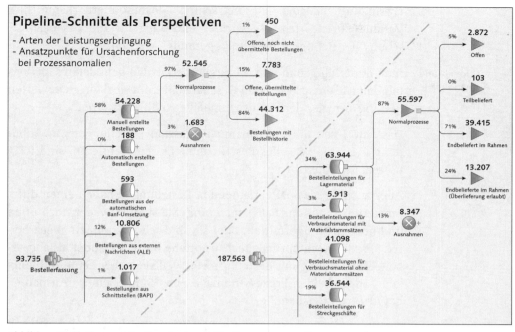

Abbildung 5.18 Prozess-Pipeline-Analyse – Strukturierung der Nutzungsanalyse nach Geschäftsfällen

Kernelement des Analysemodells sind sogenannte *Pipelines*, die einen Teilprozess (Kernprozess, Prozessservice) in seine betriebswirtschaftlichen oder input- und outputorientierten Varianten zerlegen. In unserem Beispiel in Abbildung 5.18 erfolgt der Schnitt sogar innerhalb der Bestellung. Es wird zunächst einmal betrachtet, wie die Bestellerfassung abläuft. Im zweiten Schnitt wird die Bestellabwicklung beobachtet. Die Bestellerfassung wird differenziert nach Erfassungsarten:

▶ Ist die Bestellung manuell oder automatisch erstellt worden?
▶ Hat sie eine Bestellanforderung als Vorgänger?
▶ Kommt sie über ein Fremdsystem oder eine Schnittstelle?

Die Bestellabwicklung wiederum ist betriebswirtschaftlich zerlegt in Szenario-Pipelines, die die Lagermaterialbestellungen, Verbrauchsmaterial oder Streckengeschäfte repräsentieren. Mit diesen unterschiedlichen Perspektiven ist es nun sehr gut möglich, die Leistungs-

Pipeline-Abschnitte und Varianten

erbringung genauer zu betrachten. Insbesondere kann ihre Variationsbreite richtig gewichtet und auch für die Ursachenforschung der richtige Ansatzpunkt gefunden werden.

Normal- und Ausnahmefälle

Jede dieser aufgrund von Variantenmerkmalen gebildeten Pipelines bündelt alle entsprechenden Geschäftsfälle, um sie dann zu bewerten und in Normal- oder in Ausnahmefälle zu differenzieren.

Das heißt, von unseren »manuell erfassten Bestellungen« in Abbildung 5.18, die 58% des Bestellvolumens repräsentieren, sind 97% normal verlaufen.

Aber auch die normal verlaufenden Bestellungen haben einen differenzierten Status zur Fallgruppierung: Sie sind entweder noch offen und noch nicht übermittelt, oder sie sind schon komplett abgearbeitet. Sie sind noch normal, auch als offene Bestellung oder als abgearbeitete Bestellung mit Bestellhistorie, weil sie bisher keine Auffälligkeit oder keine Prozessanomalie im Sinne einer Ausnahme hervorgerufen haben.

So können wir in unserem Beispiel feststellen, dass es für manuell erstellte Bestellungen nur 3% Ausnahmen im Rahmen der Bestellerfassung gibt. Wenn wir allerdings weiterschauen und uns die Bestelleinteilungen für Lagermaterial anschauen, stellen wir dort fest, dass es 13% Ausnahmefälle gibt.

Das heißt, die Erfassungsaktivitäten sehen gut aus, aber weiter hinten im Rahmen der Leistungserbringung scheint sich ein großes Problem mit der Termintreue und Vollständigkeit der Bestellung anzudeuten. Mehr Details zur Ausnahmenanalyse erfahren Sie in Abschnitt 6.3.1.

Aufbau Referenzmodell

Um die Pipeline-Services, wie die Bestellerfassung und die Bestellabwicklung, herum gibt es vor- und nachgelagert, übergeordnet und untergeordnet die notwendigen Strukturelemente, um die Bewertung von Geschäftsvorfällen durchzuführen und sie damit quasi sichtbar zu machen.

Hauptprozesse und Geschäftsprozesse

Die erste Ebene in Abbildung 5.19, die sich in zehn Hauptprozesse wie *Plan*, *Procure* oder *Make* gliedert, orientiert sich etwas am SCOR-Modell[10] mit Abwandlungen, weil sich dies in einem SAP-Kontext unterschiedlich darstellt. Auf der zweiten Ebene kommen die Geschäftsprozesse, die von Anfang bis zum Ende ein Leistungsziel

---

10 Supply-Chain-Operation-Reference-Modell: *http://www.supply-chain.org/*

haben, wie beispielsweise die Lohnbearbeitung, die Fertigungsauftragsabwicklung, aber auch die Bestellabwicklung oder Umlagerungen mit Bestellabwicklung und Lieferung.

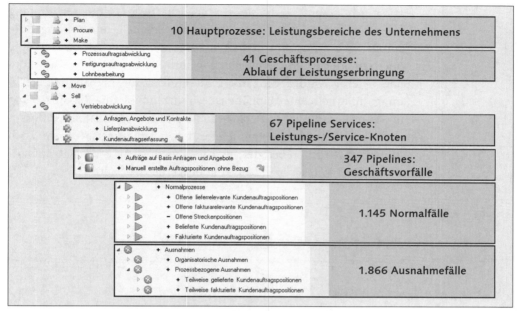

Abbildung 5.19 Ebenen und Umfang des geschäftsfallorientierten Referenzmodells der Prozess-Pipeline-Referenzstruktur (Quelle: IBIS PPA 2010)

Die dritte Ebene sind die sogenannten Pipeline-Services, das heißt, es sind in sich geschlossene Servicebereiche, die eine messbare, nachvollziehbare Teilleistung erbringen. Diese Elemente liegen inhaltlich sehr nah an den zukünftig wohl wichtiger werdenden Servicekomponenten innerhalb der ERP-Anwendung.

Pipeline-Services

SAP nennt inzwischen diese Services in der neuen Lösung SAP Business ByDesign *Prozesskomponenten*, was die Sache softwaretechnisch auch genauer trifft. Es sind unabhängige oder in sich geschlossene Prozessbereiche, die ein nachvollziehbares Leistungsergebnis liefern. Dies bedeutet in der serviceorientierten Welt, dass sie Nachrichten an ihre Nachfolgeprozesskomponente senden und ein definiertes Interaktionsmodell mit diesen Prozesskomponenten haben. Im Bereich der Nutzungsanalyse bedeutet dies, dass Input und Output auch messbar sind. Ihr Ergebnis ist Grundlage für eine Bewertung der Art und der Korrektheit der Nutzung.

Pipelines Innerhalb dieser Pipeline-Services existiert nun eine ganze Reihe von Pipelines, die der anfänglich aufgeführten Eigenheit Rechnung tragen, dass ein Geschäftsprozess in sich völlig unterschiedliche Variantendimensionen aufweisen kann. Die Pipelines bieten einen sehr guten Messrahmen, da sie eine gleichartige Leistungserbringung fokussieren. Fatal wäre es, Aufträge, die manuell, und Aufträge, die automatisch erfasst worden sind, zusammenzuwerfen, da sie völlig unterschiedliche Problemstellungen und Störungen aufweisen können. Dieser Anforderung trägt dieses Nutzungsmessmodell Rechnung. Innerhalb einer Pipeline ist es nun sinnvoll, die Klassifizierung in Normal- und Ausnahmefälle durchzuführen. Normalfälle differenzieren sich am Status einer Lieferung, beispielsweise ob sie noch offen ist oder schon beliefert wurde, aber auch an Prozessablaufvarianten, die an dieser Stelle abgebildet werden können.

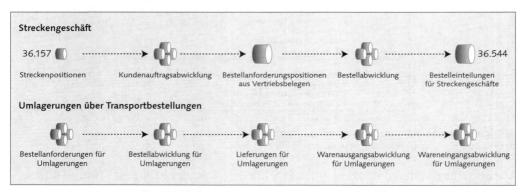

Abbildung 5.20 Verknüpfung von Geschäftsvorfällen über Vorgänger-/Nachfolgebelegbeziehungen (Quelle: IBIS PPA 2010)

Prozessketten Wie Abbildung 5.20 zeigt, ist es auch möglich, die Pipeline in eine Ablaufreihenfolge zu bringen. Dies kann auf Pipeline-Ebene zwischen Streckenpositionen im Kundenauftrag, Bestellanforderung und Bestellung erfolgen oder sich auf die Verkettung der Pipeline-Services beschränken. Die Komposition dieser Ketten kann unternehmensspezifisch variieren und ist abhängig vom Schwerpunkt des Prozessflusses. Die Verfolgung von Geschäftsvorfällen ist entweder durchgängig über mehrere Stufen möglich, oder der sinnvolle Bezug geht an Entkopplungspunkten verloren. Die Frage, wie ein Kundenauftrag erfasst wurde, ist spätestens nach der Lieferung irrelevant.

Die Ausnahmefälle basieren auf der gleichen Grundgesamtheit der Geschäftsvorfälle einer Pipeline und versuchen, organisatorische, prozess- oder zeitbezogene Ausnahmen herauszufinden und zu bewerten. Eine Nutzungsanalysestruktur darf an dieser Stelle allerdings nicht aufhören, sie muss weitergehen und kann hinter jeder Geschäftsfallkategorie den gleichen Profilierungs-Datensatz an Informationen mitliefern, die aus den bisher aufgeführten Nutzungsanalysemodellen bereits bekannt sind. Das heißt, für die Geschäftsvorfälle können auch weitere Attribute analysiert werden: Customizing-Einstellungen, Stammdatenbezug, Anwender- oder Organisationskriterien. Diese dienen, neben sonstigen Attributen, die im Einzelfall von Interesse sind, zur Ursachenforschung, aber auch zur Differenzierung des Analyseergebnisses. Es kann aus Gründen der speziellen Prozessabwicklung die Anforderung geben, beispielsweise Bestellabwicklungen nach Warengruppen zu differenzieren oder eine bestimmte Organisationseinheit zu verfolgen, wie innerhalb des Unternehmens deren Prozesse und Geschäftsvorfälle ablaufen. Dazu gibt es verschiedene analytische Ansatzpunkte, die das Prozessmodell für eine Fallverfolgung leisten können muss.

Profilierung der Ausnahmefälle

Die unterste Stufe der Geschäftsfallverfolgung ist der Einzelbeleg. Hier ist allerdings davon abzuraten, alle Einzelbelege im Rahmen einer Analytik zu extrahieren, da das Datenvolumen langfristig nicht handhabbar ist. Ganz abgesehen davon, ist es auch nur sinnvoll, die Einzelbelege der Ausnahmefälle zu identifizieren – und dann auch nur solche, die in einer langfristigen Betrachtung von Interesse sein können, um besondere Konstellationen in diesen Einzelbelegen nachvollziehen zu können.

Einzelbeleg

Selbstverständlich kann eine Prozessanalytik auf dieser Ebene auch für Monitoring-Zwecke eingesetzt werden. Sie bezieht sich dann auf kürzere Perioden, um auch noch anhand der erkannten Ausnahmenmuster eine Reaktion abzuleiten. Diese Vorgehensweise des Prozess-Monitorings kann auf der Grundlage des gleichen Modells erfolgen, sollte allerdings für ganz spezielle Inhalte eine Teilauskopplung bieten oder aber auf einer Werkzeugplattform realisiert werden, die wie SAP NetWeaver BW die entsprechenden Durchgriffsmöglichkeiten auch in die operative Analyse bietet (siehe Abschnitt 8.5).

5 | Gestaltungsmöglichkeiten identifizieren – Nutzung strukturieren

Der Zeitfaktor

Ankerpunkt Erstellungsdatum

Die Geschäftsfallanalyse verlangt ein einheitliches zeitliches Paradigma, das aufgrund mehrerer Möglichkeiten unterschiedlich definiert werden könnte. Im Prinzip kann als zeitlicher Anker irgendein Datumsfeld herangezogen werden. Sinnvollerweise ist es allerdings das Erstellungsdatum, da es in nahezu allen Geschäftsvorfällen in ähnlicher Form vorkommt und unveränderlich vorliegt. Nur in wenigen Ausnahmefällen, zum Beispiel bei Rahmenverträgen, ist ein Gültigkeitsdatum als Alternative sinnvoll, da diese Belege mehr einen Stammdatencharakter haben. Wenn wir das Erstellungsdatum zum Beispiel für einen Analysezeitraum von drei Monaten zugrunde legen, erhalten wir als Analyseumfang die Daten von allen Geschäftsvorfällen, die innerhalb dieser drei Monate entstanden sind. Wie in Abbildung 5.21 dargestellt, haben wir solche Geschäftsvorfälle, die innerhalb dieser drei Monate vollständig abgewickelt wurden, wir haben aber auch Geschäftsvorfälle, die andauern und sich in einem Zwischenstatus zum Zeitpunkt der Analyse befinden. Der Abstand zwischen dem Analysezeitpunkt und dem Ende des Analysezeitraums bestimmt die Anzahl dieser im offenen Zustand befindlichen Geschäftsvorfälle. Er beeinflusst aber letztlich nicht das Ergebnis, da er nur das Verhältnis von offenen zu geschlossenen Geschäftsvorfällen verändert, das über den Zeitfaktor normalisiert werden kann.

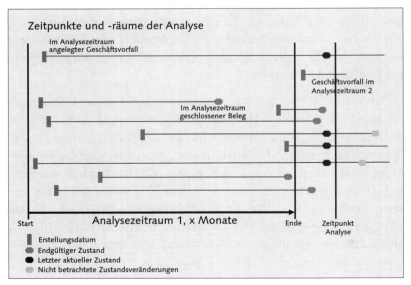

Abbildung 5.21 Zeitfaktoren der Geschäftsfallanalyse

Die einzige Einschränkung, die die Analyse in diesem Zusammenhang bietet, ist das Prinzip des letzten aktuellen Status eines Geschäftsvorfalls, das untersucht wird. Im Fall geschlossener Geschäftsvorfälle sehen wir in einer Bewertung nur den endgültigen Status eines Geschäftsvorfalls. Das heißt, wir wissen zunächst einmal nicht, welche Zwischenstatus dieser Geschäftsvorfall durchlaufen hat. Wurde er zwischendurch gesperrt oder mehrfach geändert? Diese Information liegt anfänglich nicht vor, während sich für Geschäftsvorfälle, die noch nicht abgearbeitet sind, die Status für Sperren oder Unvollständigkeiten nachvollziehen lassen. In dieser Grundform der Geschäftsfallanalyse betrachten wir eine Reihe von Zustandsänderungen zunächst nicht. Wir interessieren uns für den letzten und für den aktuellen Status eines Geschäftsvorfalls. Damit ist statistisch selbstverständlich die Möglichkeit gegeben, die aktuellen Status auch auf die Geschäftsvorfälle der Vergangenheit hochzurechnen. Umgekehrt bestimmt der Ausführungszeitpunkt der Analyse das Verhältnis von offenen und geschlossenen Fällen bzw. verschiebt den Anteil.

Analysezeitpunkt und letzter Status

Wir wissen auch nicht, wie ein Geschäftsvorfall in der Zukunft weiter abgewickelt wird. Wer diese zeitlichen Einschränkungen variieren will, hat mehrere Möglichkeiten. Grundsätzlich ist der Ausgangspunkt, den Analysezeitraum von drei Monaten kontinuierlich über das Jahr hinweg einzuhalten. Durch eine Überlappung des Analysezeitraums von einem Monat erhalten Sie auch für die Geschäftsvorfälle, die im letzten Monat der Voranalyse entstanden sind, Informationen über ihre Abarbeitung. Damit ist sichergestellt, dass fast alle Geschäftsvorfälle, die über das Jahr hinweg entstanden sind, abschließend bewertet werden.

Rollierende Analyse

Eine zusätzliche Analytik könnte die Zustandsveränderungen speziell bewerten, um statistisch gegenzuprüfen, ob in bestimmten Bereichen und Zeiträumen die hochgerechneten Änderungen auch zutreffen oder eben nicht. Die Änderungsanalyse von Geschäftsvorfällen konzentriert sich deswegen ausschließlich auf die Frage, wie oft bestimmte Zustandsänderungen im Lebenszyklus eines Geschäftsvorfalls stattfanden, z. B.: Wie oft wurde eine Sperre geändert? Gab es besondere Änderungen wie Liefer- oder Fakturasperren? Wie viele Geschäftsvorfälle wurden nicht geändert und sind deswegen sehr effizient durchgelaufen?

Dynamische Änderungsanalyse

Auch für den organisatorischen Wandel vor und nach Restrukturierungen können analytische Vertiefungen über die Änderung des Zeitfaktors vorgenommen werden.

5.1.4 Business-IT-Strukturen

In den bisherigen Abschnitten zu Referenzstrukturen wurde deutlich, dass eine Struktur bzw. ein Strukturmodell eine bestimmte Aufgabenstellung hat. Der Zweck von Business-IT-Strukturen ist es, eine Übersetzung der Anforderungen eines Fachbereichs hin zur IT-Abteilung, insbesondere zur Benutzerbetreuung und zum Support, zu leisten. Auf dem umgekehrten Weg sind Strukturen, die der Support kennt, die Grundlage für betriebswirtschaftliches Re-Design oder Änderungsaktivitäten. Das heißt, Business-IT-Strukturen müssen in beide Richtungen verständlich und übersetzbar sein. Sie sind Grundlage und Ergebnis des Business IT Alignments.

BPR-Struktur für IT-Anwendungsmanagement

Wie in Abschnitt 5.1.1 am Beispiel der Struktur des SAP Solution Manager dargestellt wird, bezieht sich das Business Process Repository (BPR) des SAP-Systems primär auf die Ebene des Prozesses und der Prozessschritte, die insbesondere die Abläufe der Software aus Benutzersicht repräsentieren. Durch die Zuordnung der entsprechenden Transaktionen, Reports und anderen Elemente, die die SAP-Software repräsentieren, erlaubt es eine ausgeprägte BPR-Struktur, das Anwendungsmanagement mit einer Grundlage für seine Aktivitäten auszustatten. Diese können sein: Benutzerbetreuungsaktivitäten, Fragen zu Problemen im Prozess, aber auch Änderungen im Rahmen des Upgrades und des Supports nachzuvollziehen, zu testen oder auch erweiterte Funktionalitäten des Solution Manager – wie das Schnittstellen-Monitoring – einzusetzen.

Softwarenähe und Übersetzbarkeit

Kennzeichen einer IT-Struktur sind die »Softwarenähe« und eine technische Übersetzbarkeit:

▶ Die *Softwarenähe* muss sich dadurch ausdrücken, dass nur solche Elemente verwendet werden, die innerhalb der SAP-Software bekannt sind – mit einer Ausnahme, nämlich wenn es sich um Schnittstellen zu Fremdsystemen handelt.

▶ Technische *Übersetzbarkeit* bedeutet, dass hinter jedem betriebswirtschaftlich dargestellten Element wie Prozess oder Prozessschritt die technischen Elemente stehen müssen, die die Support-Abteilung identifizieren, bearbeiten und untersuchen kann.

Ein Prozess muss SAP-Transaktionen kennen, die in diesem Prozess ausgeführt werden. Darüber hinaus haben die Prozessschritte Informationen über spezielle Verwendungen dieser Transaktionen. Problematisch ist in diesem Zusammenhang immer, wenn manuelle Zwischenschritte eingebaut werden oder ein unbekannter Prozessschritt, der nicht gegen die Software definiert ist, dargestellt wird. Auch dieses Problem ist in der aktuellen BPR-Struktur evident und muss vom Anwender umgangen oder übersetzt werden. So kann er z. B. entscheiden, nur wirklich eindeutig technisch nachvollziehbare Objekte auch in eine Support-Struktur zu überführen.

Business-Strukturen auf der anderen Seite sind in ihren unterschiedlichen Ausprägungen oder Darstellungsabsichten wesentlich vielfältiger als die durch ihre Softwarenähe stärker festgelegten IT-Strukturen. Ein betriebswirtschaftliches Modell kann einen Prozess darstellen, aber auch ein Funktions- oder Stammdatenmodell bis hin zu einem Organisationsmodell sein. Bei einem Prozessmodell ist der Hauptunterschied, dass ein betriebswirtschaftlicher Designer sich nicht nur auf Aktivitäten und Schritte innerhalb der Software festlegen darf, sondern die gesamtbetriebswirtschaftliche Perspektive einnehmen muss.

Business-Strukturen

Für ihn sind manuelle Aktivitäten, Entscheidungen, die im organisatorischen Prozess getroffen werden müssen, oder Abstimmungen mit anderen Bereichen, die außerhalb der Software stattfinden, genauso wichtig und entscheidend wie die Schritte innerhalb eines SAP-Systems. Wenn es sich um einen übergreifenden Prozess handelt, wird deutlich, dass alles, was außerhalb auch jenseits der Schnittstellen des SAP-Systems abläuft, nur klar abgegrenzt einer IT-Abteilung übergeben werden kann, die für den Support des SAP-Systems verantwortlich ist.

Jenseits des SAP-Systems

Betriebswirtschaftliche Darstellungen und Modelle beinhalten noch stärker die Problematik des Variantenreichtums. In einem Unternehmen existiert nicht nur ein organisatorischer Ablauf für die Kundenauftragsabwicklung oder Bestellabwicklung, sondern es existieren, je nach Produkten, Leistungserstellungsprozess, regionalen Besonderheiten oder sonstigen Kriterien, völlig unterschiedliche Ablaufvarianten der Geschäftsprozesse, die teilweise auch nicht im SAP-System, sondern nur organisatorisch nachvollziehbar sind.

Betriebswirtschaftliche Prozessvarianten

5 | Gestaltungsmöglichkeiten identifizieren – Nutzung strukturieren

Länge eines Geschäftsprozesses

Ein weiteres Problem betriebswirtschaftlicher Modellierung kann die Länge eines Geschäftsprozesses sein, um eine vollständige Leistungserbringung betriebswirtschaftlich darzustellen. So stellt sich die Frage, ob die vollständige Leistung schon durch die Erfassung eines Kundenauftrags als Prozess definiert ist oder ob eine Leistung erst durch Kundenauftrag, Lieferung und Faktura erbracht ist. Das heißt, die Länge (selten die Reihenfolge) eines Prozesses kann sich massiv unterschieden.

Uneinheitliche Modellierung

Ganz schwierig wird es, wenn in unterschiedlichen Unternehmensbereichen und Projekten sowohl die Variantenproblematik als auch die Länge eines Prozesses unterschiedlich gehandhabt wird. Dies macht es insgesamt für die betriebswirtschaftliche Modellierung unmöglich, ein konsistentes Gesamtmodell in analoger Granularität zu erstellen und in IT-Strukturen umzusetzen. Der andere Extremfall, der auftreten kann, ist, dass betriebswirtschaftliche Modelle nur für ausgewählte Problemstellungen existieren. Das heißt, sie sind unvollständig bezüglich der IT-Struktur und müssen durch existierende IT-Modelle ersetzt oder ergänzt werden.

Content Governance

Die Lösung für diese Problematik setzt deswegen eine übergreifende *Content Governance* zwischen IT und Fachbereich voraus. Was heißt das?

- Zunächst einmal kann es kein einheitliches Gesamtmodell für beide geben. Allerdings können beide Zielgruppen sich erfahrungsgemäß auf die ersten drei Ebenen der Struktur einigen und dort ein gemeinsames Unternehmens-Strukturmodell definieren.
- Der zweite Aspekt ist, dass die Terminologie vereinheitlicht werden muss, um nicht schon auf den oberen Ebenen von unterschiedlichen Sachverhalten zu reden oder durch abweichende Begrifflichkeiten von Anfang an eine unterschiedliche Granularität zu verursachen.

Strukturvorschlag Hauptprozessbereich Ebene 1

Abbildung 5.22 zeigt einen Lösungsansatz. Die ersten drei Ebenen können durchaus businessgetrieben sein. Auf der ersten Ebene sind die Unternehmensstruktur, die Eigentümlichkeiten und die Hauptgeschäftsprozesse des Unternehmens etabliert. Zum Beispiel bietet das Prozess-Pipeline-Modell mit seinen Hauptprozessbereichen *Plan*, *Procure*, *Make* und *Move* einen guten Ansatzpunkt für Ebene 1.

Auf der zweiten Ebene können dann die Geschäftsprozesse folgen, die in ihrer Richtung und ihrem Leistungsziel eine Zusammenstellung mehrerer Teilprozesse beinhalten, wie z. B. Reklamationsabwicklung oder Vertriebsabwicklung: Es ist durchaus möglich, grundsätzlich unterschiedliche Abläufe in der Vertriebsabwicklung zu zwei Geschäftsprozessen auf Ebene 2 aufzuteilen oder aber länderspezifische Geschäftsprozesse hier auf dieser Ebene auszuprägen. Entscheidend ist nur, dass die Abläufe sich massiv unterscheiden oder die Richtung des Geschäftsprozesses einen Unterschied macht.

Geschäftsprozesse auf Ebene 2

Eine elegante Lösung für die Granularität der letzten betriebswirtschaftlichen Ebene 3 bieten sogenannte *Services*, wie die im letzten Abschnitt dargestellten Pipeline-Services. Etwas allgemeiner ausgedrückt, handelt sind es sich dabei um unabhängige Leistungsbereiche innerhalb eines Geschäftsprozesses, wie die Erfassung oder die Abwicklung eines Auftrags, die sich jeweils durch ihre Input-Output-Beziehung abgrenzen und unterscheiden. Serviceorientierte Softwaresysteme folgen dieser Modularisierung, insbesondere deswegen, weil zwischen diesen einzelnen Bereichen ein klar definierter Austausch von Zuständen, Nachrichten und Daten stattfindet. Für die betriebswirtschaftlichen Strukturierungen ist dies deswegen auch ein hilfreiches Instrumentarium, das übergreifend verwendbar ist. Alternative Bezeichnungen sind *Teilprozess* oder *Kernprozess*.

Leistungsbereiche auf Ebene 3

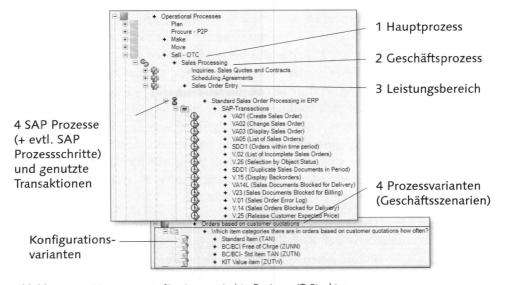

Abbildung 5.22 Lösungsansatz für eine gemischte Business-IT-Struktur

Softwarenahe Perspektiven auf Ebene 4

Ab der vierten Ebene dominiert nun die softwarenahe Strukturierung. Alle Elemente müssen mit der Software zu tun haben. Das heißt, in unserem Beispiel wird die Kundenauftragserfassung aufgerissen in folgende Perspektiven:

- Die Perspektive *Anwendungsmanagement* mit dem Prozess *Kundenauftragsabwicklung in SAP ERP*, den das Business Process Repository des Solution Manager zur Verfügung stellt, zeigt eine ablauforientierte Struktur mit den ausführbaren Transaktionen als Inhalt. Eine weitere Vertiefungsoption bieten hier die Prozessschritte aus dem Repository an.

- In der zweiten Perspektive tauchen die *betriebswirtschaftlichen Prozessvarianten* der Kundenauftragserfassung auf, die innerhalb des Unternehmens ausgeführt werden: Hier ist es die Pipeline *Aufträge mit Bezug zu Angeboten*. Diese wiederum könnten mit den *Konfigurationsvarianten* auf Basis genutzter Customizing-Objekte weiter vertieft werden. Im Beispiel in Abbildung 5.22 sind es die Positionstypen, die die Varianten und die Unterschiede zwischen den einzelnen Kundenauftragsabwicklungsformen darstellen.

Auch weitere Perspektiven sind denkbar, z. B. für Organisationsbereiche. Ähnlich wie bei der BPR-Struktur ist die Evaluierbarkeit für eine Nutzungsanalyse erst auf dieser Ebene erreichbar, da erst hier Softwareelemente verwendet werden.

Designprinzipien

Das Anwenderunternehmen muss die Qualität und gleichmäßige Detaillierung dieser Strukturen kontinuierlich kontrollieren. Ein Gremium, in dem Expertise aus beiden Bereichen sitzt, muss für die Einhaltung dieser Content-Governance-Designprinzipien verantwortlich sein. Nur so wird sichergestellt, dass die Übersetzung in beide Richtungen möglich bleibt. Auch bleibt man nur auf diese Weise fähig, Messkonzepte und eine Qualitätssicherung des Systems und der Abläufe miteinander in Einklang zu bringen. Ähnliche Business-IT-Strukturen sollten dann allerdings nicht nur für SAP-Systeme, sondern auch für alle relevanten integrierte Fremdsysteme oder Eigenentwicklungen nachvollzogen werden.

Strukturumfang

Der Umfang und die Tiefe der Business-IT-Strukturen passen sich »natürlich« der Komplexität eines Unternehmens an. Mittelständische Unternehmen kommen mit relativ wenigen Strukturknoten und kleinen Strukturtiefen aus, die insgesamt die Anzahl von 1.500 nicht zu weit überschreiten sollten, während Großunternehmen mit ihren vielen Prozessvarianten und ihren landestypischen Ausprägungen durchaus auf 5.000 Strukturelemente mit allen Varianten kommen können. Alles, was darüber hinausgeht, erscheint als zu umfangreich bzw. zu detailliert ausgeprägt. Der tooltechnische Aspekt bei Business-IT-Strukturen ist ebenfalls zweitrangig. Letztlich muss das Unternehmen seine Strukturen wie Business und IT miteinander verbinden und in einer eigenen unabhängigen Datenbasis bzw. mehreren Tools halten können. Es macht selbstverständlich Sinn, mit einem Tool zum Business Process Modeling die betriebswirtschaftlichen Änderungen zu initiieren und voranzutreiben. Es ist ebenfalls unerlässlich, den IT-Teilaspekt auf einer softwarenahen Ebene wie dem SAP Solution Manager zu verfolgen. Letztlich muss allerdings das Unternehmen im Besitz dieser Strukturen sein und darf dies nicht einem Softwarehersteller bzw. einem Modellierungstoolansatz übergeben. Inhalte müssen hier eindeutig die Werkzeuge dominieren.

5.2 SAP-Nutzung bewerten

Gestaltungen müssen sich auch von der Wirtschaftlichkeit her rechtfertigen. Hier spielt der Nutzungsgrad eine wichtige Rolle, insbesondere wenn gegen einen Planwert abgeglichen werden kann. Gestaltungen, die nicht verwendet werden, sind nutzlos, erst durch die Nutzung werden veränderte Prozessabläufe oder Stammdaten mit Steuerungsfunktionen zum Leben erweckt und ihre Potenziale ausgeschöpft.

Kosten und Nutzen

Zwei Perspektiven sind für eine Bewertung der IT-Nutzung üblicherweise möglich und notwendig: zum einen die entstandenen Kosten, die meist nach einem Umlageverfahren auf die Leistungsempfänger verteilt werden sollen, zum anderen der Nutzen und die messbare Leistung, die eine SAP-Anwendung erbringt. Sie sollen als Nachweis für die erfolgreiche und wirtschaftliche Einführung und Verwendung der SAP-Software dienen können. Das Problem beider Bewertungsperspektiven in der üblichen Verwendung ist ihre mangelnde oder falsch ausgerichtete Gestaltungsorientierung. Anders ausgedrückt: Schlechte Bewertungsmodelle führen zu schlechten Gestaltungen. Deswegen ist es gerade hier notwendig, dass sich Fachabteilung und IT mit ihren Controllern zusammensetzen und den richtigen Weg bestimmen, um den ROI zu erhöhen und gleichzeitig eine bessere Nutzung und Gestaltung des SAP-Systems zu ermöglichen.[11]

5.2.1 Kosten skalieren

Kostenumlage nach Ressourcenverbrauch

Bei der Kostenumlage stellen klassische Ansätze den Ressourcenverbrauch z. B. anhand der CPU-Leistung[12] oder der Antwortzeit in den Vordergrund und ermitteln einen Kostenfaktor pro Zeiteinheit x Verbrauch.

> **In unserem Bespiel beträgt der ermittelte Kostenfaktor SAP-Kosten pro Zeiteinheit 3 €**
>
> Der dreimalige Aufruf einer *Transaktion ZY24* im Analysemonat kostet dann z. B.: 3 € Kostenfaktor pro Zeiteinheit x 20 Zeiteinheiten x 3 Aufrufe = 180 €.
>
> Der 290-malige Aufruf eines *Reports YA45* im Analysemonat kostet dann: 3 € Kostenfaktor pro Zeiteinheit x 35 Zeiteinheiten x 290 Aufrufe = 30.450 €.

Laufende Kosten versus Amortisation des Investments

Auf den ersten Blick scheint die Transaktion ZY24 deutlich kostengünstiger zu sein als der wesentlich teurere Report YA45. Offensichtlich sollte man sich hüten, eine Transaktion oder einen Report zu oft auszuführen. Der kostenbewusst agierende Mitarbeiter vermeidet demnach eine weitere Nutzung! Der Preis pro Aufruf von 60 € für die Transaktion und 70 € für den Report suggeriert, dass eine häufigere Nutzung die laufenden Kosten erhöht, was allerdings nicht die Wahrheit ist.

Die korrekte Fragestellung wäre, wie oft der Report denn ausgeführt werden sollte, um sich zu amortisieren. Denn bei einem kundenindividuellen Report wurde viel Geld in die Entwicklung investiert, weil man sich von der anforderungsgerechten Anwendung einen Nutzen versprochen hatte. Wenn der Nutzungsplanwert für die Transaktion ZY24 bei 50 pro Monat läge und beim Report YA45 bei 300-mal pro Monat, sähe die Bewertung ganz anders aus. Die Transaktion wurde

---

11 Forderungen dieser Art werden auch von ITIL-orientierten Leitfäden aufgestellt. Vgl. [Olbr08], S. 115ff. Das hier entwickelte Konzept versucht die dort addressierten Forderungen auch zu lösen.

12 Die CPU-Leistung liegt in einer SAP-Landschaft auf dem Applikationsserver, der nur einen relativ geringen Anteil an den Gesamtkosten verursacht: 7 %. Quelle: VMS – siehe unter *http://www.vms.net/content/leistungen/anwendungsgebiete/ leistungsverrechnung/index_ger.html*. Seitenaufruf am 22.5.2010.

demnach viel zu wenig und der Report fast wie geplant in Anspruch genommen. Bis zu dem geplanten Zielwert ist die Ausführung wünschenswert und darf nicht bestraft werden, sonst können sich die investierten Entwicklungskosten nicht amortisieren.

Kosten richtig verteilen

Die Erhöhung der CPU-Leistung oder die Verbesserung der Performance der Hardware sind vergleichsweise geringe variable und auch immer weiter fallende Kostenfaktoren. Der Grund, warum sie oft zur Leistungsverrechnung herangezogen werden, ist: Sie sind recht einfach messbar. Ein ähnliches Paradoxon gibt es beim Wasserverbrauch, auch dort führt die Preisfindung nach Verbrauch zu einer »Sparwut« und gleichzeitig zu immer höheren Preisen, weil die Kosten durch den geringeren Verbrauch kaum sinken. Manche Wasserversorger spülen hin und wieder ihre Rohre durch, da der geringe Durchsatz Probleme macht. Mit viel Mühe können vielleicht 10 % der Gesamtkosten eines SAP-Betriebs als variable laufende Kosten angesehen werden:

10 % variable Kosten

▶ Verbrauchsmaterialien
▶ Energie- und Infrastruktur-Ressourcen bei »skalierbarer« Hardware (wobei ein SAP-System selten abgeschaltet werden kann)
▶ spezielle Lizenzkosten bei Sondervereinbarungen
▶ Administrationsaufwand

Denn die wichtigsten Kostentreiber mit circa 60 % sind kalkulatorisch abzuschreibende Investitionskosten und nutzungsunabhängige Fixkosten[13], die durch die Einführung, Adaption, Bereitstellung und Wartung eines SAP-Systems schon entstanden sind bzw. ohnehin entstehen:

60 % sind Bereitstellungskosten

---

13 Der Wert wird auch gestützt durch die Preismodelle von Cloud-Computing-Anbietern von SAP-Demosystemen (siehe *http://www.sapcloudcomputing.com*. Seitenaufruf am 22.5.2010). Auch dort entfallen bei einer nahezu kontinuierlichen Nutzung von 200 Tagen à acht Stunden fast 48 % der Kosten auf die Bereitstellung. Bei mehr Usern sinkt zwar der Anteil, allerdings fehlen auch Dienstleistungen wie Betreuung oder Einführung, da es sich um die Bereitstellung von nicht-produktiven Systemen handelt.

- vertraglich festgelegte fixe Lizenzkosten
- Kosten für das Einführungsprojekt
- Kosten für Eigenentwicklungen
- Kosten für Änderungen
- Kosten für Upgrades
- generelle Betriebs- und Betreuungskosten

Wenn man sie verrechnen möchte, lassen sich die »Bereitstellungskosten« einem Geschäftsprozess oder Fachbereich organisatorisch zuordnen. Sie verhalten sich wie teure Maschinen in einer Produktionslinie, die kundenindividuell konfiguriert und montiert worden ist. Einsparungen sind hier nur anfänglich und zyklisch möglich, durch eine effiziente Einführungsprojektierung und das richtige Skalieren der Kapazitäten – dazu später mehr.

30 % sind nutzerabhängige Kosten

Auch bei der viel praktizierten User-bezogenen Abrechnung gibt es ein Problem, denn wenn der Benutzer im System angelegt ist, verhalten sich die nutzerabhängigen Einzelkosten, die mit circa 30 %[14] anzusetzen sind, sofort wie Fixkosten:

- zusätzliche Lizenzkosten pro User
- Administration, Betriebs- und Betreuungskosten pro User
- Client-Infrastruktur pro User

Nichtnutzungskosten

So kann die Verhaltensbeeinflussung durch verbrauchs- oder benutzerbezogene IT-Preismodelle fatale Folgen haben. Sie motivieren zu einer geringeren Nutzung oder/und weniger Nutzern für das aufwendig eingeführte SAP-System. Durch diese Fehlsteuerung können weitere, sogenannte *Nichtnutzungskosten* entstehen:

- erhöhter Bearbeitungsaufwand durch manuelle Abwicklung
- Einsatz und Pflege von Zusatzlösungen wie Excel

---

14 Die 30 % basieren auf der Ableitung, dass für einen Zeitraum von fünf Jahren auf die Betriebskosten 35 % entfallen. Da laut TCO-Modell der SAP alle Projekt-, Hard- und Softwarekosten ausgenommen sind, handelt es sich kaum um Bereitstellungskosten, sondern größtenteils um benutzerbezogene Aufgaben wie Support und Administration. Siehe: *www.sap.com/germany/media/mc_401/50074128.pdf*. Seitenaufruf am 22.5.2010.

- Informationsdefizite bei potenziellen Anwendern ohne Systemzugang
- entgangene Umsätze durch Verspätungen oder Abwicklungsfehler

Die Konsequenzen daraus für eine sachgerechte Kostenverteilung und Leistungsverrechnung sind:

1. Zu 60 % bis 70 % sollte die Leistungsverrechnung über einen Bereitstellungspreis von Leistungskapazitäten für einen Geschäftsbereich oder -prozess bis zu einem bestimmten Nutzungslevel erfolgen. Das bedeutet, dass für bestimmte Gruppen von Transaktionen, Reports, aber auch für Stammdaten- und Belegvolumina »wünschenswerte« Soll-Nutzungszahlen festgelegt und eingepreist werden müssen. Dies wäre dann eine Flatrate mit einer Kapazitätsobergrenze.

2. 30 % der Kosten skalieren anwenderbezogen, wenn sich das Verhalten des Anwenders ebenfalls in definierten »normalen« Bahnen bewegt. Auch hier macht es Sinn, ein wünschenswertes Verhalten einzupreisen und zusätzliche teure Anwendertypen bei Bedarf zu definieren.

3. Der zehnprozentige Verbrauchsaspekt sollte erst dann als Aufschlag einbezogen werden, wenn vereinbarte Zielwerte deutlich überschritten werden. Ähnlich wie bei einem Auto-Leasing-Vertrag könnte auch eine Mehr-CPU-Regelung aussehen, insbesondere wenn die Toleranz- und Grenzwerte richtig gesetzt werden. Denn eine Überschreitung wäre nur dann ein Problem, wenn Engpässe entstehen oder sprungfixe Erweiterungsinvestitionen fällig werden würden.

Folgt man diesen drei Kostenkomponenten, lassen sich die Bereitstellungskosten auf 20 bis 50 Geschäftsprozesse und Stammdatenbereiche verteilen, um sie dann auf die jeweiligen nutzenden Organisationen umzulegen. Die Organisationen können die generellen Bereitstellungskosten anteilig oder über einen Kapazitätswert umgelegt erhalten. Ob die Kapazität dann ausgenutzt wird oder nicht, bleibt der Organisation überlassen. Lediglich eine deutliche Überschreitung von mehr als 10 % sollte zu Zusatzkosten führen. Auf diesem Weg wird die geplante Nutzung nicht sanktioniert, und wer die Kapazität zu niedrig bucht und plant, muss mehr zahlen.

Bereitstellungskosten verteilen

Adaptionen verrechnen

Eine ganz entscheidende Komponente sind die Bereitstellungskosten aufgrund von Sonderanforderungen der Bereiche, die durch spezielle Projektkosten für Adaptionen wie Anpassungen, Änderungen und Eigenentwicklungen angefallen sind. Sie müssen als »kalkulatorische Kosten« wie Abschreibungen auf die Nutzungsdauer, die Prozesse und anfordernden Bereiche zusätzlich umgelegt werden. Auf diesem Weg werden mit einigen einfachen Methoden aus der Kostenrechnung die richtigen Verhaltensweisen gefördert: Kapazitäten nutzen und Adaptionskosten gering halten.

Bereitstellungskosten Geschäftsprozess p. a.	Nutzende Organisation	Bereitstellungskosten Sonderanforderungen p. a.	Leistungspreis p. a.
Materialbeschaffung 50 T€ Kapazität 30.000 Einkaufsbelege	Unternehmensbereich 1 Kapazität 20 %	Anpassungen 20 T€ Eigenentwicklungen 30 T€	50 T€ x 20 % + 20 T€ + 30 T€ = **60 T€**
	Unternehmensbereich 2 Kapazität 30 %	Anpassungen 10 T€	50 T€ x 30 % +10 T€ = **25 T€**
	Unternehmensbereich 3 Kapazität 50 %	Anpassungen 5 T€	50 T€ x 50 % + 5 T€ = **30 T€**

Tabelle 5.5 Bereitstellungskosten auf Geschäftsprozesse und Organisationen verteilen

Im dargestellten Beispiel in Tabelle 5.4 geht es um Bereitstellungskosten von 115 T€, die auf den Geschäftsprozess Materialbeschaffung jährlich entfallen. Davon sind 50 T€ generelle Lizenz-, Betriebs- und Betreuungskosten, 35 T€ sind die Wartungskosten für Anpassungen, und weitere 30 T€ entfallen auf die kalkulierten jährlichen Kosten für Eigenentwicklungen. Der Effekt ist offensichtlich der, dass der Unternehmensbereich 2 aufgrund geringer Anpassungen deutlich weniger zahlt als der Unternehmensbereich 1, der sehr viele wartungsintensive Anpassungen und Eigenentwicklungen hat. Am besten fährt der Unternehmensbereich 3, den eine Bestellung nur 2 € kostet, weil er sehr standardnah geblieben ist.

Für alle Bereiche kommt noch die Umlage der User-bezogenen Kosten dazu. Hier können zwei bis drei Kategorien gebildet werden, sodass sich je nach Benutzertyp (siehe unten) unterschiedliche Preise ergeben sollten.

Geht man davon aus, dass ein Anwender im System als Benutzer bereits angelegt wurde, verbleiben von den anwenderbezogenen Gesamtkosten der Betreuungs- und Support-Aufwand über die Service Level als skalierbar. Sowohl in Phasen der Reorganisation als auch in Zeiten der wirtschaftlichen Expansion oder Rezession sind die IT- und Fachabteilung mit der Frage konfrontiert, wie Betriebs- und Betreuungskosten der Mitarbeiter bestimmt und reduziert werden können. Diese Frage kann beantwortet werden, wenn die SAP-Anwender in »teure«, »normale« oder »kostengünstige« Mitarbeiter in Bezug auf die Betriebs- und Betreuungskosten eingestuft werden können.

Anwenderkategorien

Erhöhte anwenderbezogene Betriebs- und Betreuungskosten werden bestimmt durch:

Skalierungsfaktoren

- die Anzahl der *SAP-Systeme*, für die der Anwender einen gültigen Benutzer hat
- die Vielzahl an *Anwendungskomponenten*, die ein solcher Mitarbeiter nutzt
- die Anzahl der Länder, wenn ein Mitarbeiter *international* agiert
- den Umfang an Prozessvarianten, die für den Anwender *kundenindividuell angepasst* wurden
- die Anzahl der *Eigenentwicklungen* und Schnittstellen, mit denen er arbeitet

Der Anwender bestimmt mit diesen Faktoren die Betriebskosten. Wenn man auf dieser Grundlage davon ausgehen kann, dass die durch Art und Anzahl der Anwender beeinflussten Betriebskosten circa 30 % ausmachen, wird deutlich, dass viele »teure« Anwender die Kalkulation massiv ins Schwanken bringen können. Viele Krankenkassen kennen ein ähnliches Problem.

> **Eine Skalierungsplanung für Anwenderkategorien kann beispielsweise auf folgender Grundlage durchgeführt werden:**
>
> Normale Anwender im System:
> - sind in zwei Anwendungskomponenten aktiv
> - verwenden nur intensiv genutzte Prozessvarianten
> - arbeiten mit der Länderversion »Deutschland«
> = Kostenfaktor 1

5 | Gestaltungsmöglichkeiten identifizieren – Nutzung strukturieren

> Teure Anwender auf dem System sind gekennzeichnet durch:
> - pro weitere aktive Komponenten: Kostenfaktor = 0,25
> - pro weiteres aktives Paket mit Kundenerweiterungen: Kostenfaktor = 0,5
> - pro weitere nicht intensiv genutzte Prozessvariante: Kostenfaktor = 0,1
> - pro weitere länderspezifische Aktivität: Kostenfaktor = 0,25

All diese Faktoren stehen in direktem Zusammenhang mit dem Umfang der Wartung und des Supports für den Anwender eines SAP-Systems. Diese Kosten können sich schnell potenzieren. Teure, »progressive« Anwender sind durch ihre vielfältigen Anforderungen gekennzeichnet. Ihre operativen Kosten können nur dadurch reduziert werden, dass die »progressiven« Faktoren durch weitere Maßnahmen gemildert werden (siehe Kapitel 6).

Aus dem Gesagten ergibt sich ein Leitbild für den nach Kostengesichtspunkten idealen Anwender:

Anwenderleitbild

Ein Anwender, der individuell und breit, aber nur mit geringer Intensität aktiv ist, verursacht höhere Betriebs- und Betreuungskosten bei einem geringeren Nutzungsgrad.

Von einem besseren Kosten-Nutzen-Verhältnis ist bei einem Anwender auszugehen, der standardnah und mit hoher Intensität in seinen möglichst wenigen Anwendungskomponenten agiert.

Wie ein Idealbild des Anwenders unter Kostengesichtspunkten durch eine sinnvolle Aufgabenverteilung erreicht werden kann, wird am Ende des Kapitels dargestellt.

Kostentreiber reduzieren

Für die IT-Abteilung hieße dieses Preismodell, sie darf sich im Rahmen der vereinbarten Nutzungslevels – ausgedrückt durch Kapazitäten und Anwenderkategorien – auf ihre eigenen Kostentreiber konzentrieren. Das bedeutet, sie muss nach Reduzierungs- und Skalierungsmöglichkeiten in Abhängigkeit vom geplanten Nutzungsverhalten suchen. Jetzt ist es sinnvoller, sich auf das betriebswirtschaftlich angestrebte Nutzungsverhalten richtig einzustellen und keine falschen Anreize zur Nichtnutzung zu schaffen.

Business- und IT-Maßnahmen

Um IT-Kostentreiber zu reduzieren müssen zwischen Business und IT folgende Maßnahmen abgestimmt werden:

1. Eingeplante Massenverarbeitungsläufe und Starts von Schnittstellenprogrammen periodisch auf Nutzungsrelevanz überprüfen und mit der Fachabteilung abstimmen. Vielfach belasten zu oft und zum falschen Zeitpunkt ausgeführte Verarbeitungsprogramme die Performance: Zweck, Volumen und Zeitfenster sollten periodisch überprüft werden.

2. Teure SQL-Anweisungen in stark genutzten Programmen messen und optimieren: Nutzungs- und Performanceaspekte sollten bei der Programmierung von Datenbankabfragen stärker berücksichtigt werden.

3. Datenvolumen kontrollieren und Archivierung planen: Das kontinuierliche Wachstum der Datenbank erfordert eine regelmäßige Datenbankreorganisation, sonst leidet die Performance. Umgekehrt kann wegen zu großer Tabellen die Reorganisation nicht mehr ohne Performanceverluste durchgeführt werden.

In der Domäne der IT-Experten liegen weitere Maßnahmen, die immer wieder gefordert werden. Sie sind an sich die Voraussetzung für einen geregelten Betrieb eines SAP-Systems.

Autonome Maßnahmen der IT zur Reduzierung von Kostentreibern umfassen:[15]

Autonome Maßnahmen der IT

1. Energiekosten durch ein intelligentes Management und energiesparende Hardware einsparen

2. Hardwareengpässe: Falsch konfigurierte Hardware führt zu Problemen. Die Ursachen können vielfältig sein: ein Engpass im Datenzugriff, z. B. auf einzelne Festplatten, Controller usw., oder auch ein CPU-Engpass, beispielsweise durch falsche Konfiguration der Work-Prozesse oder ungünstige Lastverteilung auf den verschiedenen Servern.

3. Lange Netzlaufzeiten: Je modularer Software gestaltet ist, desto mehr Netzwerkverkehr wird erzeugt, was die Leistung senkt. Aber auch langsame Leitungen zu entfernten Lokationen oder ineffizi-

---

15 Die Zusammenstellung kann gestützt werden durch eigene Messungen mittels RBE Plus und Hinweisen aus *Mehr Schub für SAP*. In: Computerworld.ch vom 10.11.2009 (*http://www.computerworld.ch/aktuell/businesssoftware/49668/index2.html*, Seitenaufruf am 22.5.2010).

entes Routing des Netzwerkverkehrs können die Antwortzeiten deutlich verlängern.

4. Schlechte Pufferqualität: Fehlerhafte Pufferung, beispielsweise ein zu kleiner Puffer bei hoher Datenbankzugriffsrate, kann zu Performanceverlusten führen. Die Pufferung von Datenzugriffen in Speichersystem, Betriebssystem, Datenbank und Anwendung muss aufeinander abgestimmt sein.

Wenn die Bereitstellungskosten einer SAP-Anwendung – wie oben gefordert – auf Geschäftsprozesse und Benutzer verteilt worden sind, ergeben sich die Gestaltungsfragen: Welche Kostentreiber gibt es, und wie skalieren sie unter welche Umständen?

IT-Bereitstellungskosten senken

In der 2009 veröffentlichten Studie *Quick Hit Savings for IT in Tough Times* schlagen die internationalen Strategieberater von Booz & Company[16] vier Möglichkeiten vor, um die IT-Kosten in einer Wirtschaftskrise zu senken:

- auf Projekte fokussieren, die einen hohen Wertbeitrag für das Unternehmen erbringen
- neue Techniken (SaaS, SOA) nicht vernachlässigen und einsetzen, wenn sie Kosten sparen
- den Umbau der IT-Organisation, um besser auf veränderte Geschäftsfelder reagieren zu können
- die Service Level senken

Projekte nutzungsabhängig priorisieren

Die im Ansatz richtigen Empfehlungen müssen und können noch weiter präzisiert werden. Der Vorschlag, notwendige, aber weniger strategische Projekte wie z. B. ein Upgrade zu verschieben, kann nur kurzfristig helfen, da der Anforderungs- oder Änderungsdruck immer weiter steigen wird. Hier ist die Empfehlung ganz klar, wichtige Projekte nach wie vor zeitgerecht anzugehen, insbesondere wenn sie in kritischen, intensiv genutzten Bereichen Verbesserungen bringen. Das Gleiche gilt für neue Techniken, die eben dort Kosten sparen können, wo eine intensive Nutzung stattfindet.

Änderungen müssen richtig konzipiert werden

Der Umbau der IT-Organisation, um auf Transformationsdruck der Geschäftsfelder schneller reagieren zu können, ist in jeder Situation anzuraten, da ansonsten eine anforderungsgerechte Nutzung immer

---

16 Quelle: Booz & Co. Whitepaper: *http://www.booz.com/media/uploads/Quick-Hit_Savings_for_IT_in_Tough_Times.pdf*. Seitenaufruf am 22.5.2010.

weniger stattfindet (siehe Abschnitt 7.3). Allerdings ist die Skalierbarkeit der IT-Kosten dann umso notwendiger, um nicht einen negativen Kosteneffekt hervorzurufen. Ungeplante und falsch konzipierte Änderungen können die Kosten erhöhen.

Der vierte Vorschlag betrifft das Senken von Service Levels in der Anwendung. Die Praxis zeige, dass lediglich 30 % aller Anwendungen eine 24/7-Verfügbarkeit benötigen. Weiter fordern die Berater, dass zwischen IT und Fachabteilungen »die nackten Zahlen« auf den Tisch gelegt werden müssten. In einem konstruktiven Dialog zwischen IT und Fachabteilungen könnten bis zu 20 % der Kosten im IT-Support eingespart werden. Eine Voraussetzung, um diese Maßnahmen umsetzen zu können, ist, die richtigen Zahlen als Entscheidungsgrundlage zu wählen. Demnach sollte eine Nutzungsanalyse nicht fehlen, die über die genutzten Kapazitäten Auskunft geben kann. Allerdings müssen einige Restriktionen berücksichtigt werden.

20 % Ersparnis durch Senken des Service Levels

Die Anpassungen von Betreuungsleistungen im Rahmen des Zurückfahrens von Kapazität können nur zu bestimmten Zeitpunkten erfolgen. Die dafür eingeplanten Personalressourcen sind meist durch Verträge mit bestimmten Laufzeiten gebucht, insbesondere wenn sie extern sind. Auch dürfen die gesammelten Erfahrungen und die anzustrebende Kontinuität nicht ohne Not zerstört werden. Eine Skalierung ist deswegen nur mittelfristig und auch nur stellenweise möglich. Man muss den Kunden derzeit raten, die IT-Kosten nur an den richtigen Stellen zu senken – in den richtigen Prozessen und bei den richtigen Anwendern.

Skalierungszeitpunkt

Zunächst gilt es, die Veränderung des Anwenderfaktors für den Support-Aufwand zu bestimmen. Dazu müssen die Anzahl und der Arbeitsumfang der Anwender festgestellt werden, die das IT-System produktiv nutzen. Bei absehbarem oder saisonal bedingtem Umsatzrückgang ist es beispielsweise sinnvoll, Aktivitäten auf erfahrene Mitarbeiter zu konzentrieren. Das heißt, der Grad der Arbeitsteilung sollte verringert werden. Weniger aktive, kompetentere Benutzer erlauben es dann, den Support-Aufwand zu reduzieren.

Die richtige Perspektive auf die Anwender

Ein anderes Problem ist, dass bei rückläufigen Geschäftszahlen nicht notwendigerweise Prozesse und Anwendungsbereiche wegfallen oder an Bedeutung verlieren. Allerdings können sich Intensität und Verteilung der Nutzung verändern. Diese Situation ist gegebenenfalls eine gute Gelegenheit, Prozesse im kleinen Rahmen zu verbessern

Weniger Umsatz bedeutet nicht gleichzeitig weniger Prozesslast

und zu vereinfachen. Anwender können die durch den Auftragsrückgang »gewonnene Zeit« nutzen, um Schwachstellen in den Prozessen zu identifizieren und zu beheben. Für den IT-Support ist nicht der Umsatz im monetären Sinne der Aufwandstreiber, sondern vielmehr quantitative Prozesskennzahlen wie die Anzahl der Belege und Belegpositionen. Rückläufige Produktumsätze führen jedoch nicht unbedingt zu einem geringeren operativen Aufwand in der Prozessabwicklung. In einer solchen Situation könnte gerade eine Verringerung des Supports zu längeren Durchlaufzeiten führen. Unternehmen sollten also nur dann den Service Level senken, wenn sie weniger Auftragspositionen abwickeln müssen.

Service Level in kritischen Bereichen gleich lassen

Service Level in kritischen Bereichen wie Auftragsbearbeitung und Fakturierung sollten deswegen mindestens gleich gehalten oder sogar erhöht werden, um einen besseren Durchsatz zu erreichen (siehe Abbildung 3.6). Hingegen kann es in sekundären Bereichen wie Einkauf oder Marketing sinnvoll sein, die Service Level vorübergehend zu senken, um hier gezielt Kosten einsparen zu können. Klarheit und Transparenz für dieses Vorgehen liefert die geschäftsfallorientierte Nutzungsanalyse (siehe Abschnitt 5.1.3). Die Analyse zeigt auf, in welchen Szenarien und Varianten sich die Prozesskennzahlen verändern bzw. an welchen Stellen sich eine Prozessvereinfachung und -verbesserung aufgrund der vorliegenden Prozessausnahmen lohnt (siehe Abschnitt 6.3.1).

Unternehmen, die kurzfristig 20 % im IT-Support einsparen wollen, können dieses Ziel zweifelsohne erreichen. Sie sollten dazu aber die relevanten Kennzahlen zum Prozessdurchsatz kennen. Dann können sie an den richtigen Stellen die Service Levels nach unten skalieren – ohne langfristig Schaden anzurichten.

Prozessbezogene Nutzungsplanung

Die prozessbezogene Skalierung ist deswegen noch keine Verbesserungsmaßnahme, sie versucht lediglich festzustellen, wo die Kapazität derzeit oder im Planungshorizont angepasst werden muss und deswegen weniger IT-Leistungen relevant sind. Dazu sind Nutzungskennzahlen notwendig, um die Plannutzung pro Organisation hochzurechnen. Auch muss die Skalierbarkeit organisatorisch und vertraglich möglich sein, um die Personal- und Sachressourcen entsprechend »umzubuchen«.

Bei der Skalierungsanalyse muss in diesem Zusammenhang geklärt werden, ob ein Rückgang von bestimmten Geschäftsaktivitäten für bestimmte Anwender oder ganze Anwendergruppen zu verzeichnen ist. Liegt ein solcher vor, muss festgestellt werden, ob dieser Rückgang auch signifikante Auswirkungen auf die Betreuungs- und Betriebskosten hat oder nicht. Diese Frage lässt sich gut durch eine periodische Analyse der »teuren Benutzer« überprüfen. Wenn der Rückgang (oder auch eine Expansion) der Geschäftstätigkeit sich auf weniger (oder mehrere) teure Benutzer auswirkt, fallen (steigen) auch die Betriebskosten. Wenn nicht, muss genau das gleiche Betriebs- und Betreuungskostenverhältnis zugrunde gelegt werden.

Demgegenüber verfolgt die aktive Skalierung die Frage, ob bestimmte Anwender in den einzelnen Kostentreiberbereichen auch wirklich tätig sein müssen. Ist dies nicht der Fall, könnten ihre Tätigkeiten auf bestimmte Komponenten, Landesaktivitäten oder in individuellen Bereichen reduziert und damit Kosten eingespart werden. Dahinter stehen bekannte organisatorische Prinzipien der Aufgabenanalyse und -synthese[17]. Ist die ermittelte Aufgabenzusammenstellung aus Sicht der SAP-Nutzung sinnvoll? Es gibt hier durchaus unterschiedliche Situationen:

Skalierung der Aufgabenverteilung

- **Zentralisierung oder Dezentralisierung**
  Typischer Fall ist die Frage, welche Mitarbeiter eine Bestellung anlegen dürfen und dies dann auch wirklich tun.

- **Spezialisierung oder Fallorientierung**
  Wie weit sollte der Zugang eines Verkaufsmitarbeiters zur Prozessabwicklung eines Kundenauftrags gehen?

- **Entscheidung und Kompetenz**
  Fallen in einem Mitarbeiter die fachliche Kompetenz und die Verantwortung für Entscheidungen zusammen, oder müssen sie auseinanderliegen?

---

17 In der Betriebswirtschaftslehre ein bekanntes und breit diskutiertes Thema: Kosiol, Erich: *Aufgabenanalyse und Aufgabensynthese*. In: *Elemente organisatorischer Gestaltung*. Hrsg. v. Erwin Grochla. Wiesbaden: Gabler 1978. S. 66–84. Oder Eigler, Joachim: *Aufgabenanalyse*. In: *Handwörterbuch Unternehmensführung und Organisation*. Hrsg. v. Georg Schreyögg und Axel von Werder. 4. Aufl. Stuttgart: Schäffer-Poeschel 2004. S. 54–61.

Die Nutzungsanalyse – hier die Benutzer- und Rollenanalyse (siehe Abschnitt 2.4) – schafft hier Transparenz über die aktuelle Situation. Die Zielrichtung der IT für die Aufgabensynthese, wäre das Idealbild des Anwenders mit den geringsten Betreuungskosten.

> **Idealbild des Anwenders mit den geringsten Betreuungskosten**
> - hat viel Erfahrung durch intensiven Umgang mit einem SAP-System
> - ist in der Belegverarbeitung verantwortlich von der manuellen Erfassung über alle Änderungen bis hin zur Verbuchung bzw. weiteren automatisierten Abwicklung
> - nutzt weitgehend Standardtransaktionen, -reports und -funktionen
> - agiert in einer Landesorganisation
> - ist eigenständig und eigenverantwortlich tätig
> - hat bei Abwesenheit einen ähnlich kompetenten Vertreter
> - benötigt keine Änderungen im Customizing
> - testet selbst bei Systemänderungen oder Upgrades

Kostenidealbild als Grundlage für Business IT Alignment

Eine solche weitgehende und aktive Einflussnahme auf das Anwenderverhalten kann nicht allein durch die IT-Abteilung erreicht werden und ist auch vielfach fachlich nicht möglich. Damit sie zumindest teilweise erfolgen und angestrebt werden kann, müssen Business und IT zusammen agieren. Um eine entsprechende Einschränkung und Ausrichtung des Anwenders zu erreichen, muss ein Analyseverfahren die Anwendertätigkeiten aufrollen. Denn dessen Tätigkeiten bilden letztlich den Arbeitsumfang, in dem sich ein »kundenorientiertes« Anwendungsmanagement und darauf abgestimmte Support-Aktivitäten bewegen sollten.

Schließlich haben doch die Anzahl der Anwender und ihre Aufgaben im SAP-System einen großen Einfluss darauf, wie hoch die Betriebs- und Betreuungskosten einer SAP-Anwendung ausfallen. Insofern schafft eine effiziente Systemnutzung auf der Basis klar definierter Rollenkonzepte für Unternehmen einen unmittelbaren Nutzen: Sie verbessert die Kompetenz und Arbeitsbedingungen ihrer Mitarbeiter und setzt damit Ressourcen frei, die für weitere Projekte gewinnbringend eingesetzt werden können.

5.2.2 Nutzen messen

Auch die Messbarkeit des quantitativen und qualitativen Nutzens wird durch eine strukturierte Nutzungsanalyse konkreter möglich. Die meist sehr groben und hypothetischen Wirtschaftlichkeitsbetrachtungen sollten nicht mehr nur der Rechtfertigung dienen, sondern dazu beitragen, die Potenziale auch auszuschöpfen. Dies basiert auf der Überlegung, dass der SAP-Anwendungsnutzen durch den Grad der Ist-Nutzung im Verhältnis zur Soll-Nutzung bestimmt werden kann. Das Prinzip heißt: Nur was wie geplant produktiv eingesetzt wird, dessen Nutzenpotenzial kann auch wirken und ausgeschöpft werden.

Nutzenpotenzial ausschöpfen

> **Fallbeispiel: Nutzenpotenzial planen und ausschöpfen**
>
> Eine neu eingeführte MRP-Planungssystematik zeigt pro geplantem Material ihre Effektivität. Demnach ist die erste Frage, wie groß ihr Potenzial ist. Sind es 20 % der Enderzeugnisse, dann ist die zweite Frage, wie viele Materialien davon wirklich beplant worden sind. In der zeitlichen Entwicklung der Abweichung vom Zielwert liegt das Verbesserungspotenzial.

Hier liegt auch der systematische Hauptfehler vieler ROI-Kalkulationen, Wirtschaftlichkeitsanalysen oder Business Cases. Es wird vernachlässigt, dass der geplante Nutzen auch realisiert werden muss. Für die Umsetzung dieser Forderung stellt sich die Frage, wie die Realisierung des Nutzens gemessen und die Erkenntnisse in Maßnahmen umgesetzt werden können.

Nutzenanalyse

Zur Aufwandsminimierung sollte auf eine Totalanalyse in der Praxis verzichtet werden, allerdings ist es sinnvoll, auf mehreren Ebenen und aus unterschiedlichen Perspektiven das Nutzenpotenzial zu bestimmen. Die partielle Nutzenbetrachtung bezieht sich auf bestimmte Prozesse, z. B. auf die Einkaufsabwicklung, Debitoren- und Kreditorenvorgänge. Zusätzlich fließen die Auswirkungen auf die an den genannten Prozessen direkt oder indirekt beteiligten Arbeitsplätze (Einkäufer, Kreditorenbuchhalter, Debitorenbuchhalter etc.) in die Nutzenbetrachtung ein.

Totalanalyse versus partielle Nutzenanalyse

In Tabelle 5.6 sind beispielhaft ausgewählte Untersuchungsaspekte einer Nutzenanalyse dargestellt. Auf den vier Ebenen können monetär messbare Kosteneinsparungen, aber auch qualitative Verbesserungen erzielt werden.

	Monetär	Quantitativ
Konzernebene	Reduktion des organisationsübergreifenden Abstimmungsaufwandes	Beschleunigung der organisationsübergreifenden Prozesse
Unternehmen	Kosten der Organisationsänderungen Reduktion des Abstimmungsaufwandes	Verkürzung der Dauer von Organisationsänderungen Informationsqualität
Geschäftsprozessebene	Prozesskosten (je abgearbeitetem Geschäftsvorfall) Erhöhung Prozessoutput (Effektivität)	Erhöhung der Termintreue Reduktion der Anzahl von Medienbrüchen
Arbeitsplatzebene	Hardwarekosten (PCs, Drucker) Softwarekosten (Lizenzen)	Steigerung der Mitarbeiterzufriedenheit Reduktion der Routinetätigkeiten

Tabelle 5.6 Beispiele für Untersuchungsaspekte einer Nutzenanalyse auf vier Ebenen[18]

Datenerhebung vor und nach der Einführung

Für die Analyse der Ausgangssituation vor der SAP-Einführung müssen die für die Nutzenbetrachtung erforderlichen Daten (Prozessabläufe, Mengen etc.) des Altsystems meist durch mündliche Befragung in ausgewählten Unternehmensbereichen erhoben werden. Für die Erhebung der relevanten Daten für die Analyse der Ist-Situation nach der SAP-Einführung können Werkzeuge der Nutzungsanalyse eingesetzt werden, um mit geringem Aufwand die für die Nutzenbewertung relevanten Daten aus dem SAP-System zu extrahieren. Wenn eine Nutzenanalyse während der Produktivphase des SAP-Systems durchgeführt werden soll, ist es sehr wichtig, die Nutzungsdaten vor und nach der Erweiterungseinführung, Änderung oder Reorganisation zu erheben.

---

18 Das Konzept wurde erstmals vorgestellt auf der IBIS-Public-Tagung am 24.02.2003: *Effizienzsteigerung in der Verwaltung*, Vortrag 2: *Wirtschaftlichkeitsanalyse des SAP-Einsatzes im Land Hessen*, Günter-Georg Kunz (HMdF) und Dr. Oliver Schipp (IBIS Prof. Thome). Die folgenden Beispiele stammen aus mehreren Projekten. Sie sind vereinfacht und ihre Zahlenwerte wurden verändert.

SAP-Nutzung bewerten | 5.2

Die durchgeführte Nutzenanalyse hat zwar einen partiellen Charakter, soll aber auf die Gesamtorganisation hochgerechnet werden können. Es werden vier Analyseebenen (Konzern-, Unternehmens-, Prozess- und Arbeitsplatzebene) unterschieden, aber auch miteinander abgeglichen, um auch negative Verlagerungseffekte erkennen zu können. Bei Bewertung der einzelnen Nutzenkategorien auf der Prozess-, Arbeitsplatz-, Unternehmens- und Konzernebene müssen gewisse Annahmen und Bedingungen zugrunde gelegt werden, z. B.:

Analyseebenen und Annahmen

- Anzahl der Profit Center oder anderer Unternehmensbereiche, die Multiplikator für die Hochrechnung der Stichprobenbewertung sind, nach SAP-Einführung
- Anzahl der Buchungskreise nach SAP-Einführung
- durchschnittlicher Tagessatz eines Mitarbeiters: 300 €
- durchschnittliche jährliche Arbeitsplatzkosten pro Mitarbeiter: 80.000 €
- Tagesarbeitszeit: acht Stunden

Bei den bewerteten Nutzenkategorien handelt es sich um Planwerte für Soll-Nutzungspotenziale, die systematisch ausgeschöpft werden müssen. Der Ausschöpfungsgrad spiegelt die tatsächliche Ausnutzung der monetär bewerteten Nutzenpotenziale wider. Die Ausschöpfung konkretisiert sich durch die Anpassung der Aufbauorganisation an die neuen Prozesse, den Wegfall von redundanten Aktivitäten etc. zum Zeitpunkt der Untersuchung. Die Auswahl der untersuchten Unternehmensbereiche für eine Wirtschaftlichkeitsanalyse muss aufgrund der heterogenen Aufbau- und Ablauforganisationen sowie der unterschiedlichen Automatisierungsgrade richtig strukturiert und klassifiziert werden. Ausgehend von den vorgefundenen Ausgangssituationen in den untersuchten Bereichen, lassen sich die Nutzenpotenziale ableiten und für andere Bereiche hochrechnen.

Ausschöpfungsgrad

Im Rahmen der Prozessuntersuchung können einzelne Geschäftsprozesse nach den in Tabelle 5.5 bis Tabelle 5.8 folgenden Nutzenkategorien untersucht und qualitativ sowie monetär bewertet werden. Dazu zunächst ein Fallbeispiel für eine SAP-Einführung:

Prozessebene

5 | Gestaltungsmöglichkeiten identifizieren – Nutzung strukturieren

> **Fallbeispiel: Verkürzung der Bearbeitungszeit in der Debitorenrechnungsbearbeitung vor und nach SAP-Einführung**
>
> Vor der SAP-Einführung ist die Fakturabearbeitung teilweise papierbasiert abgewickelt worden. Der Grad der Softwareunterstützung war gering. Eine Debitorenrechnung wurde bis zu ihrer endgültigen Regulierung in mehreren unterschiedlichen Systemen manuell erfasst:
> - Textverarbeitungs- und Tabellenkalkulationsprogramme
> - Individualentwicklung von Verfahren zur Vorgangsbearbeitung
> - Kostenerfassung für interne Kostenrechnung
> - altes ERP-System: Buchung der Debitorenrechnung
>
> Mit der SAP-Einführung hat sich die gesamte Bearbeitungszeit bei der Abwicklung von Debitorenvorgängen im Durchschnitt deutlich reduziert, obwohl die Fakturaerfassung im Vergleich zur einfachen Debitorenbuchung einen höheren Erfassungsaufwand aufweist.

Bewertungsmodell Durch die SAP-Einführung werden Debitorenrechnungen nach der Erfassung im SAP-System unverzüglich, medienbruchfrei und ohne weitere manuelle Erfassungsvorgänge reguliert. Die Regulierung findet durch den Einzug offener Beträge bei Vorliegen der Einzugsermächtigung oder durch Übernahme der Geldeingänge aus dem elektronischen Auszug und deren automatischer Zuordnung zu den offenen Posten statt. Im Altverfahren stand diese Funktionalität nicht zur Verfügung.

Im konkreten Fall lässt sich die belegbezogene Bearbeitungszeit im Durchschnitt um bis zu 35 % reduzieren (siehe Abbildung 5.23). Dies ist vor allem auf den Wegfall der redundanten Datenhaltung und auf die Vermeidung der Erfassung der Rechnung in mehreren Systemen zurückzuführen.

Für die Bewertung der Nutzenkategorie *Verkürzung der Bearbeitungszeit bei Debitorenprozessen* ist die Anzahl der Debitorenrechnungen ausschlaggebend. Im ersten Jahr wurden im Debitorenbuch circa 430.000 und im zweiten Jahr circa 420.000 Debitorenrechnungen in den Modulen Vertrieb (SD) und Finanzbuchhaltung (FI) gebucht und reguliert.

5.2 SAP-Nutzung bewerten

Prozessschritte bei Debitorenrechnungsbearbeitung mit SAP	Altsystem (Min.)	SAP-System (Min.)
Sachliche Dokumentation des rechnungsrelevanten Vorgangs	10	12
Rechnerische Dokumentation des rechnungsrelevanten Vorgangs	5	4
Druck und Versand der Rechnungen	5	4
Genehmigung	2	2
Kosten- und Erlöszuordnung	2	0
Erfassung des offenen Postens	5	0
Zuordnung des Zahlungseingangsbeleges	3	0
Buchung und Zuordnung der Zahlung	2	0
Summe	**34**	**22**
Absolute Reduktion in Minuten: 12 Relative Reduktion: 35 %		

Tabelle 5.7 Bearbeitungsdauer bei Prozess Debitorenrechnungsbearbeitung im SAP-System im Vergleich zur alten Abwicklung

Als Folge der skizzierten Prozessänderung konnte die gesamte Bearbeitungszeit der Debitorenrechnungen um circa 35 % reduziert werden.

Einsparungspotenzial

Gesamtbedarf für die Rechnungsbearbeitung im Altverfahren = 34 Min.

Gesamtbedarf für die Rechnungsbearbeitung im SAP-System = 22 Min.

Jährliches Einsparpotenzial = (420.000 Belege * 12 Min.) / (60 Min. * 8 Std.) = 10.500 PT

Daraus resultiert hochgerechnet ein Einsparungspotenzial von circa 3,15 Mio. Euro jährlich. Bei der monetären Bewertung des Einsparpotenzials wurde der Tagessatz von 300 Euro unterstellt.

Das vorhandene Potenzial sollte durch konsequente Reorganisation der bestehenden Abläufe auch wirklich systematisch ausgeschöpft werden. Nur wenn es gelingt, die Abwicklung umzustellen und die Nutzung zu intensivieren, wird der Nutzen realisiert.

In den folgenden Tabellen sind weitere Nutzenkategorien aus unterschiedlichen Wirtschaftlichkeitsuntersuchungen beispielhaft aufgeführt.

5 | Gestaltungsmöglichkeiten identifizieren – Nutzung strukturieren

Nutzenkategorie	Qualitativer Nutzen	Bewertung	Ausschöpfungsgrad zum Analysezeitpunkt
Verkürzung der Bearbeitungszeit bei der Debitorenrechnungsbearbeitung	Aktuelle und vielschichtige Informationsversorgung	Jährliches Einsparpotenzial: 3,15 Mio. €	70 %: Potenzialreserven bezüglich der Zentralisierung der Buchungsaktivitäten
Verkürzung der Bearbeitungszeit bei der Abwicklung von Mahnvorgängen	Niedrige Fehlerquote durch hohen Grad der Automatisierung	Jährliches Einsparpotenzial: 0,45 Mio. €	100 %: weitgehende Automatisierung der Mahnaktivitäten
Erhöhung der Prozessflexibilität bei Zahlungsabwicklung	Deutlicher Imagegewinn durch Kundenorientierung Zukunftssichere Plattform Vermeidung von Zahlungsausfällen	Managementwert: 0,5 Mio. €	hoch

Tabelle 5.8 Nutzenkategorien mit Ausschöpfungsgrad im Geschäftsprozess Debitorenabwicklung

Managementwert Der messbare Gesamtnutzen ist auf Prozessebene in Tabelle 5.8 oder Tabelle 5.9 immer dann sehr hoch, wenn die Mengengerüste den Nutzenwert hochtreiben. Manche Nutzenkategorien sind allerdings schwer messbar. In diesen Bereichen sollte das Management einen Wert bestimmen, nach der Devise: Was bin ich bereit, für diese Fähigkeit zu zahlen? Um hier auf einen Wert zu kommen, kann auch überlegt werden, welche Risiken vermieden werden und was eine Versicherung dagegen wert wäre. Beide Aspekte, Kostenersparnis und subjektiver Nutzen, können auch kombiniert werden.

5.2 SAP-Nutzung bewerten

Nutzenkategorie	Qualitativer Nutzen	Bewertung	Ausschöpfungsgrad zum Analysezeitpunkt
Verkürzung der Bearbeitungszeit bei der Kreditorenrechnungsbearbeitung	Aktuelle und vielschichtige Informationsversorgung	Jährliches Einsparpotenzial: 3,2 Mio. €	70 %: Weitere Zentralisierung der Aktivitäten notwendig
Verbesserung der Liquiditätsplanung	Genaue und frühzeitige Vorhersage über das Auszahlungsvolumen erleichtert die Liquiditätsplanung deutlich	Managementwert: 0,5 Mio €	hoch: Berichte werden intensiv genutzt
Gesteigerte Informationsqualität	Verbesserte Informationsversorgung	Managementwert: 0,5 Mio €	Berichte werden nicht genutzt
Verkürzung der Bearbeitungszeit durch Wegfall der redundanten Rechnungserfassung für das Projekt-Controlling	Verbesserte Qualität und Aktualität der aus Kreditorenrechnungen resultierenden Projektkosten	Jährliches Einsparpotenzial: 70 T€	100 %: Wegfall der redundanten Rechnungserfassung
Verkürzung der Bearbeitungszeit mit OCR/Scanning-Lösung	Medienbruchfreie und automatisierte Regulierung von Kreditorenrechnungen	Jährliches Einsparpotenzial: 100 T€	Potenzialreserven, da der MM-Nutzungsgrad momentan lediglich bei 60 % liegt

Tabelle 5.9 Nutzenkategorien mit Ausschöpfungsgrad in den Geschäftsprozessen Materialbeschaffung und Kreditorenabwicklung

Auf Rollen- bzw. Arbeitsplatzebene in Tabelle 5.10 basiert die Messung auf der Bewertung der Ist-Aktivitäten gegenüber dem Soll-Rollenmodell aus der Perspektive der Verbesserung des Tätigkeitsprofils wie etwa einer angestrebten Arbeitsplatzbereicherung und der Verminderung von Routinetätigkeiten. Auch hier muss eine subjektive Bewertung erfolgen, was die neue Qualität einbringt, oder man verbleibt bei der Messung des Ausschöpfungsgrades.

Arbeitsplatz	Qualitativer Nutzen	Bewertung	Ausschöpfungsgrad zum Analysezeitpunkt
Debitorenbuchhalter	Steigerung der Qualifikation Arbeitsplatzbereicherung Steigerung der Motivation Erhöhung des Anteils an dispositiven Aufgaben	Managementwert: 0,2 Mio. €	hoch
	Reduktion der Routinetätigkeiten	Managementwert: 0,3 Mio €	mittel

Tabelle 5.10 Nutzenkategorien mit Ausschöpfungsgrad auf Arbeitsplatzebene

Auf Unternehmensebene schlagen die übergreifenden Aspekte des Berichtswesens durch. Auch hier kann ein subjektiver Managementwert bestimmt werden, entscheidend ist gerade hier ein flächendeckender Nutzungsgrad. Sonst können diese Nutzenkategorien nicht umgesetzt werden. Auf Konzernebene können verbesserte Austauschprozesse oder auch die Informationsqualität weiterhelfen.

Jährliche Nutzen- und Wirkungsanalyse
Auch in jedem Jahr der produktiven Nutzung einer SAP-Lösung werden die Verbesserungswünsche und Anforderungen, die aus Projekten oder Änderungsanforderungen entstanden sind, für die operative Abwicklung im SAP-System zur Verfügung gestellt. Daraus ergeben sich die gleichen Konsequenzen und Fragestellungen wie bei einer Neueinführung:

- Welches Nutzenpotenzial hat die durchgeführte Änderung?
- Mit welchen Nutzungsindikatoren, wie Belegvolumen, Stammdatensätze, Anwender etc., kann für eine Wirkungsmessung geplant werden, um den Ausschöpfungsgrad zu ermitteln?
- Ist die Wirkung messbar, oder ist der Nutzen noch nicht ausgeschöpft?

Tabelle 5.11 zeigt drei typische Verbesserungen oder Änderungen, die ebenfalls über das Einsparungspotenzial oder einen Wert, den das Management bestimmen darf, bewertet werden können. Wiederum ist der Ausschöpfungsgrad die Differenz zwischen Plan- und Ist-Wert der Nutzung. Die Veränderung dieser Zahl im Jahresverlauf ist Bestandteil der unten vorgeschlagenen Nutzungsbilanz.

Nutzenkategorie	Qualitativer Nutzen	Bewertung	Ausschöpfungsgrad zum Analysezeitpunkt
Standardisierung von Belegarten	Geringerer Betreuungsbedarf und verbesserte Abwicklung	Jährliches Einsparpotenzial: 2 Mio. €	30 %: Es fehlen noch 70 % des erwarteten Belegvolumens
Individuelle Steuerung Import- und Exportabwicklung über Zusatzfelder	Höherer Grad der Automatisierung	Jährliches Einsparpotenzial: 0,75 Mio. €	90 %: Weitgehende Automatisierung der Abwicklung mit der Zollbehörde
Einsatz mobiler Endgeräte im Vertrieb	Deutlicher Imagegewinn Motivation der Mitarbeiter	Managementwert: 0,8 Mio. €	80 %: Fast alle Vertriebsmitarbeiter verwenden die Geräte

Tabelle 5.11 Nutzenkategorien mit Ausschöpfungsgrad von Änderungen und Reorganisationsmaßnahmen im Produktivbetrieb

Die Verfolgung, Vertiefung und Intensivierung der Nutzung im Laufe des Jahres, insbesondere in den Re-Design-Themen (siehe Abschnitt 7.1), kann noch einiges an zusätzlicher Wirkung realisieren. Die erhofften Wirtschaftlichkeitsplanungen sind nur dann zu erreichen, wenn alle Maßnahmen konsequent umgesetzt werden (siehe Abschnitt 5.2).

Durch die dargestellte Vorgehensweise kann eine klassische Wirtschaftlichkeitsanalyse, die den Ausschöpfungsgrad über die Nut-

Potenzialreserven erschließen

zungsanalyse aktiv einbezieht, die wichtigsten Handlungsfelder für Nachsteuerungsbedarf schnell und gezielt ermitteln. Werden auch qualitative Nutzenkategorien über einen vom Management zu bestimmenden Nutzenwert bepreist, liefert der Ausschöpfungsgrad ein noch besseres Bild der Situation und zeigt deutlich die Potenzialreserven auf.

Nutzungsbilanz

Ein völlig neuartiger Ansatz, um die Nutzung eines IT-Systems wie dem SAP-System zu bewerten, besteht darin, eine Nutzungsbilanz und analog eine Gewinn- und Verlustrechnung aufzustellen. Wenn beide Perspektiven, die Wert- und die Nutzungsanalyse, Bestandteile des Unternehmensreportings sein können, sollten bestimmte Methoden übertragbar oder ähnlich verwendbar sein. Die Nutzungsbewertung hat genauso wie die betriebswirtschaftlichen Bewertungsmethoden keinen Anspruch auf Vollständigkeit und Genauigkeit, sondern versucht, sinnvolle Bewertungsansätze mit einer gewissen Nachvollziehbarkeit und Kontinuität zu verbinden. Tabelle 5.12 zeigt die Ableitung der Nutzungsbilanz aus der Gegenüberstellung mit einer kaufmännischen Bilanz auf:

Kaufmännische Bilanz und GuV dienen zur wertmäßigen Dokumentation des Unternehmensgeschehens	Nutzungsbilanz und GuV dienen zur quantitativen Dokumentation der Nutzung IT-getriebener Geschäftsprozesse
Bilanz = wertmäßige Darstellung des Wertbestands; mit der Mittelherkunft (Passiva) und Mittelverwendung (Aktiva)	Nutzungsbilanz = Gestaltung, Nutzungspotenzial (Passiva) und Verwendung (Aktiva) von Prozesskapazitäten und IT-Leistungen
GuV = Darstellung der verzehrten (Aufwand) und entstandenen (Erlöse) Werte	Nutzungs-GuV = Darstellung der IT-Kosten (Aufwand), ausgeschöpfter Nutzenpotenziale und realisierter Verbesserungen (Erlöse)
Zweck: Erfüllung der Informationsbedarfe diverser Adressaten wie Gläubiger, Staat und Kapitalgeber Grundlage für die kaufmännische Erfolgsbeurteilung und für die Unternehmenssteuerung	Zweck: Erfüllung der Anforderungen aus den IT-Rahmenwerken SOX, CobiT und ITIL; Erfüllung des Informationsbedarfs von CEO, COO und CIO

Tabelle 5.12 Ableitung einer IT-System-Nutzungsbilanz und GuV

Kaufmännische Bilanz und GuV dienen zur wertmäßigen Dokumentation des Unternehmensgeschehens	Nutzungsbilanz und GuV dienen zur quantitativen Dokumentation der Nutzung IT-getriebener Geschäftsprozesse
	Grundlage für die Beurteilung der Geschäftsprozessabwicklung und Steuerung der Geschäftsprozessentwicklung

Tabelle 5.12 Ableitung einer IT-System-Nutzungsbilanz und GuV (Forts.)

Die Nutzungsbilanz in Tabelle 5.10 weist demnach als »Passivseite« die bereitgestellten Kapazitäten und vorgenommenen Adaptionen an der Unternehmenssoftware aus. Sie zeigen, welches Investment vorgenommen wurde, und quantifizieren das verfügbare Leistungs- und Nutzungspotenzial. Dies kann am besten monetär, aber auch hilfsweise nach Anwendern oder in sonstigen Mengengerüsten ausdrückt werden. Den Instanzen der »Aktivseite« soll letztlich eine messbare Soll-Nutzungskapazität zugeordnet werden, z. B. Lizenzen zu anwenderbezogenen Kosten oder Service und Support zu bestimmten Geschäftsprozessen und Anwendern.

Kapazitäten und Adaptionen bewerten

Wie sich die Soll-Nutzungswerte bestimmen und wie sie auf Organisationen und Anwender verteilt werden können, ist in Tabelle 5.4 als neue Form der Kostenverteilung beschrieben worden.

Mit den kundenspezifischen Adaptionen werden Projektkosten dokumentiert und ähnlich den Kapazitäten den Bereichen zur Nutzungsmessung zugeordnet. Dies kann quantitativ oder monetär erfolgen. Es soll zum Ausdruck bringen, was bisher für bestimmte Organisationsbereiche und Geschäftsprozesse in Adaptionen investiert worden ist. Der Knoten *Anwendungen* dient zum Zuordnen von übergreifenden Kapazitäten oder Adaptionen, die keiner Organisation und keinem Geschäftsprozess zugehörig sind.

Unsere Nutzungsbilanz macht dann einen Verlust, wenn die verfügbaren Kapazitäten und Adaptionen nicht wie geplant ausgeschöpft werden konnten. Unterjährig kann auch so erkannt werden, ob es Verschiebungen zwischen den Bereichen geben kann oder insgesamt die Kapazität erhöht oder nach unten skaliert werden sollte.

Gewinn und Verlust in Nutzungsbilanz

Auf der »Aktivseite« können Gewinne durch zusätzlich ausgeschöpfte Nutzenpotenziale oder Verbesserungen im Nutzungsverhalten (siehe Kapitel 6) erzielt werden.

Grunddatennutzung	Kapazitäten
▸ Organisationen Geschäftsbereich 1 bis n ▸ Anwender ▸ Stammdaten	▸ Infrastrukturkapazitäten ▸ Lizenzen ▸ Service und Support
Bewegungsdatennutzung	**Adaptionen**
▸ Anwendungen 1 bis n ▸ Geschäftsprozesse 1 bis n	▸ Standardlösungsumfang ▸ 3rd-Party-Lösungen ▸ Konfiguration ▸ Anpassungen ▸ Ergänzungsentwicklungen ▸ Eigenentwicklungen ▸ Schnittstellen
Gewinn: Zusätzlich realisierte Verbesserungen und Nutzenpotenziale	Verlust: Negativer Ausschöpfungsgrad

Tabelle 5.13 Die Struktur der Nutzungsbilanz: Kapazitäten und Adaptionen werden auf die Nutzungsbereiche verteilt. Damit wird die Soll-Nutzung bestimmt, die einem Ausschöpfungsgrad von 100 % entspricht.

Für die Aktivseite müssen solche Nutzungsindikatoren – wie Belegvolumen oder Aufruf von Schnittstellentransaktionen – so bestimmt sein, dass die Nutzung nachvollziehbar bleibt. Die Struktur der Aktivseite ist beliebig differenzierbar nach Organisationsbereichen. Die inhaltlichen Strukturen können sich an den bisher dargestellten Vorschlägen orientieren.

Die Nutzungs-GuV macht die Gewinne und Verluste im Analysejahr deutlich. Sie besteht aus folgenden Komponenten:

▸ Der Aufwand bestimmt sich durch die aktuellen IT-Kosten des SAP-Systems und den eventuell nicht erreichten Ausschöpfungsgrad der geplanten Nutzung, d. h., dass die Investitionen in Kapazitäten und Adaptionen, die ins Leere gelaufen sind, als »entgangener Gewinn« und somit als Verlust gewertet werden.

▸ Die Erlöse werden gleichgesetzt mit der aktiven Nutzung und den zusätzlich im Jahr realisierten Verbesserungspotenzialen.

> **Nutzungs-GuV**
>
> **Aufwand**
> - Bereitstellungskosten
> - Anwenderkosten
> - ungeplanter Mehrverbrauch
> - negativer Ausschöpfungsgrad der geplanten Nutzung
>   - Abweichung von geplanten Nutzungswerten
>   - weniger aktive Anwender
>
> **Erlöse**
> - aktive Nutzungswerte der Organisationen und Prozesse
> - aktive Anwender
> - realisierte Verbesserungs- und Nutzenpotenziale
>   - erhöhter Ausschöpfungsgrad von Nutzungspotenzialen
>   - zusätzlich realisierte Verbesserungen aus neuen Maßnahmen

> **Nettogewinn/-verlust**
>
> Um einen »Gewinn« zu erzielen, sollte die Abweichung von der geplanten Nutzung möglichst gering sein und es sollten Verbesserungen gesucht und realisiert werden.

Insgesamt fördert die so dargestellte Bewertung der Nutzung das langfristige Denken über das genehmigte Projektbudget hinaus. Auch können CFO oder CEO mit einer solchen Bewertungsmethode von richtigen Maßnahmen wie Intensivierung der Nutzung und kontinuierlichen Verbesserungsanstrengungen leichter und nachvollziehbar überzeugt werden.

6 Verbesserungspotenziale suchen – Nutzung intensivieren

Verbesserungspotenziale in der Nutzung von SAP-Systemen sind sehr stark vom Unternehmenskontext abhängig. Es gibt nur selten absolute und immer gültige Verbesserungsansätze. So kann eine bestimmte Form der Nutzung unerwünscht sein – z. B. manuelle Änderungen in der Faktura – oder umgekehrt kann das Fehlen einer Aktivität – z. B. keine Verwendung von Planungsfunktionen – schon das Verbesserungspotenzial zeigen. Doch was es gibt, sind allgemein verwendbare heuristische Suchschemata oder Vorgehensweisen, die immer wieder helfen können, Kosten zu reduzieren oder die Qualität und Effektivität zu erhöhen.

Heuristische Suchschemata

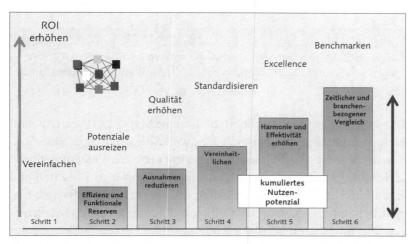

Abbildung 6.1 Heuristische Vorgehensweise, um Verbesserungen in der Nutzung von SAP-Systemen zu realisieren

Die in Abbildung 6.1 dargestellten sechs Schritte gruppieren solche Suchstrategien, die auf den in den vorangegangenen Kapiteln dargestellten Kennzahlen und Referenzstrukturen aufbauen. Sie werden in den folgenden Abschnitten erläutert und abschließend zu einem fortlaufenden Wartungsplan für Verbesserungen in der Nutzung zusammengeführt. Denn das empfohlene Vorgehen darf sich nicht nur in einer einmaligen Projektanstrengung erschöpfen, sondern muss als eine kontinuierliche Aufgabe betrachtet werden, da sich immer wieder neue Möglichkeiten für Verbesserungen auftun, die auf der anderen Seite durch veränderte Anforderungen und wechselnde Transformationsziele ständig konterkariert werden.

6.1 Nutzung vereinfachen

Einfachheit ist ein Wert an sich. Sie ist ein Kennzeichen für Effizienz und einen hohen Grad an Abdeckung der Anforderungen:

> »Ein System ist erst dann perfekt,
> wenn man nichts mehr weglassen kann!«
> (Antoine de Saint-Exupéry)

Übersichtlichkeit, Klarheit, Transparenz

Übersichtlichkeit, Klarheit oder Transparenz sind das Produkt einer einfachen, aber anforderungsgerechten Gestaltung. Die Nutzung wird dadurch für alle beteiligten Anwender, insbesondere für neue Mitarbeiter oder Außenstehende, leichter nachvollziehbar.

> **Beispiel für einfache und klare Gestaltung**
> Die Positionstypen der Verkaufsbelege entsprechen den Geschäftsarten *Lagerverkauf* und *Kundenkonsignation* und gelten für alle Organisationseinheiten.

Das Gegenteil von Einfachheit ist Komplexität. Meist werden und bleiben Ansätze unnötig kompliziert, weil Altlasten mitgezogen, Sonderanforderungen erfüllt und gleichzeitig mehrere widersprüchliche Ziele verfolgt werden müssen. Auch machen unnötige Varianten und eigentümliche Terminologien jedem das Leben schwer, der sich neu einarbeiten muss. Komplexität führt am Ende zu massiven Ineffizienzen und unlösbaren Konflikten, die nur durch einen radikalen Neuanfang gelöst werden können.[1]

---

1 Das war im Prinzip die Botschaft des Business Process Reengineerings von Hammer und Champy [HaCh03]. Zur Vermeidung der Radikalkur empfiehlt Hammer inzwischen eine frühzeitige Prozessanalyse.

> **Beispiel für komplexe Gestaltung**
> Jede Organisationseinheit hat eigene Positionstypen für *Lagerverkauf* und *Kundenkonsignation* mit jeweils abweichenden Bezeichnungen. Für eine Abwicklung mit einem bestimmten Großkunden wurde ein weiterer Positionstyp gewählt, um eine EDI-Schnittstelle anzusteuern.

Die Konsequenz aus diesen Erkenntnissen ist, dass einmal im Jahr eine Vereinfachungskampagne durchgeführt werden sollte, die auf Basis der faktischen Nutzung die Notwendigkeit und Relevanz der Gestaltungselemente hinterfragt und sie gegebenenfalls »bereinigt« und »reduziert«:

Vereinfachungskampagne

- Aus der Anwendung und den Geschäftsprozessen werden nicht mehr genutzte Elemente eliminiert oder zumindest deaktiviert, bis sich jemand beschwert.
- Rudimentär und selten genutzte Funktionen, Prozesse, Stammdaten etc. werden identifiziert und sollten entweder durch Intensivierungsmaßnahmen vorangebracht oder bei verloren gegangener Bedeutung ausgesondert werden.
- Sehr segensreich für alle Beteiligten ist auch eine Überprüfung und Vereinfachung der gewählten Bezeichnungen z. B. durch neue Mitarbeiter. Hierbei kann mit ein wenig Aufwand viel Klarheit gewonnen werden, insbesondere wenn Gleiches auch gleich benannt wird.

Für eine weitgehende Vereinfachung kann auf die in den vorangegangenen Kapiteln beschriebene Faktenbasis zugegriffen werden. Dieser Verbesserungsschritt ist die Voraussetzung, um das nächste Level der betriebswirtschaftlichen Verbesserungsmaßnahmen angehen zu können, die sich auf intensiv genutzte Themen konzentrieren und die gering genutzten oder auslaufenden Objekte ignorieren sollten.

6.1.1 Bereinigen

Das Bereinigungspotenzial bei nicht (mehr) genutzten SAP-Objekten sollte periodisch ausgeschöpft werden. Irrelevante Objekte müssen aus dem System immer wieder neu herausgefiltert werden. Nicht mehr genutzte Organisationseinheiten, Prozesse und Stammdaten induzieren ansonsten weitere Kosten wie Dokumentations-, Test- und Betreuungsaufwand.

6 | Verbesserungspotenziale suchen – Nutzung intensivieren

Flächendeckendes Archivierungskonzept

Ausgangspunkt ist ein flächendeckendes Archivierungskonzept für die großen Bewegungsdatentabellen, deren Schwerfälligkeit ansonsten das ganze System und jede Transaktion oder Auswertung mit Bezug zu den Tabelleninhalten lähmt. Aus der IBIS RBE Plus-Analysepraxis können hier fast schon kulturell zu nennende Unterschiede zwischen europäischen und amerikanischen SAP-Anwendern abgeleitet werden. Letztere sind nicht sehr archivierungsfreudig.

Beispiele für Top-Mengengerüste als Indiz für Archivierungsbedarf
▸ 450.000.000 Änderungsbelege
▸ 305.000.000 CO-Einzelposten
▸ 120.000.000 Buchhaltungsbelege
▸ 120.000.000 Materialbelegpositionen
▸ 120.758.160 Nachrichtenstatus
▸ 2.700.000 Materialstämme

Das Archivieren ist dabei als eine spezielle Bereinigungsmethode für Stamm- und Bewegungsdaten anzusehen. Auch archivierte historische Daten befinden sich noch im Zugriff für Analysen und Recherchen. Nicht mehr genutztes Customizing oder obsolete Kundentransaktionen haben allerdings nur einen Erinnerungswert. Hier können andere Bereinigungsmethoden vom Entziehen von Berechtigungen, Sperren, dem Entfernen von Rollen und Ausblenden über das Umhängen bis hin zum Löschen eingesetzt werden. Je nach SAP-Element gibt es dabei ganz unterschiedliche Wege, um »unnütze« Objekte vorläufig oder endgültig verschwinden zu lassen.

Bereinigungsmethoden

Das Bereinigungspotenzial wie in Abbildung 6.2 gezeigt ist dabei in ganz unterschiedlichen Bereichen der SAP-Lösung identifizierbar und jeweils mit einer spezifischen Methode anzugehen.

Übersicht bei Organisationselementen

Bei Organisationselementen ist es auch anzuraten, die Übersichtlichkeit durch Löschen der Zuordnungen nicht mehr genutzter Organisationen, Testorganisationen und Standardorganisationen herzustellen. Vorher müssen die alten Bewegungs- und Stammdaten für Organisationsbereiche archiviert sein, die nicht mehr relevant oder bei einer Reorganisation weggefallen sind. Nach Archivierung der Stamm- und Bewegungsdaten können diese Customizing-Einstellungen zurückgesetzt werden.

Nutzung vereinfachen | 6.1

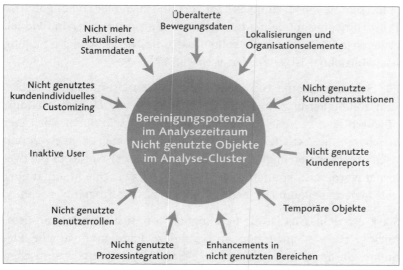

Abbildung 6.2 Bereinigungspotenzial im Analysezeitraum nicht genutzter Objekte

Für nicht mehr genutzte Kundentransaktionen und Kundenreports empfiehlt sich in einer ersten Phase das Zurückziehen oder Sperren von Berechtigungen. Das heißt, der Zugriff auf Transaktionen sollte nur noch ausnahmsweise bestimmten Mitarbeitern möglich sein. Auf diese Weise kann auch das Gegenargument überprüft werden, dass bestimmte Transaktionen nur einmalig oder sehr selten, aber dafür trotzdem notwendigerweise angelegt worden sind. Bei Transaktionen ist es insbesondere empfehlenswert, einen Analysezeitraum von zwölf Monaten zu wählen, weil es für Transaktionen und Reports, die in diesem Zeitraum nicht genutzt worden sind, kein Argument gibt, sie aktiv zu halten.

Nicht mehr genutzte Transaktionen und Reports

Ein klassisches Bereinigungspotenzial bieten auch temporäre Objekte, die sich in Produktivsystemen befinden. Dies können vorübergehend angelegte Auswertungen oder sonstige Ad-hoc-Entwicklungselemente sein, die später nicht oder auf andere Art und Weise in normale Elemente überführt worden sind. Diese sollten entfernt werden. Im SAP-Basisbereich gibt es noch eine ganze Reihe von Objekten, wie Erweiterungen, Anpassungen oder Modifikationen, die, sofern sie in nicht genutzten Bereichen manifestiert sind, auch aus dem System oder aus der Wartungsbetrachtung entfernt werden können.

Temporäre Objekte

6 | Verbesserungspotenziale suchen – Nutzung intensivieren

Prozessintegration Sehr teuer in der Wartung und im Test sind auch nicht mehr genutzte Prozessintegrationselemente wie IDocs, Formulare oder individuell erweiterte BAPIs. Auch sie sollten, falls die Nichtnutzung eindeutig nachvollziehbar ist, eliminiert werden.

Inaktive Benutzer Für Benutzerstämme von nicht mehr aktiven Usern gilt Ähnliches. Hier sollte allerdings beachtet werden, inwieweit Dokumentationspflichten eine gewisse Aufbewahrungsfrist vorschreiben: Nach vier Wochen ohne Aktivität könnte man diese Objekte z. B. sperren und nach drei Monaten ungültig setzen. Wenn beispielsweise ein User gelöscht worden ist, können seine Aktivitäten bzw. seine Identität über Belegdatentabellen nicht mehr so einfach nachvollzogen werden.

Customizing und Stammdaten Stark vernachlässigt ist die Bereinigung von nicht genutztem Customizing. Hier ist anzuraten, insbesondere kundenindividuelle Elemente, die nicht mehr verwendet werden, systematisch zu löschen oder auf andere Weise aus der Anwenderperspektive zu entfernen. Nur mithilfe spezieller Analyseverfahren wie RBE Plus ist es möglich, die Verwendung von Customizing auf Nutzung wirklich zu überprüfen, auf diese Weise kann nicht genutztes Customizing auch definitiv aus dem System entfernt werden, um insgesamt für alle Beteiligten mehr Übersichtlichkeit zu schaffen. Gleiches gilt auch für nicht mehr aktualisierte oder nicht mehr aktuelle Stammdaten, die ebenfalls kaum oder nicht in Verwendung sind. Hier sollte die Archivierungsmöglichkeit oder ein Löschkennzeichen verwendet werden.

Auslaufsteuerung Das Bereinigen von nicht mehr relevanten Elementen ist in der Aufgabenstellung vergleichbar mit der Auslaufsteuerung oder der Verschrottung von Produkten, die am Ende ihres Lebenszyklus stehen. Auch in der Softwareindustrie sollten solche Lebenszyklusmodelle zum Standard gehören und auch im Rahmen der Software durch entsprechende einheitliche Steuerungsmechaniken unterstützt werden. Die richtige Lösung wäre nicht ein Versionskonzept oder auch nicht das Setzen eines Gültigkeitsdatums, das für viele Einsatzfälle nicht möglich ist, da das Ende einer Nutzungszeit unbekannt ist. Der richtige Ansatz wäre vielmehr, dass man die Gültigkeit von Elementen durch Setzen eines Lebenszyklusstatus steuern und damit beenden kann. Basierend auf einem Status *Bereinigen*, kann eine intelligente Auslaufsteuerung die richtige Bereinigungsmethode anstoßen, auf Alternativen oder Nachfolgefunktionen hinweisen, je nachdem, was für das Objekt und diesen Lebenszyklusstatus sinnvoll ist.

Die Nutzungsanalytik könnte auf diese Art und Weise mit einer eingebauten Softwarefunktion verbunden werden, die einen Hinweis gibt, dass das Ende eines Lebenszyklus für ein bestimmtes Element erreicht ist oder naht. Dies würde eine konsistente Abwicklung ermöglichen, insbesondere von zentralen Steuerungselementen, die auch Konformitätsanforderungen und Dokumentationspflichten unterliegen.

6.1.2 Reduzieren

Die nächste Herausforderung sind die Randbereiche der aktiven Nutzung: Hier geht es um aktive und genutzte Elemente der Unternehmenssoftware, die nur selten oder punktuell verwendet werden. Was bedeutet das? Zunächst darf dies vorkommen bei periodischen Aktivitäten im Finanzwesen oder bei Sonderabwicklungen wie Retouren, die zwar notwendig sind, aber doch nur ausnahmsweise vorkommen sollten. Ansonsten ist eine seltene Verwendung ein Hinweis auf geringere oder schwindende Relevanz, die überprüft werden sollte!

Ein weiterer analytischer Ansatz, um geringe Nutzung von Prozessen, Stammdaten oder Transaktionen zu erkennen, ist die Schwellwertsetzung bei der Evaluierung. So kann auch ein breiteres Bild über die unterschiedliche Intensität der Nutzung gewonnen werden, um dies in der Diskussion mit der Fachabteilung auf Fakten basierend und fundiert zu klären. Was kann doch noch weggelassen werden?

Die Königsdisziplin der Reduktionsmaßnahmen ist es, die Variantenzahl von Steuerungselementen, wie zum Beispiel Vertriebsbelegarten, Organisationselementen oder Stammdatensteuerungsfeldern wie Positionstypengruppen im Materialstamm, auf ein sinnvolles und notwendiges Maß zu verringern. Die Komplexität an dieser Stelle ist meist entstanden durch Fehlen eines Variationskonzepts, d. h., die Varianten wurden nicht nach einem Schema oder einem Designprinzip ausgeprägt, wie z. B. nach Geschäftsarten, sondern ihre Ausprägung war dem Zufall überlassen. Es kann einerseits eine organisatorische oder am Geschäftsmodell orientierte Variation gegeben haben, oder es lag im Belieben des Beraters, der an dieser Stelle für das Customizing zuständig war und eine Sonderanforderung kreativ umgesetzt hat.

Ausrangieren von Varianten

Die Reduktion muss deswegen dort ansetzen, wo über die Nutzungsprofile (siehe Abbildung 3.4 in Kapitel 4) nachweisbar ist, dass:

- Intensität der Nutzung relativ gering ist
- im Zeitverlauf die Nutzung unterbrochen und rückläufig ist
- die organisatorische Verteilung auf eine lokale Lösung schließen lässt

Nutzungsverteilung Bei der zeitlich diskontinuierlichen Nutzungsverteilung oder nur einmaligen Nutzung kann geprüft werden, ob die Grundlage für den Geschäftsprozess inzwischen weggefallen ist. Die allgemein geringe Nutzungsintensität einer Belegart kann begründet sein in ihrer grundsätzlich vielleicht seltenen Anwendbarkeit oder in der Tatsache, dass der zugrunde liegende Prozess sehr außergewöhnlich, sehr speziell ist oder vielleicht nur einen Sonderfall darstellt, der letztlich nicht in dieser Ausprägung unterstützt werden sollte.

Reduktionsprüfung Die Reduktionsprüfung kann in Zweifelsfällen auch vertieft werden durch die Frage: Wie viele Anwender nutzen eine bestimmte Prozessvariante? Wenn auch dies nicht ausreicht, kann sie darüber hinaus mit dem betriebswirtschaftlichen Umsatzwert korreliert werden, wobei eine relative höhere monetäre Bewertung nicht notwendigerweise die Prozessvarianten rechtfertigen kann. Einzig ein besonderes Alleinstellungsmerkmal, das die Prozessvariante bietet, kann hier als Veto-Check dienen – etwa wenn eine spezielle Abwicklung mit einem Großkunden unabdingbar ist, z. B. in der Automobilindustrie. Hier kann in einem Workshop in gezielter Diskussion mit den Fachbereichsverantwortlichen schnell geklärt werden, ob und welche Vereinfachungsmöglichkeiten hier schlummern.

Handlungsfelder Reduktion bedeutet an dieser Stelle, wieder zu klaren Prinzipien zurückzukommen und die gering oder nur wenig abweichenden Varianten wieder zu ihren Grundformen zusammenzuführen. Ähnlich wie in der Bereinigung stehen auch hier, wie aus Abbildung 6.3 ersichtlich ist, bestimmte Handlungsfelder im Vordergrund.

Komponenten mit einer geringen Aktivität geben einen signifikanten Hinweis darauf, dass auch eine Gruppe von Transaktionen oder ein ganzer Bereich von Paketen mit mehreren Tabellen und Programmen wenig Aktivität ausweist. Für solche Komponenten sollte genau hinterfragt werden, welchen Nutzen sie noch stiften oder welches Anwendungsproblem dort existiert. Die Behebung einer grenzwertigen Nutzung heißt nicht in jedem Fall, zu bereinigen und zu eliminieren, sondern kann auch bedeuten, dass durch Nachschulungsmaßnahmen und durch Verbesserungen an der Anforderungsabdeckung der gewählten Konfiguration, an Stammdaten oder sonstigen Elementen die Einsatzfähigkeit wieder erhöht werden kann.

Abbildung 6.3 Reduktionspotenzial im Analysezeitraum wenig genutzter Objekte

Ein ganz wichtiges Phänomen sind wenig genutzte Stammdaten, was sich je nach Typ durch eine hohe Nichtnutzungsquote in Verbindung mit relativ wenigen Neuanlagen und Änderungen ausdrückt. Dies ist entweder ein Hinweis darauf, dass in diesen Stammdaten ein hoher Altdatenbestand vorliegt, der nicht genutzt wird und der als Ballast aus dem System archiviert wird oder beseitigt werden kann, oder dass die Stammdatenpflege selbst vernachlässigt wird. Wenn es sich um Kundenstammdaten handelt, ist es sofort als kritisch einzustufen, wenn es z. B. Bonusabsprachen oder Vertriebspromotionen sind, deutet dies auf einen Bedeutungsverlust hin. Letztlich ist die Frage zu klären, ob es, ähnlich wie bei Bewegungsdaten, ein Hinweis darauf ist, dass hier ein Schiefstand in der Anforderungsabdeckung der Stammdatenverwendung vorliegt.

Bedeutungsverlust von Stammdaten

Für wenig genutzte Kundentransaktionen und Reports ist es sinnvoll, sie mithilfe eines Schwellwertkonzepts in unterschiedliche Kategorien einzustufen und damit auch Service Levels für die weitere Betrachtung und die Verfolgung im Lebenszyklus einzuordnen. Eine

Schwellwerte und Service Levels

hilfreiche Kategorisierung kann z. B. einen Schwellwert von weniger als drei Anwendern und weniger als 360 Aufrufen im Jahr setzen. Das heißt, diese Transaktion wird nicht täglich und nur von einer ganz exklusiven Gruppe von zwei Anwendern aufgerufen. Was dies bedeuten kann, wurde schon in den entsprechenden Kapiteln zum Risiko und zur Systemnutzung ausgeführt. Es ist aber letztlich auch ein Hinweis darauf, dass diese Transaktion keines besonderen Supports bedarf und in Tests und sonstigen Bereichen nicht in den Vordergrund gerückt werden muss. Sinkt die Nutzungsintensität über das Jahr gesehen weiter ab, etwa auf unter 50 Aufrufe, kann festgestellt werden, dass die Verwendungsrelevanz dieses Transaktions- oder Programmobjekts sich dem Auslaufen nähert. Für wenig genutzte, temporäre Objekte gilt Ähnliches wie hinsichtlich des Bereinigungspotenzials. Ihre Nutzung oder ihre Existenz in einem Produktivsystem ist auf jeden Fall infragezustellen. Gleiches gilt für Erweiterungen, wie Customer Exits oder Zusatzfelder, in wenig genutzten Komponenten und Paketen. Die geringe Nutzung ist ebenfalls ein Hinweis darauf, dass bei ihnen ein massives Anforderungsdefizit besteht und die Verwendung überprüft werden sollte. Aufgrund der Wartungsintensität von Erweiterungen ist eine solche Überprüfung immer wieder anzuraten.

Prozessintegration planen

Was kann es bedeuten, wenn die Prozessintegration sehr geringe Nutzungswerte aufweist? Dies muss nicht damit zusammenhängen, dass die Nutzung zurückgegangen ist, sondern kann auch darauf zurückzuführen sein, dass dort eine periodische oder eine zyklische Aktualisierung über Schnittstellen ausreichend ist. Allerdings muss dies überprüft werden, da nicht wie bei den Sonderprozessen, wie Retouren oder Jahresabschlussbuchungen, die seltene Verwendung von vornherein offensichtlich ist. Die erwünschten Werte gerade für Schnittstellenaktivitäten müssen geplant werden, um sie auch nachzuvollziehen.

Wenig verwendete Benutzerrollen

Für wenig verwendete Benutzerrollen wurden bereits Hinweise in Abschnitt 2.4 gegeben. In diesem Zusammenhang ist die Frage zu beantworten, ob es Absicht war oder ein organisatorisches Konzept bei der Rollendefinition gefehlt hat. Je nach Zielsetzung muss die Rolle in ihrem Umfang reduziert bzw. ihre Passgenauigkeit verbessert werden. Gering aktive User wurden ebenfalls bereits problematisiert. Sie sind teuer, da sie Fixkosten verursachen. Ist ihre Nutzungsintensität des Systems dem erwünschten Wert gegenüber nicht ausreichend, müssen sie über Nachschulungen motiviert oder durch die Überprüfung der Nutzerkategorie richtig eingestuft werden.

Schließlich gelangen wir wiederum an den Ausgangspunkt der Diskussion: Was ist mit wenig genutztem Customizing, was mit wenig genutzten Prozessen zu tun? Hier kann man ebenfalls mit einem Nutzungsplanwert arbeiten, mit Zielsetzungen, aber auch mit negativen Werten, die steuern, dass bestimmte unerwünschte Prozesse eben einen Wert nicht überschreiten. Wenn eine Rückstandsbearbeitung z. B. unerwünscht ist, ist es ein Zielwert, möglichst wenige Rückstandsbearbeitungen zu aktivieren.

Randprozesse nachvollziehen

6.2 Potenziale ausreizen

Die Standardfrage vieler Geschäftsführer an die IT ist: Können wir mehr aus unserem SAP-System herausholen? Liegen in der verfügbaren Standardsoftware noch Bereiche brach? In den bisherigen Ausführungen sind schon einige Instrumente dargestellt worden, die helfen können, Potenziale aufzudecken. Zusammenfassend kann man diese Instrumente als *spezifische Potenzialprüfungen* bezeichnen. Als wichtigster Ansatz soll in Abschnitt 6.2.1 die Automatisierung detailliert diskutiert werden – es geht vor allem darum, wie sie erhöht werden kann, um die Effizienz zu verbessern.

Es gibt allerdings auch *unspezifische Potenziale*, nach denen gesucht werden kann. Für diese Suche gibt es aber keinen Algorithmus oder Data-Mining-Ansatz, sondern es müssen die Voraussetzungen geschaffen werden für einen möglichst produktiven Dialog zwischen Anwendern und Experten.

Für eine Potenzialsuche wird deswegen vonseiten der Nutzungsanalyse eine vollständige und auf vielfältige Potenziale hin prüfbare Faktenbasis benötigt, die eine detaillierte, aktuelle Dokumentation eines SAP-Systems in seinen Ausprägungen und versteckten Winkeln und aus unterschiedlichsten Perspektiven wie Customizing, Stammdaten und Bewegungsdaten bietet. Sie sollte deswegen mindestens einmal im Jahr erneuert werden, um stets in möglichst aktuellem Zustand vorzuliegen, und kann auch für die unterschiedlichsten Berichterstattungen oder Dokumentationspflichten verwendet werden.

Faktenbasis für Potenzialsuche

Faktenbasis für Potenzialsuche am Beispiel des Kundenauftrags

Das Erkennen der Nutzungssituation kommt mit drei relevanten Details zum Kundenauftrag aus, um Art und Umfang der Nutzung festzustellen:

- Verwendung Verkaufsbelegarten
- Verwendung Verkaufspositionstypen
- gesperrte Positionen nach Positionstypen

Demgegenüber gibt es 39 Aspekte, die die Potenzialanalyse liefern sollte:

1	**Kundenaufträge**
1.1	Belegarten Kundenaufträge
1.2	Positionstypen Kundenaufträge
1.3	Positionstypen – Verkaufsbelegarten
1.4	Vorgängervertriebsbelegtypen Aufträge
1.5	Nachfolgevertriebsbelegtypen Aufträge
1.6	Kennzeichen Verkaufsbelegarten
2–9	**Spezielle Auftrasgarten**
2.1	Belegarten Kostenlose Aufträge
2.2	Positionstypen Kostenlose Aufträge
3.1	Streckenabwicklung
4.1	Verkaufsbelegarten Reparaturaufträge
4.2	Verkaufsbelegarten Reparaturaufträge Service
4.3	Barverkäufe und Sofortaufträge
5.1	Fakturakennzeichen
6.1	Sonderbestandskennzeichen und Stücklisten
6.1	Positionstypen Leihgut
6.2	Positionstypen Konsignation
7.1	Sonderbestandskennzeichen
7.2	Positionstypen – Sonderbestandskennzeichen
7.3	Konsignationsentnahmen
8.1	Stücklistentypen
8.2	Kontierungstypen
9.1	Verbrauchskennzeichen
9.2	Verbrauchskennzeichen – Positionstypen
10–11	**Einteilungen und Bedarfe**
10.1	Einteilungstypen
10.2	Einteilungstypen – Bestellanforderungen
10.3	Bestellart – Einteilungstyp

10.4	Bewegungsarten – Einteilungstypen
11.1	Bedarfsart
11.2	Bedarfsart – Positionstyp
12–14	**Integration Rechnungswesen und Projektsystem**
12.1	Kalkulationsschema Einzelkalkulation
12.2	Erzeugniskalkulation
12.3	Kalkulation ohne Mengengerüst
12.4	Kalkulationsvarianten
12.5	Zuschlagsschlüssel Kalkulationsschema
13.1	Kreditkontrollbereich – Verkaufsbelegart
13.2	Risikoklasse – Verkaufsbelegart
14.1	Projektbezogene Kontierungstypen
15	**Anwender**
15.1	Dialoganwender, die 80 % der Kundenaufträge erfasst haben
15.2	Dialoganwender, die 80 % der Kundenaufträge geändert haben

Eine Potenzialanalyse bedeutet eben, dass neben der Nutzung auch die Nichtnutzung eines Bereichs überprüft werden muss, um eventuelle funktionale Reserven zu identifizieren.

Diese Faktenbasis mit 39 Aspekten liefert dann den Leitfaden für eine intensive Diskussion zwischen Experten und Hauptnutzern. Dabei kann gezielt herausgefunden werden, wie Expertenempfehlungen mit dem konkreten Kontext des Unternehmens und Herausforderungen der Fachabteilung mit der Erfahrung des Experten in Verbindung gebracht werden können. Der Workshop-Aufwand einer Potenzialsuche variiert je nach Themenstellung zwischen zwei und vier Tagen, wobei hier eine dezentrale Nacharbeit und mehrere Workshops durchaus angeraten sind. Herausgelöst aus dem Kontext eines Workshop-Dialogs zwischen Experten und Fachbereichsmitarbeitern, sollten die erkannten Potenziale erschlossen und ein Maßnahmenkatalog erarbeitet werden.

Anwender-Experten-Dialog

> **Fallbeispiel: Workshop Potenzialsuche für die Vertriebsabwicklung**
> Beim Durcharbeiten mit einem großen Mittelständler, der schon viele Jahre SAP-Software einsetzt, standen am Ende des Workshop-Tages 30 Punkte auf der Liste, die gemeinsam von Experten und Anwendern als vielversprechende Maßnahmen identifiziert wurden.

6 | Verbesserungspotenziale suchen – Nutzung intensivieren

> Die Top 10 der konkreten Maßnahmen waren:
> - fragliche Verwendung bestimmter Transaktionen überprüfen
> - Nachschulen in der Pflege wichtiger Stammdatenfelder im Material- und Debitorenstamm
> - Aufgabenverteilung der Mitarbeiter abstimmen
> - Relevanz von bestimmten Prozessvarianten prüfen
> - alternative Abwicklungen in der Disposition erwägen
> - Nutzung des Informationssystems fördern
> - Umgang mit kurzfristigen Aufträgen neu festlegen
> - Verwendung von neuen Standardbelegarten anstreben
> - bessere Dokumentation von Absagen und Sperren
> - Handlungsanweisungen zu bestimmten Änderungen überarbeiten
>
> An dieser Stelle kann auch die Frage beantwortet werden, was eine Verbesserungssuche mittels einer Nutzungsanalyse bringt. Hinter jeden dieser Punkte könnte man eine Kalkulation hängen und auf fünfstellige Beträge kommen. Aber auch die Nutzungsaspekte, die nicht auf so einer Liste landen und positiv bestätigt wurden, sind sehr hilfreich.

Vergleichen und Intensivieren

Ein ebenfalls bereits diskutierter Ansatz ist das Intensivierungspotenzial, d. h., der Vergleich Ist- gegen Soll-Nutzung, der über die Differenz zwischen Plan und Ist Auskunft über nicht ausgeschöpfte Nutzungspotenziale gibt. In Abschnitt 6.2.2 werden die Maßnahmen zur Umsetzung zusammenfassend dargestellt.

Bei Systemvergleichen oder Vergleichen im Zeitablauf erschließt die Potenzialanalyse darüber hinaus weitere Nutzenfelder, da auch alle ihre Details die Unterschiede zwischen SAP-Mandanten oder auch einzelnen Organisationen glasklar offenbaren. Auch die Einarbeitung neuer Mitarbeiter, seien es interne oder externe, kann durch die Dokumentationsform der Potenzialanalyse massiv beschleunigt werden.

Betriebswirtschaftliche Upgrade-Potenziale

Eine Sonderform der Potenzialanalyse bezieht sich auf das betriebswirtschaftliche Upgrade-Potenzial. Es geht um die Fragestellung, ob mit dem neuen Release im Kontext der aktuellen Nutzung nicht durchaus interessante betriebswirtschaftliche Neuerungen angeboten werden, die möglichst schnell der produktiven Nutzung zugeführt werden sollten. Dies ist eine ganz besondere Analyse, die auch außerhalb oder unabhängig von einem technischen Upgrade-Projekt jederzeit durchgeführt werden kann.

Gerade die letzte Analyse kann auch die Frage vieler Manager beantworten, ob in der Anwendung noch einiges brachliegt, was sinnvollerweise eingesetzt werden sollte.

6.2.1 Automatisierung

Wie kann der Automatisierungsgrad eines Geschäftsprozesses erkannt und erhöht werden? Letztlich müssen dafür die Arbeitsteilung bewertet, der Einsatz von Massenverarbeitungstransaktionen und Schnittstellenintegrationen überprüft und die Erfassungs- und Änderungsaktivitäten näher betrachtet werden.

Die erste wichtige Darstellung ist die bereits zum Beginn dieses Buches vorgestellte Produktivitätsmatrix (siehe z. B. Tabelle 6.1), die für einen Fachbereich wie den Vertrieb die relevanten Indikatoren gegenüberstellt:

Produktivitätsmatrix

- Anzahl der Dialoguser
- Belege pro Monat
- Automatisierungsgrad

	Dialoganwender	Belege gesamt ø Monat	Automatisierungsgrad	Belege/Anwender ø Monat
Bestellanforderungen	32	16.147	96,2 %	19
Einkaufsbelege	74	10.205	61,5 %	53
Materialbelege	831	564.217	83,4 %	113
Anlieferungen	38	11.271	74,2 %	77
Rechnungsprüfungsbelege	20	16.868	53,8 %	390

Tabelle 6.1 Produktivitätsmatrix Materialwirtschaft

Der CIO kann auf einen Blick sehen, wie Automatisierung, Arbeitsteilung und Produktivität in den Bereichen aussehen. Es gibt dabei einen interessanten Gegensatz zwischen Produktivität der Mitarbeiter und Automatisierungsgrad. Je höher der Automatisierungsgrad ausfällt, desto geringer wird die Produktivität der Mitarbeiter für die restliche manuelle Belegbearbeitung, weil nur noch die schwierigen Fälle und Sonderabwicklungen übrig bleiben. Auch wenn mehr Mitarbeiter sich die Arbeit teilen, was auf eine dezentrale Abwicklung schließen lässt, sinkt im Allgemeinen die Mitarbeiterproduktivität. Diese Effekte sind aber keine Naturgesetze, sondern sie sollten beobachtet und bearbeitet werden.

Scorecard
Als zweite Darstellung liefert die Scorecard einen Beitrag, um Prozessvolumen und manuelle Anwenderaktivitäten auf Automatisierungspotenziale hin zu prüfen (siehe z. B. Abbildung 3.5 oder Abbildung 3.7 in Kapitel 3). Die Scorecard stammt aus dem strategischen Management und stellt Zusammenhänge dar, um Potenziale noch besser aufdecken zu können. Es wird der Anteil der genutzten an den vorhandenen Dokumentarten bewertet, aber auch die Verwendung von bestimmten Prozessen identifiziert. Auch klassische Effizienzkriterien, wie der Anteil der geblockten oder stornierten Aufträge, werden ausgewiesen. Zusätzlicher Aspekt ist die spezielle Betrachtung der Anwender, bei der es darum geht, die Arbeitsteilung zu identifizieren. Alle diese Kennzahlen liefern Hinweise auf Handlungsmöglichkeiten.

Schwerpunkte der Nutzung
Für die Verbesserung der Automatisierung sollten in erste Linie die Schwerpunkte der Nutzung mit Erfassungs-, Änderungs- oder Integrationsaktivitäten von Interesse sein, wenn es um Technologieeinsatz, Schulungsmaßnahmen oder um Verbesserungsaktivitäten geht, da insbesondere dort eine hohe Wirkung erzielt werden kann. Für Prozesse und Funktionen, die weniger genutzt werden, muss im Einzelfall bewertet werden, ob eine weitere Automatisierung in Betracht gezogen werden sollte.

Erfassungsaktivitäten automatisieren und bewerten
Um die Automatisierung für Erfassungsaktivitäten zu steigern, gibt es mehrere Möglichkeiten. Zum einen können über technologisch getriebene Lösungen wie Scanner, Vorerfassungssysteme, elektronische Kommunikation oder sonstige Schnittstellen, die von Partner- und von Fremdsystemen beschickt werden, Daten in ein SAP-System gebracht werden. An dieser Stelle gibt die Nutzungsanalyse Hinweise, ob es sich für Schwerpunktbereiche der Erfassung, z. B. von Kundenaufträgen oder von Lieferrückmeldungen, lohnt, ein solches System zu erwerben und einzusetzen, weil die entsprechenden Mengen von Datensätzen auch anfallen.

Die zweite Aufgabe der Nutzungsanalyse besteht darin, zu bewerten, ob die Übergaben über Schnittstellen oder automatisierte Verfahren auch erfolgreich sind, sodass die Daten in hoher Qualität ins System gelangen und keine Änderungen oder Folgeprobleme verursachen.

Denn alle Daten, die über Automaten ins System gelangen oder erfasst werden, sollten weiterverfolgt und hinsichtlich ihrer Qualität validiert werden. Diese Aufgabenstellung erfüllt insbesondere die Ausnahmenanalyse in Abschnitt 6.2.1.

Ein weiterer wichtiger Aspekt bei der automatisierten Erfassung ist die Reduzierung der Änderungshäufigkeit durch eine hohe Stammdatenqualität. Auch dort wird entschieden, ob eine Erfassung problemlos abläuft oder durch zu viele Dialogschritte und Überarbeitungen sehr aufwendig ist. Die Automatisierung ist auch bei manuellen Aktivitäten wichtig, da vieles einfacher abläuft und zu leisten ist, wenn Stammdatenkonstrukte wie Preisfindung, Partnerfindung und Kontenfindung reibungslos funktionieren und nicht zu manuellen Eingriffen führen. Diese transaktionale Automatisierung ist messbar über die Häufigkeit der Dialogschritte bei gleichartigen Geschäftsvorfällen.

Transaktionale Automatisierung

Der nächste Aspekt der Automatisierung liegt in der Nutzung aller integrativen Vorteile. Hier basiert die Automatisierung auf der Durchgängigkeit der Weitergabe von Daten, die einmal im System erfasst worden sind. Ein typisches Beispiel ist hier die Übernahme von Daten aus Angeboten in Kundenaufträge. Dies setzt sich aber durch das System fort, und es muss überprüft werden, ob an bestimmten Stellen neue Daten eingeschleust werden, die zu einen höheren Erfassungsaufwand führen als Daten, die zu einem früheren Zeitpunkt über die entsprechenden Zugänge erfasst werden. Ein Beispiel ist die Erfassung von Rechnungen, die an sich schon als Bestellungen auf der Lieferantenseite oder als Kundenaufträge auf der Verkaufsseite im System vorhanden sein müssten. Die integrative Automatisierung innerhalb eines ERP-Systems hat den Effekt, dass durch möglichst frühe Erfassung von Daten in nachgelagerten Bereichen des Systems weniger Erfassungs- und Änderungsaktivität notwendig ist. Doch das kann auch mit Problemen verbunden sein, deswegen müssen Verlagerungseffekte der Erfassungsautomatisierung auf manuelle Änderungsaktivitäten oder manuelle Überarbeitung später im Prozess genau geprüft werden.

Integrative Automatisierung

Insgesamt kann auch ein Beitrag der Nutzungsanalyse in der differenzierten Bewertung von automatischen und manuellen Abwicklungen liegen, die über alle Geschäftsprozesse hinweg durchgeführt wird. Es kann ein Zweifelsfall sein, wenn ein Dialoguser eine Massenverarbeitungstransaktion anstößt oder aber wenn eine automatische Integration durch einen manuellen Benutzer überarbeitet werden muss. Genau diese Grenzfälle müssen aber besonders überprüft werden, da dort Reibungsverluste auftreten können. Für die Messung von Effizienzen und für die weitere Analytik ist es auch wichtig, Geschäftsvorfälle in Prozessvarianten aufzuteilen, je nachdem, ob ihre Herkunft einen automatischen oder einen manuellen Erfassungscharakter hat. Diese Anforderung erfüllt beispielsweise die Prozess-Pipeline-Analyse (siehe Abschnitt 5.1.3).

Die automatisierten Aktivitäten als solche sind ersichtlich in der Analyse zur Prozessintegration und sollten speziell auch über die Kontrolle von Hintergrundverarbeitung und terminierten Batchjobs sichtbar sein, bei denen es auch darum geht, den Verarbeitungszeitpunkt richtig zu bestimmen. Schließlich gibt es noch ganz spezielle Formen der Automatisierung, die zu beachten sind, beispielsweise Workflows, die ebenfalls an bestimmten Stellen Hilfestellung geben können und eine Vorgangsbearbeitung automatisieren. Auch bestimmte Massenverarbeitungstransaktionen sollten beachtet werden, deren Aufruf und Nutzung hilfreich sind. Sie sollten auch mit einem Planwert versehen werden.

6.2.2 Intensivierung

In Abschnitt 5.2 wurde bereits die Notwendigkeit einer intensiven Nutzung und Auslastung der bereitgestellten Kapazitäten nachgewiesen und empfohlen. Doch wie kann dieses Ziel erreicht werden, und wann und wo ist ein Intensivierungsbedarf gegeben?

Intensivierung der Nutzung bringt 15 %

Die Intensivierung der Nutzung, insbesondere nach Änderungen oder Reorganisationen, kann noch einiges an zusätzlicher Wirkung bringen. Wirtschaftlichkeitsplanungen werden nur dann erreicht, wenn alle Änderungen konsequent umgesetzt werden. Man kann von einem Deltaeffekt von +/− 15 % der erhofften Wirkungen ausgehen[2], den man durch Messen und Intensivieren beeinflussen kann.

Selektive Soll-Planung

Die Intensivierung kann insbesondere für die Bereiche und Aufgaben besonders gut verfolgt werden, in denen eine Soll-Planung die entsprechenden Maximal- oder Zielwerte vorgibt. Der Vorteil einer

---

[2] Diese These rechtfertigt auch in anderen betriebswirtschaftlichen Bereichen die Planungsprozesse – Management by Objectives.

selektiven Soll-Planung besteht darin, dass auf den Faktoren geplant wird, die die Wirkung besonders hervorheben, die man sich durch den Einsatz bestimmter Verfahren erwartet.

Eine Intensivierung kann aber auch darin bestehen, dass ein altes Konzept durch ein neues stufenweise abgelöst wird. Hierbei kann die Intensivierung auch im Rahmen eines Übergangskonzepts dadurch verfolgt werden, dass die Einsatzmenge der neuen Belegart kontinuierlich ansteigen muss und die Einsatzmenge der alten Belegart zurückgehen sollte. Friktionen im Rahmen der Übergangsfrist können dadurch auch sehr gezielt kontrolliert und frühzeitig behoben werden.

> **Beispiel: Neue und auslaufende Belegarten für Rahmenverträge**
>
> Ein Unternehmen hat eine neue Belegart für bestimmte Rahmenverträge eingeführt. Nach drei Monaten, sechs Monaten und nach einem Jahr sollte geprüft werden, ob die geplante Intensivierung der Nutzung eintrifft. Für die entsprechende Belegart werden die steigenden Erwartungswerte auf einer Zeitachse geplant. Umgekehrt kann für eine korrespondierende auslaufende alte Belegart der Rückgang in der Nutzung als Schwellwert gegengeprüft werden.
>
> Die organisatorische Intensität der Nutzung kann dadurch überprüft werden, dass sichergestellt wird, ob die entsprechenden Anwender in den richtigen Organisationseinheiten auch mit der neuen Belegart arbeiten.

Das heißt, für die Messung der Intensität können unterschiedliche Ziele gesetzt werden, die sich einerseits auf die Softwareelemente und deren Verwendung und andererseits auch auf die organisatorische Durchdringung beziehen.

Der letzte Fall ist auch ein Beispiel dafür, wie Roll-outs oder Reorganisationen durch einen Intensivierungscheck nachkontrolliert werden können. Ein Roll-out bedeutet, dass zunehmend neue Organisationen, neue Bereiche oder auch neue Erweiterungen in der Software zum Einsatz gelangen sollen. Der Erfolg eines solchen Roll-outs ist sehr wichtig, und die Einführungszeit im Konzern sollte möglichst kurz sein, um eine hohe Integrationswirkung zu erzielen. Eine Reorganisation ist meist damit verbunden, dass Mitarbeitern neue Aufgabenstellungen zugeordnet werden und eine gewisse Einarbeitung und Umstellungsproblematik zu beobachten sind. Auf diese Fragestellungen und Messpunkte, die sich beispielsweise auf den Einsatz richtiger Verfahren durch die richtigen Mitarbeiter beziehen können,

Roll-outs und Reorganisationen

kann dann gezielt geachtet werden, um gegebenenfalls nachzuschulen und nachzusteuern.

Die Intensivierungsplanung baut auf vielen Einzelindikatoren auf, die die Nutzung repräsentieren und Auskunft darüber geben, ob die geplante Zielsetzung oder Maßnahme mit dem verbundenen Nutzenpotenzial auch ausgeschöpft wird.

Verringerung der Gelegenheitsanwender

Im Rahmen der Intensivierung muss als nächste Kennzahl die Quote der Poweruser analysiert werden. Poweruser definieren sich als Anteil der Mitarbeiter, die 80 % der anfallenden Tätigkeiten abarbeiten. Man kann dadurch feststellen, wie die Arbeitsverteilung innerhalb eines Organisationsbereichs oder bezüglich einer Aufgabe ist. Ist der Anteil der Poweruser sehr gering, gibt es sehr viele Gelegenheitsanwender, die relativ selten am System arbeiten und dort eine bestimmte Aufgabe durchführen. Im Rahmen einer Intensivierung ist die Frage zu stellen, ob diese Mitarbeiteraufgaben nicht zentralisiert werden könnten oder ob es umgekehrt sinnvoll wäre, die Poweruser durch Dezentralisierung ihrer Aufgabenstellung zu entlasten. Beide Maßnahmen haben zum Ziel, den Anteil der Poweruser zu erhöhen, was umgekehrt heißt, die Arbeit gleichmäßiger zu verteilen und die Anzahl und den Anteil von Gelegenheitsanwendern zu reduzieren. Dies ist eine zentrale Fragestellung für jede betriebswirtschaftlich-organisatorische Aufgabenanalyse, die sich immer die Frage stellen muss, welche Aufgabenzusammensetzung und welcher Grad der Zentralisierung und Dezentralisierung der richtige ist.

Erhöhung des Softwareabdeckungsgrads

Ein weiteres Intensivierungsziel ist der Softwareabdeckungsgrad, der auch mit Automatisierung zu tun hat. Der Softwareabdeckungsgrad hat hier allerdings eine andere Zielrichtung. Es geht darum, den Anteil der Geschäftsvorfälle im SAP-System zu erhöhen und auf möglichst alle vorkommenden Fälle des Unternehmens auszudehnen. Ist es beispielsweise der Fall, dass viele Angebote nicht in einem SAP-System erfasst werden, sondern erst dann, wenn der Kundenauftrag gewonnen wird, ist die Intensivierungsaufgabe, sie ins System zu verlagern. Durch die frühe Vorerfassung von Daten können auch die Informationsqualität und die Integration gesteigert werden.

Pläne und Analysen ins System bringen

Eine ähnliche Herausforderung gibt es auch für Plandaten oder Planungsprozesse. Hier sollten die Informationen mit den entsprechenden Instrumentarien früh in das SAP-System gebracht werden. Es ist fatal, wenn Planungsinformationen nicht aktuell sind oder außerhalb des Systems liegen, da in diesem Fall die mangelnde Datenqualität und -aktualität zu negativen Folgen in den Folgeprozessen führen können. Ein weiteres Intensivierungsthema sind deswegen auch Analysen. Analysen, die außerhalb eines SAP-Systems stattfinden, lassen darauf schließen, dass im System nicht alle Daten oder eine schlechte Datenaufbereitung vorliegen. Den manuellen Aufwand der Datenaufbereitung – basierend auf einem Excel-Download – kann man nur erahnen. Mangelnde Nutzung von Planung und Analysen weist auf Probleme und Fragestellungen hin, die gelöst werden müssen, um die Qualität des Informationssystems innerhalb des ERP- oder auch eines BW-Systems zu verbessern.

Die tiefste Form der Intensivierung ist die Verfahrens- oder Funktionsintensivierung. Dort geht es wirklich darum, anspruchsvolle Verfahren, wie Preisfindung oder Dispositionssteuerung, in der adäquaten Form, wie die Prozesse es verlangen, einzusetzen und zu aktivieren. An vielen Stellen ist es sehr wichtig, aus den Prozessansprüchen heraus die Verwendung der funktionalen Möglichkeiten zu überprüfen. Dies ist eine Domäne für Experten in den Anwenderunternehmen, die hier Probleme erkennen müssen und Empfehlungen aussprechen sollen, ob ein bestimmtes komplexes Verfahren besser wäre als ein einfaches oder umgekehrt. Ein typischer Bereich sind hier die Dispositionsverfahren, die immer wieder zu Fragestellungen führen, was in welchem Fall für welches Material das geeignete ist.

Verfahren und Stammdaten richtig nutzen

Im Bereich der Stammdatennutzung wurden bereits mehrfach die Intensivierungsaufgaben dargestellt (siehe Tabelle 3.1). Generell geht es darum, dass Pflege und Ausgestaltung der Stammdaten anforderungsgerecht funktionieren sollten. Dies lässt sich insbesondere daran festmachen, ob sich ihre Verwendungs- und Änderungsquote auf einem gewissen Niveau bewegen. Gehen sie zurück, ist dort ein Problem festzustellen, dem nachgegangen werden muss.

Ähnlich wie die Vereinfachungsverfahren müssen Intensivierungschecks periodisch durchgeführt werden. Von höchster Priorität sind dabei solche Elemente, die wartungsintensiv und teuer sind, oder solche Bereiche, die sehr hohe Nichtnutzungskosten verursachen:

Intensivierungscheck

▶ Erste Priorität haben kundenindividuell entwickelte Features und Funktionen, die in der Entwicklung teuer waren und deswegen notwendigerweise auf ihre Nutzungsintensität hin überprüft werden müssen, um frühzeitig nachzusteuern.

> Mit zweiter Priorität sollten strategische Aufgaben intensiviert werden, die bei Falscheingaben oder bei Nichtverwendung Qualitätsprobleme oder Informationslücken verursachen, z. B. im Bereich der Fakturierung, der Materialdisposition oder der Finanzbuchhaltung.

Zwei weitere empfohlene Maßnahmen zur Wirkungsanalyse sind:

> **Nutzungsanalyse der Änderungen**
> Werden die Änderungen von den richtigen Anwendern, in den richtigen Organisationseinheiten und in den richtigen Prozessen wirklich genutzt?

> **Analyse der schleichenden Anforderungsänderungen im Zeitvergleich**
> Wie haben sich die Prozesssituation, die Anwendungsnutzung und die Prozessqualität im Vergleich zum Vorjahr autonom verändert? Gibt es Wechselwirkungen zu den projektierten Änderungen?

Die möglichen Konsequenzen einer zu geringen Nutzung sollten zunächst gezielte Nachschulungen der Anwender zu den problematischen Themen sein. Bei einer festgestellten Anforderungsänderung als Ursache für die geringere Nutzung muss nachgesteuert werden. Das SAP-System sollte angepasst oder der Geschäftsprozess reorganisiert werden.

6.2.3 Funktionale Upgrade-Potenziale

Eine Sonderform der Potenzialanalyse bezieht sich auf das betriebswirtschaftliche Upgrade-Potenzial. Geprüft wird dabei, ob das neue Release interessante betriebswirtschaftliche Neuerungen bietet, die möglichst schnell genutzt werden und dabei die eigenen Entwicklungen ablösen sollten. Diese Analyse kann auch unabhängig von einem technischen Upgrade-Projekt jederzeit durchgeführt werden.

SAP-Kunden stehen alle zwei bis drei Jahre vor der Herausforderung eines größeren Releasewechsels. Zwei Fragen beschäftigen die SAP-Anwender hierbei: Wie kann ich die Kosten für den Releasewechsel möglichst gering halten, und welche neuen betriebswirtschaftlichen Funktionen und Prozesse bieten mir zusätzliche Nutzenpotenziale?

Relevanz von Releaseneuerungen

Zur Bewertung der Potenziale eines neuen Releases ist zunächst eine betriebswirtschaftliche Analyse der aktuell genutzten Standardkomponenten und -prozesse erforderlich. Die Erhebung muss über tatsächlich im System erzeugte Daten erfolgen – nicht über vorhandene Dokumentationen oder Interviews. Viele Analysen haben gezeigt, dass die Wirklichkeit (Systemdaten) und der Anspruch (Soll-Konzepte, Dokumentationen oder Interviews) oft deutlich voneinander abweichen, insbesondere bei sehr langer produktiver Nutzung und stark arbeitsteiligen Prozessen. Mit der Bestimmung der tatsächlich genutzten Funktionen und Prozesse können Schlüsse gezogen werden, welche Neuerungen bei Funktionen und Prozessen des neuen Releases relevant sein können.

Die Ermittlung dieser Daten erlaubt eine Abschätzung des Umfangs und des Aufwands des Releasewechsels, bezogen auf die basisrelevanten Themen. Die betriebswirtschaftliche Sicht der Auswertungen erlaubt Aussagen über die im aktuellen Release aktiven Geschäftsprozesse und Funktionen. So kann etwa fest gestellt werden, dass die Preisfindung aktiv ist, jedoch keine Variantenpreise genutzt werden.

Intelligente Prüfung der Neuerungen

Beispiel für funktionale Erweitungen nach Releasewechsel

Im Bezug auf ein neues Release kann z. B. ermittelt werden, dass die Exportabwicklung im Einsatz ist. Für gesetzliche Meldungen gibt es ab dem neuen Release die Funktionen Intrastat per E-Mail versenden und Intrastat/Extrastat-Daten archivieren.

Beide Funktionen sind nach einem Releasewechsel sicher relevant und müssen im SAP-System eingerichtet werden. Eine Nutzungsanalyse mit Prüfung des Releasepotenzials ermöglicht somit zum einen die Aufwandsschätzung für die Durchführung des Releasewechsels, zum anderen auch die Ermittlung des betriebswirtschaftlichen Potenzials durch das neue SAP-Release.

Aspekt	Relevanz					
	Hoch	Mittel	Niedrig	Keine	Bewertung nicht möglich	
Customizing	0	1	2	50	0	53
Technologie	1	0	5	8	12	26
Stammdaten	0	0	1	0	0	1
Geschäftsfunktionalität	0	2	5	9	0	16

Tabelle 6.2 Relevanzanalyse der Releaseneuerungen im Bereich Materialwirtschaft für einen Beispielkunden (Quelle: IBIS RBE Plus 2010)

6 | Verbesserungspotenziale suchen – Nutzung intensivieren

Aspekt	Relevanz					
	Hoch	Mittel	Niedrig	Keine	Bewertung nicht möglich	
GUI	0	1	1	5	0	7
Prozessfluss	0	0	0	0	0	0
Reporting	0	0	2	1	0	3
	1	4	16	73	12	106

Tabelle 6.2 Relevanzanalyse der Releaseneuerungen im Bereich Materialwirtschaft für einen Beispielkunden (Quelle: IBIS RBE Plus 2010) (Forts.)

Relevanzbewertung

In Tabelle 6.2 wird gezeigt, wie sich eine Relevanzbewertung für Releaseneuerungen für einen konkreten Kunden darstellen kann. Von den 106 untersuchten Neuerungen wurden fünf als wichtig (High oder Medium) für ihn eingestuft. Weitere 16 haben noch eine gewisse Bedeutung (Low) für ihn. Der Rest mit 76 Neuerungen liefert keinen Zusatznutzen, und zwölf können auch trotz Nutzungsanalyse nicht eingestuft werden. Es wird deutlich, dass ein manuelles Durcharbeiten der neuen Features doch etwas ermüdend sein kann, wenn nur jede fünfte Neuerung für den Anwender infrage kommt.

Potential	Releva	Reason	Topic	Effort for Usa	Type of Release No
Functional Enhancements for Transaction MIGO (Changed)	Medium	Functionality in use	Business functionality	No effort	Modification
Integration of Web-based Catalogs in Purchasing (New)	High	Possible new functionality	Technology	Low	New Functionality
Mass Maintenance of Outline Agreements (New)	Medium	Contracts in use	Graphical User Interface	No Effort	New Functionality
Stock Transport Orders: Specification of a Requirement Profile	Medium	Stock transport orders in use	Customizing	Low	Modification
Prepayment of Invoices (New)	Medium	Possible new functionality	Business Functionality	Medium	New Functionality

Abbildung 6.4 Die fünf als wichtig (»High« oder »Medium«) eingestuften Releaseneuerungen

Die fünf interessantesten Neuerungen für unseren Anwender sind in Abbildung 6.4 aufgeführt. Sie sind deswegen für ihn von hoher Bedeutung, weil davon auszugehen ist, dass er auf die Neuerungen wartet, da er den entsprechenden Nutzungskontext bereits aktiv verwendet. Die Integration webbasierter Kataloge vereinfacht die Stammdatenpflege für den Material- und Lieferantenstamm. Die Erweiterungen zu Rahmenverträgen und Umlagerungsbestellungen runden die bestehenden Prozesse ab.

6.3 Prozessqualität erhöhen

Es war immer ein Rätsel, wie in den Business-Process-Reengineering-Projekten der 90er-Jahre die Unternehmensberater versprechen konnten, Geschäftsprozesse mithilfe von Flip-Charts zu optimieren. Viel schlimmer als die Übervorteilung der Kunden, die eben keine optimalen Geschäftsprozesse bekommen, ist aber die falsche Bewusstseinsbildung im Hinblick auf die beste Lösung. Der Anwender und Kunde glaubt, dass er mit den optimierten Geschäftsprozessen eine dauerhafte Lösung für seine Organisation gefunden hat – aber das stimmt nicht, denn die sich laufend ändernden Rahmenbedingungen des Marktes fordern von ihm kontinuierliche Anpassungsmaßnahmen.

Es gibt keinen optimalen Geschäftsprozess

Man kann die Suche nach »optimal« gestalteten Geschäftsprozessen auch als große Augenwischerei betrachten. Denn es gibt für das »Optimum« keine klaren Kriterien, sodass es auch nicht wirklich operabel ist. Ein solchermaßen »momentbezogenes Geschäftsprozessoptimum« wird völlig absurd, wenn man bedenkt, dass vom Zeitpunkt seiner Ausarbeitung bis zum Termin der Realisierung in der Regel Monate vergehen, um die notwendige Software entsprechend anzupassen oder gar neu zu entwickeln. Höchstwahrscheinlich sind dann schon wieder deutlich andere Prozessabläufe besser.[3]

Demnach ist die Prozessverbesserung eine kontinuierliche Aufgabe, für die es immer wieder neuen Bedarf gibt. Wie kann man dabei vorgehen? Welche Möglichkeiten gibt es? Zunächst dazu ein kurzer Rückblick auf bekannte Ansätze.

> »Modelliere, analysiere,
> automatisiere, und alles ist gut!«

So könnte man das Paradigma der klassischen Prozessanalyse auf Basis von Geschäftsprozessmodellen charakterisieren. Die Dokumentation und Visualisierung ist aber nicht mehr als eine Ablaufbeschreibung aus Enduser-Sicht. Die weitergehende, methodische Darstellung von Soll-Konzepten ist eher eine Diskussionsgrundlage für

Geschäftsprozessmodelle

---

[3] Nach einem Beitrag von Thome und Hufgard anlässlich des 60. Geburtstags von Henning Kagermann: *20 Jahre Dialog Ein fiktives Gespräch zwischen SAP und Wissenschaft*, in: Hennig Kagermann – Sein Wirken in den Augen seiner Weggefährten. Universität St. Gallen: 2007: http://admin-vm6.iwi.unisg.ch/kagermann/index.php?id=48. Seitenaufruf am 22.5.2010.

Experten, die sich auf durchgängige und integrierte Abläufe einigen und diese dann umsetzen. Der für eine konsequente Geschäftsprozessmodellierung notwendige hohe Aufwand kann nicht kontinuierlich betrieben werden. Die Modelle bleiben schnell hinter der sich ändernden betrieblichen Realität zurück. Auch wurde in der Vergangenheit versucht, mit einer Methode alle Probleme zu lösen, was dazu führte, dass die Semantik je nach Sachverhalt und Zielgruppe zu komplex oder zu trivial ist. Je nach Kenntnissen des Modellierenden fallen die Modelle zu abstrakt oder zu speziell aus. Muss der Ablauf aus Anwendersicht modelliert werden, oder will man das Integrationsmodell der Software visualisieren? Schon diese beiden Ziele schaffen Widersprüche.

Ausnahmefälle kosten Zeit und Geld

Das wesentliche Kernproblem wurde durch die Modellierung nicht gelöst, wenn die eigentlich zu verbessernden Geschäftsvorfälle nicht erkennbar sind. Der allgemeine, ideale »Normalprozess« steht im Vordergrund. Die Problemfälle, Sonderfälle, Einzelfälle, Spezialfälle und Unfälle fehlen bzw. sind nicht erkennbar. Doch genau diese Ausnahmefälle kosten Zeit und Geld!

Die Erweiterung des Ansatzes führte zum Business Performance Management. Dort wird postuliert: »You can only manage, what you can measure«. Leider wird dieser Satz meist folgendermaßen falsch interpretiert:

> »Miss möglichst viel, und alles wird besser!!!«

Diese Überlegung führt zu sehr aufwendigen, auf Kennzahlen fokussierten Analyseprojekten, basierend auf der Data-Warehouse-Technologie. Nicht eine große Datenmenge und besonders schicke grafische Aufbereitungen helfen weiter. Das Problem liegt eher im richtigen Messkonzept, das auch mit der Änderungsdynamik umgehen kann und auch auf eine Gestaltungsanalyse aufbaut und Wert legt. Denn es müssen Ursache/Wirkungs-Beziehungen erkannt werden.

Bestandsaufnahme der aktuellen Prozessnutzung

Eine Voraussetzung ist deswegen immer, zunächst einmal eine Bestandsaufnahme der aktuellen Prozessnutzung durchzuführen, um ein Verständnis für die aktuell gelebten Prozesse zu gewinnen. Dabei gibt es immer wieder Überraschungen, denn wer kennt die aktuell gelebte Ablauforganisation in seinem Betrieb wirklich? Unbekannte Größen sind oftmals die an einer Prozesskette Beteiligten, der Nutzungsgrad sowie die Mengengerüste der Prozesse und Geschäftsvorfälle.

Aus diesem Grund muss zwischen der betriebswirtschaftlichen und systemtechnischen Ebene auch die Gestaltungsebene von SAP-Systemen betrachtet werden: die sogenannte *Process Engineering Performance*. Wie sieht mein Prozessdurchfluss aus Engineering-Sicht aus? Was sind die Ursachen für Ausnahmen im Prozessdurchfluss aus Engineering-Sicht? Eine etwas bescheidenere Formulierung dessen, was wirklich möglich ist, könnte so lauten:

»*Verbessere dich kontinuierlich, miss immer besser, und lerne aus bekannten Fehlern!*«

Ergänzend zu den klassischen Ansätzen des Business Performance Managements ist zu empfehlen, insbesondere Augenmerk auf die »Ausnahmen« in der Prozessabwicklung zu legen. Ausnahmen sind Abweichungen oder Unterbrechungen des gewünschten normalen Prozessablaufs. Bei Unterbrechungen handelt es sich einerseits um Fehler, Abbrüche, Sperren, Absagen oder andere manuelle Eingriffe, die möglichst reduziert, aber mindestens identifiziert, isoliert und verfolgt werden müssen. Bei Abweichungen, Einzelfällen und Sonderfällen liegt das Augenmerk mehr auf der Effizienz der Prozessgestaltung. Ist es sinnvoll, einen Geschäftsvorfall, der fünfmal im Monat vorkommt, in der gleichen Form umzusetzen wie den intensiv verwendeten A-Geschäftsvorfall? Ausnahmefälle müssen bei der Messung immer von Anfang an getrennt betrachtet werden.

Ausnahmen in der Prozessabwicklung

> **Typische Fragen zur Prozessqualität lauten:**
> ▶ Wann und in welchem Kontext treten Ausnahmen gehäuft auf? Wie ist der Trend?
> ▶ Welche Organisationen haben signifikant mehr Ausnahmen?
> ▶ Welche Mitarbeiter (Gruppen, Rollen, Regionen) sind besonders betroffen?
> ▶ Warum sind in einer Organisation mehr als 10 % aller Prozesse gesperrt?
> ▶ Treten bei individuellen Belegarten mehr Änderungen auf?
> ▶ Warum werden im Prozess x besonders oft die Preise manuell geändert?
> ▶ Bei welchen Geschäftsvorfällen sind die Stornoquoten besonders hoch?
> ▶ Welche Prozesse sind mehr von Änderungen betroffen?

In Abschnitt 5.1.3 wurde bereits eine geschäftsfallbezogene Analysestruktur vorgestellt, die Voraussetzung ist für eine verbesserungsorientierte Nutzungsanalytik, wie sie hier empfohlen wird. In den beiden folgenden Unterkapiteln sollen die wichtigsten Methoden vorgestellt werden, wie Verbesserungsbedarf identifiziert, getroffene Maßnahmen nachvollzogen und auch eigenständig Ansatzpunkte für Maßnahmen gefunden werden können.

6.3.1 Ausnahmen reduzieren

Die Suche nach den »goldenen« Geschäftsvorfällen

Eine Wunschvorstellung vieler Anwender ist es, das ideale, beste oder optimierte Design eines betriebswirtschaftlichen Ablaufs eigenständig, durch Berater, auf Basis einer Software oder im Branchenumfeld zu finden und im eigenen Unternehmen erfolgreich zu implementieren. Leider funktioniert das nur sehr eingeschränkt. Die organisatorischen Gegebenheiten sind mannigfaltig individuell, die Dynamik des Geschäfts macht unvorhersehbare Änderungen nötig, und in jedem einzelnen praktischen Geschäftsvorfall können Besonderheiten auftreten. Auch auf Basis des (temporär) besten Ablaufs müssen eine intelligente Analyse aufsetzen und eine kontinuierliche Verbesserung der Effizienz und Effektivität des Prozessflusses erfolgen. Der entscheidende Maßstab für eine effiziente Prozessgestaltung kann nur sein: Es muss gelingen, möglichst viele »goldene« Aufträge, Bestellungen, Rechnungen etc. ohne Probleme und Ausnahmen einwandfrei abzuwickeln.

Kosten versus prozessbezogene Kennzahlen

Es ist nicht einfach, die wirklichen Prozesskosten zu ermitteln. Fatale Folgen hat die Bewertung, wenn ein durchschnittlicher Kostensatz, z. B. 150 € pro Bestellvorgang, als Grundlage für (falsche) Verbesserungsmaßnahmen herangezogen wird. Die hier naheliegende Schlussfolgerung – weniger Bestellungen bedeuten geringere Gesamtkosten – ist völlig falsch. Eine zusätzliche Bestellung kann minimale Zusatzkosten verursachen, wenn sie aus einer automatischen Umsetzung stammt. Die Reduzierung bzw. Konsolidierung von Bestellvorgängen kann zu einer kritischen Verspätung des Wareneingangs führen und Folgeprozesse negativ beeinflussen. Auch die Verlagerung oder Dezentralisierung von Aufgaben kann zwar die Kosten im Einkauf senken, erzeugt aber u. U. in anderen Bereichen oder beim Lieferanten einen höheren Aufwand.

Entscheidend ist die Frage, welche Bestellvorgänge Probleme bzw. negative Seiten- und Folgeeffekte im Prozessfluss verursachen. Beispielsweise erzeugt ein automatisch initiierter Bestellvorgang marginale Zusatzkosten, hingegen lässt jede Unklarheit und Rückfrage die Kosten nach oben schnellen.

Ein besonderes Augenmerk sollte der Prozessverantwortliche deswegen auf die »Ausnahmen« in der Prozessabwicklung legen. Ausnahmen zeigen die Probleme des gewünschten normalen Prozessablaufs. Bei der Messung müssen Ausnahmefälle von Anfang an erkannt und en détail betrachtet werden. Mit dem Analyseansatz der geschäftsfallbezogenen Prozessanalyse (siehe Abschnitt 5.1.3) ist ein Messkonzept verfügbar, das an den richtigen Stellen den Prozessfluss betriebswirtschaftlich zerlegt und in »Pipelines« fasst. Für diesen Typus von Geschäftsvorfällen werden dann drei Arten von Ausnahmen überprüft. Je nach Ausnahmeart können anschließend Lösungsmaßnahmen abgeleitet werden.

Ausnahmen zeigen Probleme

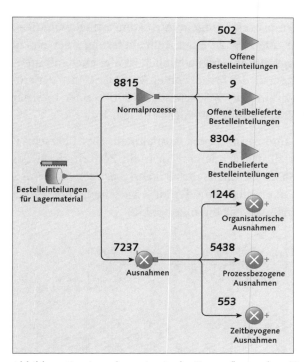

Abbildung 6.5 Ausnahmearten in der Prozessflussanalyse (Quelle: IBIS PPA 2010)

Abbildung 6.5 zeigt, wie eine Pipeline, hier am Beispiel der Bestelleinteilungen für Lagermaterial, in normale Geschäftsvorfälle und Geschäftsvorfälle mit Ausnahmen differenziert wird. Wichtig für die Kennzahlenbildung ist, dass auch normale Prozessverläufe nach ihrem Status in unterschiedliche Kategorien aufgeteilt werden. Es ist für die im Analysezeitraum entstandenen Bestelleinteilungen wichtig, festzustellen, wie viele davon schon abgewickelt und wie viele noch offen sind, um die Umschlagshäufigkeit zu kennen. Für die in den Normalprozessen aufgeführten Fälle gilt keine Ausnahmebedingung als erfüllt, d. h., sie sind zum Stichtag der Analyse noch im grünen Bereich. Im Gegensatz dazu sind Geschäftsvorfälle mit Ausnahmen zwar auch im Analysezeitraum entstanden, weisen aber diverse Anomalien auf.

Ausnahmearten Die erste Kategorie sind organisatorische Ausnahmen, d. h., der Geschäftsvorfall wird aufgrund externer manueller Eingriffe durch die Anwender oder fehlenden Input aufgehalten. Hierunter fallen demnach alle Ausnahmen, die durch die Abwicklungsprobleme oder organisatorische Defizite verursacht sind.

Demgegenüber stellen prozessbezogene Ausnahmen ungewöhnliche Geschäftsvorfälle dar, die z. B. zu einer Teilbelieferung oder einem Splitting eines Auftrags führen. Ungewöhnlich ist hier auch mit unerwünscht gleichzusetzen, da der Prozess einen Verlauf nimmt, der aufgrund externer Einwirkungen, Wünsche des Kunden oder interner organisatorischer Schwierigkeiten weniger effizient ist.

Die dritte Kategorie sind zeitbezogene Ausnahmen. Hier überschreitet der Geschäftsvorfall in irgendeiner Form ein Zeitkriterium, das gesetzt worden ist. Der Geschäftsvorfall kann bezogen auf einen Wunschliefertermin überfällig sein oder auch auf einen anderen im Beleg oder im Prozessfluss relevanten Zeitpunkt.

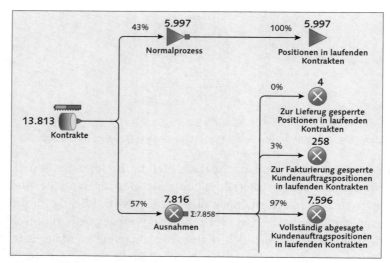

Abbildung 6.6 Ausnahmenanalyse – Problemerkennung und Maßnahmenableitung (Quelle: IBIS PPA 2010)

In Abbildung 6.6 wird der Zusammenhang zwischen der Problemerkennung und der Maßnahmenableitung dargestellt. Das Problem für die Kontrakte scheint sehr signifikant zu sein. 57 % aller gültigen Kontrakte haben eine Ausnahme. Sie wurden vollständig abgesagt, was einen außergewöhnlich hohen Anteil an Kontraktpositionen betraf. Ganz abgesehen von dem Aufwand, der dadurch entstanden ist, dies manuell durchzuführen, liegt jetzt sehr viel Datenmüll im Bereich der Kontrakte vor, der Auswertungen und auch Aussagen über den erzielten Erfolg erschwert. Die Frage ist nun, was dahintersteckt und welche Gegenmaßnahmen ergriffen werden sollten.

Grundsätzlich muss die Frage geklärt werden, warum so viele Verträge storniert worden sind. Gab es hier ein Qualitätsproblem, eine fundamentale organisatorische Änderung, oder eine größere Umstellung in der Zusammenarbeit mit Kunden? Ein anderer Hintergrund könnte auch die Zweckentfremdung des Feldes Absagegrund für Auswertungszwecke sein. Es kommt hin und wieder vor, dass Stornos, Absagen oder sonstige Sperren auch für eine spezielle Art von Statusrückmeldung im Geschäftsvorfall oder zur Klassifizierung des Geschäftsvorfalls verwendet werden. Diese Formen der Auswertungsgestaltung sind langfristig sehr kritisch, da sie die Semantik von Feldern missbrauchen und für Dritte nicht nachvollziehbar sind. Möglichkeiten, das Problem zu beheben, wären dann hier, alternative Auswertungskriterien zu finden, die Anwender nachzuschulen oder den Prozess nachzusteuern. Letztlich könnte aber auch der Grund für die vielen Absagen sein, dass die Gültigkeitszeiträume nicht richtig gepflegt worden sind. Dies könnte auch mithilfe einer gezielten Schulung behoben werden.

Qualitätsproblem, Reorganisation oder Zweckentfremdung

In Abbildung 6.7 wird nachgewiesen, wie die mangelnde Feinsteuerung von Schnittstellenintegrationen auch zu manuellem Aufwand in Folgeprozessen führen kann. In diesem Fall wurden über 17.000 Bestellanforderungspositionen über das APO-System generiert. Davon erzeugten allerdings 77 % Ausnahmen: Sie wurden einfach wieder gelöscht. Nach Erstellung dieser Bestellanforderungen über SAP APO erhielten sie relativ zeitnah ein Löschkennzeichen. Was steckt dahinter? Zum einen kann der Grund eine schlechte Stammdatenqualität sein, die zur Folge hat, dass die Disposition zu fehlerhaften oder nicht realistischen Bestellanforderungen geführt hat. Wie wir hier sehen, wurden aus den generierten Bestellanforderungen insgesamt nur 661 erfolgreich in Bestellungen umgesetzt.

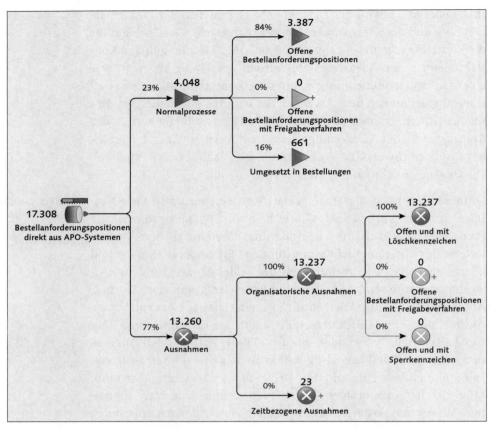

Abbildung 6.7 Prozessqualität von Schnittstellen (Quelle: IBIS PPA 2010)

Sinnvolle oder sinnlose Belegerzeugung

Ein anderer Grund kann auch in einem speziellen Design dieses Integrationsprozesses liegen, der unter Umständen darauf ausgelegt ist, einfach eine Übermenge an Bestellanforderungen zu erzeugen, die bereits weit in die Zukunft reichen, von denen aber von vornherein klar ist, dass sie nicht alle umgesetzt werden. Diese Art der Belegerzeugung führt dann zu den 84 % offenen Bestellanforderungspositionen, die als normal eingestuft worden sind. Aber erklärlich ist nicht die noch viermal größere Menge an weiteren offenen Bestellanforderungspositionen, die bereits mit einem Löschkennzeichen ausgestattet wurden.

Auch wenn dahinter eine Absicht stand, funktionierte die Übergabe von SAP APO an ERP in diesem Fall nicht korrekt. Eine Überarbeitung der Parameter oder des Zeithorizonts für die Übergabe von Bestellanforderungen wurde auf jeden Fall durchgeführt.

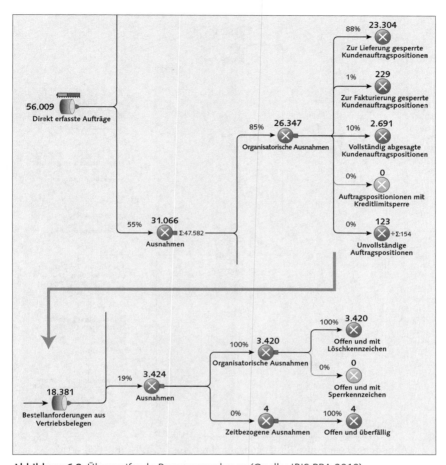

Abbildung 6.8 Übergreifende Prozessausnahmen (Quelle: IBIS PPA 2010)

Abbildung 6.8 zeigt, wie übergreifende Prozessausnahmen zusammenhängen können. Ein Streckengeschäft wird aus dem Vertrieb heraus generiert. Hier entstehen beispielsweise über 18.000 Bestellanforderungen aus Vertriebsbelegen. Das heißt aber auch umgekehrt, wenn in der Kundenauftragserfassung Auftragspositionen abgesagt werden, wie hier 2.691 Positionen, dass deren Absage auch eine signifikante Auswirkung auf die Ausnahmen in den Bestellanforderungen hat, die hier zu offenen und im Nachhinein gelöschten Bestellanforderungspositionen geführt haben müssen – 3.420 an der Zahl. Das heißt, mehr als drei Viertel dieser Ausnahmen scheinen hier aus dem Vertrieb zu stammen. Demnach ist die Ursache für das Problem nicht in der Bestellanforderung oder beim Lieferanten zu suchen, sondern im Bereich der Kundenauftragserfassung.

6 | Verbesserungspotenziale suchen – Nutzung intensivieren

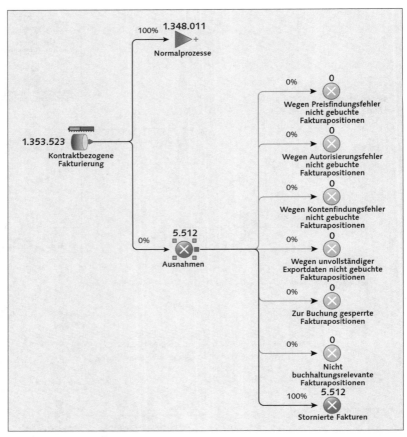

Abbildung 6.9 Positive Bestätigung von Prozessen (Quelle: IBIS PPA 2010)

Prozessstabilität Bei der Verbesserung der Prozessqualität geht es nicht nur um die Identifikation von Problemen und Ausnahmen, sondern auch um die positive Bestätigung der Prozessstabilität – wie aus Abbildung 6.9 ersichtlich ist. Dort haben wir eine verschwindend geringe Menge von Ausnahmen im sehr wichtigen Abwicklungsprozess der kontraktbezogenen Fakturierung. Nur 5.512 (0,4 %) von über 1,3 Millionen Fakturen sind storniert worden. Das heißt, die Überprüfung der Ausnahmen zeigt uns hier, dass eine Abwicklung relativ reibungslos und unterhalb der Toleranzschwelle für eine nennenswerte Problemsituation abläuft. Diese positive Bestätigung ist in ihrem Nutzen nicht zu unterschätzen. Sie erspart uns weiteren Analyseaufwand und gibt zunächst einmal für die nächsten drei Monate den Prozessablauf bedenkenlos für die weitere intensive Nutzung frei. Sollte dieser Wert dann allerdings nach drei Monaten einen Schwellwert übersteigen, kann man davon ausgehen, dass es innerhalb dieser drei Monate eine Änderung in den organisatorischen Anforderungen gab. Das heißt, es ist auch sehr wichtig, zu wissen, bis zu welchem Zeitpunkt ein Prozess mit relativ wenigen Ausnahmen ablief und ab wann die Schwelle der Ausnahmen wiederum eine kritische Grenze überstieg.

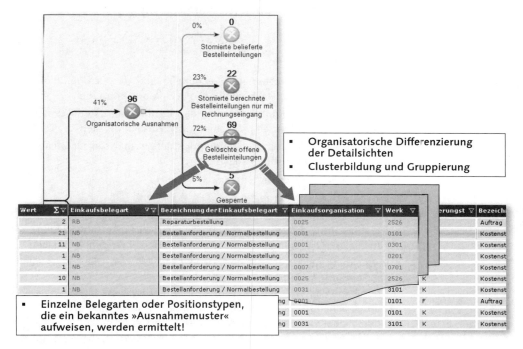

Abbildung 6.10 Details und Differenzierung (Quelle: IBIS PPA 2010)

Abbildung 6.10 zeigt, wie Bearbeitung und Analyse von bestimmten Ausnahmen weitergehen könnten. Müssen die in diesem Beispiel 69 gelöschten und offenen Bestelleinteilungen einer weiteren Analyse unterzogen werden, muss das Analyseinstrumentarium Details zur Verfügung stellen, die bis auf die einzelnen Konfigurationsdaten (Belegarten, Positionstypen) hinuntergehen, um das Ausnahmemuster identifizieren zu können. Weiterhin muss eine organisatorische Differenzierung möglich sein, um zu erkennen, ob bestimmte Organisationseinheiten für dieses Problem verantwortlich sind. Die meisten Ausnahmen sind weniger ein Problem im Einzelfall, sondern werden eher ein Problem beim gehäuften Auftreten. Das heißt, nicht die Frage des Einzelfalls oder -belegs scheint hier entscheidend, sondern ob eine Organisation in irgendeiner Form ein gehäuftes Auftreten dieser besonderen Ausnahme zeigt. Wird dies festgestellt, sollte gemeinsam mit den Betroffenen hinterfragt werden, was die Ursache sein könnte, ob es eine spezielle Material-Kunden-Beziehung oder ein Verfahrensproblem ist.

Im Folgenden finden Sie noch einmal die Zusammenfassung der Vorteile einer flächendeckenden Ausnahmenanalyse.

> **Vorteile einer flächendeckenden Ausnahmenanalyse**
>
> **Direkter Nutzen**
> - Verringerung von Prozessunterbrechungen und des Bearbeitungsaufwands durch gezielte Nachschulungen und Reorganisationen
> - systematische und kontinuierliche Identifikation und Reduktion von relevanten und potenziell problematischen Ausnahmefällen
> - Ablösung (oder Gegenprüfung) von punktuellen Analysen zur Qualitätssicherung oder Ausnahmenanalyse
>
> **Indirekter und qualitativer Nutzen**
> - Erfüllung der Anforderungen aus SOX, CobiT und ITIL
> - Strategische Kontrolle der Geschäftsprozessentwicklung:
>   – Stabilisierung des Systems bei guter operativer Prozessabwicklung
>   – Revision oder Tuning der Prozesse bei wiederkehrenden Anomalien
> - Vermeidung negativer Seiteneffekte bei nur auf den Arbeitsplatz oder die Abteilung fokussierten Verbesserungen:
>   – durch ein einheitliches und prozessorientiertes Messkonzept
>   – durch Schaffung einer flächendeckenden Gesamtperspektive
>   – durch Überwindung organisatorischer Widerstände durch Verzahnung der Fachbereiche und IT-Verantwortlichen in der Prozessbewertung

6.3.2 Geschäftsprozesse beschleunigen

Man könnte es als das Märchen von der Durchlaufzeit beschreiben, wenn für eine Gesamtmenge aller Geschäftsvorfälle eine durchschnittliche Laufzeit von 6,5 Tagen, z. B. von der Kundenauftragserfassung bis zur Fakturierung, errechnet wird. Warum ist das ein unrealistischer Wert? Zum einen basiert er auf der Vermischung von Normalprozessen und Ausnahmefällen. Was allerdings noch viel problematischer erscheint, ist, dass dieser Wert auch auf der Vermischung unterschiedlicher Geschäftsszenarien, Fälle und Fallvarianten basiert, die keinesfalls miteinander vermischt und vermengt werden dürfen.

Wunschliefertermin Eine weitere berechtigte Fragestellung ist, ob der Wert einer Durchlaufzeit an sich zu verbessern ist, ob er eine Zielgröße sein sollte, die zu reduzieren oder zu verändern ist. Denn es kommt auf die Geschäftssituation an, nicht in jedem Fall ist die zeitlich schnellere Belieferung das Ziel eines Geschäftsprozesses. So kann ein bestimmter Termin gesetzt sein, den es nun mit möglichst wenig Aufwand einzuhalten gilt. Ein Kunde, der eine Lieferung innerhalb von zehn Tagen erwartet, hat keinen Nutzen davon, die Lieferung innerhalb von 6,5 Tagen zu erhalten. Er wäre aber sehr verärgert, sie erst nach elf Tagen zu erhalten. Das heißt, die Zielgenauigkeit des Termins ist viel wichtiger, der Wunschliefertermin ist meist der entscheidende Richtwert.

Weiterhin kann die Durchlaufzeit auch durch Vorarbeiten, Vorkonfiguration von Elementen und Vorwegnahme von Arbeitsschritten schon beschleunigt werden, was allerdings mehr eine Gestaltungsaufgabe als ein Abwicklungsproblem darstellt. Wenn die Lieferzeit kürzer sein muss als die Produktionszeit, muss ein Unternehmen Baugruppen und Teile auf Vorrat halten und auf Vorrat planen. Das heißt, die Durchlaufzeit selbst ist ein Sekundärfaktor. Sie ist in vielen Fällen mehr durch die Effizienz des Planungsprozesses bestimmt als durch Aktivitäten im eigentlichen Abwicklungsprozess.

Durchlaufzeit ist Gestaltungs- und Planungseffekt

Richtig ad absurdum wird eine Durchlaufzeitenmessung dann geführt, wenn man sich vorstellt, dass Kurzläufer (Aufträge oder Auftragsänderungen, die ohne Einplanung für einen Kunden schnell durchgeführt werden müssen) äußerst hohe Prozesskosten verursachen. Dies liegt daran, dass der Bearbeitungsaufwand in diesen Sonderabwicklungen besonders hoch ist. Ein Einzelauftrag, der maximale Priorität hat, muss an allen normalen Verarbeitungsschritten vorbeilaufen, die meistens zyklisch getaktet sind. Dies geschieht durch manuelle Aktivierung, Weitergabe, Abarbeitung und die Umgehung von Massenverarbeitungsläufen. Auch bringt er dabei andere Aufträge in Rückstand, weil er deren Ressourcen und Bestände reduziert, ohne dass er eingeplant war. Deswegen ist ein Kurzläufer der aufwendigste Prozesskostenfresser, und diese Aufträge mit einer relativ zu kurzen Durchlaufzeit sind teuer. Wenn für geschäftskritische Kundenanforderungen Aufträge in zwei Tagen durchlaufen sollen, muss eine eigene Prozessvariante mit unabhängigen Ressourcen und Taktung gestaltetet werden.

Teure Kurzläufer

Natürlich sind auch Langläufer unangenehme Aufträge. Der Grund für ihre Verspätungen ist aber meistens in organisatorischen Sperren oder Stopps bedingt, die durch fehlende Voraussetzungen auf Kunden-, Produkt- oder Logistikseite entstanden sind. Das heißt, der Faktor, der einen Auftrag aufhält, ist meist externer Art. Diese Faktoren müssen geprüft und reduziert werden, aber sie haben in den seltensten Fällen Einfluss auf die Gestaltung der Prozessabwicklung im SAP-System an sich.

Prozesskosten beeinflussen

Was kann nun getan werden, um einen Geschäftsprozess insgesamt langfristig und nachhaltig zu beschleunigen, wenn Termintreue und Prozesskosten dadurch positiv beeinflusst werden? Für diese Zielsetzung gibt es einige Ansatzpunkte. Zum einen sind eine Verkürzung und eine Vereinfachung des Prozessablaufs immer die beste Methode, um den Geschäftsprozess selbst zu beschleunigen. Die Vereinfachungsansätze wurden bereits in Abschnitt 6.1 dargestellt. Sie basieren auf einer klaren Struktur mit wenigen und systematisch definierten Prozessvarianten.

Prozessverkürzung

Die Verkürzung geht nun ähnlich vor. Allerdings liegt ihr Ansatzpunkt nicht in der Konfiguration, sondern im operativen Vorgang. Verkürzen bedeutet, dass die Schritte, die bei einer Prozessabarbeitung durchgeführt werden, auf ein Mindestmaß beschränkt werden. Es können beispielsweise schlanke Genehmigungs- und Rückmeldungsprozesse erfolgen, die weitgehend automatisiert sind und ohne Zwischenschritte auskommen. Dies kann dadurch geschehen, dass Findungsmechanismen oder sonstige Automatismen des SAP-Systems verwendet werden, um die Dateneingabeschritte zu reduzieren. Oder es kann so ablaufen, dass für einen konkreten Geschäftsvorfall nur die Schritte durchlaufen werden, die für ihn auch relevant sind: Wird er nicht verpackt, muss er nicht an der Verpackungsdisposition vorbeilaufen.

Reduktion manueller Eingriffe

Ein ähnliches Ziel hat die Reduktion manueller Eingriffe im Ablauf. Sie trägt dadurch zur Beschleunigung bei, dass die »Gefahr« von Stopps, manuellen Unzulänglichkeiten, Fehlern oder ausstehenden Daten reduziert wird. Die Menge der manuellen Eingriffe zu reduzieren und auf ein geringes Maß zu mindern beschleunigt also ebenfalls die Abwicklung.

Termintreue

Der letzte und entscheidende Faktor als Ziel einer Geschäftsprozessabwicklung ist die Termintreue. Die Termintreue hat zwei Faktoren. Zunächst einmal die Planung und Terminierung, die z. B. ein Kundenversprechen beinhaltet, wunschgemäß zu liefern. Sie basiert auf vernünftigen Dispositionsparametern in den Stammdaten oder aus der Logistikplanung und soll dem Kunden eine möglichst gute Vorhersage unter Einbeziehung der Produktions-, Versand- und Transportzeiten liefern. Auf der anderen Seite wird die Termintreue durch die Organisation des Ablaufs beeinflusst. Der Ablauf wird bestimmt durch die organisatorische Taktung der entsprechenden Arbeitsschritte, wie »Liefervorräte erzeugen täglich um acht Uhr« oder »Fakturalauf am Dienstag und Donnerstag«. Der zweite Aspekt eines Prozessdurchlaufs ist das Identifizieren und Abfangen von Schwierigkeiten, die möglichst früh in ihrer Auswirkung auf die Termintreue hochgerechnet werden müssen. Letztlich ist die These, dass eine geringe Zahl an Ausnahmen die Gefahren für ein Überschreiten des Wunschverfügbarkeitstermins für den Kunden mindert.

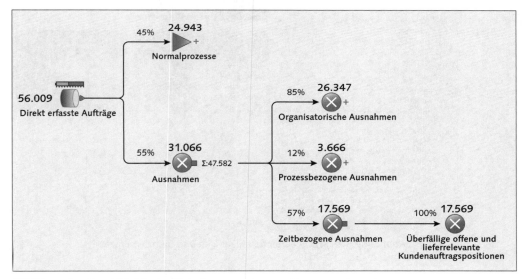

Abbildung 6.11 Geschäftsfallorientierte Prozessanalyse – zeitbezogene Ausnahmen (Quelle: IBIS PPA 2010)

In Abbildung 6.11 wird deutlich, dass unser Anwender bei der Termineinhaltung massive Probleme hatte. Mehr als die Hälfte seiner 31.066 Ausnahmen bei den direkt erfassten Auftragspositionen waren zeitbezogene Probleme, die offensichtlich im Zusammenhang mit den vielen organisatorische Ausnahmen stehen. Es sind 17.569 Positionen offen, lieferrelevant und überfällig, aber wir sehen auch, dass über 26.000 Positionen durch organisatorische Ausnahmen blockiert sind. Was steckt dahinter? Hat er Probleme in der Abwicklung

Unrealistische Terminierung

mit dem Kunden, durch kurzfristige Änderungen, oder gibt es Probleme mit dem Kreditlimit? Was ist der Faktor, der es unmöglich macht, die Termine von so vielen Auftragspositionen zu halten? Müssen die Terminierungsdaten überarbeitet werden? Haben wir zeitliche Probleme in der Auftragsbearbeitung? Ist die Auftragsabwicklung zu komplex?

In diesem Fall stellte sich heraus, dass länger als erwartet ausstehende Ausfuhrgenehmigungen und Akkreditive zu Sperren führten. Deswegen musste kurzfristig die Terminierung der Aufträge überarbeitet werden, um den Kunden keine falschen Versprechungen zu machen.

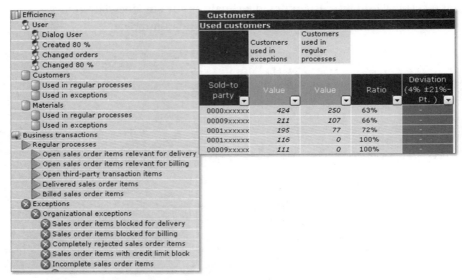

Abbildung 6.12 Stammdaten beschleunigen und bremsen Prozesse (Quelle: IBIS PPA 2010)

Problemursachen für Verspätungen

Da es unterschiedliche Problemursachen geben kann, müssen auch Stammdatenfaktoren bewertet und in Beziehung zu den Ausnahmen gesetzt werden. Die Rollen von Benutzern und Stammdaten in der Bearbeitung zeigt die Erweiterung der Prozessflussanalyse um Effizienzfaktoren in Abbildung 6.12. Die Erweiterung des Analyseansatzes basiert auf der einfachen Fragestellung, welche Kunden und welche Materialien überdurchschnittlich oft in Ausnahmefälle verwickelt sind. Hier in unserem Beispiel haben wir mit dem Kunden in der ersten Zeile mehr Ausnahmefälle als Normalprozesse. Das heißt, 63 % der Geschäftsvorfälle, die mit ihm abgewickelt werden, verursachen in irgendeiner Form Probleme. Woran kann das liegen?

- Es kann an seinen Stammdaten liegen, z. B. dass die Terminierungsparameter für die Routenfindung nicht passend eingestellt sind.
- Es kann ein weiterer Grund sein, dass besonders problematische Kundenaufträge mit diesem Kunden abzuwickeln sind.
- Es kann aber auch daran liegen, dass der Kunde sehr viele kurzfristige Änderungen verlangt und der sehr unrealistisch gewordene Wunschverfügbarkeitstermin nicht neu vereinbart wurde.

Eine ähnliche Korrelation von Problemstellungen kann mit Materialien erfolgen, um Schwächen in der Materialstammsteuerung zu identifizieren, oder auch mit Anwendern, um herauszufinden, ob es Nachsteuerungs- und Nachschulungsbedarf in der Abwicklung von Geschäftsvorfällen gibt.

Die genannten Faktoren sind die wichtigsten Beschleuniger in den Prozessen. Wenn Anwender und Stammdaten richtig zusammenwirken, können Auftragsabwicklung und Termintreue am besten und am zielgenauesten eingehalten werden.

Viele Ansätze zur Prozessanalyse gehen hier ähnlich vor, messen aber der Durchlaufzeit eine zu große Bedeutung bei. Demgegenüber werden Konfiguration und Stammdaten meist weniger beachtet. Neben einer Differenzierung in Organisationen ist auch die Trennung der Ergebnisse nach Prozessvarianten unabdingbar, die der Anwender aufgrund fehlender Inhalte meist selbst definieren muss. Die in Normalprozesse und Ausnahmen differenzierte Darstellungsform der Prozesse im produktiven SAP-System erlaubt eine kontinuierliche, systematische Prozessbeobachtung und -verbesserung, die unterschiedliche Sichten kombiniert, um die Effizienz und Effektivität des Prozessflusses zu steigern. Hierdurch erhöht sie die Transparenz innerhalb des Prozessflusses und bietet die Grundlage, diesen aus Engineering-Sicht im Detail zu analysieren und auch die Gestaltung zu verbessern.

Ansätze zur Prozessanalyse

6.4 Standards verwenden

(Verwendungs-)Standards können für Customizing, Stammdaten und Kundenobjekte mehrerer Organisationen oder SAP-Systeme gesucht und festgelegt werden. Es können ausgewählte oder einfache Aspekte sein, wie z. B. Terminologien, Formulare, Texte oder Stammdaten-

Vorgaben festlegen

feldwerte. Die betriebswirtschaftliche Standardisierung kann sich aber auch an komplexen Themen versuchen, wie z. B. einem einheitlichen betriebswirtschaftlichen Ablauf oder Vorgaben für die Gestaltung von Organisationseinheiten. Fraglos sollte für möglichst viele Prozesse, Stammdaten, Funktionen und auch Berichte ein Standard gesucht und gesetzt werden, ob es sich dabei um den SAP-Standard handelt, ist ein zusätzlicher Aspekt.

Standards finden

Was ist aber nun der richtige Standard innerhalb des Unternehmens? Dass dies eine schwierige Frage ist, beweist die Tatsache, dass sich eine betriebswirtschaftliche Standardisierung meist nur auf einfache, punktuelle oder auf bestimmte vom Gesetzgeber oder Großkunden normierte Bereiche konzentriert. Es kommen einige Industriestandards hinzu, die der Softwarehersteller meist schon in Softwarefunktionen gegossen hat. Es gibt deswegen Konzernstandards meist nur für das Finanzwesen oder in allen auf rechtlichen Normen basierenden Geschäftsprozessen oder Stammdaten. Seltener gibt es auch Konzernvorgaben für global einheitliche logistische Prozesse.

Klarheit und Vereinfachung

Um sich für einen Standard zu entscheiden, ist folgende Regel hilfreich: Standardisierung spart Kosten durch klare Richtlinien und Vereinfachung. Dies sollte bei mehreren Vorschlägen, die zur Auswahl stehen, ausschlaggebend sein.

Folgende Standardisierungsformen und -maßnahmen sind empfehlenswert, um die Einhaltung von Standards analytisch fassbar zu machen:

- Vorgaben sollten in einem Master- oder Referenzmandanten im Rahmen des Entwicklungssystems dokumentiert werden, um den Abgleich und die Einhaltung per Vergleichsanalyse verifizieren zu können.
- Der Standard muss konkret und eindeutig – etwa durch zulässige Feldwerte – definiert sein, sonst wird er nicht gelebt.
- Die Einhaltung kritischer Soll-Konzepte und Vorgaben sollte periodisch überprüft werden, um Abweichungen frühzeitig zu erkennen.
- Freiheitsgrade für den lokalen Einsatz sind meist nicht zu vermeiden, sollten aber reduziert werden.

Standardisierungsgrad und Standardnähe

Die Nutzungsanalyse ermittelt den Standardisierungsgrad durch ihre Analysen im Anwendungsmanagement und den betriebswirtschaftlichen Bereichen, in denen die entsprechenden vorhandenen Einstellungen miteinander vergleichbar gemacht werden. Richtlinien und Standards können auch als expliziter Prüfschritt hinterlegt und damit kontinuierlich verifiziert werden. Eine Standardisierungsanalyse mit Abgleich kann gegen ein produktives Zielsystem, aber auch gegen einen Master- oder Referenzmandanten mit den Unternehmens- oder SAP-Standards gefahren werden.

Mit dem Abgleich gegen ein frisch installiertes SAP-System kann auch die Standardnähe bis auf Customizing-Ebene überprüft werden. Eine Analyse mit einer aktuellen Referenzstruktur liefert immer einen Check gegen das aktuellste SAP-Release bzw. Enhancement Package (EHP).

Abbildung 6.13 Standardisierungsgrad für die wichtigsten Themengebiete

In Abbildung 6.13 sind die wichtigsten Themengebiete aufgeführt, für die es sich lohnt, Standards festzulegen bzw. eine Standardisierungsanalyse zu betreiben.

Es beginnt bei den vorhandenen Partner- und Kundenpaketen, die auf dem jeweiligen System installiert sind. Hier ist darauf zu achten, dass die Standards des Konzerns oder der Gruppe von SAP-Systemen nur um lokale und unbedingt notwendige Pakete ergänzt sind. Auch die Nutzung dieser standardisierten Pakete zu analysieren ist unter dem Aspekt sinnvoll, ob dieser Standard auch konzernweit gelebt wird, sofern es sich um Vorgaben oder um Empfehlungen handelt.

Pakete und Organisationen

Vorhandene Organisationsstrukturen miteinander zu vergleichen zeigt auf, wie die Strukturierung in den einzelnen Bereichen und Systemen konzeptionell umgesetzt worden ist. Der Vergleich ist sinnvoll – unabhängig davon, ob es sich hierbei um eine Vorgabe handelt oder nicht. Sekundär geht es auch darum, ob ähnliche Organisationsstrukturen gleichartig abgebildet worden sind. Ist dies nicht der Fall, hat man sehr viele Probleme mit Reorganisationsmaßnahmen und konzernübergreifenden Auswertungen, da diese meist auf vergleichbaren Organisationsstrukturen basieren müssen.

Transaktionen und Benutzer

Interessant und kennzeichnend für die Einheitlichkeit der Einführungsprojektierung ist das Vorhandensein der gleichen Kundentransaktionen und Kundenreports. Sie wurden entweder durch einen zentralen Roll-out oder durch eine kontinuierliche zentrale Weiterentwicklung bereitgestellt. Es ist fatal, wenn Kundenentwicklungen mehrfach durchgeführt worden sind, es ist aber auch fatal, wenn eine Kundenentwicklung an einer Stelle existiert und auch in anderen Bereichen Nutzen stiften könnte, aber dort nicht vorhanden ist. Dies gilt allgemein auch für alle anderen technischen Objekte, wobei dort die Auswirkungen und die Semantik zunächst einmal analysiert und übersetzt werden müssen. Für Erweiterungen ist dies besser erkennbar. Bei der Prozessintegration ist die Standardisierung von technisch hoher Bedeutung, da die Kommunikation zwischen den einzelnen Systemen erleichtert wird, wenn Fehler vermieden werden.

Bei Benutzerrollen wird es sehr wichtig, die vom Konzern oder von der Gruppe vorgegebenen Benutzerrollen überall dort wiederzufinden, wo Konformitätsanforderungen durch Managementrichtlinien definiert worden sind. Das Gleiche gilt für Benutzergruppen, die als Gruppierungsbegriffe und als Strukturierungshilfe das Benutzermanagement übergreifend vereinfachen können.

Customizing und Stammdaten

Im Bereich des logistischen Customizings ist die Standardisierung sehr stark davon abhängig, ob das gleiche Geschäftsmodell betrieben wird oder die gleichen Anforderungen existieren. Im Bereich des Rechnungswesens kann die Standardisierung in höherem Maße vorgegeben werden, da dort Anforderungen einer Konzernrechnungslegung und auch einer einheitlichen Kostenrechnung Sinn ergeben, um hier innerhalb des Konzerns Verrechnungspreise und Controlling-Strukturen einheitlich auszuprägen. Auch der Bereich der Stammdaten ist ein wichtiges Handlungsfeld für Standardisierung. Es muss davon ausgegangen werden können, dass die Konfiguration der Stammdaten und die Bedeutung von Steuerungsparametern konzernweit gleich oder ähnlich gehandhabt werden, sonst ist es nicht möglich, auf eine Stammdatenbereinigung und -konsolidierung übergreifend zuzugehen.

6.5 Excellence harmonisieren

Der Begriff Harmonisierung wird manchmal mit Standardisierung oder Konsolidierung gleichgesetzt. In beiden Fällen geht es aber um den gleichen Kerngedanken: die hervorragendsten Umsetzungen zu erkennen und sie auf andere, ähnliche Bereiche zu übertragen. Im Gegensatz zur Standardisierung geht es bei der Harmonisierung nicht darum, die gleichen Sachverhalte übergreifend zu vereinheitlichen. Vielmehr sollen, ausgehend von der betriebswirtschaftlichen Zielsetzung, ähnliche Stammdaten, Funktionen oder Prozesse angeglichen werden.

Die beste Umsetzung finden

Worin liegt der Nutzen dieser Harmonisierung? Wenn Prozesse oder Funktionen nach bestimmten typologischen Merkmalen wie Kundenauftragsart oder Produktart variieren, darf es auch mehrere typische Ausprägungen geben. Die Harmonisierung versucht zunächst, die unternehmensrelevanten Varianten zu identifizieren und auf eine möglichst geringe Anzahl zu reduzieren. Für die erkannten Geschäftsszenarien sollte dann jeweils die am besten umgesetzte Lösung erkannt werden. Demnach stehen gegenüber der Standardisierung nicht die Vereinfachung und Vereinheitlichung im Vordergrund, sondern die Frage, wo die effizienteste und effektivste Umsetzung für bestimmte Geschäftsarten und -modelle zu finden ist.

Weiterhin liefert eine Harmonisierungsanalyse Ähnlichkeiten, Gleichteile oder auch Synchronisationspunkte. Die Suche und Gruppierung der Vergleichscluster kann nach Merkmalen wie Organisationsbereich, Geschäftsszenario oder Produkt erfolgen.

Wie ist Harmonisierung analysierbar?

Fallbeispiel: Lagerverkauf in Europa und USA

Zwischen zwei zu harmonisierenden Clustern eines Szenarios wie z. B. dem Lagerverkauf in Europa und USA werden die Gemeinsamkeiten und Unterschiede ermittelt:

> Zunächst werden die europäischen und amerikanischen Benutzer und Organisationseinheiten zu zwei Clustern zusammengestellt. Dann wird in Kombination mit Merkmalen für den Lagerverkauf Folgendes analysiert und abgeglichen:
> - Welche Transaktionen mit Bezug zum Lagerverkauf werden genutzt?
> - Welche Stammdaten werden verwendet: Produkte und Kunden?
> - Welches Customizing ist im Einsatz?
> - Welche vor- und nachgelagerte Integration ist relevant?

Unterschiede erkennen und begründen

Aufgrund dieser Gegenüberstellung sind nun die Unterschiede in der Umsetzung des Lagerverkaufs systematisch offengelegt und erkennbar. Die Gründe für die Differenzen sollten hinterfragt und bewertet werden. Wenn keine Begründung existiert, könnte vereinheitlicht werden. Doch viel wichtiger ist es, die begründeten Unterschiede und die beste Umsetzung herauszuarbeiten. Es muss erkannt werden, was für den Lagerverkauf unter welchen Rahmenbedingungen die exzellenteste Lösung ist.

Exkurs

Operational Excellence zu bestimmen ist ein vielfältig diskutiertes Thema. Die Beiträge aus Wissenschaft und Praxis adressieren von allgemeinen Managementstrategien bis hin zum Einsatz innovativer Technologien alle möglichen Rezepte und Vorgehensweisen und verweisen auf empirische Befunde.[4]

Nachdem als Zwischenergebnis die Cluster identifiziert wurden und feststehen, stellt sich nun die Frage: Wer betreibt in seinen Geschäftsprozessen die exzellentere Abwicklung? Um die Frage zu beantworten, sollten zwei Analyserichtungen verfolgt und kombiniert werden:

- Business Excellence Check
- Process Excellence Check

Business Excellence Check

Beim *Business Excellence Check* werden die betriebswirtschaftlichen Kennzahlen (Kosten und Erlöse) und strukturellen Merkmale (Anzahl Kunden, Produkte) verglichen. Gibt es von dieser Seite Hinweise oder Unterschiede? Wie sind der Trend, der Reifegrad und die strategische

---

4 Dazu sei hier nur auf eine von SAP unterstützte Studie beispielhaft verwiesen: Economist Intelligence Unit: *Nachhaltiges Wachstum durch Operational Excellence*. 2010. Zu finden unter: *whitepaper.computerwoche.de/index.cfm?cid=38&pkdownloads=3590* (Seitenaufruf am 30.5.2010).

Positionierung der Vergleichscluster? Externe Faktoren bieten Anhaltspunkte, warum es Unterschiede geben muss, aber machen den Vergleich auch schwieriger, da eine härtere Marktsituation eine betriebswirtschaftliche Kennzahl stärker beeinflusst, als es dies die beste organisatorische Lösung könnte. Ein »Business-Handicap« muss deswegen als Faktor in den Vergleich einbezogen werden.

Um eine Prozessumsetzung gestaltungsorientiert zu vergleichen, hilft die folgende Zusammenstellung von Excellence-Kriterien. Ihre Bedeutung mag im Einzelfall unterschiedlich sein, doch ihre Gesamtschau zeigt, wie hoch die Prozessqualität der SAP-Prozesse in den beiden Clustern ist. Quelle des Kennzahlennetzes für eine Harmonisierungsanalyse sind praktisch alle bisher dargestellten Bereiche und Strukturen der Nutzungsanalyse. Darüber hinaus wird die flexible Definition von Clustern nach organisatorischen, betriebswirtschaftlichen und anwenderbezogenen Kriterien benötigt, deswegen sind die Kennzahlen »relativ« formuliert.

Process Excellence Check

6.5.1 Effektivität des Outputs

An sich ist die Effektivität des Outputs durch die Quantität bestimmt, die ein Bereich mit gegebenen Ressourcen zu erzeugen in der Lage ist. Hier wird der Output auf den Dialoguser bezogen, aber gleichzeitig werden Ausnahmenanteil, Belegstorno- und Änderungsquote hinzugenommen, da sie faktisch kontraproduktive Outputfaktoren darstellen. Darüber hinaus wird die Integrationsleistung für andere Folgeprozesse positiv ergänzt, da hier ein Bereich Vorarbeiten für andere leistet. Der Integrationsgrad *Outbound* bestimmt sich dadurch, wie viele Belege in Weiterverarbeitungsprozesse hineinlaufen. Als qualitatives Kriterium rundet das Bild die Termintreue ab, die das Effektivitätsziel insbesondere zum Ausdruck bringt. Die entsprechenden Kennzahlen sind in der Produktivitätsmatrix in Abschnitt 6.2.1 und den Kapiteln zur Prozessqualität in Abschnitt 6.3 näher beschrieben.

Folgende Faktoren können also für die Messung der Effektivität des Outputs in Ansatz gebracht werden:

- höherer Gesamtoutput pro Dialoguser
- geringerer Ausnahmenanteil
- geringere Belegstornoquote
- geringere Änderungsquote

- höherer Integrationsgrad *Outbound*
- höhere Termintreue

6.5.2 Effizienz in der Bearbeitung

Bei der Effizienzbewertung steht die Automatisierungsquote aus der Produktivitätsmatrix im Vordergrund. Der Integrationsgrad *Inbound* zeigt auf, welche Bereiche welche Vorarbeiten leisten. Schließlich zeigt die Bearbeitungsquote pro Dialoguser die manuelle Effizienz, die bei einem hohen Grad der Automatisierung ein Indiz für problematische Nacharbeiten liefert und deswegen mit einbezogen werden muss. Ein weiterer Störfaktor für die Effizienz sind Kurzläufer. Dabei handelt es sich um Aufträge, die an anderen vorbei ad-hoc mit höherer Priorität eingesteuert werden. Sie verursachen immer Störungen für andere Aufträge, da sie in der Planung nicht einbezogen waren. Mit dem letzten Faktor der Bearbeitungsdauer pro Position kann noch mal gegengeprüft werden, was insgesamt inklusive der Automatisierungseffekte der Zeitaufwand ist.

Fü eine Bewertung der Effizienz in der Bearbeitung sind also folgende Faktoren ausschlaggebend:

- höhere Automatisierungsquote
- höherer Integrationsgrad *Inbound*
- höhere Anzahl manueller Objekte pro Dialoguser
- geringerer Anteil Kurzläufer (ohne Planung)
- geringere Bearbeitungsdauer pro Position

6.5.3 Hohe Nutzungsintensität

Die Nutzungsintensität ist schließlich der Faktor, der von der Nutzungsplanung und dem Abgleich mit den Ist-Werten bestimmt wird. Hinzu kommt ein möglichst hoher Anteil an Powerusern. Die Intensität der Transaktionsnutzung pro Anwender und ein hoher Anteil von neu angelegten Stammdaten liefern die Qualitätsgrundlage für eine gute Prozessabwicklung. Den Abschluss bildet eine hohe Nutzungsquote bei den Prozesskonfiguratoren im Customizing, die Auskunft über die Klarheit und Nutzungsnähe der Systemgestaltung geben.

Die Nutzungsintensität lässt sich also bestimmen durch:

- geringere Abweichung von Nutzungsplanwerten
- höherer Anteil Poweruser
- höhere Anzahl intensiv genutzter Transaktionen pro Anwender
- höherer Anteil neu angelegter Stammdaten
- höhere Nutzungsintensität bei Prozesskonfiguratoren (Customizing)

6.5.4 Möglichst geringe Komplexität

Die Komplexität kann bestimmt werden durch die Bandbreite an Customizing-Objekten (Prozessvarianten) und durch die Vielzahl unterschiedlicher Rollen, die am Prozess beteiligt sind (Arbeitsteilung). Durch eine möglichst geringe organisatorische Differenzierung sinkt die Komplexität ebenfalls, genaus o wie durch eine möglichst geringe Prozessindividualisierung mit zusätzlichem kundenspezifischen Customizing. Auch eine geringere Anzahl genutzter Stammdaten, wie Kunden und Produkte, verringern logischerweise die Komplexität eines zu analysierenden Bereichs. Eine hohe Komplexität verursacht höhere Kosten und ist durch die Notwendigkeit getrieben, ein Geschäftsmodell zu unterstützen. Ist sie allerdings unnötig schwierig und aufgebläht, sind die Kosten nicht gerechtfertigt.

Aussschlaggebend für möglichst geringe Komplexität sind also:

- weniger genutzte Customizing-Objekte
- weniger genutzte Rollen
- geringere organisatorische Differenzierung
- geringere Prozessindividualisierung
- weniger Stammdaten – Kunden, Produkte etc.

6.5.5 Breite Nutzung des Standards

Die breite Nutzung des Standards repräsentiert die effizienteste Form, die Potenziale einer Softwarebibliothek auszunutzen. Ein möglichst breiter Einsatz der Transaktionen, die breite Nutzung durch einen Anwender und – bewertet über den RBE-Prüfschrittindex (siehe Tabelle 5.3) – eine breite Verwendung aller Standardfeatures zeugen von einer konsequenten Ausnutzung der Standardkapazitäten.

Die Nutzungsbreite des Standards lässt sich also erhöhen durch:

- breiter Einsatz von SAP-Standard-Transaktionen
- mehr Transaktionen pro Anwender
- höherer RBE-Index bei aktiven Prüfschritten

6.5.6 Anforderungsgerechte Nutzung

Die anforderungsgerechte Nutzung wird insbesondere dadurch ausgedrückt, dass individualisierte Elemente im Customizing auch intensiv verwendet werden. Das Gleiche gilt für die Kundentransaktionen, die selbst entwickelt worden sind. Auch eine hohe Nutzungskontinuität ist ein gutes Zeichen. Wenn es keinen Rückgang in den Nutzungswerten gibt, zeugt dies von einem anforderungsgerechten Einsatz des Systems im untersuchten Cluster.

Faktoren sind hier also:

- höhere Nutzungsquote Individualisierung (Customizing)
- höhere Nutzungsquote User pro Kundentransaktionen
- höhere Nutzungskontinuität

6.5.7 Möglichst geringes Risiko

Der letzte Faktor ist schließlich das Nutzungsrisiko. Es darf keine Wissensmonopole geben, wenn ein Dialoguser die Transaktion kennt. Genauso wenig dürfen obsolete Transaktionen in Betrieb sein. Schließlich sollten die Funktionstrennung (*Segregation of Duties*) und der externe Aufruf von Verarbeitungsschritten über Schnittstellen kontrolliert werden. Ein möglichst geringes Risiko, das über die vier Kennzahlen bestimmt werden kann, kann ebenfalls als positiver Beitrag für die Bewertung einer Harmonisierungsanalyse herangezogen werden.

Entscheidend für ein geringes Risiko sind also:

- geringerer Anteil von 1-User-Transaktionen und Reports
- geringere Nutzung obsoleter Transaktionen
- weniger Auffälligkeiten bei den *Segregation of Duties*
- weniger Transaktionen mit externem Aufruf

Nicht immer gelingt es, ein eindeutig besseres Cluster in den Bereichen Effizienz und Effektivität zu ermitteln, doch auch bei einer ähnlichen Tendenz oder nur geringfügig besseren Werten in den beiden Dimensionen sollten die anforderungsgerechte Nutzung und die Komplexität ins Auge gefasst werden. Das Cluster, das bei diesen »Kostenblöcken« schlecht aussieht, hat »Harmonisierungspotenzial«. Denn wer mehr auf eine teure Individualisierung und Komplexität setzt, muss auch deutlich besser in Effektivität und Effizienz sein!

Individualisierung kostet

Die Harmonisierungsanalyse bietet auch die Möglichkeit, die »operative Excellence« für die Vergleichscluster langfristig zu verfolgen. Auch sollte hier die Zielerreichung über Kosten- und Erlöskennzahlen einbezogen werden. Indikatoren zur System- und Prozessqualität können schließlich auch mit betriebswirtschaftlichen KPIs in Einklang gebracht werden.

Langfristig vergleichen

Bei der hier vorgeschlagenen Methode handelt es sich um eine besondere Form des internen Vergleichs oder auch Benchmarks, die im nächsten Abschnitt dargestellt wird.

6.6 Mit Benchmarks messen

Der Benchmarking-Ansatz bietet die Möglichkeit, sich mit einer geeigneten Gruppe von Unternehmen in Bezug auf bestimmte Kennzahlen zur Nutzung eines SAP-Systems zu messen. Die Idee ist, von anderen zu lernen. Durch die Gegenüberstellung mit Vergleichswerten aus der Vergleichsgruppe sollen Schwachstellen des eigenen Unternehmens identifiziert und Verbesserungspotenziale abgeleitet werden können.

Von anderen lernen

Unternehmen sind bestrebt, Erfolgspotenziale aufzudecken, und konsequent auszunutzen, um auf dem Markt auf Dauer bestehen zu können. Diese Erfolgspotenziale werden nicht nur isoliert im eigenen Unternehmen gesucht, sondern es werden auch die Möglichkeiten eines Vergleichs mit anderen Unternehmen in der eigenen Branche und darüber hinaus genutzt, um von erfolgreichen Wettbewerbern zu lernen. Ziel ist es, dadurch die eigene Leistungsfähigkeit zu steigern. Solche Vergleiche werden mit den Methoden des Benchmarkings durchgeführt.

6 | Verbesserungspotenziale suchen – Nutzung intensivieren

Das Benchmarking von Unternehmen unterscheidet man nach »Benchmarking-Partnern« in folgenden Bereichen:

- interner Vergleich
  - unternehmensbezogen
  - konzernbezogen
- externer Vergleich
  - marktbezogen
  - branchenbezogen
  - branchenunabhängig

Benchmarking in der Nutzungsanalyse

Benchmarking im Rahmen der Nutzungsanalyse legt den Schwerpunkt des Vergleichs dabei auf die Nutzung und Gestaltung von SAP-Systemen und weiterhin auf die darin ablaufenden betriebswirtschaftlichen Prozesse und deren Ausnahmen. Nicht im Fokus stehen technisches Benchmarking oder explizites Kosten-Benchmarking. Unternehmen wird dadurch die Möglichkeit geboten, sich mit anderen Unternehmen, die nach bestimmten Kriterien ausgewählt werden, in Bezug auf eine bestimmte Menge von Nutzungskennzahlen zu vergleichen.

Ziel ist es, den Unternehmen eine überschaubare Anzahl an Kennzahlen an die Hand zu geben, mithilfe derer sie die Situation des Unternehmens festhalten und zukünftig in regelmäßigen Abständen neu bewerten können.

Transaktionen nach Anzahl der Anwender	Projekt	Panel
genutzt von 1 Dialoganwender	811 (36%)	6
genutzt von 2-20 Dialoganwendern	1084 (48%)	1024 (52%)
genutzt von 21-100 Dialoganwendern	262 (12%)	201 (10%)
genutzt von >100 Dialoganwendern	79 (4%)	73 (4%)
genutzt von Systemanwendern	36 (2%)	n.v.

Tabelle 6.3 Benchmarking der Transaktionsnutzung nach Anzahl der Anwender (Quelle: IBIS)

In Tabelle 6.3 ist die Verteilung der Anwender auf die genutzten Transaktionen Gegenstand der Betrachtung. Das (eigene) Projekt wird einer von mehreren vorhandenen Vergleichsgruppen (Panel) gegenübergestellt. Es hat sich in der Praxis als notwendig erwiesen, dass sowohl absolute als auch relative Werte in den Vergleich einfließen. In diesem Beispiel liegen die absoluten Werte der jeweils genutzten Transaktionen sehr nah beieinander, sodass die prozentualen Ergebnisse gut untermauert sind. Unser Anwenderunternehmen sollte deswegen seine 811 Transaktionen, die nur von einem Anwender genutzt werden, dringend untersuchen und für die wichtigste Kompetenzbereiche einen zweiten Mitarbeiter aufbauen.

Für ein sinnvolles Benchmarking sind Kennzahlenbibliotheken notwendig, aus denen sich Unternehmen Kennzahlen für einen Vergleich entsprechend ihren Anforderungen auswählen können.

Kennzahlenbibliotheken

RBE Plus-Kennzahlenbibliothek zum Vergleich von Nutzung und Konfiguration von SAP-Systemen

Circa 700 Kennzahlen aus den Bereichen Anwendung, Rechnungswesen und Logistik im Hinblick auf:
- Prozessdaten, Stammdaten und Customizing
- Nutzungsintensität, Nutzungskontinuität und organisatorische Verteilung

Ermittlung der Kennzahlen auf Basis von über 500 klassifizierten und anonymisierten RBE Plus-Projekten:
- maßgeschneiderte Definition von Panels zur besseren Vergleichbarkeit der Kennzahlen (Kriterien: z. B. Region, Branche, Systemgröße)
- Vergleich mit Durchschnittswerten und Standardabweichungen des gewählten Panels

---

Da Nutzungsanalysen meist unterschiedliche Extraktzeiträume umfassen, ist ein direktes Ermitteln der Kennzahlenwerte für eine Analyse nicht möglich. Die Daten müssen auf Monatsbasis vergleichbar gemacht werden. Weiterhin muss darauf geachtet werden, dass Kennzahlen in einem Projekt, die nicht ermittelt werden können, entsprechend gekennzeichnet werden, um bei der weiteren Verarbeitung der Daten richtig behandelt zu werden. Sämtliche Kennzahlen müssen mit einer Dimension versehen werden, die ausdrückt, welche Art von Daten die Kennzahl repräsentiert.

Datenbereinigung

6 | Verbesserungspotenziale suchen – Nutzung intensivieren

Panel Modeling Ein Panel stellt eine Vergleichsdatenbasis dar, mit der sich ein Unternehmen messen kann. Die Bildung eines Panels muss daher sehr sorgfältig durchgeführt werden, weil davon die Qualität der abgeleiteten Aussagen des Vergleichs abhängt und die Ergebnisse des Benchmarking-Projekts direkt beeinflusst werden. Die Definition der richtigen Vergleichsbasis erfolgt mittels Schlüssel- und Korrekturfaktoren. Schlüsselfaktoren müssen sinnvollerweise immer angewendet werden. So sind das grobe Nutzungsprofil betriebswirtschaftlicher Bereiche im untersuchten System, die Anzahl von aktiven Usern und die Branche solche Schlüsselfaktoren, die Unternehmen für die Aufnahme in ein Panel qualifizieren.

Jedoch kann es wichtig sein, Unternehmen, die aufgrund der Schlüsselfaktoren in das Panel aufgenommen wurden, wieder aus dem Panel zu entfernen, da sonst u. U. die Vergleichbarkeit der Kennzahlenwerte nicht mehr gegeben wäre. Solche Korrekturfaktoren sind z. B. der Releasestand des Systems, die Nichtnutzung bestimmter betriebswirtschaftlicher Bereiche oder der Zeitraum, der seit dem Produktivstart des Systems vergangen ist.

Benchmarking-Szenarien Die Kennzahlenbibliotheken können für drei verschiedene Formen des Nutzungsbenchmarkings herangezogen werden:

- Unternehmensbenchmarking
- Organisationsbenchmarking
- Excellence Benchmarking

Unternehmensbenchmarking Beim Unternehmensbenchmarking möchte sich ein Unternehmen mit einer definierten Anzahl von Unternehmen, die durch ein Panel repräsentiert werden, vergleichen. Das Panel wird entsprechend gebildet bzw. ausgewählt, und die Werte der Kennzahlen werden miteinander verglichen. Sollten sich beim Unternehmensbenchmarking große Abweichungen zwischen den Werten der Kennzahlen des Unternehmens und des Panels ergeben, muss eine sorgfältige Bewertung der Ergebnisse erfolgen. Ziel muss sein, die Ursachen der Abweichung aufzudecken. Unternehmen wählen aus der Fülle von Kennzahlen diejenigen aus, die für sie interessant bzw. kritisch sind.

Organisationsbenchmarking Beim Organisationsbenchmarking werden einzelne Organisationseinheiten eines Unternehmens miteinander verglichen. Ein Anwendungsfall dabei wäre, wenn ein Unternehmen z. B. mehrere Werke miteinander vergleichen möchte.

Excellence Benchmarking zeichnet sich dadurch aus, dass sich Unternehmen nicht nur mit einem Panel vergleichen, sondern dass im Kontext des Vergleichs auch ein Ziel- oder Excellence-Wert für jede Kennzahl berechnet wird, der das anzustrebende Ziel in Bezug auf die jeweilige Kennzahl darstellt. Der Zielwert wird durch verschiedene Methoden, z. B. die Clusteranalyse, ermittelt und ist abhängig von unterschiedlichen bestimmenden Faktoren. So spielt es beispielsweise eine Rolle, wie lange das System bereits produktiv ist.

Excellence Benchmarking

Je nach Zielsetzung kann hier nach Themengebieten unterschieden werden:

- Anwendungs-Excellence
- Process Excellence (siehe letzter Abschnitt)
- Engineering Excellence

Zielwerte von Anwendungs-Excellence stellen kontextspezifisch ermittelte Werte für Kennzahlen dar, die aus der Nutzung von Elementen, z. B. Transaktionen oder Reports, des Systems abgeleitet werden können. So liegt bei einem »jungen« Unternehmen im Bereich Excellence ein Zielwert für die Nutzung individueller Transaktionen bei 90 %.

Anwendungs-Excellence

Prozessdaten Hauptbuchhaltung			
Prozessdaten	**Projekt**	**Panel ø**	**Streuung**
Hauptbuchbelege	671.324	401.228	134.874 1.231.187
Stornoquote	0,1 %	2,2 %	0,0 % 6,9 %
Änderungsquote	0,3	0,6 %	0,1 % 2,3 %
Integrationsquote	92 %	42 %	19 % 95 %

Tabelle 6.4 Process-Excellence-Werte in der Hauptbuchhaltung (Quelle: IBIS)

Zielwerte von Process Excellence, die auch Grundlage für die Harmonisierung von Prozessen (siehe letzter Abschnitt) sind, stellen kontextspezifisch ermittelte Werte für Kennzahlen dar, die aus der Prozessnutzung des Systems abgeleitet werden können. Zielwerte repräsentieren z. B. einen anzustrebenden Prozentsatz von Ausnahmen bei der Nutzung eines bestimmten betriebswirtschaftlichen Pro-

Process Excellence

zesses im System. In Abbildung 6.14 sehen Sie ein »Projekt«, das gegenüber dem Panel bei der Storno- und Integrationsquote sehr gut liegt. Bei der Änderungsquote liegt das Projekt auch gut, ist aber relativ näher am Durchschnittswert des Panels.

Genutzte Einkaufsbelegarten	11	(Panel ø: 27)

Nutzungsintensität				Nutzungskontinuität			
Projekt	Panel ø	Streuung		Projekt	Panel ø	Streuung	
Intensiv				**Kontinuierlich**			
21%	11%	8% 43%		45%	34%	19% 67%	
Durchschnittlich				**Lückenhaft**			
23%	19%	11% 47%		43%	57%	31% 71%	
Rudimentär				**Einmalig**			
56%	70%	23% 81%		12%	9%	3% 22%	

Abbildung 6.14 Engineering-Excellence-Werte für Einkaufsbelegarten (Quelle: IBIS)

Engineering Excellence Zielwerte der Engineering Excellence stellen kontextspezifisch ermittelte Werte für Kennzahlen dar, die aus der Konfiguration des Systems abgeleitet werden können. Kundenspezifisches Customizing am System wird hier aufgedeckt. Im Beispielprojekt in Abbildung 6.14 geht es um die Nutzungsintensität und -kontinuität von Einkaufsbelegarten. Bei der Nutzungsintensität liegen der Topwert bei 43 % und unser Projekt bei 21 %, was trotzdem noch deutlich besser als der Durchschnitt ist.

Projektierung Basis jedes Benchmarking-Projekts sind Nutzungsanalysen. Die aktuellen Daten des Systems werden zunächst mit extrahiert und als Datenbasis für das Benchmarking zur Verfügung gestellt:

1. Mithilfe der Daten wird eine Kennzahlenstruktur erstellt, die die Werte der Kennzahlen für das aktuelle Projekt enthält.
2. Die Erstellung eines Panels stellt im Projekt den größten Aufwand dar, da die Vergleichsbasis mit größter Sorgfalt erstellt werden muss.
3. Im Anschluss daran erfolgt der Vergleich des Unternehmens mit den Werten im Panel.

4. Die ermittelten Werte der Kennzahlen und die entsprechenden Vergleichswerte im ausgewählten Panel werden dem Unternehmen dann zur Verfügung gestellt.

5. Bei Wiederholanalysen kann auch die Entwicklung der Kennzahlen des einzelnen Unternehmens aufgezeigt werden.

Ziel von Benchmarking-Ansätzen ist es, die Entwicklung der Kennzahlen im Vergleich zu anderen und im Zeitverlauf zu beobachten, um die Wirksamkeit von Maßnahmen zu überprüfen. Somit sollte eine Analyse regelmäßig durchgeführt werden. In Abhängigkeit von der Relevanz der im Fokus stehenden Kennzahlen für das einzelne Unternehmen muss die zeitliche Abfolge der Nutzungsanalysen entsprechend geplant werden.

Kontinuierliche Verbesserung

6.7 Kontinuierlich messen

Wir empfehlen die in Tabelle 6.5 dargestellte Vorgehensweise zum Aufbau eines kontinuierlichen Verbesserungsprozesses durch die Implementierung eines Messkonzepts zur Nutzungsanalyse. Ziele dabei sind folgende:

- Verteilung der Analyseaktivitäten und der folgenden Maßnahmen
- Verbindung von Analysen mit Verbesserungsinitiativen
- kontinuierliche Weiterentwicklung des Messkonzepts für bekannte Problemmuster
- unternehmensspezifischer »Prozesswartungsplan«
- Konzept zur organisatorischen Einbindung in vorhandene Support-Strukturen zur Behebung der erkannten Probleme

Daraus abgeleitet, könnte ein Jahres-Wartungsplan folgendermaßen aussehen:

Zeitpunkt	Analysen	Maßnahmen	Adaption der Struktur und des Messkonzepts
Initial	Nutzungsanalyse komplett Option: Aufbau BPR-Solution-Manager-Struktur		Adaption der Struktur und Aufbereitung für Zielgruppen
Quartal 1	Situationsanalyse Geschäftsprozesse Benutzer- und Rollenanalyse 1	Top-Situationsindikatoren Vereinfachungsanalyse: Bereinigen und Reduzieren	Erstellung Nutzungsbilanz und Nutzungsplanung Aktualisierung kundenindividueller Elemente Anpassung Benutzerzuordnung zu Organisationen
Quartal 2	Geschäftsprozesse Potenzialanalyse 1	Ausnahmenanalyse Intensivierung Schwerpunkt Logistik Automatisierung Risikoanalyse	Struktur an Vereinfachungen anpassen Nutzungsplanwerte aktualisieren Wirkungsmessung überarbeiten
Quartal 3	Geschäftsprozesse Benutzer- und Rollenanalyse 2	Prozesse beschleunigen Harmonisierung Benchmarking	Organisationscluster überarbeiten Aktualisierung Benchmarkzielwerte Ausnahmenmuster überarbeiten
Quartal 4	Geschäftsprozesse Potenzialanalyse 2	Ausnahmenanalyse Schwerpunkt Werteflüsse Schwerpunkt Rechnungswesen Standardisierung	Messkonzept anpassen Upgrade-Potenziale

Tabelle 6.5 Jahresplan für eine kontinuierliche Messung der Nutzung in Verbindung mit Verbesserungsinitiativen

Ziel muss eine kontinuierliche Verbesserung der Anwendung und der Geschäftsprozesse im Unternehmen sein. Eine tragfähige Diagnose kann nicht nur auf der Basis des äußeren Anscheins erstellt werden. Mithilfe der richtigen Instrumente müssen auch laufend die inneren Werte des Organismus gemessen werden, um daraus Vorschläge für die adäquate Vorgehensweise abzuleiten – Performance Management durch kontinuierliche Nutzungsanalyse.

7 Unternehmensziele fordern und fördern – Nutzung transformieren

Es kommt der Tag, an dem die Nutzungssituation eines SAP-Systems grundlegend verändert werden muss. Der Umbau des SAP-Systems oder die Neuausrichtung der Prozesse wird notwendig. Dies passiert nach einer längeren Zeit zwangsläufig, wenn viele kleine aufgelaufene Änderungswünsche nicht umgesetzt worden sind. Es kann aber auch kurzfristig aufgrund eines starken, externen Schocks, etwa durch Markteinflüsse, notwendig werden. Meist geht eine solche schockartige Transformation mit einer Restrukturierung des Unternehmens einher, weil sich die Eigentumsverhältnisse ändern oder das Geschäftsmodell überarbeitet werden muss. Transformationen haben ihre Auswirkungen auf die Strategie, Unternehmensziele und die Organisation, die wiederum von der Unternehmenssoftware ein möglichst reibungsloses Nachvollziehen sich daraus ergebender Änderungen verlangen.

Anwendung, Prozesse und Stammdaten müssen sich dynamisch den neuen Anforderungen anpassen. Jetzt kommt es darauf an, ob und wie gut die Nutzungssituation im Vorfeld beherrscht worden ist. Wenn alle Verbesserungsmöglichkeiten durchgeführt worden sind, die auch im letzten Kapitel empfohlen wurden, können auch schockartige Transformationen wie ein normales Änderungsprojekt einfacher durchgezogen werden. Sie müssen nicht aufwendiger sein als ein gut geplantes Upgrade oder etwas komplexere Verbesserungsinitiativen. Ist allerdings die Ausgangssituation unbekannt und die Anwendung in einer komplizierten und verfahrenen Lage, wird spätestens bei einer unaufschiebbaren Transformationsanforderung der Preis bezahlt. Es ist dann sehr schwierig, die SAP-Lösung in die gewünschte Richtung zu transformieren.

Transformation einfach oder schwierig

Diese Richtung wird durch externe und interne Faktoren oder Innovationen bestimmt, die auch kombiniert auftreten können und somit den Änderungsdruck noch verstärken (siehe Abbildung 7.1). Beispiel: Eine Innovation wie die Materialflussverfolgung per RFID-Transponder wird zum Wettbewerbsvorteil, wenn auch der Markt dies verlangt, und umgekehrt zum Nachteil, wenn die Entwicklung verschlafen wird.

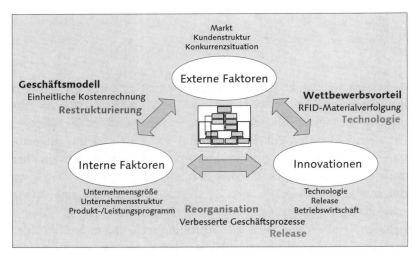

Abbildung 7.1 Auslöser von Transformationsanforderungen und ihre Wechselwirkungen

Re-Design
: Welche Formen der Transformation es geben kann, soll in den folgenden vier Abschnitten dargestellt werden. Die erste Transformationsform ist ein Re-Design von Bereichen der Anwendung, einzelnen Prozessen oder bestimmten Organisationseinheiten. Ein Re-Design-Projekt ist eine Zusammenfassung unterschiedlichster Änderungsanforderungen zu einem Projektvorhaben. Es basiert darauf, dass der Leidensdruck und die Schwierigkeiten mit bestimmten Abwicklungen so groß geworden sind, dass man ein Projekt angehen möchte, um auch die Synergieeffekte mehrerer Änderungen miteinander zu verzahnen.

Konsolidierung
: Auch die Konsolidierung von SAP-Systemen ist eine Transformationsaufgabe mit dem Anspruch, Kosten und Ressourcen einzusparen. Man verspricht sich Synergieeffekte, ist sich aber nicht bewusst, dass ein komplexer Abstimmungsprozess die Folge sein kann. Hier wird besonders deutlich, dass eine bekannte Nutzungssituation eine notwendige Voraussetzung ist, um eine Konsolidierung erfolgreich und nachhaltig durchzuführen.

Das dritte Szenario beschäftigt sich mit vier typischen strategischen Transformationen, die sich z. B. aufgrund neuer Geschäftsmodelle ergeben können. Sie müssen keine großartige Auswirkung auf die SAP-Lösung haben, es ist allerdings notwendig, dass man als IT-Abteilung transformationsbereit ist, um adäquat die organisatorischen und strategischen Transformationsanforderungen zu unterstützen. Die These ist, dass eine IT-Abteilung hier in Vorleistung gehen muss.

Strategische Transformationen

Die Kür beim Transformieren besteht darin, Innovation schneller nutzbar zu machen. Dies bedeutet, die Lieferfähigkeit der IT auf ein Niveau zu heben, dass Innovationen ständig in Geschäftsprozesse eingebracht werden können.

Innovation

Für alle diese Transformationsaufgaben ist die Nutzungsanalyse der Wegbereiter oder die Voraussetzung, da sie dafür sorgt, dass die Situationen bekannt sind und Potenziale erschlossen werden, um die Gesamtaufgabe der Transformation zu beschleunigen und abzusichern.

7.1 Wegweiser zum Re-Design

Eine kleine Re-Design-Aufgabe kann auf der Grundlage einer Änderungsanforderung durch die IT-Abteilung kurzfristig (in Stunden oder Tagen) umgesetzt und produktiv geschaltet werden. Dabei handelt es sich meist um umgestaltete Auswertungen, ein weiteres Feld im Stammdatum oder Änderungen an Formularen. Komplexere Re-Design-Aufgaben verlangen ein Projektvorhaben als Rahmen, weil sie verschiedene Komponenten, Funktionen, Stammdaten und Prozessaspekte zu einer neuen Gestaltung miteinander verbinden wollen.

> **Beispiele für Situationen, Re-Design erfordern**
>
> ▸ **Verlagerung von Aufgaben**
>   Es sollen den lokalen Niederlassungen in den Ländern mehr Aufgaben übergeben werden.
> ▸ **Neue Prozessvarianten**
>   Es gibt zusätzliche logistische Abläufe, nicht nur Export nach China, sondern auch von China nach Deutschland und USA.

Ein typisches Kennzeichen von Re-Design-Projekten ist auch, dass in irgendeiner Form eine fachliche Spezifikation bzw. ein Soll-Konzept entwickelt oder gar eine Modellierung vorgenommen wird. Die

Soll-Modellierung

7 | Unternehmensziele fordern und fördern – Nutzung transformieren

Modellebenen dafür können technische, implementierungsnahe Spezifikationen sein. Es können aber auch betriebswirtschaftliche Modellierungen gefordert sein, z. B. mit Business-Process-Modeling-Tools wie ARIS oder mit einfacheren Grafikwerkzeugen wie Visio.

Ist-Modellierung automatisieren

Allen diesen Modellierungsvorhaben im Re-Design ist ein Problem gemeinsam. Sie bringen zunächst einmal die Herausforderung mit sich, die aktuelle Ist-Situation erkennen und bewerten zu müssen, insbesondere wenn sie externe Beratungskompetenz hinzunehmen. Idealerweise sollte die Ist-Darstellung unmittelbar in dem Format geliefert werden, mit dem automatisch ein aktuelles Abbild der Geschäftsprozesse als Modellierungsgrundlage generiert werden kann. Ist-Analyse und Ist-Modellierung zusammen benötigen erfahrungsgemäß 10–30 % des Projektaufwands – je nach betroffenem Prozessvolumen. Die bessere Alternative wäre deswegen, basierend auf einer aktuellen Nutzungsanalyse über die Integration in ein BPM-Tool die retrograde Ist-Modellierung zu automatisieren und damit einzusparen. Die gewonnene Zeit sollte in intelligente Re-Design-Vorschläge investiert werden.

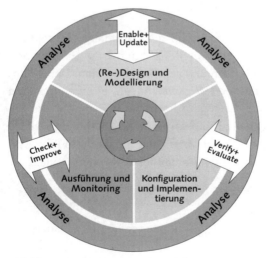

Abbildung 7.2 Re-Design und Modellierung im BPM-Zyklus. Die Nutzungsanalyse begleitet alle drei Phasen.

Betrachten Sie das zyklische Rad des Business Process Managements in Abbildung 7.2, sehen Sie, dass der Re-Design- und Modellierungssektor nicht am Anfang steht, sondern unmittelbar von der Ausführungsebene der Prozesse und mit Informationen zur aktuellen Ist-

Situation beliefert werden sollte. Auf der anderen Seite wiederum schließt sich der Konfigurations- und Implementierungssektor an. Insbesondere wenn einzelne Bereiche verändert werden sollen, ist es für das Projektteam sehr wichtig, zu wissen, wie die Integrationsprozesse, Stammdaten usw. aussehen, die durch die Re-Design-Maßnahme eben nicht negativ beeinflusst werden dürfen.

Der Worst Case wären Re-Design-Projekte, die auf der grünen Wiese anfangen und erst in einer sehr späten Phase versuchen, ihre Ideen und Konzepte mit der Realität in Einklang zu bringen. Der mitunter stattfindende Streit, dass so neue Ideen von außen besser eingebracht werden können und dass neue (radikale) Konzepte nicht durch das Bestehende verfälscht werden sollen, sind richtige, aber keine treffenden Argumente. Ein Re-Design-Vorschlag muss letztlich immer in die bestehenden situativen Gegebenheiten eingebunden werden, und ein guter Kerngedanke – sofern er denn trägt – wird auch die Einpassung in das Prozessnetz überleben. Der Punkt ist nur, je später das bedacht wird, desto teurer wird es in der Umsetzung, die zwangsläufig getroffenen Annahmen wieder auf den Boden der Tatsachen zurückzubringen.

Worst Case

> **Beispiel: Re-Design an der Realität vorbei**
> Ein Re-Design-Projekt hat zum Ziel, die Lagerbestände zu senken. Externe Berater empfehlen aufgrund ihrer Erfahrung neue stochastische Methoden in Verbindung mit einer besseren Materialflussverfolgung und -rückmeldung. Leider war unbekannt, dass drei Großkunden inzwischen einen Großteil der Abwicklung über Lieferpläne und ein Konsignationslager vor Ort bewerkstelligen, das immer bis zum Höchstbestand aufgefüllt werden muss. Demnach ging der Vorschlag von falschen Voraussetzungen aus, die bessere Lösung wäre, die Produktionsplandaten des Kunden frühzeitig zu erhalten und sie für die eigene Planung zu nutzen.

Auch kommt es in dieser Phase auf Geschwindigkeit an. Wenn für ein Re-Design-Thema ein Anforderungsdruck besteht, sollte das Problem möglichst schnell gelöst werden. Es ist nicht sinnvoll, zu viele Dinge gleichzeitig lösen zu wollen. Es ist wesentlich einfacher, in kleinen Gruppen und Wellen die Anforderungen umzusetzen, dann die Wirkung zu überprüfen, um erneut eine weitere Welle anzugehen.[1]

Geschwindigkeit

---

1 Wie Projekte dieser Art angegangen und von der Nutzungsanalyse unterstützt werden, ist in einem Interview mit Peter Fayterna (BASF) nachzulesen: *http://www.ibis-thome.de/806.html*. Seitenaufruf am 22.5.2010.

Die Wegweiserfunktion der Nutzungsanalyse lässt sich bisher folgendermaßen zusammenfassen: Durch eine Integration der aktuellen Ist-Prozesse in ein Modellierungswerkzeug erhält das Projektteam eine aktuelle Darstellung der Unternehmensprozesse, kann Zeit für Diskussion und Modellierung einsparen, der manuelle Modellierungsaufwand fällt weg, und auch während der Projektlaufzeit ist ein regelmäßiges Update der Prozesse möglich. Die Re-Designs gehen von aktuellen Ist-Daten und nicht von einer vermuteten Ausgangslage aus.

Kein Kundenmodell

Auf Anwenderseite sind zwei weitere Situationen im Hinblick auf die Modellinhalte zu unterscheiden:

- das Anwenderunternehmen besitzt kein Kundenmodell.
- Das Anwenderunternehmen besitzt ein altes Kundenmodell, das nicht auf dem aktuellen Stand ist.

Besitzt das Anwenderunternehmen noch keinerlei kundenspezifisches Prozessmodell, dann kann ersatzweise das Solution-Manager-BPR (siehe Abschnitt 5.1.1) herangezogen werden. Es wird auf Basis der aktuellen Nutzung zusammengestellt und kann im Rahmen des Re-Design-Projekts mit betriebswirtschaftlichen Elementen angereichert werden, die die Neuerungen repräsentieren. Diese Vorgehensweise hat den Vorteil, dass schon im Modell die Ist-Situation per Nutzungsanalyse evaluiert werden kann und die Strukturelemente von vornherein implementierungsnah ausgeprägt sind. So sind die betriebswirtschaftlichen Erweiterungen klar identifizierbar. Für den Implementierungsprozess kann das Modell über den Solution Manager an die IT-Abteilung weitergereicht werden. Die Voraussetzung für diese Vorgehensweise ist neben einer Nutzungsanalyse, die ein Solution-Manager-Modell wie RBE Plus für SAP Solution Manager evaluieren kann, ein Modellierungswerkzeug, das mit Solution-Manager-Modellelementen umgehen kann, wie z. B. Aris von IDS Scheer oder Aeneis von Intellior.

Eigenes Prozessmodell

In der zweiten Kundensituation besitzt der Anwender bereits ein eigenes Prozessmodell. Dieses muss zunächst gegen die aktuelle Situation validiert werden. Das heißt, die Nutzungsanalyse übernimmt die Strukturelemente des Kunden und versucht, sie mit ihrer Prüfschrittbibliothek weitgehend zu evaluieren. Dabei stellt die Nutzungsanalyse fest, welche Elemente des Prozessmodells noch aktiv sind und wie intensiv sie genutzt werden. Beides ist in dieser Situation eine notwendige Voraussetzung für das Re-Design-Projekt, da ein Modell, das vor mehreren Jahren im Rahmen eines Einführungsprojekts erstellt wurde, keinesfalls auf dem aktuellsten Stand ist. Zusätzlich liefert die Nutzungsanalyse dann durch ihre Prüfschritte und softwarenahen Elemente auch weitere Informationen für den Designprozess und für die spätere Implementierung.

Die Vorgehensweise zur Erstellung der Business-IT-Struktur wurde in Abschnitt 5.1.4 bereits beschrieben. Technisch kann dies mit BPM-Tools umgesetzt werden. Die Frage, ob eine Solution-Manager-Struktur gebraucht wird oder eine Solution-Manager-Integration ebenfalls stattfinden soll, muss im konkreten Projektfall entschieden werden. Wenn der Solution Manager das Implementierungs- und Testwerkzeug ist, kann eine überarbeitete BPR-Struktur aus der Re-Design-Phase zur Implementierung in den Solution Manager als Blueprint übernommen werden.

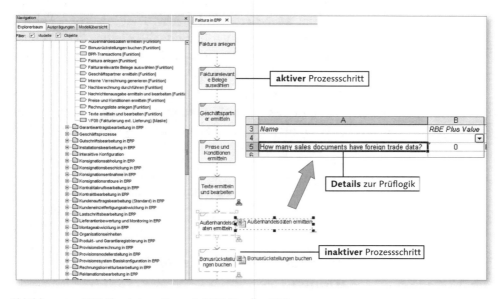

Abbildung 7.3 RBE Plus-Integration mit ARIS (Quelle: IBIS)

Eine Nutzungsanalyse ist in der Lage, die operativ genutzten Prozesse eines SAP-Systems auf Basis ihrer Analysemodelle zu identifizieren. Die Ergebnisse können anschließend an Modellierungswerkzeuge zur weiteren Bearbeitung übergeben werden. So entsteht dort – ohne manuellen Modellierungsaufwand – ein individuelles Modell der im SAP-System genutzten Prozesse.

Was gehört zum Leistungsumfang?

- ein individuelles Prozessmodell (Blueprint), angereichert mit Informationen zur Nutzung des Systems
- die detaillierte Berücksichtigung der im SAP-System aktiv genutzten Konfiguration, Stammdaten, Prozesse und Prozessschritte
- die Übernahme der Evaluierungsergebnisse über eine Standardschnittstelle

Auf der Grundlage des Solution-Manager-Prozessmodells kann ein individuelles Modell erzeugt werden, aus dem die tatsächliche Nutzung des SAP-Systems hervorgeht.

Worin besteht der Nutzen?

- Mit dem Ist-Modell im BPM-Tool erhält der Kunde eine aktuelle Dokumentation der tatsächlichen Systemnutzung.
- Darüber hinaus wird die Nutzung der Transaktionen im SAP-System untersucht, analysiert und im BPM-Tool im Prozesskontext angezeigt. Dabei werden auch individuelle Kundentransaktionen identifiziert, die dann im Prozessmodell zugeordnet werden können.
- Da im SAP-Referenzmodell die nicht genutzten Elemente sichtbar bleiben (siehe Abbildung 7.3), steht mit dem erzeugten Ist-Modell der Wegweiser zur Definition eines zukünftigen Soll-Modells zur Verfügung.

Einmal im Jahr sollte ein aktuelles Prozessmodell im BPM-Tool aktualisiert werden. Auf diese Weise können Dokumentationsanforderungen erfüllt und Re-Design-Projekte schneller gestartet werden.

7.2 Konsolidierung komplexer SAP-Organisationen

Synergieeffekte analysieren

Die Konsolidierung von SAP-Systemen ist eine komplexe Aufgabe. Dessen sind sich viele SAP-Anwenderunternehmen nicht bewusst. Solche Konsolidierungsprojekte sind immer mit Chancen und Risiken verbunden. Sie erfordern eine dezidierte Analyse der technischen und betriebswirtschaftlichen Rahmenbedingungen. Mit dem bloßen Zusammenschieben von Tabellen aus unterschiedlichen SAP-Systemen auf ein zentrales SAP-System ist es also längst nicht getan. Es gilt vielmehr, neben der technischen Vorgehensweise die betriebswirtschaftlichen Synergieeffekte zu analysieren und auszureizen. Wird eine exakte Analyse vernachlässigt, führt dies unvermeidlich zu einem hochkomplexen »Mega-SAP-System«.

Die Zusammenführung zweier oder mehrerer Mandanten wird allgemein als *SAP-Konsolidierung* bezeichnet. Die Mandanten zeichnen sich dadurch aus, dass sie in unterschiedlichen SAP-Systemen, also auf unterschiedlichen Servern an unterschiedlichen Standorten, angelegt waren. Die Auslöser für eine Konsolidierung der SAP-Mandanten sind in der Regel Einsparprogramme oder Unternehmensfusionen. Neben dieser sogenannten *Mandantenkonsolidierung* gibt es noch *Multikonsolidierungen* aus mehreren Quellsystemen und *Teilkonsolidierungen* von bestimmten Organisationsbereichen. Letztere werden meist im Zuge von Restrukturierungen oder bei Mergers & Acquisitions (M&A) angewandt.

Was heißt SAP-Konsolidierung?

> **Synonyme für SAP-Konsolidierungsprojekte**
>
> Für den Begriff »Konsolidierung« wird im SAP-Umfeld eine Vielzahl an Synonymen verwendet, hier nennen wir ein paar davon:
>
> Multi-, Teil-, System-, Mandanten-Konsolidierung, Harmonisierung, Standardisierung, Verschmelzung, Fusion, Zusammenführung, Umressortierung, Restrukturierung, Benchmarking, Vergleich, Abgleich, Reorganisation und Business-Transformation von SAP-Systemen
>
> Als Antonyme sind folgende Begriffe gebräuchlich:
>
> System- oder Mandantensplit, Spin-off und Cave-out

Der Konsolidierungsprozess selbst kann in zwei Stufen unterteilt werden. In der ersten Stufe, der technischen Systemkonsolidierung, wird an sich nur die Ablauffähigkeit des Mandanten auf einem zentralen SAP-System in einem bestimmten Rechenzentrum beeinflusst und verändert. Sie stellt die einfachste Form der Konsolidierung dar. Ziel der technischen Systemkonsolidierung ist es, genau diesen Mandanten von einer Systemumgebung auf eine andere zu verlagern und dort zum Laufen zu bringen. Die volle Mandanten-Konsolidierung macht aus zwei oder mehreren Mandanten eine Einheit, die nur noch durch die Organisationselemente im SAP-System, beispielsweise Buchungskreise und Werke, unterschieden werden können. Inzwischen ist auch bewiesen, dass es unproblematisch ist, hunderte von Buchungskreisen und Werken in einem SAP-Mandanten zu betrei-

Konsolidierungsprozess

ben. Dies belegen die vielen Anwendungen, die bei Großkonzernen erfolgreich eingesetzt werden.

> **Praxisbeispiel aus RBE Plus-Analysen**
> Es gibt SAP-Einzelsysteme mit über 500 Buchungskreisen und 2.500 Werken pro Mandant. Untersucht wurden jeweils ein amerikanischer und ein deutscher Konzern.

Betriebswirtschaftliche Konsolidierung schafft Nutzen

Ihre wirklichen Nutzenpotenziale können Konsolidierungsprojekte aber erst in der zweiten Stufe entfalten. Dort werden neben den technischen Elementen auch immer betriebswirtschaftliche Maßnahmen einbezogen. Jedoch sind solche Projekte nicht einfach zu realisieren, da sie nicht allein im Verantwortungsbereich der IT-Abteilung liegen und somit eine abteilungsübergreifende Zusammenarbeit erfordern. Wie immer, wenn man etwas wirklich Nützliches erreichen will, sollten aber gerade bei Konsolidierungsprojekten »Business« und »IT« gemeinsam agieren und die Unternehmensleitung, die Fachabteilungen sowie die IT-Abteilung an einem Strang ziehen.

Zentralisiere, und alles wird gut?

Die Verantwortlichen in den Unternehmen können Einsparungen, die durch Konsolidierungsprojekte erzielt werden können, einfach nachvollziehen. Auf den ersten Blick erscheinen diese zunächst oft plausibel. Schließlich können Standorte, Hardware und Schnittstellen zentralisiert und infolgedessen reduziert werden. Meist ist deswegen die technische Konsolidierung von SAP-Mandanten auch die erste (und einfachere) Projektphase. Falsch wäre es allerdings, auf dieser ersten Konsolidierungsstufe zu verharren. Denn die Synergieeffekte, die mittels technischer Konsolidierungen erzielt werden, sind nicht so groß, wie sie vordergründig erscheinen. Das liegt daran, dass lediglich die mandantenübergreifenden Tabelleninhalte und alle Vorgänge, die auf der Systemebene stattfinden, zusammengeführt werden. Beispielsweise Nummernkreise oder auch technische Objekte der Entwicklungsumgebung sind davon betroffen. Diese machen zusammen zwar rund ein Drittel der SAP-Datentabellen aus, beziehen sich jedoch kaum auf betriebswirtschaftliche Inhalte. In diesem Zusammenhang müssen auch gegenläufige Effekte berücksichtigt werden. So steigen durch eine technische Konsolidierung die Komplexität, Ausfallrisiken sowie die Dauer von Change-Zyklen. Darum empfiehlt es sich, die Situation, Potenziale und Risiken klar zu bewerten, bevor eine technische Konsolidierung überhaupt begonnen wird (siehe Abschnitt 8.2.2). Tabelle 7.1 zeigt einige Pro- und Kontra-Effekte der technischen Konsolidierung, bei der dezentrale SAP-Systeme und Mandanten für Länder oder Geschäftsgebiete wegfallen und stattdessen ein zentrales SAP-System weltweit eingeführt wird:

Pro-Synergieeffekte der technischen Konsolidierung	Kontra-Effekte bei einer reinen technischen Konsolidierung
Standort- und Raumkosten entfallen	Transformationskosten für Abgleich und Ergänzung fehlender Funktionen und Services im Zielsystem entstehen
Hardwareinfrastruktur wird reduziert	Komplexität und Intransparenz des Systems erhöhen sich progressiv
Kommunikation und Schnittstellen von System zu System entfallen	Tabellen werden größer
mandantenübergreifende Tabellen müssen abgeglichen und zusammengeführt werden	Downtime-Risiko ist höher
technische Anbindung, Systemsoftware, Datenbanksoftware und Services werden nur einmal benötigt	Change-Impact-Aufwand und Upgrade-Dauer erhöhen sich
	Aufwand für Problemidentifikation und -lösung erhöht sich

Tabelle 7.1 Pro- und Kontra-Effekte eines zentralen SAP-Systems

Aufgrund der hier aufgeführten Chancen und Risiken ist es nicht überraschend, dass den Versprechungen der Konsolidierungsbefürworter massive Argumente entgegengehalten werden. Dies geschieht aus gutem Grund: Denn die Vorteile einer solchen Konsolidierung können vollkommen bedeutungslos werden, wenn die Risiken und Nachteile eines solchen Projekts nicht beachtet, analysiert und identifiziert werden. Zu Großrechner- und SAP R/2-Zeiten war in diesem Zusammenhang oft die Rede von sogenannten »Dinosaurier-Systemen«, die jede Art von organisatorischem Wandel verlangsamten oder gar unmöglich machten. Um solchen hochkomplexen Systemstrukturen entgegenzuwirken, müssen konsequent zusätzliche Konsolidierungsmaßnahmen in Angriff genommen werden.

Auf dem Weg zu Dinosaurier-Systemen?

Bestimmte Arten der Zusammenführung von SAP-Systemen liegen allerdings nahe und sind unkritisch. Dies verdeutlicht ein Beispiel aus der jüngeren SAP-Vergangenheit: In den 90er-Jahren wurden SAP-

Gute Konsolidierungsgründe

Systeme nach bestimmten Funktionen, beispielsweise Anwendungen für die Logistik und das Rechnungswesen, getrennt eingeführt. In solchen Fällen ist eine Konsolidierung sinnvoll, da die Vorteile einer Integration schlicht überwiegen. Doch schon bei Personalsystemen gilt das aufgrund der geringeren Integrationsnotwendigkeit und wegen datenschutzrechtlicher Bestimmungen nicht mehr. Auch dezentrale SAP-Systeme für weltweit verteilte Werke oder Verkaufsniederlassungen in unterschiedlichen Ländern sind in der letzten Konsolidierungsrunde (bis in das Jahr 2003) meist auf wenige Regionalsysteme zusammengefasst worden. Das wirft die Frage auf, was es nun, auf diesem Niveau angekommen, noch weiter zu zentralisieren gibt? Diese Frage kann das Projektteam nur richtig beantworten, wenn es die betriebswirtschaftlichen Nutzungsunterschiede dezidert kennt und bewerten kann.

Drum vergleiche, wer sich ewig bindet!

Wenn diese betriebswirtschaftlichen Nutzungsunterschiede verlässlich verglichen werden sollen, ist ein Abgleich der tatsächlichen Nutzung aller im Einsatz befindlichen SAP-Anwendungen erforderlich. Vor einer Gegenüberstellung aller Tabellen und aller Programmcodes kann hier nur eindringlich gewarnt werden. Solche Vergleiche erzeugen viele unnötige Daten, die zu keinem verwertbaren Ergebnis führen. So kann ein kompletter Tabellenabgleich beispielsweise die Unterschiede in den Sprachversionen der im Einsatz befindlichen SAP-Systeme aufzeigen. Ein solches Ergebnis hat allerdings wenig Aussagekraft, wenn die einzelnen Versionen gar nicht genutzt werden. Vergleiche sollten sich daher ganz gezielt mit den genutzten Aspekten der SAP-Infrastruktur beschäftigen.

Nutzung abgleichen

Die Ungenauigkeit einer manuellen Untersuchung ist dabei ein erheblicher Nachteil. Oft werden ganze Systembereiche oder wichtige Details vergessen – mit der gravierenden Folge, dass nach der Übernahme ins Zielsystem notwendige Funktionen nicht zur Verfügung stehen. Solche Situationen können für ein Unternehmen katastrophal sein. Deswegen empfiehlt sich hier der Einsatz spezieller Werkzeuge für die Nutzungsanalyse und den Nutzungsabgleich. SAP-Quell- und Zielsysteme müssen gezielt und systematisch untersucht werden.

Von der Unordnung zur Klarheit

In gewachsenen Systemlandschaften geht schnell der Überblick verloren. Die Frage, warum und wie genau welche Prozesse und Funktionen abgewickelt werden, kann in den seltensten Fällen exakt beantwortet werden. Viele SAP-Anwender haben diesbezüglich lediglich Vermutungen oder besitzen zumindest einen Teilüberblick über die Prozesslandschaft. Dafür sind zwei Dinge maßgeblich verantwortlich: Einerseits die Mitarbeiterfluktuation in den Unternehmen und andererseits die Erkenntnis, dass SAP-Systeme aufgrund der ständigen Änderungen und Anpassungen zur Unordnung streben. Da diese Situation in den meisten Unternehmen anzutreffen ist, gibt es keine echte Alternative zur werkzeugbasierten Nutzungsanalyse. Nur wenn eine solche Analyse durchgeführt wird, kann ein Konsolidierungsprozess erfolgreich angestoßen und abgeschlossen werden.

Nehmen wir als Beispiel die genutzten und ungenutzten Kundentransaktionen oder das kundenindividuelle Customizing, das in einem SAP-System ständig vorgenommen wird. Es kann im Nachhinein sehr schwierig werden, die Zugehörigkeit dieser technischen Objekte wiederum auf einen Mandanten beziehungsweise die betriebswirtschaftliche Nutzung in diesem Mandanten zurückzuführen. Deswegen ist es sehr wichtig, vor der Konsolidierung auf Mandanten- oder Systemebene eine Nutzungsanalyse durchzuführen. Nur so können im Nachhinein diese Informationen reproduziert und entlang der Prozesskette die richtigen Rückschlüsse gezogen werden.

Customizing ohne Grund

> **Praxisbeispiel aus RBE Plus-Analysen**
> Bei einem großen deutschen Mischkonzern wurden aktuell nur noch 10 % der Fakturaarten genutzt. Aufgrund von Verkäufen, Aufkäufen und Fusionen wusste in der IT niemand mehr, woher die anderen kamen oder warum sie noch existierten. Ein mehrköpfiges Projektteam wurde eingesetzt, um für das anstehende Upgrade die Relevanz der einzelnen nicht mehr genutzten Fakturaarten zu bereinigen. Demnach werden viele Upgrades auch deswegen teurer, weil vorher nicht bereinigt bzw. konsolidiert wurde.

Eine geradezu schmerzhafte Erkenntnis, die viele IT-Konsolidierer gemacht haben, ist die Tatsache, dass sich aufgrund der betriebswirtschaftlichen Nutzungsunterschiede zwei völlig unterschiedliche Teilprojekte ergeben. Einerseits müssen Funktionalitäten, die im Zielsystem fehlen, neu eingeführt und andererseits jene, die im Ziel- und Quellsystem identisch sind, mühevoll abgestimmt werden. Die spannende Frage hierbei ist, welches Vorhaben eigentlich den größeren Aufwand verursacht. Hier gilt es zu berücksichtigen, dass es grundsätzlich auch die Alternative gibt, ein neues re-designtes Zielsystem

Lücken schließen und Identitäten abgleichen!

aufzubauen, das ohne Altlasten die besten Konzepte (Best Practices) übernimmt und den Aufbruch zu neuen Ufern entscheidend erleichtert.

> **Praxisbeispiel aus RBE Plus-Analysen**
>
> Ein osteuropäischer Konzern hatte – vermutlich aufgrund des relativ niedrigen Lohnniveaus der ansässigen Entwickler – zwei extrem individualisierte SAP-Mandanten für zwei seiner Teilgesellschaften aufgebaut, die er jetzt konsolidieren wollte. Nach Auswertung der RBE Plus-Nutzungsanalyse wurde der Neuaufbau des Zielmandanten beschlossen. Der Aufwand für den Abgleich der bestehenden Mandanten wäre wesentlich größer gewesen.

Die Vergleichsanalysen sollten deswegen insbesondere folgende Fragen beantworten, um verwertbare Ergebnisse zu liefern:

- Im Rahmen der Identitätenanalyse: Welche Prozesse, Funktionen etc. werden im geplanten Zielsystem und mindestens einem Quellsystem genutzt?
- Im Rahmen der Lückenanalyse: Welche Prozesse, Funktionen etc. fehlen im Zielsystem und werden in einem oder mehreren Quellsystemen genutzt?

Was ist identisch?

Die *Identitätenanalyse* ermittelt, welche Transaktionen, Prozesse und Funktionen in allen SAP-Systemen vorhanden sind und genutzt werden. Nachdem die identischen Prozesse und Funktionen identifiziert sind, muss für diese Objekte deren Anpassung im Detail betrachtet werden. Ziel dieses Detailabgleichs ist es, festzustellen, ob bei den übereinstimmend verwendeten Schlüsseln die Attribute deckungsgleich sind oder nicht. Bei identischen Schlüsseln können diese im besten Fall beibehalten und auch im gemeinsamen System verwendet werden. Geht das aus rechtlichen Gründen nicht und müssen die Schlüssel abweichen, so muss das Projektteam entscheiden, welche zukünftig zu verwenden und umzusetzen sind. Der technische Tabellenabgleich ist hier recht einfach machbar. Allerdings gilt es im Vorfeld zu klären, was fachlich richtig ist. Deshalb müssen auf Grundlage der Analyse zuallererst die fachlichen Vorgaben festgelegt werden.

Was fehlt im Zielsystem?

Die *Lückenanalyse* erkennt hingegen alle Transaktionen, Prozesse und Funktionen der Quellsysteme, die nicht im Zielsystem vorhanden sind. Hier sollte festgelegt werden, ob diese auch künftig zur Verfügung stehen sollen. Prozesse und Funktionen, die später im Zielsystem zusätzlich vorhanden sein sollen, müssen dann entsprechend eingeführt und betreut werden. Sollen die fehlenden Prozesse nicht übernommen werden, muss den Anwendern eine Alternative aufgezeigt werden, wie ihre Anforderungen künftig IT-gestützt erfüllt werden können.

Auf Basis von Vergleichsanalysen können weitere Nutzenpotenziale erkannt, bewertet und erschlossen werden, die über eine rein technische SAP-Konsolidierung hinausgehen. Ist die Frage des Zielsystems noch offen, können auch Quell- und Zielsystem in der Vergleichsanalyse vertauscht werden.

Im ersten Schritt sollte auf allen Anwendungsebenen geklärt werden, wie es mit bestimmten Nutzungsunterschieden zwischen Ziel- und Quellsystem(en) aussieht. Die wichtigsten Indikatoren müssen dabei auf Identitäten und Lücken im Nutzungsvergleich überprüft werden. Nicht jeder Unterschied ist relevant, doch die wichtigsten Objekte geben hier einen guten Einblick. Eine Abgleichsanalyse unterstützt hierbei die Entscheidungs- und die Umsetzungsphase, indem Lücken, Identitäten, semantische Unterschiede und deren Nutzungsintensität aufdeckt und die Entscheidungen unpolitisch auf reiner Faktenbasis getroffen werden.

Abgleichen, was wirklich genutzt wird

Vergleichsobjekte	System 1	System 2	Abgleich
Musterbelege		X	Lücke
Streckengeschäft	X	X	Identität
Electronic Banking	X (Partnerprodukt)	X	Identität
Geschäftsbereichsbuchhaltung	X		Lücke

Tabelle 7.2 Ein inhaltlicher Abgleich zwischen zwei zu konsolidierenden Systemen ist unabdingbar (Quelle: IBIS)

Abgleichsmatrizen zeigen die inhaltlichen Unterschiede auf. Die Suche nach semantischen Unterschieden bei gleichen Customizing-Objekten oder Prozessen wird ebenfalls erleichtert, indem Bezeichnungen und Klassifizierung der Objekte gegenübergestellt werden. Tabelle 7.2 zeigt, dass beide Systeme zwar Electronic Banking durchführen, aber System 1 nutzt ein Partnerprodukt und nicht den Standard wie System 2.

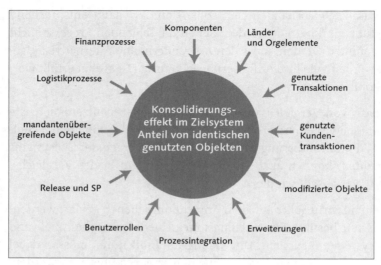

Abbildung 7.4 Konsolidierungseffekte (K1) bei identischen Objekten

Konsolidierungseffekt

Der Konsolidierungseffekt (K1, siehe Abbildung 7.4) ermittelt die Identitäten aus den zwölf gewichteten Faktoren und sagt aus, wie hoch der Anteil von identisch genutzten Objekten zwischen Quell- und Zielumgebung ist. Je höher der Prozentsatz, desto höher ist die Ähnlichkeit der Systemnutzung. Neben völlig »fremden« Mandanten können so auch Mandanten oder Organisationen verglichen werden, die sehr ähnlich sein müssten, weil sie aus einem gemeinsamen Roll-out stammen oder die gleichen Standards verwenden sollten.

Konsolidierungslücke

Der korrespondierende Wert Konsolidierungslücke (K2) ermittelt den Anteil der Lücken im Zielsystem. Je höher der Prozentsatz, desto höher ist der Aufwand für Erweiterungen. K1 + K2 repräsentieren so den Gesamtanteil aller im Konsolidierungsprozess relativ zum Zielsystem zu bearbeitenden Prozesse, Funktionen etc., wobei zu beachten ist, dass der Aufwand für eine Neueinführung bei fehlender Funktionalität im Zielsystem und der Abgleichs- und Anpassungsaufwand zwischen existierender Funktionalität von Quell- und Zielsystem planerisch zunächst gleich behandelt werden.

Die Matrix von K1 und K2 (siehe Abbildung 7.5) soll zeigen, wie hoch die Auswirkung einer Konsolidierung auf das Zielsystem ist. Liegen die Werte K1 und K2 sehr hoch, heißt das, dass ähnlich genutzte Systeme zusammengeführt werden, aber das Zielsystem vieles nicht besitzt, was die Quellsysteme verlangen. Demnach sollte ein anderes Zielsystem gewählt werden.

Konsolidierung komplexer SAP-Organisationen | 7.2

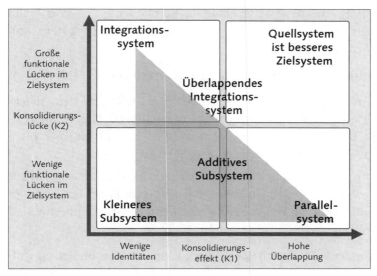

Abbildung 7.5 Konsolidierungsmatrix

Das Konsolidierungsdreieck zeigt den Sektor, wo für die gewählten Quellsysteme und das Zielsystem Konsolidierungen sinnvoll sind:

- Im Normalfall ist das Zielsystem immer das größere System, sonst könnte eine Lückenanalyse die 100 % überschreiten. Ein kleineres Subsystem z. B. für eine Vertriebsniederlassung kann einige identische Abwicklungen und ganz wenige zusätzliche Funktionen aufweisen.
- Es kann durchaus sehr ähnliche Parallelsysteme geben, die hohe Überlappungen zeigen, demgegenüber aber nur ganz wenige weitere Features aufweisen.
- Der dritte Extremfall ist ein System, das einen völlig anderen betriebswirtschaftlichen Zweck verfolgt, der nicht im Zielsystem unterstützt wird. Ein solches Integrationssystem weist wenige Gemeinsamkeiten auf. Es ist aber die Schnittstellenreduktion, die hier relevant sein kann.

Für die aufgeführten Extremfälle gibt es auch andere Lösungsansätze als die Konsolidierung. Kleine Subsysteme könnten auf eine kostengünstigere Softwareplattform zusammengefasst werden, um sie nicht im Zentralsystem untergehen zu lassen. Integrationssysteme sollten vor einer Konsolidierung auf einfachere Schnittstellenlösungen hin überprüft werden. Gibt es schon eine bessere SaaS-Alternative, oder

Alternativen zur Konsolidierung

bietet SAP eine neue servicebasierte Komponente an? Was heute noch mit nein beantwortet werden muss, kann ein Jahr später schon anders aussehen.

Im Zentrum der Matrix finden sich die Normalfälle:

- Das *additive Subsystem* hat gegenüber dem Zielsystem viele Gleichteile, es verlangt aber auch einige Erweiterungen. Dies ist die typische Konstellation für Regionalsysteme, die mit einem großen Regional- und Zentralsystem abgeglichen werden.
- Demgegenüber kippt das Verhältnis beim *überlappenden Integrationssystem*, wenn sich ein hohes Maß an notwendiger Zusatzfunktionalität mit dem Abgleichsaufwand addiert. Gründe hierfür sind abweichende Geschäftsszenarien.

Insbesondere für diese beiden Typen kann der Konsolidierungsaufwand noch durch die folgenden fünf Schritte reduziert werden (siehe Abbildung 7.6). Die vorgeschlagenen Schritte verwenden teilweise die in Kapitel 6 dargestellten Verbesserungsmaßnahmen[2] im Zusammenhang mit einem Konsolidierungsprojekt. Dieses erstreckt sich vom Abgleichen der IT-basierten Ausgangssituation der Systeme und der damit verbundenen Abstimmung mit der Fachabteilung über die Suche nach betriebswirtschaftlichen Potenzialen bis hin zur Einbindung der Unternehmensstrategien.

7.3 Katalysator für Business-Transformation

Durch die Verbesserungsansätze aus Schritt 1 bis 4 in Abbildung 7.6 können Kosten reduziert und – was noch wichtiger ist – (wieder) ein anforderungsgerechtes und schlankes SAP-System geschaffen werden. Schritt 5 stellt die Verbindung zu den strategischen Transformationszielen des Unternehmens her, kann aber unabhängig von einem Konsolidierungsprojekt auch mit einer anderen Form von SAP-Projektierung, wie z. B. einem Re-Design-Projekt, in Verbindung stehen.

---

[2] Die Vorteile einer Nutzungsanalyse mittels RBE – insbesondere für die Analyse komplexer Systemlandschaften – wird schon seit den ersten RBE-Versionen auch von anderen Fachautoren gesehen, vgl. [Schn04], S. 190-194. Seitdem haben sich die analytischen Fähigkeiten und Inhalte von RBE Plus noch wesentlich weiterentwickelt.

Schritt 1 ist der Abgleich der wirklich genutzten Elemente auf Identitäten und Lücken im Zielsystem, dieser erlaubt es umgekehrt, die nicht genutzten Elemente zu identifizieren und schließlich zu bereinigen.

Schritt 1 – Abgleichen

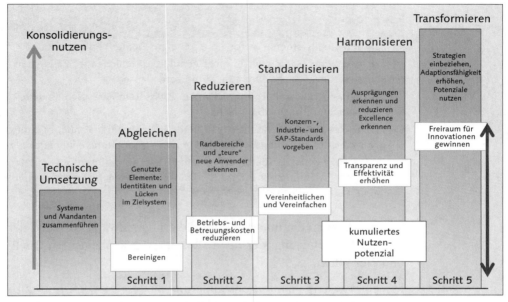

Abbildung 7.6 In fünf Schritten zu Excellence im Zielsystem bei Konsolidierungsprojekten

Beim Reduzieren in Schritt 2 sollten insbesondere die Randbereiche der Nutzung und die Anwender betrachtet werden. Teure, »progressive« Anwender sind durch ihre neuartigen Betriebsanforderungen gekennzeichnet. Bei zwei oder mehr »progressiven« Faktoren können die zusätzlichen Kosten dieses Benutzers durch andere Konsolidierungsgewinne nicht mehr aufgefangen werden. Seine operativen Kosten können nur dadurch reduziert werden, dass die »progressiven« Faktoren durch weitere Maßnahmen wie das »Reduzieren« gemildert werden (siehe Abschnitt 6.1). Ein weiterer analytischer Ansatz, um geringe Nutzung von Prozessen, Stammdaten oder Transaktionen zu erkennen, ist die Schwellwertsetzung bei der Evaluierung im Quell- und Zielsystem. So kann auch ein breiteres Bild über die unterschiedliche Intensität der Nutzung gewonnen werden, um dies in der Diskussion mit der Fachabteilung auf Fakten basierend und fundiert zu klären. Was soll bei der Übernahme dominieren? Was kann doch noch weggelassen werden?

Schritt 2 – Reduzieren

7 | Unternehmensziele fordern und fördern – Nutzung transformieren

Bis zu dieser Stufe der Konsolidierung hat uns die Nutzungsanalyse durch ihre Vergleichs- und Analyseinstrumentarien gegenüber einer rein technischen Tabellenmigration schon in zwei großen Schritten weitergeholfen.

> **Zwischenergebnisse von Excellence-Schritt 1 und 2 im Konsolidierungsprojekt**
> - Aus den Quellsystemen werden nur genutzte Elemente übernommen.
> - Wir wissen auch, dass wir in nicht genutzten Bereichen im Zielsystem keinen Abgleich mehr durchführen müssen.
> - Wir kennen die wirklichen Lücken im Zielsystem, was den Erweiterungsaufwand klar planbar macht.
> - Wir fokussieren auf intensiv genutzte Themen und können gering genutzte oder auslaufende Objekte vor einer Übernahme eliminieren.
> - Rudimentär genutzte Zielbereiche können wir durch intensiv genutzte Prozesse, Stammdaten etc. aus den Quellsystemen ersetzen und dadurch die Übernahme vereinfachen.

Letztlich kennen wir nun den Konsolidierungsaufwand aufgrund der festgestellten Nutzung, der Identitäten und Lücken zwischen Quell- und Zielsystem.

Schritt 3 – Standardisieren
Für eine weitergehende Konsolidierungsanalyse existiert nun auch eine Faktenbasis, um den nächsten Level der betriebswirtschaftlichen Standardisierung zu erreichen. Auch ein »politisch« oder »rechtlich« dominierender SAP-Mandant kann den Standard setzen, dem sich die zu konsolidierenden Mandanten anzupassen haben. Diese Form der Konsolidierung, die Standardisierung, kann deswegen »die Anpassung an einen Zielmandanten« genannt werden. Dessen Vorgaben gelten in dem neuen Konzernumfeld oder sind aufgrund dessen rechtlicher Bedingungen gesetzt. Dies kann bedeuten, dass bestimmte Abwicklungen der Quellmandanten z. B. im Finanzwesen obsolet sind und nicht ins Zielsystem übernommen werden. Mitunter kann es auch heißen, dass eine moderne Abwicklung aus den Quellsystemen zum Standard werden kann.

Um sich im Rahmen einer Konsolidierungsvorbereitung oder eines eigenen Projekts einen Standard zu suchen oder sich für eine Alternative zu entscheiden, ist folgende Regel hilfreich: Standardisierung spart Kosten durch klare Richtlinien und Vereinfachung. Dies sollte bei mehreren Vorschlägen, die zur Auswahl stehen, ausschlaggebend sein (siehe Abschnitt 6.4).

Für eine Harmonisierung wird versucht, die effizienteste und effektivste Umsetzung eines Geschäftsmodells zu finden, um in ähnlichen Bereichen die Stammdaten, Funktionen oder Prozesse daran anzugleichen und zu reduzieren. Die Harmonisierungsanalyse kann auch zum Abgleichen schwieriger und komplexer Geschäftsprozesse zwischen zwei Konsolidierungsmandanten eingesetzt werden, um sie anzunähern. Im Gegensatz zur Standardisierung geht es nicht darum, die gleichen Einstellungen übergreifend zu vereinheitlichen. Vielmehr sollen, ausgehend von der betriebswirtschaftlichen Zielsetzung, ähnliche Stammdaten, Funktionen oder Prozesse angeglichen werden (siehe Abschnitt 6.5).

Schritt 4 – Harmonisieren

Eine technische Konsolidierung von SAP-Mandanten ist allein noch keine Business-Transformation, sondern eine Einzelmaßnahme im Kontext einer übergeordneten strategischen Initiative. Business-Transformationen wollen Systeme, Prozesse und Mitarbeiter auf neue Ziele ausrichten. Die Business-Transformation liefert den strategischen und organisatorischen Rahmen und die Ziele für ein Konsolidierungs- oder Re-Design-Projekt.

Schritt 5 – Transformieren

Alle Projektleiter oder Planer eines Konsolidierungsprojekts sollten versuchen, möglichst alle fünf Schritte zu durchlaufen. Das Bereinigen und Reduzieren sollte vor einer technischen Systemkonsolidierung umgesetzt werden. Die Folgeschritte Standardisieren und Harmonisieren sind zeitlich unabhängig machbar. Die systematische Vorbereitung zum »Transformieren« ist eine Fähigkeit, die es permanent auszubauen gilt. Um eine Transformation zielorientiert zu gestalten, muss auf IT-Ebene eine vorausschauende Adaptionsbereitschaft angestrebt werden.

Um die Adaptionsbereitschaft einer IT-Nutzung aufrechtzuerhalten, muss ein SAP-System kontinuierlich und möglichst weitgehend – wie in einem Katalysator – bereinigt, reduziert und standardisiert sowie im Hinblick auf die Qualität, sprich Excellence, der Anwendungen harmonisiert worden sein. Wenn all diese Kriterien erfüllt sind, kann wesentlich erfolgreicher transformiert und konsolidiert werden.

Adaptionsbereitschaft

Dieses Verfahren bietet sich aber nicht nur an, wenn verschiedene SAP-Systeme zusammengeführt werden sollen, sondern auch wenn neue Strategien, Geschäftsmodelle und Geschäftsprozesse in die SAP-Infrastruktur eingepasst werden müssen. Diese sogenannten *Busi-*

ness-IT-Transformationen bieten auch die Chance, Freiraum für Innovationen zu schaffen.³

Für geplante Business-Transformationen, die zunächst zu Change-Management-Aktivitäten oder Re-Design-Projekten des sogenannten *Forward Business Engineerings* (FBE) führen, ist die Reihenfolge etwas anders. Die Methoden können für beide Projektarten verwendet werden.

7.4 Wegbereiter für Innovationen

Strategien und Innovationen richtig umsetzen

Mit der Einbeziehung der strategischen Ebene – zusätzlich zur IT- und Organisationsbetrachtung – rücken nun Fähigkeiten in den Mittelpunkt, die dabei helfen, Strategien richtig umzusetzen und durch Innovationen zu befeuern. Dazu müssen IT-Verantwortliche und Organisatoren proaktiv Angebote vorbereiten, was für eine neue Strategie der einfachste und beste Weg zum Ziel sein kann.

Es gibt vier Grundtypen von Business-Transformation und Innovationsvorhaben, für die jeweils eine spezielle, zielorientierte Vorbereitung möglich ist und sinnvoll erscheint. In der SAP-Projektsprache ausgedrückt, sollte hierfür ein Template mit Projektplan und Inhalten existieren:

- **Typ 1: Aufbau und Ausbau eines Pilotbereichs**
  In diesem Fall wird ein innovativer Bereich zunächst konzipiert, aufgebaut und dann zunehmend mit Ressourcen ausgestattet. Er nimmt existierende Prozesse und Mitarbeiter auf und muss in die bestehende Landschaft integriert werden. Teilorganisationen müssen mit dem Pilotbereich abgeglichen und harmonisiert werden.

- **Typ 2: Zyklischer Wandel**
  Zwischen zwei bereits existierenden Geschäftsmodellen finden immer wieder Verlagerungen statt. Die Unterschiede sind bekannt. Teilorganisationen müssen schnell und gezielt umgestaltet werden.

- **Typ 3: Neues Geschäftsmodell, neue Produkte und Märkte**
  Hier besteht die Kunst im schnellen und anforderungsgerechten Aufbau und der maximalen Wiederverwendung bekannter Pro-

---

3 Eine Sammlung von Fallstudien zu erfolgreichen Geschäftsmodellen und der Transformation von Unternehmen zeigen Kagermann und Österle [KaÖs06].

zesse und Anwendungen. Aus Standards und der geeigneten Vorlage muss der neue Bereich gezielt zusammengebaut werden.

- **Typ 4: Übernahme neuer Technologien**
  Zunächst findet keine Änderung des Geschäftsmodells statt, aber es stellt sich die Frage, wie und wo bestimmte neue Technologien einen Nutzen stiften können. Dafür wird nach bestimmten Nutzungsindikatoren, z. B. Geschäftsart oder Kommunikationsweg zum Kunden, in den Teilorganisationen und Prozessen gesucht, die für die Innovation ein guter Ansatzpunkt wären.

Für alle vier Typen muss die IT eine systematische Vorgehensweise vorhalten und die richtigen Antworten schnell finden. Auch sollte die IT für die Business-Transformation ihre Lieferfähigkeit sehr hoch halten, um den Freiraum für eine verbesserte Zukunftsfähigkeit zu schaffen. Das Ziel heißt, die Geschäftsentwicklung durch Transformationsfähigkeit und IT-Innovationen zu beschleunigen.

Transformationsfähigkeit

Für diese vorlagenbasierten Transformationen bietet die Nutzungsanalyse die notwendige Analytik für die gezielte Bewertung der Ausgangssituation und die begleitende Analyse an. Auch kann die Zusammenstellung und Dokumentation der Templates auf Strukturen und Details der Analyseergebnisse aufbauen.

Aus der bestehenden Nutzung können nur »inkrementelle« Innovationen erwachsen, große »disruptive« Innovationsschübe kommen meist von außen auf eine Anwendung zu und müssen ähnlich wie andere Transformationsanforderungen »verarbeitet« werden. Doch welche Maßnahmen fördern Innovationen und eine strategische Ausrichtung des SAP-Systems? Gibt es so etwas wie Indikatoren für Zukunftsfähigkeit?

Zum einen heißt Innovationsfähigkeit, richtig abgestuft, aber konsequent und zeitnah auf innovative Marktanforderungen reagieren zu können. Zwei Maßnahmen sind dafür geeignet:

Innovative Marktanforderungen

- Kurze Projekt- und Änderungszyklen sind ein Zeichen für eine schnelle Anpassungs- und Änderungsfähigkeit.
- Nach erfolgreicher Pilotierung geht es schnell in den breiten Einsatz und die Durchdringung von Usern und Funktionen.

Beides lässt sich für bereits umgesetzte Innovationen nachvollziehen. Wie lange hat es gedauert, bis alle Vertriebsmitarbeiter die neue

CRM-Abwicklung auf Basis von Mobile Devices eingesetzt hatten? Schwächen können ausgemerzt oder richtige Ansätze können für die nächste Runde übernommen werden.

Technologische Innovationen

Eine andere Herausforderung ist der Umgang mit technologischen Innovationen, deren interne Verwendbarkeit und Nutzen noch völlig unklar sind. Aktuelle technologische Trends sollten nicht ignoriert, sondern müssen schlicht ausprobiert und evaluiert werden. In 2010 sind dies z. B. Fragen wie: Was bringt das iPad im Vertriebsprozess? Welche Einsparungsmöglichkeiten bietet Mietsoftware?

Dies gelingt je nach Art der Innovation zusammen mit Herstellern oder Forschungseinrichtungen.[4] Weiterhin ist ein Faktor die Aktualität der Softwarenutzung. Ein altes Release ist ein Innovationshemmnis:

- aktuelle Versionen verwenden und den Einsatz moderner Funktionen voranbringen (RFID, CRM etc.)
- schnelles Upgrade und Einbeziehung von Potenzialen neuer Releases

Excellence-Wartungsplan

Die Empfehlung ist deswegen, Liefer- und Zukunftsfähigkeit einer SAP-Anwendung durch einen kontinuierlichen Wartungsplan (siehe Abschnitt 6.7) sicherzustellen, aber die gewonnene Zeit auch auf die Innovationsfragen zu verwenden und gerade hier mit externer Kompetenz zu arbeiten. Für anstehende Business-Transformationen sind SAP-System und Projektteam dann bestens vorbereitet, und das Team kann sich besser als bisher um die Ziele und Innovationen kümmern.

Die Kür des Transformierens besteht darin, Innovationen zu erkennen, zu evaluieren und schneller als andere nutzbar zu machen. Dies bedeutet, dass Innovationen auch jederzeit in Geschäftsprozesse eingebracht werden können, keine Hindernisse in den Weg gelegt werden und Ressourcen dafür bereitstehen. Auf der organisatorischen Seite bedeutet das, Mitarbeiter müssen sich mit Innovationen konsequent auseinandersetzen (können). Neuerungen dürfen nicht eine Überraschung sein, sondern der Umgang mit ihnen muss bereits frühzeitig pilotiert werden und bei erfolgversprechendem Ergebnis intensiviert werden können.

---

4 Hierzu als Beispiel für den Umgang mit Innovationen: Evaluierung von SAP Business ByDesign in den IBIS-Labs, siehe unter: *www.ibis-thome.de/labs*.

8 Analysewerkzeuge und -services

Aussagen zu Werkzeugen sind meist bei Veröffentlichung eines Buches schon veraltet, deswegen sollen hier mehr die Architektur und Konzepte unterschiedlicher Tools dargestellt werden, die auch langfristig viel über ihre Möglichkeiten und Grenzen verraten. Wichtige Kriterien, die für eine Bewertung im Einzelfall sicherlich hilfreich sein können, werden dabei ebenfalls zusammengestellt.

Zu den Kosten für Tools oder Services kann hier der Hinweis gegeben werden, dass es Unterschiede je nach Tool,- Projekt- und Dienstleistungsart und Paketzusammenstellung gibt. Eine Anwendungsanalyse ist wesentlich einfacher als eine richtige Geschäftsprozessbetrachtung bis auf die Geschäftsvorfälle hinunter.

Ob es sich lohnt, in ein Tool zu investieren und selbst Know-how aufzubauen, das man ein- bis viermal pro Jahr anbringen kann, ist die Frage. Genau aus diesem Grund gibt es spezielle Serviceangebote, die in den Gesamtkosten wesentlich günstiger und mittels der durch sie bereitgestellten Expertise auch für das Initialprojekt sinnvoll sind.

Doch am teuersten ist für den SAP-Kunden, wenn die internen oder externen Berater keine Tools zur Nutzungsanalyse verwenden, sondern manuell (per Download über die Tabellen-Transaktion SE16) das System untersuchen, für Befragungen der Benutzer um den Globus fliegen oder in Besprechungen die Hälfte der Zeit damit verbringen über bzw. ohne die Fakten zu diskutieren.

Die teuerste Lösung: keine Tools verwenden

8.1 SAP Solution Manager

SAP hat ab 2001 den Solution Manager entwickelt, um verschiedene Systeme durch ein zentrales Anwendungsmanagement verbinden zu können. Der Softwarehersteller hatte nämlich erkannt, dass es sinnlos ist, die Verwaltungsmonitore im ERP-, CRM- oder Business-Warehouse-System isoliert abzuarbeiten. Mit dem Solution Manager konnten sowohl die Customer Competence Center der SAP-Anwender als auch der SAP-Support Leistungen zentralisieren. Die zentrale

Plattform war auch ein Vorteil für alle Werkzeuge zur technologischen Leistungsverbesserung der SAP-Systeme. Dabei verfolgte SAP von Anfang an das Ziel, den Anwendern möglichst viele Support-Werkzeuge an die Hand zu geben. Im Laufe der Zeit hat SAP darüber hinaus Werkzeuge zur Verfügung gestellt, um das Änderungsmanagement sowie die Fehler- und Problemlösung im operativen Betrieb organisieren zu können.

Projekte mit dem SAP Solution Manager

Auch für die Projektsteuerung versucht SAP mit dem Solution Manager eine eingebundene Lösung zu bieten, um eine stringente Realisierung zu fördern. Die anspruchsvollste Projektform ist sicher das sogenannte *Solution Upgrade*. Darüber hinaus sind der Roll-out einer Lösung und eine Nachdokumentation der Systemnutzung weitere elementare Projektformen. Hingegen sind klassische Einführungsprojekte nahezu bedeutungslos. Durch die große Relevanz von Upgrade-Projekten ist die am häufigsten genutzte Funktion das zentrale Testen. Denn eine effiziente Testabwicklung stellt bei einem Upgrade einen der größten Kostenfaktoren dar. Bei den Upgrade-Projekten handelt es sich meist um reine technische Upgrades. Derweil bilden funktionale Upgrades, im Rahmen derer neue Funktionen aktiviert oder Modifikationen durch Standardfunktionen ersetzt werden, eher die Ausnahme.

Blueprint-Struktur aufbauen

Im Regelfall liegt kein Einführungsprojekt im Solution Manager vor, d. h., die Blueprint-Struktur muss initial aufgebaut werden, und Konfigurationsinhalte und Dokumentationen müssen eingebunden oder gar neu entwickelt werden. Auch das Vorhandensein von Testfällen ist nicht unbedingt die Regel. Um den sogenannten Blueprint aufzubauen, müssen zwei Ziele verfolgt werden:

1. Einerseits ist es notwendig, die Originalelemente des Business Process Repositorys (BPR) zu aktivieren, da sie Verweise auf Upgrade-Informationen beinhalten.

2. Auf der anderen Seite will der Kunde eine möglichst weitgehende Individualisierung seines Prozessmodells erreichen. Insbesondere ist es notwendig, alle seine genutzten Transaktionen, insbesondere die kundenspezifischen, prozessgerecht zuzuordnen, um auch deren Nutzung verfolgen zu können.

Das objektive Bild der Ist-Situation beschleunigt das Upgrade massiv, da nur relevante Aspekte, Prozesse, Prozessschritte, Belegarten und Positionstypen getestet werden müssen.

Der Solution Manager bietet nun eine Reihe von eingebetteten Werkzeugen, die jeweils einen Teilaspekt einer Nutzungsanalyse abdecken können. Das grundsätzliche Problem dabei ist, dass ihre Verwendung nur sinnvoll ist, wenn die sich daraus ergebenden Einsatzfälle (Use Cases) des Solution Manager auch im Fokus der IT-Abteilung sind. Eine singuläre oder eine periodische Verwendung ist weniger sinnvoll. Auch die spezielle Aktivierung dieser Werkzeuge für ein Einzelprojekt ist nicht wirtschaftlich.

Werkzeuge im Solution Manager

Da ist einerseits das *Custom Development Management Cockpit*. Dort können Eigenentwicklungen untersucht und mit den vom Upgrade betroffenen Elementen eines zweiten Systems abgeglichen werden. Den umgekehrten Weg erlaubt der *Business Process Change Analyzer*. Er kann einen Abgleich zwischen den geänderten Objekten eines Transports (Change oder Support Package) und der technischen Stückliste zu bestimmten Objekten (Transaktion, Report) erstellen. Wenn sich durch eine Neuentwicklung ein bestimmtes technisches Objekt, eine Tabelle oder ein Funktionsbaustein ändert, kann der Experte so erkennen, in welchen Transaktionen dies eine Auswirkung im Zielsystem hat.

Leider ist der Einsatz dieser Tools mit einer sehr aufwendigen Vorbereitung im Zielsystem verbunden, da für jede Transaktion in der Prozessstruktur diese technische Stückliste (TBOM) einzeln »aufgezeichnet« werden muss. Ein Massenabgleich erscheint nicht praktikabel, da die Reports zu sehr umfangreichen Ergebnissen führen, deren Aussagegehalt gegen null geht. Auch ist es fraglich, ob ein Kunde dadurch wirklich Testaufwand sparen kann! Weiterhin ist die Voraussetzung hier ganz klar, dass die Blueprint-Struktur aktuell sein muss und auch die Test-Workbench des Solution Manager die Plattform für Tests z. B. in Upgrade-Projekten, ist.

Massenabgleich nicht praktikabel

Ein weiteres Instrumentarium im Solution Manager ist der Solution Documentation Assistant (SoDocA). Er basiert ebenfalls auf einer gepflegten Blueprint-Struktur und setzt voraus, dass die Blueprint-Struktur entsprechend vorbereitet wurde, z. B. durch Transaktionszuordnung individueller Transaktionen. Der SoDocA ist in der Lage, die Transaktionen gegen den Transaktionsmonitor im SAP-System zu evaluieren. Grundsätzlich erlaubt der SoDocA auch die Evaluierung und Definition von Prüfschritten. Er ist aber zunächst ein leeres Tool, das im Rahmen eines Projekts konfiguriert, aufgebaut und gefüllt

Solution Documentation Assistant

werden muss. Content-Partner der SAP – wie IBIS – bieten hierfür Projektunterstützung und eine Prüfschrittbibliothek an, die per Schnittstelle geladen und im Rahmen der Möglichkeiten des SoDocA evaluierbare Strukturen liefern kann.

Der Solution Documentation Assistant isr für eine periodische Re-Evaluierung der Transaktionsnutzung auf Basis einer vorher richtig konfigurierten Business-Blueprint-Struktur sinnvoll. Eine Evaluierung der BPR-Struktur ergibt nur dann ein verwendbares Ergebnis, wenn eine Prüfschrittbibliothek mit mindestens 1.500 Prüfschritten kundenindividuell gestaltet und einbezogen wird.

Business Process Monitoring Die letzte Werkzeugklasse ist das *Business Process Monitoring*, ebenfalls ein Instrumentarium im Solution Manager, das innerhalb der Operations-Phase zur Verfügung steht. Dabei werden einzelne kritische Transaktionen oder Probleme bei einzelnen Geschäftsvorfällen identifiziert. Dieses Werkzeug stammt in erster Linie aus dem Bereich des technischen Monitorings und bietet Zugriff auf entsprechende Möglichkeiten, um Schnittstellenbeziehungen, BAPIs oder sonstige technische Aspekte zu überprüfen. Ergänzend versucht dieses Werkzeug auch, so etwas wie eine Geschäftsfall- und Ausnahmenanalyse für Support-Mitarbeiter auf der Werkzeugplattform abzubilden. Für ein Projektteam oder die Fachabteilung ist dieses Werkzeug nicht gedacht.

Insgesamt sind beim Solution Documentation Assistant und beim Business Process Monitoring gewisse Grundmöglichkeiten der Nutzungsanalyse vorhanden, die allerdings erst mit einem relativ großen Anlaufaufwand mit Inhalten und mit individuellen Strukturen befüllt werden müssen. Beide Werkzeuge haben, bezogen auf ihre Technologie, z.B. die Extraktion und die Aufbereitung der Daten, völlig unterschiedliche Grundlagen, obwohl beides an sich eng zusammengehören würde. Auch können beide Werkzeuge nicht eigenständig für Projekte verwendet werden, da es nur sinnvoll ist, sie zu konfigurieren und zu adaptieren, wenn sie langfristig in die Verwendung des IT-Supports eingebunden sind.

> **SAP Solution Manager-Werkzeuge**
> Für die Projektierung einer Nutzungsanalyse und ihren Einsatz sind folgende Aspekte relevant:

- vier eingebettete Werkzeuge für Teilaspekte der Nutzungsanalyse
- Inhalte und Strukturen müssen definiert werden
- Zielgruppe: IT-Support

Empfehlung: Initialer Aufwand lohnt sich nur bei langfristigem Einsatz der korrespondierenden Solution-Manager-Szenarien.

8.2 Softwaretechnische Analysewerkzeuge

Im softwaretechnischen Bereich sollen drei Werkzeugkategorien vorgestellt werden:

- Tools zur Codeanalyse und zum Vergleich von Dictionary-Inhalten
- Werkzeuge, die Umsetzungen im Rahmen von Systemzusammenführungen unterstützen
- Werkzeuge für das Berechtigungsmanagement und die Lizenzvermessung

Die drei Werkzeugkategorien haben gemeinsam, dass sie bestimmte Schwächen ausgleichen, die die SAP-Grundwerkzeuge der Softwareentwicklungsumgebung haben. Diese Werkzeuge überzeugen durch eine filigranere Technologie, die weitere Informationen aus dem SAP-System herauszieht, und durch eine Methodik, die für bestimmte Projektsituationen eine zielgerichtetere Unterstützung gibt.

Technologie und Methodik

8.2.1 Codeanalysen

Solche mit dem Reverse Engineering vergleichbaren Codeanalysen sind nur für stark genutzte kundeneigene Programme sinnvoll[1], für die es keine Dokumentation mehr gibt oder für die anlässlich eines Upgrades oder einer Änderung die Auswirkungen überprüft werden müssen (Impact-Analyse). Für viele dieser Werkzeuge steht beispielsweise die Upgrade-Situation im Vordergrund, sofern es sich um Codeanalysen handelt, oder die Systemkonsolidierung, wenn es

---

[1] Für Codeanalysen gibt es eine Reihe sehr spezieller Werkzeuge, die ergänzend zu einer Nutzungsanalyse und nur für wirklich verwendete Kundenprogramme eingesetzt werden sollten, da sie aufwendig und teuer sind. Anbieter und Infos unter: http://www.panayainc.com/ oder http://www.smartshift.de/4-1-smartShift-for-SAP.html oder http://www.virtualforge.de/vcodeprofiler.php. Seitenaufrufe am 22.5.2010.

Umsetzungswerkzeuge sind. Die Existenz dieser Werkzeuge beweist, dass es sinnvoll ist, Instrumentarien, die nur ein- oder zweimal im Jahresverlauf oder nur für spezielle Projekte notwendig sind, auch unabhängig und modular einsetzbar zu machen und nicht in einem komplexen Toolzusammenhang mit einem hohen Integrations- und initialen Aufbauaufwand zu verbinden.

Werkzeuge zur Codeanalyse basieren meist auf sehr guten Ideen zur Mustererkennung kritischer Programmpassagen. Sie scannen das Coding kundenindividueller Programme und klassifizieren die Ergebnisse. Neben den Auswertungen des Dictionarys und anderen Informationen, die das SAP-System zur Verfügung stellt, versuchen die Codeanalyse-Tools, in den Code einzusteigen und dort Informationen in der klassischen Manier des Reverse Engineerings herauszuziehen. Dies ist auf jeden Fall für kundenindividuelle Entwicklungen größeren Ausmaßes sinnvoll, die z. B. auf ihren Systemressourcenverbrauch und auch auf ihre Ablauflogik hin qualitätsgesichert werden sollen.

Nothilfe-instrumentarien

Darüber hinaus ist das Einsatzszenario das Upgrade-Projekt, in dem die Lauffähigkeit unter den neuen Releasebedingungen schnell validiert werden muss. Auffällig ist bei diesen Werkzeugen, dass sie meist sehr »spezifische« Preismodelle haben und dem Kunden hohe Kosten im Projekteinsatz abverlangen. Sie haben den Charakter von Nothilfeinstrumentarien, wenn die Komplexität und die Pflege der kundenindividuellen Entwicklungen bis zum Zeitpunkt des Upgrades völlig vernachlässigt wurden. Der Einsatz muss dann teuer bezahlt werden.

Konzentrieren auf hohen Nutzungsgrad

Im Vorfeld hätten durch eine kontinuierliche Nutzungsanalyse und Vereinfachung der kundenindividuellen Entwicklungen solche Einsatzkosten reduziert werden können. Typisch für diese Werkzeuge ist auch, dass sie kaum Nutzungsaspekte einbeziehen, sondern sich voll und ganz auf Dictionary- und Coding-Inhalte konzentrieren, die beispielsweise in einem Debugging-Modus überprüft oder »getraced« werden können. Das heißt, es ist hier empfehlenswert, das Zusammenspiel mit einer Nutzungsanalyse zu fordern, um die Verwendung dieser Werkzeuge auf wichtige Transaktionen und Entwicklungen zu konzentrieren, die auch einen hohen Nutzungsgrad aufweisen.

8.2.2 Umsetzungswerkzeuge

Bei Transitions- und Umsetzungswerkzeugen ist die Entwicklungs-Historie, dass SAP es versäumt hatte, solche Instrumentarien für die technische Umsetzung einer Konsolidierung oder für bestimmte Änderungen wie Kontenplanwechsel in die Software einzubauen. Erst im Laufe der Jahre bot SAP im Rahmen einer sogenannten *System Landscape Optimization* (SLO) bestimmte Umsetzungsservices auf Projektbasis an, die allerdings recht teuer sind. Dadurch entstand ein Markt für Drittanbieter, die Ähnliches zu günstigeren Konditionen anbieten.[2]

Berater, die solche Tools bauen, haben die Erfahrungen, die sie aus Projekten gewonnen haben, in Bibliotheken von Umsetzungsprogrammen gesammelt und stellen diese auch für Folgeprojekte zur Verfügung. Diese Werkzeuge werden meist im Paket mit Beratungsaufwand eingesetzt und verkauft.

Für die Vorbereitung ihrer spezifischen Umsetzung besitzen sie meist eine eingeschränkte Analysefunktion zur Nutzungsüberprüfung, die darauf ausgerichtet ist, etwa die Größe der umzusetzenden Tabellen zu erkennen. Der Einsatz dieser Tools setzt auch voraus, dass man weiß, was man umsetzen möchte. Es muss klar sein, dass ein Kontenplan von SKR (Datev-Standardkontenrahmen) auf IAS/IFRS (International Financial Reporting Standards) umgestellt werden soll, oder es muss klar sein, welches Werk auf welches Zielwerk umgeschlüsselt wird. Deswegen setzt der Einsatz dieser recht teuren Werkzeuge eine Konsolidierungsanalyse voraus, um auch den Einsatzbereich dieser Werkzeuge zu fokussieren.

Abgleichsanalyse entscheidet

Die Einzelwerkzeuge für das Berechtigungsmanagement und die Lizenzvermessung sind generell hoch spezialisiert, was ihr Vorteil ist gegenüber den SAP-Standard-Tools und sie gleichzeitig für die Zwecke einer breiteren Nutzungsanalyse fast schon disqualifiziert. Für die Anschaffung muss sich ihr Einsatznutzen gegenüber den SAP-Stan-

---

[2] Es gibt neben der SLO von SAP auch eine Reihe von Drittanbietern wie Siemens (*www.siemens.com/erp-consolidation-and-harmonization*) oder SNP (*www.snp.de/media/0000000716.pdf*), die spezielle Pakete unter Begriffen wie Migration, Transition oder Umsetzung anbieten. Meist sind diese Angebote sehr spezifisch, z. B. »Kontenplan umstrukturieren«, und eine Mischung aus Tools und Services. Seitenaufrufe am 22.5.2010.

dardwerkzeugen in Verbindung mit einer kompletten Nutzungsanalyse rechnen.

> **Softwaretechnische Analysewerkzeuge**
>
> Für die Projektierung einer Nutzungsanalyse und ihren Einsatz sind folgende Aspekte relevant:
> - Coding-Analysen, Systemzusammenführung und Spezialanalysen ergänzen SAP-Standard-Tools
> - Nutzungsaspekte werden, wenn überhaupt, nur spezifisch betrachtet
> - Zielgruppe: SAP-IT-Spezialisten
>
> Empfehlung: Spezialisierte Nothelfer für Sonderprobleme, deren Einsatz sehr teuer ist und deswegen genau fokussiert werden sollte. Lizenzanalysen sollten Bestandteil des IT-Controlling sein. Allerdings nicht isoliert, sondern im Rahmen einer breiter angelegten Nutzungsanalyse durchgeführt werden.

8.3 Betriebswirtschaftliche Analysewerkzeuge

Unter Analysewerkzeugen, die sich an betriebswirtschaftlichen Aspekten der Nutzung orientieren, werden hier solche Werkzeuge subsumiert, die die globalen Anwendungen, Kosten- und Ressourcenaspekte oder die Geschäftsprozesse betrachten. Sie reichen von Anwendungs- und Lizenzkostenanalysen bis hin zu einfachen Kostenbenchmarks. Sie werden vielfach als Einstiegsangebote in einem Beratungsprozess angeboten. Gerade auf Basis von Transaktionsanalysen werden hier mitunter sehr »schlichte« Angebote unterbreitet (siehe Abschnitte 2.1 und 2.2).

Drei Kriterien Der Anspruch der einzelnen Werkzeuge kann relativ einfach anhand von drei Kriterien überprüft werden:

1. Werden außer Transaktionen und Reports auch betriebswirtschaftliche Inhalte von Stamm- und Bewegungsdaten überprüft und abgefragt und in die Nutzungsbewertung einbezogen?
2. Gibt es eine Kennzahlensystematik, die die Nutzungsanalyse begleitet und auch managementtauglich präsentiert?
3. Liegt mindestens ein betriebswirtschaftliches Referenzmodell der Evaluierung zugrunde, um den Kontext der Kennzahlen und der Ergebnisse gegen ein Referenzmodell zu erkennen?

Das letzte Kriterium macht den Unterschied dieser Werkzeugklasse zu operativen betriebswirtschaftlichen Auswertungen im SAP-System deutlich. Dort steht meistens ein Aspekt auf Basis einer Tabelle im Vordergrund, der durchaus auch unter Nutzungsgesichtspunkten betrachtet werden kann, allerdings keinen Zusammenhang mit anderen Nutzungsaspekten bietet. Als Beispiel kann man eine Auswertung im Vertrieb nehmen, die die Aufträge und Umsatzzahlen der einzelnen Organisationen darstellt und auf die Zeitperioden verteilt. Aus dieser betriebswirtschaftlichen Analyse ist selbstverständlich erkennbar, wo wie viel Umsatz und auch Aktivität bezüglich Auftragsabwicklung stattgefunden hat. Allerdings ist nicht erkennbar, mit welcher Prozessvariante, mit welchem Prozessablauf, mit welchen Stammdatenparametern und mit welchen funktionalen Ausprägungen dieser Umsatz erreicht wurde. Das heißt, den betriebswirtschaftlichen Auswertungen fehlen der Prozess- und der Konfigurationsaspekt meist vollständig.

Abgrenzung von betriebswirtschaftlichen Auswertungen

Deswegen ist es auch sehr schwer, auf Basis von Ad-hoc-Queries (siehe Abbildung 2.4) oder Tabellenabfragen einer Tabelle per Transaktion SE16 Nutzungsinformationen systematisch aufzubereiten. Wer dies probiert, wird schnell feststellen, dass ihm Verbindungen zu anderen Bereichen des SAP-Systems, zum Customizing, zu den Stammdaten oder auch zu Rolleninformationen und Workload-Informationen, fehlen. Denn diese Verbindung ist genau die Leistung, die betriebswirtschaftliche Analysewerkzeuge wie RBE Plus zur Nutzungsanalyse beitragen.

Ein Tabelle reicht nicht!

Zum Abschluss sei noch auf Instrumentarien verwiesen, die Benchmarks und Vergleichsanalysen zwischen Unternehmen auf Basis betriebswirtschaftlicher Nutzungszahlen oder sonstiger Kennzahlen anbieten. Wie in Kapitel 4 dargestellt, muss sehr darauf geachtet werden, dass solche Kennzahlen für Benchmarks massiven Störfaktoren unterliegen, die in der Nutzung im einzelnen Unternehmen auftreten können und die Vergleichbarkeit erschweren. Auch ist eine reine kennzahlenbasierte Vergleichsanalyse oder gar ein Benchmark einzelner Kennzahlen nicht sinnvoll. Wie in Abschnitt 6.5 zur Harmonisierung und in Abschnitt 6.6 zu den Benchmarks dargestellt worden ist, muss der Vergleich auf mehreren Kennzahlen zu einer Fragestellung basieren, um aussagefähig zu sein. Auch sollten bei ein einemm fundierten Vergleich die Störfaktoren berücksichtigt werden. Unab-

Benchmarks mit Störfaktoren

hängig davon sind auch nach Zweck und Zielgruppe ganz andere Indikatoren von Interesse (siehe Kapitel 4).

> **Betriebswirtschaftliche Analysewerkzeuge**
>
> Für die Projektierung einer Nutzungsanalyse und ihren Einsatz sind folgende Aspekte relevant:
> - Einbeziehung von Customizing-, Stamm- und Bewegungsdaten
> - betriebswirtschaftliche Referenzstruktur(en)
> - managementtaugliche Kennzahlensystematik
> - Berücksichtigung von Störfaktoren bei Vergleichen
> - Zielgruppe: Projektteam, Fachabteilung und SAP-IT-Experten
>
> Empfehlung: Diese Anforderungen werden von RBE Plus-Analysen erfüllt. Bevor über eine Werkzeuglizenz nachgedacht wird, kann eine Situations- oder Potenzialanalyse auch als Service unmittelbar als »Starthilfe« in ein Projekt eingebracht werden.

8.4 Werkzeuge für das Business Process Management

Das *Business Process Management* (BPM) beschreibt den gesamten Prozesslebenszyklus, beginnend beim Entwurf über die Implementierung bis hin zur Kontrolle der aktuell gelebten Prozesse. Die Ziele sind die Gestaltung, Dokumentation sowie das kontinuierliche Messen und Verbessern von Geschäftsprozessen.

Business Process Modeling

Der Schwerpunkt von BPM-Tools liegt in der Entwurfsphase (Prozessdesign). Der Geschäftsprozess soll durch Modellieren der betrieblichen Abläufe grafisch transparent gemacht werden. Die Vision der Business-Process-Modeling-Tools war immer, die betrieblichen Soll-Geschäftsprozesse direkt in einer Unternehmenssoftware abzubilden. Dies sollte durch einen Abgleich der im Modell abgelegten und eventuell unternehmensspezifisch angepassten Referenzprozesse mit den in der Standardsoftware enthaltenen Fähigkeiten erfolgen. Auch nach vielen Jahren muss immer noch festgestellt werden, dass eine solche Durchgängigkeit im Forward Business Engineering bisher ein Wunschtraum geblieben ist. Die Entfernung zwischen »SAP NetWeaver BPM« und klassischen Modellierungswerkzeugen zur Prozessvisualisierung ist sehr groß. Eine grafische Entwicklungsumgebung und ein betriebswirtschaftliches Designtool haben auch völlig unterschiedliche Aufgaben und Zielgruppen.

Der umgekehrte Weg der automatischen Referenzmodellidentifikation, um die aktuelle Nutzung als Prozessmodell abzubilden, war erfolgreicher. Die Nutzung eines SAP-Systems kann anhand der Referenzmodelle dargestellt werden, sie wird automatisch basierend auf den produktiven Daten evaluiert und kann in BPM-Tools visualisiert und für Re-Design-Projekte verwendet werden (siehe Abschnitt 7.1).

Business-Process-Modeling-Tools sind hier auch deswegen aufgenommen, weil sie keine eigenständige Nutzungsanalyse bieten oder beinhalten, diese aber benötigen, um den Modellierungsaufwand, wie in Abschnitt 7.1 dargestellt, zu reduzieren. Das heißt, BPM-Tools bedienen sich entweder Instrumentarien der SAP oder betriebswirtschaftlicher Nutzungsanalysetools, um Inhalte und aktuelle Ist-Modelldaten zu erhalten. Zusätzlich müssen sie über die Schnittstellenkomponenten auch mit diesen Werkzeugen kommunizieren oder beispielsweise den Solution Manager beliefern können. An dieser Stelle soll darauf hingewiesen werden, bei der Beschaffung eines BPM-Tools Informationen einzuholen, auf welche Art und Weise eine Verbindung zu einer Nutzungsanalyse geschaffen werden kann. Es ist wichtig, diese Kosten in die Projektierung mit einzubeziehen und die dafür notwendigen Aktivitäten auch einzuplanen. Der Modellierungsstart in einem Re-Design-Projekt oder bei der Einführung von neuen Bereichen sollte auf jeden Fall auf die bestehenden Informationen zugreifen können und sie den Modellierern zur Verfügung stellen.

BPM-Tools und Nutzungsanalyse

Leider wird das Management von Geschäftsprozessen oft mit deren Neugestaltung und Modellierung gleichgesetzt. Wege und Methoden, eine bessere Prozessgestaltung im laufenden Betrieb zu finden, bleiben meist unbestimmt. Die darauffolgende Ausführung und Kontrolle des Prozessablaufs ist mindestens genauso wichtig wie die beiden vorangegangenen Phasen Design und Implementierung. In ihr wird überprüft, ob Geschäftsprozesse effektiv und effizient durchgeführt werden. Ist dies nicht der Fall, muss nachgebessert werden.

In vielen Darstellungen zu BPM wird immer, wenn es um Analyse geht, auf das Unternehmensreporting mit dem SAP NetWeaver Business Warehouse (SAP NetWeaver BW) und anderen Monitoring-Werkzeugen verwiesen, um die eigene analytische Schwäche auszugleichen. Was davon zu halten ist, klärt der nächste Abschnitt.

> **BPM-Tools**
>
> Für die Projektierung einer Nutzungsanalyse und ihren Einsatz sind folgende Aspekte relevant:
> - haben keine eigenständige Nutzungsanalytik
> - Integration von und zu Nutzungsanalyse-Werkzeugen sinnvoll
> - Zielgruppe: Modellierer in der Designphase
>
> Empfehlung: Automatisierte initiale und periodische Ist-Modellierung per Integration

8.5 SAP NetWeaver Business Warehouse- und Monitoring-Werkzeuge

Zur Abgrenzung von Monitoring-Tools, dem Einsatz von Data-Warehouse-Technologie und deren Beitrag zur Nutzungsanalyse soll dieser Abschnitt beitragen.

Mustererkennung und Alarm — Monitoring-Tools, wie das Business Process Monitoring im Solution Manager oder auch das Supply Chain Event Management, das ein eigenständiges Modul in SAP SCM darstellt, überwachen bestimmte Abläufe und Situationen und geben einen Alarm an den dafür verantwortlichen IT- oder Fachabteilungsmitarbeiter weiter. Sie analysieren in nahezu Echtzeit aktuelle Geschäftsvorfälle und versuchen, über ihre Mustererkennung Problemstellungen zu identifizieren. Das Monitoring ist die Geschäftsfallverfolgung im kurzfristigen Bereich und konzentriert sich dabei auf wenige wichtige Problemmuster und Ausnahmen, um solche kritischen Status und Meldungen an die dafür verantwortlichen Mitarbeiter zu »pushen«, die eine zeitnahe Reaktion verlangen. Ein Alarm muss wichtig und es muss noch sinnvoll sein, diesen zu verfolgen, weil es noch möglich ist, das Problem zu entschärfen und zu lösen. Jede Monitoring-Verfolgung bedeutet Aufwand und ein stehendes Team im »Leitstand« und muss sich deswegen auf Schwerpunkte fokussieren.

Diese Überwachungsfunktion darf nicht mit einer periodischen und umfassenden Analyse der Nutzung und Gestaltung verwechselt werden, da deren Analyseziele auf jeden Fall einen längeren Datenzeitraum und eine breitere Basis benötigen, um Trends und Zusammenhänge zu identifizieren und zu belegen. Es kann nicht schon auf Basis von Einzelfällen eine Schlussfolgerung gezogen werden.

Zusammenfassend kann man alle diese Monitoring-Instrumentarien als Geschäftsfallanalytik sehen, die sich aus dem Bereich der mittel- und langfristigen Nutzungsanalyse Ausnahmen und kritische Konstellationen holen kann, um Problemmuster zeitnah zu identifizieren und schon in ihrer Entstehung auszumerzen.

Austausch kurzfristiger und langfristiger Problemmuster

Das Verhältnis kann in Zahlen ausgedrückt am Vertriebsprozess verdeutlicht werden.

- zehn typische Monitoring-Messpunkte in der Vertriebsabwicklung:
    - 3 x Schnittstellenverarbeitungen
    - 2 x EDI-Outbound-Verarbeitung
    - 3 x Abbrüche von Massenverarbeitungen
    - 2 x lieferzeitbezogene Werte
- Anzahl typischer Nutzungsanalyse-Messpunkte in der Vertriebsabwicklung:
    - 400 x Prozessfluss- und Ausnahmenanalyse
    - 800 x Kennzahlen aus der Produktivitätsmatrix und den Scorecards
    - 2.400 x komplette Evaluierungsstruktur mit Prüfschrittbibliothek der Vertriebsabwicklung

---

Beispiel: Monitoring additiv zur Nutzungsanalyse

Eine logistische Kette hat ihren kritischen Punkt, wenn ein Schiff den Suez-Kanal durchquert hat, erst dann ist klar, ob es wie geplant in Shanghai ankommt. Das heißt, das Event »Ausfahrt Suez-Kanal« wird im Prozess-Monitoring überwacht, um bei Verspätungen die Kunden zu informieren.

Die Nutzungsanalyse stellt zum gleichen Sachverhalt die Frage: Welche Produkte, Kunden, Organisationen und Prozesse waren in den letzten drei Monaten von Verspätungen in welchem Anteil am Gesamtgeschäft betroffen? Lohnt sich eine Überwachung der Route noch, oder ist die geplante Nutzung zurückgegangen, weil kaum noch Schiffe auf der Route verkehren?

Im technischen Bereich fragt ein Monitoring-Tool: Gab es Fehlermeldungen an der Schnittstelle zum Fremdprogramm X?

Die Nutzungsanalyse stellt die Frage: Welche Produkte, Kunden, Organisationen und Prozesse wurden im letzten Jahr von der Schnittstelle X beschickt? War die Nutzung der Schnittstelle X wie geplant?

8 | Analysewerkzeuge und -services

SAP NetWeaver Business Warehouse

Für die Nutzung der Data-Warehouse-Technologie als Plattform für eine Nutzungsanalyse spricht vieles. Im folgenden Abschnitt sollen deswegen die Erkenntnisse dargestellt werden, die ein IBIS-Entwicklerteam in den Jahren 2007/2008 für die Umsetzung der Process-Pipeline-Analyse einerseits im SAP NetWeaver BW und andererseits in der RBE Plus-Analysetechnik gewonnen hat. Um es vorwegzunehmen, BW-Technologien bieten viele Vorteile, haben allerdings zwei entscheidende Einschränkungen, die es schwieriger und teurer machen, Nutzungsanalysen dort umzusetzen:

- Implementierungen in SAP NetWeaver BW sind relativ teurer, da sehr viel Infrastruktur und Rahmentwicklungen mit umgesetzt werden müssen.
- Die Abbildung von Referenzstrukturen und Evaluierungslogik ist schwierig, da die BW-Welt mehr auf Kennzahlen und Verdichtung von Daten ausgelegt ist.

Drittanbieter

Zusätzlich zu SAP NetWeaver BW gibt es eine Reihe von Angeboten, die die Daten in eigene Data-Warehouse-Plattformen extrahieren oder eigene Monitoring-Tools anbieten. Ganz allgemein liegt die Stärke dieser Toolplattformen in kundenindividuellen und punktuellen Analysen. Weniger positiv formuliert, sind sie weitgehend leere Eigenentwicklungswerkzeuge zum Selbstbefüllen. Was davon zu halten ist, müssen drei Kriterien klären:

- Einführungskosten bis zum ersten Analyseergebnis
- Gesamtkosten für eine Komplettanalyse
- Fähigkeiten und Referenzinhalte hinsichtlich einer flächendeckenden Nutzungsanalyse

Der Projektaufwand bei diesen Analysewerkzeugen, die auch unter dem Label Business Performance Management (oder ähnlich) auftreten, ist verhältnismäßig hoch. Auch ist hier einiges an Innovationen vonseiten SAP notwendig und in den nächsten Jahren zu erwarten. Die hauptspeicherbasierte Analytik auf Basis verbesserter Suchmaschinen ist hier vielversprechend.

> **Business-Monitoring-Werkzeuge von SAP**
> Für die Einordnung des Monitoring und seinen Einsatz sind folgende Aspekte relevant:
> - Mustererkennung und Alarmmeldung für kritische Situationen

- Verfolgung und Überwachung laufender Geschäftsvorfälle
- aufwendige Implementierung und Infrastruktur
- additiv zur Nutzungsanalyse
- Zielgruppe: IT-Problemmanagement und Disponenten in der Logistik

Empfehlung: Monitoring mit Alertfunktionen nur zu zehn Messwerten pro Geschäftsprozess (Bewertung SAP NetWeaver BW siehe nächster Abschnitt).

8.6 Inhaltsentwicklung mit SAP NetWeaver BW und RBE Plus

Im Folgenden werden die Möglichkeiten und Grenzen der RBE Plus-Toolplattform und des SAP NetWeaver BW aufgezeigt.

Die Inhalte der Prozess-Pipeline-Analyse (siehe Abschnitt 5.1.3) wurden für die RBE Plus-Toolplattform entwickelt und gleichzeitig als SAP NetWeaver BW-Content abgebildet: Die Sammlung von BW-InfoCubes, Queries, Extraktoren etc. hat die IBIS als SAP-Content-Partner zertifizieren lassen. Warum nutzt IBIS zwei Plattformen für den gleichen Inhalt? Diese Frage lässt sich klar beantworten, denn beide Plattformen haben unterschiedliche Vorteile, die je nach Ausgangssituation zum Tragen kommen.

Zwei Plattformen für den gleichen Inhalt

SAP NetWeaver BW ist grundsätzlich eher auf eine betriebswirtschaftliche oder eine Business-Performance-Analytik hin ausgelegt. Tabellarische Strukturen und Aufbereitungen sind davon stark geprägt. Im BW ist es nun möglich, die PPA-Indikatoren in eine Verbindung mit betriebswirtschaftlichen Auswertungen zu bringen. Die Vorteile des BW-InfoCubes oder des BW-Einsatzes liegen deswegen in diesen Anwendungsfällen.

Sieht ein Kunde aufgrund bestimmter Analyseinhalte auch Handlungsbedarf im täglichen operativen Betrieb, kommt ebenso SAP NetWeaver BW als Plattform infrage. Dabei werden diejenigen Qualitätsindikatoren zur Bewertung der Geschäftsprozesse im BW aktiviert beziehungsweise implementiert, die auch für eine operative Betrachtung grundlegend erscheinen. Die Unternehmensleitung kann dadurch in einem täglichen oder wöchentlichen Zyklus mit neuen Daten versorgt werden, um direkt im operativen Betrieb und näher am Ereignis einer betriebswirtschaftlichen Ausnahme handeln zu können.

Operative Analysen

8 | Analysewerkzeuge und -services

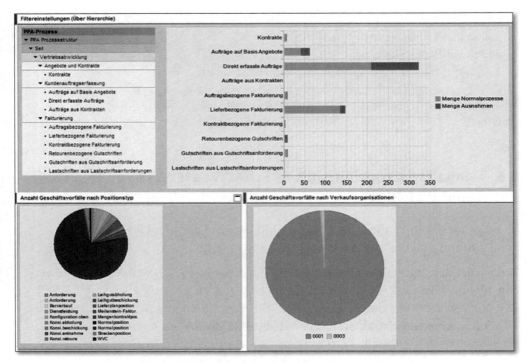

Abbildung 8.1 Betriebswirtschaftlich orientierte, angereicherte Messung der Prozessqualität mit der RBE-Prozess-Pipeline-Analyse für SAP NetWeaver BW (Quelle: IBIS auf Basis SAP NetWeaver BW)

20% der RBE-PPA-Indikatoren

In SAP NetWeaver BW kann es darüber hinaus hilfreich sein, weitere Attribute anzufügen. Neben den charakterisierenden Engineering-Attributen, wie Positionstypen, können auch Umsatzzahlen und weitere betriebswirtschaftliche Aspekte hinzugefügt werden. So lässt sich der Kontext für die Ausnahmebehandlung anreichern, um für den Einzelfall den Zusammenhang zwischen Prozessproblem und betriebswirtschaftlicher Wirkung schnell erkennen zu können. Aufgrund des deutlich höheren Aufwands, auf einer BW-Plattform entsprechende Analyseinhalte zu pflegen und die Daten vorzuhalten, ist es sinnvoll, je nach Prozessanalyseumfang einen Anteil von bis zu 20% der RBE-PPA-Indikatoren im SAP NetWeaver BW zu implementieren. Für die Vertriebsabwicklung wären das circa 80 Kennzahlen. SAP NetWeaver BW wäre somit ein Messinstrument für kritische, tagesaktuelle Themen und Ausnahmen.

8.6 Inhaltsentwicklung mit SAP NetWeaver BW und RBE Plus

Die Zielsetzung der RBE Plus[3]-Toolplattform war es, eine system- und releaseunabhängige Service-, Entwicklungs- und Analyseumgebung für die Nutzungsanalyse zu bieten. Eine Nutzungsanalyse sollte auch ohne direkte Verbindung mit dem Kundensystem und komplett auch als Service erbracht werden können. Nur der Extraktor muss als Transport oder per Quellcode und Anlegen eines Reports ins Kundensystem gelangen. Das Architekturkonzept basierte auf der Überlegung, dass eine Nutzungsanalyse ein- bis zweimal pro SAP-Mandant und Jahr ausreichend ist. Darüber hinaus sollte der Einsatz auf Abruf und auf vielen Systemen parallel möglich sein. Durch eine kontinuierliche Weiterentwicklung der zentralen Prüfschrittbibliothek war damit auch eine ständige Weiterentwicklung möglich.

Service-, Entwicklungs- und Analyseumgebung

Die RBE Plus-Toolplattform kombiniert weiterhin die folgenden Fähigkeiten:

- wissensbasierte Analyseumgebung mit Evaluierungslogik und Regeln
- Datenbank für Anwendungs- und Geschäftsprozessmesswerte
- Dokumentenverwaltungssystem
- Modellierungsstool mit Referenzstrukturverwaltung

Seit 2003 dient sie als Plattform für die betriebswirtschaftliche Situations- und Potenzialanalyse, die Rollen- und Lizenzanalyse und die Integration von RBE-Ergebnissen in den SAP Solution Manager. Auch für eine flächendeckende Qualitätsmessung von SAP-Prozessen und Bewertung bis auf Geschäftsvorfalltiefe bezüglich betriebswirtschaftlicher, organisatorischer und zeitlicher Ausnahmen ist der Einsatz der RBE Plus-Lösung mit den Inhalten der RBE-Prozess-Pipeline-Analyse (PPA) möglich.

Mit der RBE Plus-Toolplattform lassen sich auf Basis der schnell erzielbaren, ersten Analyseergebnisse und der jeweiligen betriebswirtschaftlichen Anforderungssituation des Kunden resultierende Anpassungen in kürzerer Zeit als mit SAP NetWeaver BW realisieren. Dies liegt an der flexiblen Technologie, die es erlaubt, neue Anforderungen durch Inhaltsentwickler zu »designen«, automatisch an die

Schnelle Realisierung

---

3 Nachdem die ValueSAP-Initiative 2001 beendet wurde, gab es auch kein Nachfolgerelease des Reverse Business Engineers, der aus der Entwicklungskooperation zwischen IBIS und SAP entstanden war. Ab 2003 wurde die RBE Plus-Toolplattform als Neuentwicklung von IBIS gestartet.

Extraktoren weiterzureichen und somit den Analyseprozess rasch zu beginnen. Eine aufwendige Erweiterung und Änderung der Systemintegration mit dem ERP-System, wie sie für SAP NetWeaver BW notwendig ist, entfällt.

RBE-PPA-Analyse ...	... mit RBE Plus Solution	... mit SAP NetWeaver BW
Installation	Service- oder Toolinstallation, Ad-hoc-Analyse mithilfe vordefinierter Extraktoren	Einspielen und Aktivieren von IBIS-Partner-Content, Anbindung Quellsystem(e)
erforderliche Ressourcen	SAP-Administrator für periodisches Einspielen und Ausführen der Extraktoren RBE Plus Solution-Administrator für periodische Analysen	BW-Administratoren – dauerhaft, kleines Analyseteam
Anpassbarkeit, Erweiterbarkeit	möglich	möglich BW-Content: analog zu anderen BW-Objekten
Ausrichtung	strategisch (quartalsweise) und projektorientiert	operativ (tagesaktuell)
Analysehäufigkeit	einmalig, fallbasiert oder periodisch	zyklisch
Integration in ARIS, Visio	möglich	nicht möglich
Integration in Quellsysteme über Beleginformationen	über Belegnummern bei Ausnahmen	möglich
Integration in vorhandene BW-Analysen zur Business Performance	als Dokumente oder Links	möglich

Tabelle 8.1 Gegenüberstellung von RBE Plus Solution und SAP NetWeaver BW

Ein Browser erlaubt den einfachen Zugriff auf die Faktenbasis, die darüber hinaus nach Organisationssichten oder Zeiten differenziert werden kann. Ein weiterer Vorteil der RBE Plus-Toolplattform liegt in der stark auf Referenzstrukturen ausgelegten Technologie. Von dort aus ist beispielsweise eine Integration in andere Business-Process-Management-Werkzeuge einfach möglich.

Im Gegensatz bzw. in Ergänzung zu SAP NetWeaver BW kann die RBE Plus-Toolplattform durch ihre intelligente Extraktion und speziellen Funktionen die Inhalte der Pipeline-Analyse für eine strategische, gestaltungsorientierte Qualitätsmessung und -verbesserung der Prozesse kostengünstiger und flächendeckend verwalten. So ist es möglich, die Stabilität des Prozessflusses und die Bedeutung von Prozessproblemen langfristig, systematisch und differenziert zu verfolgen und zu bewerten.

8.7 Adaptive Nutzungsanalyse

Wie kann eine konsequente Weiterentwicklung aussehen, die für durchaus unterschiedliche Analysen *eine* flexible, analytische Plattform bietet? Einerseits gibt es Inhalte zum Anwendungsmanagement und der technischen Systemgestaltung, andererseits können Geschäftsprozesse mit betriebswirtschaftlichen Qualitäts- und Effizienzkennzahlen betrachtet werden. Dafür ist eine flexible, analytische Plattform sinnvoll, die Projektthemen fördert, unterschiedliche Zielgruppen anspricht und unternehmensindividuelle Strukturen zulässt.

Die an Projektthemen orientierten Nutzungsanalysen – wie Situationsanalyse, Potenzialanalyse und Rollenanalyse – dienen der IT-Abteilung zur Steuerung des Anwendungsmanagements und liefern für alle Projektszenarien, die mit der Erweiterung oder dem Umbau einer SAP-Anwendung verbunden sind, die notwendige Faktenbasis. Die Fähigkeiten einer Toolplattform strukturieren hier den Zugang zu allen wichtigen Kennzahlen, Grafiken und relevanten Details im Excel-Format.

Nutzungsanalyse für Projektthemen

Für Nutzungsanalysen, die mit Referenzstrukturen arbeiten, ermöglicht die Toolplattform, dass die Ergebnisse aufbereitet und für andere Werkzeuge integrativ zur Verfügung gestellt werden können. Dazu gehören die Solution-Manager-Integration, bei der eine Blueprint-Struktur generiert wird, und weitere Schnittstellen zu Business-Process-Management-Tools, wie ARIS, LIVE KIT Power, Visio etc. Für die Prozessmessung steht die Ermittlung von Prozessqualitätskenn-

Referenzstrukturen integrieren

zahlen im Vordergrund. Hier erlaubt die Plattform die grafische Visualisierung von Prozessfluss und -werten und hilft, Geschäftsprozesse auf Basis eines SAP-Systems zu verbessern. Die Evaluation von Strukturen muss auch nach Organisationseinheiten und User-Gruppen differenzierbar sein. Das heißt, ein Anwenderunternehmen ist in der Lage, für verschiedene Unternehmensbereiche, die sich durch User- oder SAP-Organisationselemente definieren lassen, auch unterschiedliche Strukturen zu generieren.

Drei Adaptionsschritte

Die zentralen Fähigkeiten einer Nutzungsanalyse bestimmen allerdings nach wie vor die Inhalte. Kennzahlensystematik und Analytik müssen vorhanden sein und auf die Themenstellung adaptiert werden können.

Die drei Schritte zur Adaption[4] heißen:

1. Auswählen aus einer Prüfschrittbibliothek. Je nach SAP-Lösung und Projektzielen muss die Evaluierungslogik zusammengestellt werden, die relevant und ausreichend ist.

2. Anpassung und Gestaltung eigener Strukturen, die sich an einem Unternehmensmodell oder an spezifischen Gegebenheiten wie Regionen, Geschäftsgebieten oder Geschäftsszenarien orientieren. Dabei müssen die Prüfschrittlogik updatefähig und die Ergebnisse vergleichbar bleiben, z. B. für Benchmarks mit anderen Unternehmen.

3. Ergänzung von Kennzahlen und Strukturen für eigene Anforderungen oder für weitere SAP-fremde Systeme, um eine aus Unternehmenssicht komplette Sammlung von Nutzungsindikatoren zu schaffen.

Nutzungsanalyse ist eigenständige Analyse- und Bewertungsebene

Die Nutzungsanalyse als eigenständige Analyse- und Bewertungsebene einzuführen bedeutet nicht, dass es keine Verbindung oder keinen Austausch mit operativen betriebswirtschaftlichen Analysen und dem Monitoring der Anwendung geben darf. Das anfänglich definierte Ziel, durch eine Nutzungsanalyse die aktuelle Situation besser zu erkennen, läuft in die gleiche Richtung, wenn auch mit einer anderen Analytik. Die vorgenommenen Investitionen in ein SAP-System sind es wert, dass der CIO und andere Manager sich mindestens einmal im Jahr mit folgenden Fragen beschäftigen:

---

4 In Anlehnung an die Adaptionsarten für Softwarebibliotheken in [Hufg94] S. 15.

- Wie sieht es mit dem »Return« bzw. der Amortisation des Investments aus?
- Wo liegen Potenziale brach?
- Korrespondieren Art und Intensität der Nutzung auch mit der Unternehmensstrategie?

Als Partner für den Aufbau und die Einführung einer Nutzungsanalytik ist ein neutraler Berater oder eine Institution die geeignete Wahl, die eine objektive Prüflogik, Vergleichszahlen und Messmethoden liefern können. Der Softwarehersteller SAP ist dabei befangen, da er eine andere Perspektive, Rolle und Aufgabe hat. Es stellt sich immer die Frage, ob das Nutzungsproblem auch an Schwächen in der Software liegt. Oder warum kann das gesetzte Wirtschaftlichkeitsziel nicht erreicht werden? Macht es die Software schwer, oder liegt es an der Organisation im Unternehmen?

Neutrale Institution

Die Zukunft wird einige interessante technologische Weiterentwicklungen bieten, die den Servicegedanken im Sinne des vorübergehenden »Andockens« eines Nutzungsanalyseservices eher fördern als den Aufbau einer eigenständigen Analyseumgebung bei jedem Anwender. Verbesserte semantische Klassifizierungen der Ergebnisse werden, wie auch in anderen Bereichen der Analytik, die interaktive und gezielte Interpretation und Aufbereitung je nach Zielgruppen und Problemstellungen noch weiter verbessern.

Technologische Weiterentwicklung

A Literatur- und Quellenverzeichnis

Aufgabe der folgenden tabellarischen Aufstellung ist es, dem Leser noch einige erklärende und vertiefende Informationen zu den wichtigsten Quellen zu liefern.

Quelle	Einordnung
[DMHH09] Dittrich, J.; Mertens, P.; Hau, M.; Hufgard, A.: *Dispositionsparameter in der Produktionsplanung mit SAP. Einstellhinweise, Wirkungen, Nebenwirkungen*. 5. Aufl. Wiesbaden: Vieweg+Teubner 2009.	Standardwerk zur Wirkungsweise von Parametern in Customizing und Stammdaten für Materialdisposition von SAP ERP.
[HaCh03] Hammer, M.; Champy, J.: *Business Reengineering. Die Radikalkur für das Unternehmen*. 7. Aufl. Frankfurt/Main: Campus-Verlag 2003.	Die Erstveröffentlichung 1995 prägte sehr die damaligen Projektierungsansätze für SAP-Einführungen und »rechtfertigte« eine großen Neuentwurf und damit die Geschäftsprozessmodellierung auf der grünen Wiese.
[Henn09] Hennermann, F.: *Implementierungs- und Upgrade-Projekte mit dem SAP Solution Manager*. Bonn: SAP PRESS 2009.	SAP Solution Manager und Nutzungsanalyse mit RBE Plus im Projekteinsatz.
[Hufg94] Hufgard, A.: *Betriebswirtschaftliche Softwarebibliotheken und Adaption*. München: Vahlen 1994.	Was macht Standardanwendungssoftware zur Softwarebibliothek und was ist Adaption?
[HuWa06] Hufgard, A.; Walz, W.: *Automatische Evaluierung von Geschäftsprozessen mit RBE Plus for SAP Solution Manager*. In: Melich, M. und Schäfer, M.-O.: *SAP Solution Manager*. Seite 137 bis 145. Bonn: SAP PRESS 2006.	Nutzungsanalyse mi RBE Plus im Kontext der Fähigkeiten des SAP Solution Managers.
[HuWe99] Hufgard, A; Wenzel-Däfler, H: *Reverse Business Engineering – Modelle aus produktiven R/3-Systemen ableiten*. S. 425 bis 441. In: *Electronic Business Engineering. 4. Internationale Tagung Wirtschaftsinformatik*. Hrsg. v. Scheer und Nüttgens. Heidelberg: Physica-Verlag 1999.	Erstveröffentlichung zum Thema Reverse Business Engineering.

A | Literatur- und Quellenverzeichnis

Quelle	Einordnung
[KaÖs06] Kagermann, H. und Österle, H.: *Geschäftsmodelle 2010. Wie CEOs Unternehmen transformieren*. FAZ-Institut: Frankfurt 2006.	In den Fallstudien steckt zwar viel an Unternehmensdarstellung und Analystenprognosen, doch die Fälle sind prägnant und interessant dargestellt.
[ÖsWi00] Österle, H. und Winter, R.: *Business Engineering*. S. 21 bis 42. In: *Business Engineering*. Springer: Berlin 2000.	Erweiterung des Begriffs Business Engineering.
[Olbr08]. Olbrich, A.: *ITIL kompakt und verständlich*. Wiesbaden: Vieweg+Teubner 2008.	Übersichtliche Darstellung des ITIL-Standards.
[Sikk09] Sikka, V.: *Die Cloud-Kooperation*. In: Computerwoche vom 4.8.2009: www.computerwoche.de/software/1902287/ (Seitenaufruf am 23.5.2010).	Vishak Sikka ist der CTO von SAP und hat den Begriff der »Timeless Software« geprägt.
[Snab09] Snabe et al.: *Business Process Management – the SAP Roadmap*. Boston: SAP PRESS 2009.	Aktuellste Publikation zum Thema BPM von SAP-Autoren.
[ThHu96] Thome, R. und Hufgard, A.: *Continuous System Engineering – Entdeckung der Standardsoftware als Organisator*. Vogel: Würzburg 1996.	Gegenentwurf zum Business Process Re-Engineering und Forderung nach einer kontinuierliche Intensivierung der Nutzung einer Unternehmenssoftware unter Ausnutzung der Potenziale. CSE setzt implizit eine Nutzungsanalyse voraus. Das Buch war deswegen auch der Startpunkt für die RBE-Methodenentwicklung.
IBIS RBE Plus 2010 ▸ Situationsanalyse ▸ Potenzialanalyse ▸ Prozess-Pipeline-Analyse ▸ IBIS RBE Plus für Solution Manager ▸ RBE Plus für ARIS ▸ RBE Plus-Benutzer- und Rollenanalyse	Aktuelle Informationen zu RBE Plus und seinen Analysepaketen sind zu finden unter: http://www.ibis-thome.de/rbeplus

B   Autor

Dr. rer. pol. Andreas Hufgard (Jahrgang 1966) war seit 1994 Geschäftsführer und – nach Rechtsformwechsel – von 2000 bis 2009 Vorstand der IBIS Prof. Thome AG. Von 2005 bis 2008 war er für den Aufbau und die Gründung der IBIS America LLC verantwortlich. Seit Oktober 2009 ist er verantwortlich für die Etablierung der *IBIS Labs* in Zusammenarbeit mit der Universität Würzburg.

Die IBIS Labs bündeln die Forschungsaktivitäten und Ressourcen des Lehrstuhls und von Prof. Thome an der Uni Würzburg mit den Kapazitäten der IBIS Prof. Thome AG zu einer Plattform für Forschungsservices. Zusammen mit SAP, weiteren Partnern und Anwendern sollen die Herausforderungen der Gestaltung und des Einsatzes betriebswirtschaftlicher Unternehmenssoftware mit innovativen Methoden, Tools und Inhalten gemeistert werden.

Die IBIS Prof. Thome verfolgt Beratungs-, Forschungs- und Entwicklungsprojekte im Umfeld betriebswirtschaftlicher Unternehmenssoftware in Europa und den USA. Kooperationspartner sind neben Konzernen wie BASF, Siemens und SAP auch Beratungsunternehmen wie IDS Scheer, Lynx Consulting oder Abilita, die IBIS-Methoden und -Werkzeuge als Partner weltweit einsetzen.

Die wichtigsten Projekte unter der Leitung von Andreas Hufgard waren:

- »LIVE Tools« mit Siemens: Werkzeuge zur effizienten Einführung und kontinuierlichen Verbesserung von SAP R/3 bzw. der SAP Business Suite (1994–2009)
- »Analyse produktiver SAP-Systeme« mit der Methodik des Reverse Business Engineerings (RBE) in Kooperation mit SAP (1998–2001)
- Einführung der »Neuen Verwaltungssteuerung mit SAP« in der hessischen Landesverwaltung (2000–2008)
- Entwicklungskooperation mit SAP zur Business-Konfiguration der neuen serviceorientierten Mittelstandslösung SAP Business ByDesign (2004–2009)
- Messung und Verbesserung der Prozessqualität mit RBE Plus in logistischen Prozessen der BASF SE (2006–2009)

Dazu kommen viele Nutzungsanalyseprojekte mit RBE Plus von der fertigenden Industrie bis in die öffentliche Verwaltung in Europa und den USA. Seit 1994 hält Andreas Hufgard Seminare als Lehrbeauftragter an der Universität Würzburg, schreibt Bücher und publiziert Artikel.

Index

A

Abgleichsanalyse 295
Abstimmkonto 108
Abwicklungsvariante 98
Accelerated SAP (ASAP) 152
Adaption 17, 25, 30, 200, 219, 324
Adaptionsbereitschaft 301
Ad-hoc Queries 313
Aeneis 286
aktueller Status 189
All-in-One-Lösung 152
Analysezeitraum 189
Analytik 80
analytischer Zweck 81
Änderungen 155, 204
Änderungsaktivität 121, 239
Änderungsanalyse 189
Änderungsdynamik 17, 248
Änderungshäufigkeit 239
Änderungsquote 83
Anonymisierung 31
Anwender 131
Anwender-Experten-Dialog 235
Anwenderkategorien 201
Anwenderleitbild 202
Anwendungskomponentenhierarchie 153, 154
Anwendungsmanagement 27, 79, 159, 190, 194
Arbeitsteilung 94, 237
Archivierung 101
Archivierungskonzept 226
ARIS 284, 287, 323
Aufgabenanalyse 207, 242
Auslaufsteuerung 228
Ausnahmefälle 248
Ausnahmen 139, 187, 317
Ausschöpfungsgrad 220
Automatisierung 107
Automatisierungsgrad 84, 86, 92, 94, 106, 111, 138, 237
Automatisierungsquote 110, 270

B

Bearbeitungsaufwand 259
Bedarfsart 99
bedarfsgesteuert 104
Belegart 108
Belegstornos 139
Benchmarking 38
Benchmarks 273, 313, 324
Benutzer 228, 262
Benutzerpreis 67
Benutzerrollen 232
Berechtigungen 62
Bereinigungspotenzial 225
Bereitstellungskosten 197
Beschaffungsabwicklung 85
Beschleuniger 263
Best-of-Breed 14
Betreuungskosten 208
Betriebsdatenfassung 112
Bewegungsart 89
Bewegungsarten 89
Blaupause 149
BPM 25, 284, 315
BPM-Tool 315
Branchenlösungen 156
Buchungssperre 109
Business Engineering 82, 148
Business Excellence Check 268
Business Intelligence 25
Business IT Alignment 37, 147, 190
Business Map 152
Business Performance 319
Business Performance Management 248
Business Process Change Analyzer 307
Business Process Management 16, 25, 27, 32, 82, 284, 314
Business Process Modeling 284, 314
Business Process Monitoring 316
Business Process Reengineering 12, 247
Business Process Repository 159, 160, 306

Index

Business Scenario 152
Business Scenario Maps 152
Business Warehouse 15
Business-Engineering-Analyse 149
Business-IT-Struktur 287
Business-Strukturen 191
Business-Transformation 301

C

CBR 39
CEO 221
CFO 221
Change Request 13
Chief Operation Officer 24, 25
CIO 123, 237, 324
CobiT 258
Codeanalyse 310
Common Process Layer 152
Compliance-Sicht 82
Content Governance 192
Controlling 106
Controlling-Strukturen 266
COO 25, 136
CPO 136
Custom Development Management Cockpit 307
Customizing 30, 37, 80, 89, 142, 147, 228, 229, 263, 293

D

Darstellungsmethode 33
Data Mining 34
Data Warehouse 57, 248
Daten-Clearing 31
Datenmigration 157
Datenschutz 122
Debitoren 83
Debitorenbuchhaltung 107
Design 191, 315
Dezentralisierung 207, 242
Dialoganwender 84, 133
Dialogintensität 49
Dialogschritt 128
Disposition 173
Dispositionsbeleg 104
Dispositionslosgröße 105
Durchgängigkeit 239
Durchlaufzeit 258
Dynamik 19

E

E-Business 14
E-Commerce 13
Effektivität 269
Effizienz 28
Effizienzquoten 96
Eigenentwicklungen 159
Einführung 18
Einführungskosten 318
Einführungspfad 12
Einkaufsbelege 87
Einkaufsinfosatz 85
Einteilungen 100
Einzelbeleg 187
Employee Self-Service 116
Enterprise-Services 16
Entwicklungskosten 197
Ereignis-Prozess-Ketten 152
Erfassungsaktivitäten 238
Erfassungsautomatisierung 239
Ergebnisrechnung 110
Erstellungsdatum 188
ESS-User 118
Evaluierung 36
Evaluierungslogik 166
Evaluierungsstruktur 172
Excellence 300, 301
Excellence Benchmarking 276
Excellence-Kriterien 269
Extraktor 321

F

Fallorientierung 207
Fallvarianten 182
Fehlerpotenzial 129
Finanzwesen 163
Flussvarianten 181
Forward Business Engineering 148
funktionale Reserven 235
Funktionen 80, 175
Funktionsintensivierung 243
Funktionstrennung 272

G

Gelegenheitsanwender 242
Gemeinkostenzuschlag 114
Geschäftsentwicklung 95
Geschäftsfallanalyse 188
Geschäftsfallebene 179
Geschäftsmodelle 148, 301
Geschäftsprozessmodellierung 248
Geschäftsszenarien 267
Geschäftsvorfälle 248
Gestaltungsanalyse 148, 248
Gültigkeit 228

H

Harmonisieren 301
Harmonisierung 20, 31, 277
Harmonisierungsanalyse 269
Herkunftskennzeichen 93
Heterogenität 30
Hintergrundverarbeitung 240

I

Identitätenanalyse 294
Implementierung 315
Individualentwicklung 13, 129, 130
Individualisierung 89, 143, 272
Industriestandards 264
Infotyp 116, 117
Innovation 22, 283, 302, 303
Innovationsschübe 303
Integration 176
Integrationsgrad 270
Integrationssystem 297
integrative Automatisierung 239
Intensivierungscheck 243
Investment 219
ITIL 42, 258
IT-Strukturen 191

K

Kapazität 199, 219, 240
Kapazitätsobergrenze 88
Komplexität 134, 145, 271
Komponenten 158
Konfigurationsindikatoren 177

Konfigurationsmodell 171
Konfigurationsvarianten 194
Konsolidierung 15, 20, 88, 282, 288, 289
Konsolidierungsaufwand 300
Konsolidierungseffekte 296
Konsolidierungsgründe 291
Konsolidierungslücke 296
Konsolidierungsmatrix 297
Kontierungen 80
kontinuierliche Verbesserung 280
Kontogruppe 107, 108
Konzernrechnungslegung 266
Konzernstandards 264
Kosten 195
Kosteneinsparungen 210
Kostensammler 114
Kostenstelle 112
Kostenträgerrechnung 113
Kostentreiber 202
Kostenumlage 196
Kostenverteilung 199
Kundenmodell 286
Kundenpaket 158, 265
Kundentransaktion 128, 266
Kurzläufer 259

L

Langläufer 259
Lebenszyklus 22
Leistungsverrechnung 197
Lieferbelegart 98
Lieferposition 96, 98
Lieferpositionstyp 98
LIVE KIT Power 323
Lizenzausnutzung 67
Lizenzmanagement 64
Logistikstammdaten 83
Lohnart 121
Löschvormerkung 109
Lösungskonfigurator 152
Lückenanalyse 294

M

Managementrichtlinien 266
Managementwert 217
Materialbedarfsplanung 81, 99

Materialbeleg 86
Materialien 83
Materialwirtschaft 172
Microsoft Dynamics Navision 26
Modellierung 192
Modellierungsaufwand 286
Monitoring 317, 318
Multi-System-Landschaft 16

N

Negativzeiterfassung 121
Neueinführungsaufwand 40
New Dimension 13
Nichtnutzung 235
Nichtnutzungskosten 198, 243
Nutzen 195
Nutzenkategorien 211
Nutzenpotenzial 209
nutzerabhängige Kosten 198
Nutzungsanalytik 122
Nutzungsbilanz 218
Nutzungsbreite 125
Nutzungsintensität 18, 90, 128, 271
Nutzungskontinuität 91, 272
Nutzungsperspektive 80
Nutzungsplanung 143
Nutzungsplanwert 196
Nutzungspotenzial 143
Nutzungsprofil 89
Nutzungsunterschiede 295
Nutzungsverteilung 230

O

On-Demand-Lösung 23
Operational Excellence 268
Orderbuch 85
Organisation 160
Organisationelemente 226
Organisationsbenchmarking 276
Organisationseinheiten 160, 264
Organisationsstrukturen 266
organisatorische Ausnahmen 252
organisatorische Differenzierung 145, 160
organisatorische Perspektive 82

P

Panel 275
Parallelsysteme 297
Personalwesen 116
Personalwirtschaftssystem 117
Pipeline 183, 186
Pipelineanalyse 323
Planauftrag 106
Planungsaktivität 99
Planungslauf 102
Planungsprozesse 242
Positionstyp 98
Positivzeiterfassung 112, 121
Potenzialanalyse 235
Potenzialprüfungen 233
Poweruser 96, 107, 112
Primärbedarfe 101
Process Excellence Check 268
Process Owner 27
Produktivität 138, 237
Produktivitätsmatrix 85, 95, 106, 110, 117, 119, 237
Produktivitätspotenzial 87
Profiling 32
Projektthemen 323
Prozessanalyse 247
Prozessbelege 175
prozessbezogene Ausnahmen 252
Prozessfluss 180
Prozessintegration 232
Prozesskomponenten 185
Prozesskonfiguratoren 90
Prozesskosten 140, 250, 260
Prozesslast 205
Prozessmodell 37, 147
Prozess-Monitoring 187
Prozessqualität 273
Prozessschritte 161, 162
Prozessstabilität 256
Prozessvarianten 89, 98, 140, 176, 180, 191, 230, 240, 313
Prozessverantwortliche 251
Prüfschritt 171, 177
Prüfschrittbibliothek 171, 286, 321, 324
Pseudonymisierung 31

Q

Qualitätsproblem 253
Qualitätssicherung 258
Quotierung 85

R

Randbereiche 229
Randprozesse 233
RBE Plus 321
RBE-Index 179, 272
Rechenzentrum 289
Rechnungsprüfung 92
Re-Design 282, 315
Reduktion 230
Reduktionsprüfung 230
Redundanz 34
Reduzieren 299
Referenzmandanten 264
Referenzmodell 148, 312
Referenzstruktur 30
Referenzstruktur individualisieren 165
Referenzstrukturen 36, 147, 150, 152, 318
Releaseneuerungen 246
Releasewechsel 244
Reorganisation 20, 88, 240
Restrukturierungen 289
Reverse Business Engineering 147
Reverse Engineering 309
RFC 74
Risiko 232, 272
ROI 196
Rollen 63
Roll-out 13, 241
Rückstand 259

S

SAP APO 81
SAP Business ByDesign 17, 23, 185
SAP ERP 26
SAP NetWeaver 15
SAP NetWeaver BPM 314
SAP NetWeaver BW 318, 320, 323
SAP R/3 Business Engineer 152
SAP R/3 Navigator 152
SAP Solution Manager 15, 32, 159, 308
SAP-Einführung 12
SAP-Paket 158
Sarbanes-Oxley Act 66
Scanner 238
Schlüsselindikatoren 33, 177
Schnittstellen 128, 136, 157, 238
Schnittstellenintegration 253
Schwellwert 178, 229, 232
Scorecard 46, 92, 96, 102, 108, 112, 113, 120
SCOR-Modell 184
Segregation of Duties 66
Sekundärbedarf 101
Semantik 26
Service Level 204, 206
serviceorientiert 185
serviceorientierte Architektur 15
Services 193
Situationsindikatoren 123
Skalierbarkeit 17, 25, 205
Skalierungsanalyse 207
Skalierungsfaktoren 201
Skalierungszeitpunkt 205
Software als Service 23
Softwareabdeckungsgrad 242
Softwarenähe 159, 190
Soll-Konzept 150
Solution Documentation Assistant 307
Solution Manager 305, 321
SOX 258
Spezialisierung 134, 207
Stammdaten 80, 144, 161, 228, 231, 262, 263
Stammdatenfaktoren 262
Stammdatenindikatoren 177
Stammdatenqualität 239
Standardisieren 300
Standardisierung 20
Standardisierungsanalyse 265
Standardisierungsgrad 264
Standardnähe 264
Stornoquote 92
strategischen Transformationen 283
Subsystem 297
Supply Chain Event Management 316
System Landscape Optimization 311

Systemlandschaften 292
Systemuser 84
Systemvermessung 67
Szenariovarianten 180

T

Tabellenabgleich 292
TBOM 307
TCO 129, 141
technische Übersetzbarkeit 190
Terminologie 192
Termintreue 184, 260
Testen 306
Transaktion SE16 305
transaktionale Automatisierung 239
Transaktionen 124, 155, 161, 165, 227
Transaktionsanalyse 29
Transaktionsmonitor 128
Transformation 17, 281
Transformationsaufgabe 40
Transformationsdruck 204
Transformationsfähigkeit 303
Transition 311
Trendanalyse 88, 137
typologische Merkmale 267

U

übergreifende Prozessausnahmen 255
Umlageverfahren 195
Unternehmensbenchmarking 276
Unternehmensfusionen 289
Unternehmenstyp 157, 168, 178
Upgrade 13, 16, 31, 204

Upgrade-Potenzial 236, 244
Upgrade-Projekt 306

V

ValueSAP 152
Veränderungsprojekt 80
Verbesserungsinitiativen 280
verbrauchsgesteuert 104
Vereinfachung 225
Vergleichsanalysen 294
Verkaufsbelegarten 166
Verkaufsbelege 95
Verkaufsposition 99
Verkürzung 260
Verrechnungszyklus 113
Vertriebsabwicklung 94, 164
Verwendungsquote 98, 108
Visio 284, 323
Vorerfassungssysteme 238
vorgelagerte Module 106

W

Wartungskosten 129, 144
Werkzeug 40
Wirkungsanalyse 244
Wirtschaftlichkeit 217
Wissensverteilung 66
Workflow 16, 240
Wunschliefertermin 258

Z

zeitbezogene Ausnahmen 252
zeitlose Software 22
Zeitwirtschaft 122
Zentralisierung 207
Zweckentfremdung 253

Sagen Sie uns Ihre Meinung und gewinnen Sie einen von 5 SAP PRESS-Buchgutscheinen, die wir jeden Monat unter allen Einsendern verlosen. Zusätzlich haben Sie mit dieser Karte die Möglichkeit, unseren aktuellen Katalog und/oder Newsletter zu bestellen. Einfach ausfüllen und abschicken. Die Gewinner der Buchgutscheine werden persönlich von uns benachrichtigt. Viel Glück!

MITMACHEN & GEWINNEN!

▶ **Wie lautet der Titel des Buches, das Sie bewerten möchten?**

▶ **Wegen welcher Inhalte haben Sie das Buch gekauft?**

▶ **Haben Sie in diesem Buch die Informationen gefunden, die Sie gesucht haben? Wenn nein, was haben Sie vermisst?**
- ☐ Ja, ich habe die gewünschten Informationen gefunden.
- ☐ Teilweise, ich habe nicht alle Informationen gefunden.
- ☐ Nein, ich habe die gewünschten Informationen nicht gefunden. Vermisst habe ich:

▶ **Welche Aussagen treffen am ehesten zu?** (Mehrfachantworten möglich)
- ☐ Ich habe das Buch von vorne nach hinten gelesen.
- ☐ Ich habe nur einzelne Abschnitte gelesen.
- ☐ Ich verwende das Buch als Nachschlagewerk.
- ☐ Ich lese immer mal wieder in dem Buch.

▶ **Wie suchen Sie Informationen in diesem Buch?** (Mehrfachantworten möglich)
- ☐ Inhaltsverzeichnis
- ☐ Marginalien (Stichwörter am Seitenrand)
- ☐ Index/Stichwortverzeichnis
- ☐ Buchscanner (Volltextsuche auf der Galileo-Website)
- ☐ Durchblättern

▶ **Wie beurteilen Sie die Qualität der Fachinformationen nach Schulnoten von 1 (sehr gut) bis 6 (ungenügend)?**
☐ 1   ☐ 2   ☐ 3   ☐ 4   ☐ 5   ☐ 6

▶ **Was hat Ihnen an diesem Buch gefallen?**

▶ **Was hat Ihnen nicht gefallen?**

▶ **Würden Sie das Buch weiterempfehlen?**
☐ Ja   ☐ Nein
Falls nein, warum nicht?

▶ **Was ist Ihre Haupttätigkeit im Unternehmen?**
(z.B. Management, Berater, Entwickler, Key-User etc.)

▶ **Welche Berufsbezeichnung steht auf Ihrer Visitenkarte?**

▶ **Haben Sie dieses Buch selbst gekauft?**
- ☐ Ich habe das Buch selbst gekauft.
- ☐ Das Unternehmen hat das Buch gekauft.

KATALOG & NEWSLETTER

Ja, bitte senden Sie mir kostenlos den neuen Katalog. Für folgende SAP-Themen interessiere ich mich besonders: (Bitte Entsprechendes ankreuzen)

- ■ Programmierung
- ■ Administration
- ■ IT-Management
- ■ Business Intelligence
- ■ Logistik
- ■ Marketing und Vertrieb
- ■ Finanzen und Controlling
- ■ Personalwesen
- ■ Branchen und Mittelstand
- ■ Management und Strategie

▶ Ja, ich möchte den SAP PRESS-Newsletter abonnieren. Meine E-Mail-Adresse lautet:

www.sap-press.de

Absender

Firma

Abteilung

Position

Anrede   Frau ☐   Herr ☐

Vorname

Name

Straße, Nr.

PLZ, Ort

Telefon

E-Mail

Datum, Unterschrift

Teilnahmebedingungen und Datenschutz:
Die Gewinner werden jeweils am Ende jeden Monats ermittelt und schriftlich benachrichtigt. Mitarbeiter der Galileo Press GmbH und deren Angehörige sind von der Teilnahme ausgeschlossen. Eine Barablösung der Gewinne ist nicht möglich. Der Rechtsweg ist ausgeschlossen. Ihre freiwilligen Angaben dienen dazu, Sie über weitere Titel aus unserem Programm zu informieren. Falls sie diesen Service nicht nutzen wollen, genügt eine E-Mail an **service@galileo-press.de**. Eine Weitergabe Ihrer persönlichen Daten an Dritte erfolgt nicht.

Antwort

SAP PRESS
c/o Galileo Press
Rheinwerkallee 4
53227 Bonn

Bitte freimachen!

SAP PRESS

Wir informieren Sie gern über alle Neuerscheinungen von SAP PRESS. Abonnieren Sie doch einfach unseren monatlichen Newsletter:

>> **www.sap-press.de**